6.29 선언과 한국 민주주의

Revisiting the June 29 Declaration and South Korea's Democratization

Edited by Won-Taek Kang

6.29 선언과 한국 민주주의

초판 1쇄 발행 2017년 12월 27일

지은이   강원택 편

펴낸이   김선기
펴낸곳   (주)푸른길
출판등록 1996년 4월 12일 제16–1292호
주소   (08377) 서울시 구로구 디지털로 33길 48 대륭포스트타워 7차 1008호
전화   02–523–2907, 6942–9570~2
팩스   02–523–2951
이메일   purungilbook@naver.com
홈페이지 www.purungil.co.kr

ISBN   978–89–6291–435–1 93340

• 이 도서의 국립중앙도서관 출판시도서목록(CIP)은 서지정보유통지원시스템 홈페이지(http://seoji.nl.go.kr)와 국가자료공동목록시스템(http://www.nl.go.kr/kolisnet)에서 이용하실 수 있습니다.(CIP제어번호: CIP2017034666)

민주화 30년, 한국 민주주의의 진전과 노태우 정부 시기의 재조명

6.29 선언과
한국 민주주의

강원택 편

푸른길

· 차 례 ·

제3부

제3의 물결 속의 한국 민주주의

2017년은 한국의 민주화가 이뤄진 지 30년이 되는 해이다. 민주화 이후 한 세대의 세월이 흘러간 것이다. 그 사이에 한국 사회는 정치적으로 많은 변화를 이루었다. 독재와 장기집권으로 얼룩졌던 과거와는 달리 7명의 대통령이 적법한 절차를 거쳐 권좌에 올랐으며, 1997년, 2007년 그리고 2017년 세 차례 정파 간 권력교체도 이뤄졌다. 미국의 정치학자 새뮤얼 헌팅턴이 말한 민주주의의 공고화를 위한 '두 차례의 권력교체의 경험(two turnover test)'을 이미 넘어선 것이다. 국회의 권한도 강화되었고 사법부의 독립성도 높아졌으며, 시민사회나 언론의 자율성도 커졌다. 30년 전 우리 사회의 소망이 대체로 이뤄진 것이다.

이 책은 민주화 30년을 맞이하면서 6.29 선언과 그 이후의 민주적 진전에 대한 평가를 다룬 것이다. 민주화를 논의하면서 왜 6.29 선언에 굳이 주목하는지 궁금해하는 독자가 있을 수 있다. 한국 민주화는 1980년대 초부터 줄기차게 터져 나온 민주화를 향한 투쟁, 특히 1986년 이후 대통령 직선제 헌법 개정 서명 운동과 1987년 6월 항쟁의 결과물이기 때문이다. 하지만 이 책은 우선 한국에서 민주화가 이뤄진 방식(a mode of transition)에 주목한다. 한국의 민주화는 저항세력과 지배세력 간의 타협과 합의의 산물이었다. 다시 말해 권위주의 체제는 시민들의 민주화 요구를 억누를 수 없었지만, 동시에 민주화 운동 세력은 권위주의 체제를 통째로 붕괴시킬 수도 없었다. 그 두 대립된 세력 간의 힘이 일정한 균형점에 도달했을 때, 이 두 세력은 정치적 게임의 규칙을 개정하는 데 합의하게 되었다.

이처럼 한국의 민주화는 불완전하고 불안정하게 시작되었다. 6.29 선언에 주목하는 것은 그것이 바로 두 대립 세력 간의 극적인 정치적 합의를 의미하는 것이기 때문이다. 그리고 이러한 정치적 합의가 중요한 것은 그것이 그 이후 전개되어 온 한국의 민주적 공고화 과정을 규정하기 때문이다.

특히 6.29 선언과 뒤이은 노태우 정부의 출범은 이런 시각에서 볼 때 재조명될 필요가 있다. 노태우 정부는 그 기원이 권위주의 체제에 놓여 있었지만, 동시에 6.29 선언이라는 정치적 타협을 통한 새로운 정치적 환경 속에서 탄생하였고 또 한편으로는 여전히 불투명했던 민주화 이후의 정치 질서를 만들어 가야 했다. 그런 점에서 6.29 선언과 노태우 정부에 대한 연구는 그 이후 전개된 한국 민주주의의 변화 과정을 이해하는 데 중요한 의미를 갖는 것이다. 예컨대 6.29 선언 이후의 개헌 과정, 노태우 정부 시기의 3당 합당, 김영삼 정부 시기의 군의 탈정치화 역시 6.29 선언과 노태우 정부에 대한 올바른 인식 없이는 제대로 이해하기 어렵다. 그러나 그동안 진행되어 온 연구 성과 중에서 이런 측면을 강조한 것은 매우 드물었다. 이제 민주화 이후 한 세대의 시간을 보내면서 한국 민주주의의 공고화 과정에서 6.29 선언과 노태우 정부가 갖는 의미에 대해 꼼꼼하게 들여다볼 필요가 있다.

이러한 취지에 공감하여 흔쾌히 연구에 동참해 준 연구진에게 우선 고맙다는 인사를 전한다. 이 책에 실린 연구물의 일부는 2017년 6월 28일 한국프레스센터에서 '6.29 민주화 선언과 한국 민주주의'라는 주제로 행한 학술회의에서 발표된 바 있다. 이 연구 프로젝트의 기획자로서 행사를 주관해 준 한국정당학회와 대한민국역사박물관에 감사의 말씀을 전한다. 또한 당시 학술행사에 참여해 수신 모든 분께 심심한 감사의 인사를 드린다. 특히 노령에도 불구하고 먼 곳까지 와서 기조강연을 해 준 민주주의 연구의 거장인 필리프 슈미터(Philippe Schmitter) 교수께 특별한 감사를 드린다. 한편 이 책의 출간을 다시 푸른길에 신세지게 되었다. 김선기 사장께 감사의 말씀을 드린다.

　어제가 없는 오늘은 없다. 어제 우리의 모습은 오늘의 우리를 규정한다. 이 책이 한국의 민주화와 그 이후의 민주적 진전, 그리고 그 특성에 대해 다시금 돌이켜 생각해 볼 수 있는 계기를 마련해 주기를 희망한다.

2017. 12.

필자들을 대표하여

강원택

제1장

한국 민주화와 노태우 정부

강원택 · 서울대 정치외교학부

I. 서론

민주화 이후 한국은 이른바 민주화의 제3의 물결을 탄 신생 민주주의 국가 가운데 드물게 정치적 안정과 민주적 공고화를 이뤄 냈다. 절차적 민주주의는 그 사이 확고하게 자리 잡아서 이제 공정하고 자유로운 선거는 정당한 권력 획득의 유일한 규칙(the only game in town)이 되었다. 입법부의 위상이 강화되었고 사법부의 독립성도 증대되었다. 민주화 이후 30년 동안 한국 사회가 여러 가지 우여곡절을 겪어 왔지만, 민주주의의 근간을 위협할 정도의 심각한 사건은 발생하지 않았다. 예컨대 군부의 쿠데타, 폭력을 수반한 대규모 폭동, 최고 권력자의 정권 연장 기도 등 1987년 형성된 한국 민주주의의 기본 틀을 깰 수 있는 정치적 위기는 발생하지 않았던 것이다. 그런 점에서 한국 민주주의는 민주화 이후 비교적 안정적이고 순조롭게 진전되어 왔다고 할 수 있다.

그러나 사실 30년 전 민주화의 첫걸음을 떼었을 때 한국 정치의 상황은 그렇게 낙관적인 것만은 아니었다. 한국의 민주화는 권위주의 지배에 반대하고 민주주의를 열망하는 시민의 거센 요구에 의해 이뤄진 것이지만, 그 전환의 과정은 그렇게 단순하게만 평가하기 어렵다.

한국에서의 민주화는 정치적 '타협'에 의해 이뤄졌다. 1985년 2.12 총선 이후 야당을 중심으로 한 민주화 세력이 대통령 직선제 개헌을 요구했고, 이를 거부하던 권위주의 체제가 6.29 선언을 통해 그 요구를 수용하면서 한국 민주화는 시작되었다. 다시 말해 한국의 민주화는 사회주의 체제로부터의 급격한 체제 전환을 경험했던 동유럽과는 상이한 방식으로 이뤄진 것이다. 즉 한국의 민주화는 권위주의 체제의 '급작스러운 사망'이나 '총체적 몰락'에 의한 것이 아니었다. 실제로 한국 민주화 과정에서의 핵심적 사안은 정치적 경쟁의 방식에 대한 것이었다. 대통령 직선제 개헌 요구는 1972년 유신체제의 출현 이후 계속되어 온 '체육관 선거' 대신 '내 손으로 대통령을 뽑고 싶다'는 국민적 소망의 표출이었다. 그리고 그것은 적법하고 공정한 절차에 기반한 정치적 경쟁의 규칙을 확립해야 한다는 것이었다. 이처럼 한국의 민주화는 혁명적 변환이 아니라 정치적 게임의 규칙을 중심으로 이뤄졌다. 한국 민주화를 논할 때 6.29 선언에 주목해야 하는 것도 민주적 전환 방식의 바로 이런 특성 때문이다.

한국 민주화의 이러한 특성은 뒤이은 정치 상황의 전개를 이해하는 데도 중요한 의미를 갖는다. 민주화 직후부터의 정치는 그 이전 적대적이었던 두 세력이 새로운 정치적 규칙 속에서 다시 경쟁하는 형태가 된 것이다. 이 때문에 1987년 실시된 민주화 이후의 첫 대통령 선거에서는 구 권위주의 질서를 대표하는 세력과 그 질서를 타도하고자 했던 세력이 모두 새로운 규칙하에서 경쟁하게 되었던 것이다. 민주화 운동 세력은 그 내부의 분열로 인해 스스로 집권에 실패했으며, 구 권위주의 체제를 대표했던 민정당의 노태우 후보가 대통령으로 당선되었다.

노태우 대통령과 민정당은 구 권위주의 체제를 대표했지만, 민주화는 새로운 경쟁 규칙에 대한 합의였고 구 체제에 기반했던 세력은 그러한 틀 속에서 권력 장악에 성공했다. 따라서 노태우 정부는 정치적 정통성이나 권력의 기반에 있어서 그 이전의 전두환 정권과는 상이한 조건하에 놓여 있었던 것이다. 그런데 노태우 정부의 등장은 민주화라고 하는 새로운 정치적 환경에 적응할 수 있도록 구 권위주의 세력이 스스로를 변모시켜 가야 하는 쉽지 않은 과제를 떠안게 된 것이기도 하다. 즉 구 체제에 기반을 두었지만, 6.29 선언을 통해 정치적 타협의 한 축을 담당했고 또 집권에 성공함으로써, 민주화된 환경에 적응하면서 새로운 정치 질서를 이끌어 나가야 하는 책임을 갖게 되었던 것이다.

실제로 노태우 정부 시기를 거치면서 구 권위주의 세력은 민주화라는 새로운 정치적 환경에 적응했으며, 구 권위주의 체제와 단절했다. 노태우 정부 시기에 주목해야 하는 것은 이처럼 그 이후 한국 정치의 변화 과정을 이해하는 데 중요한 열쇠가 되기 때문이다. 이 글은 이제 민주화 30년을 맞이하며 그동안의 한국 정치의 변화와 발전을 살펴보면서, 한국 민주주의의 진전과 관련하여 노태우 정부 시기를 재조망하고 그 특성과 의미에 대해 새롭게 살펴보고자 한다.

II. 한국 민주화와 노태우 정부

한국 민주화의 기점은 6.29 선언이다. 6.29 선언은 "국민들의 요구인 대통령 직선제 수용을 비롯하여 일련의 개혁을 단행할 것을 약속한 것이며, 강압적인 집권욕을 버리는 대신 국민의 심판에 의한 민주적 방식으로 정권 교체를 실현하겠다는 일종의 양보요 타협안이었다(안청시 1994, 3-4)." 다시 말해 6.29 선언은 민주화를 요구하는 시민들의 강한 저항에 굴복하여 그 요구를 수용한 것이지만, 동시에 그것은 권위주의 세력의 몰락이나 패퇴를 의미하는 것은 아니었다. 6.29 선언은 대립하던 두 적대적 세력 간의 타협과 합의를 의미하는 것이었다. 그런 점에서 한국의 민주화는, 헌팅턴(Huntington 1991, 142)의 분류에 따르면, '타협을 통한 민주화(transplacement)'인 것이다. 말하자면, 기존 체제는 무너졌지만 새로이 등장한 체제는 이전과의 완전한 단절이 아니었다. 이런 점에서 과거 권위주의 시대를 넘어서야 하는 한국 민주화의 어려움이 존재했던 것이다.

그런데 타협을 통한 민주화라는 것은 이전의 두 적대적 세력이 새로운 질서하에서 '공존'하면서 경쟁하게 된다는 것을 의미한다. 그런 점에서 민주화 이후의 정치적 전개가 안정적으로 이어지기 위해서는 민주화 이전의 두 적대 세력 가운데 특히 구 권위주의 세력의 자기 변화가 무엇보다 절실하게 요구되는 것이다. 다시 말해 민주화가 성공하기 위해서는 구 권위주의 세력이 새로운 정치 질서에 대한 약속을 받아들이고 그와 같은 새로운 환경 변화에 자신을 적응시키는 일이 필요했던 것이다.

이는 안정적 민주주의의 공고화를 위해 매우 중요한 조건이다. 왜냐하면 민주화에 일단 합의했다고 해도 구 권위주의 세력 내에는 이에 대해 불만을 갖는 강경파들이 존재할 수 있고, 강경파가 그 세력을 주도하게 된다면 민주화의 흐름을 거꾸로 돌릴 수 있는 위험성도 생겨날 수 있기 때문이다. 그런 점에서 민주화가 안정적으로 진전되기 위해서는 민주화에 합의한 구 권위주의 세력이 새로운 질서 속에 정치적으로 안착하는 것이 매우 중요하다. 특히 군부에 의존한 권위주의 세력의 경우 민주화를 되돌릴 수 있는 물리적 힘을 갖고 있기 때문에, 권위주의 세력 내에서 민주적 질서를 받아들이면서 스스로를 새로운 정치적 환경 속에 적절하게 적응시킬 수 있는 의지와 힘이 구 권위주의 세력을 주도해야 한다. 이런 점에서 6.29 선언과 관련해서 주목해야 할 점은 누가 대통령 직선제를 받아들이자고 했는지, 누가 이 선언의 준비를 주도해 갔는지 하는 것보다, 그 이후 변화된 정치 환경 속에서 그 선언의 내용을 철저히 받아들이고 실천할 수 있는 구 권위주의 정치 세력의 의지와 힘이라고 할 수 있다.

이런 관점에서 볼 때 노태우 정부의 시기는 한국 민주화의 진전과 관련하여 매우 중요한 시기라고 할 수 있다. 노태우 정부의 시기야말로 구 권위주의 세력이 새 환경에 적응하기 위한 자기 변화의 과정이었다고 볼 수 있기 때문이다. 그리고 노태우 대통령의 임기 동안 구 권위주의 세력은 민주화라는 새로운 환경 속에 주요한 정치 세력의 하나로 자리 잡게 되었다.

1987년 12월의 민주화 이후 첫 대통령 선거에서 민주화 운동 세력의 분열로 인해 구 권위주의 세력을 대표했던 노태우 후보가 대통령으로 당선되었다. 노태우 후보는 구 권위주의 세력을 대표했지만 동시에 민주화된 정치 환경에서 대통령으로 당선되었다. 이 때문에 노태우 대통령은 전임자인 전두환과는 달리 자신의 집권에 대한 민주적 정통성(legitimacy)에 대해 우려할 것이 없었다. 그리고 이런 자신감을 기반으로 민주화를 통해 정치적으로 부정된 과거 체제와 자신을 차별화할 수 있었다. 노태우 대통령은 취임사에서부터 이전과의 차별성을 부각하며 민주주의를 강조했다.

민주주의가 오늘의 유행어이기 때문은 결코 아닙니다. 민주주의야말로 인간을 인간답게 만들어 주는 정당한 가치이기 때문입니다. 민주주의만이 모두가 자유롭게 살며 자유롭게 참여하는 사회, 사람이 사람답게 사는 사회로 우리를 이끌 것이기 때문입니다. 물량성장과 안보를 앞세워 자율과 인권을 소홀히 여길 수 있는 시대는 끝났습니다. 힘으로 억압하거나 밀실의 고문이 통하는 시대는 끝났습니다. … 성실히 사는 국민이 아무 두려움 없이 어디서나 떳떳하고 활기 있게 사는 사회, 국민 각자가 진정한 나라의 주인이 되어 국가발전에 창조적으로 참여하는 민주국가를 만들어 나갈 것입니다. 국민의 뜻을 담은 새 헌법의 발효와 함께 바로 이 시각에 탄생하는 새 정부는 바로 국민이 주인이 된 국민의 정부임을 선언합니다. 제가 이끄는 정부는 민주주의의 시대를 활짝 열어 모든 국민의 잠재력을 꽃피게 할 것입니다.

그러나 구 권위주의 세력이 민주화된 환경에 적응하기 위해서는 구 체제에 대한 단순한 차별화 선언이 아니라 그것을 뛰어넘기 위한 가시적이고 구체적인 행동이 필요했다. 과거 권위주의 체제의 문제점과 부정적 유산을 스스로 처리할 수 있어야 했다. 더욱이 그것은 권위주의 체제에서 막 벗어난 당시의 시대적 요구이기도 했다. 이로 인해 '5공 비리'에 대한 각종 조사가 이뤄졌다. 전두환의 친인척 비리, 언론 통폐합, 삼청교육대 사건, 인권 침해와 고문, 일해재단 등 전 정권에서의 문제에 대한 폭넓은 조사가 이뤄졌으며, 5공 비리와 광주민주화운동에 대한 국회 청문회가 TV를 통해 생중계되었다. 또한 5.18 광주항쟁의 의미를 '민주화를 위한 노력의 일환'으로 규정하고 1988년 광주민주화운동특별법 제정 등으로 종합적인 보상 방안을 마련했다.[1] 그리고 전두환 전 대통령 역시 국회 청문회에 나와야 했고 결국 백담사로 사실상의 '유배'를 떠나야 했다. 이러한 일련의 작업은 시대적 요구에 응하면서도 또 한편으로는 이전 정권과의 차별성을 보여 줄 수 있는 것이었다. 그러나 이러한 이슈는 당시 4당 구조하의 여소야대에서 야3당이 사실상 주도한 것이었고, 노태우 정부는 이에 대해 수동적으로 그 요구를 수용했던 측면이 컸다. 더욱이 근원적으로 과거 정권의 일로부터 완전히 자유로울 수 없는 노태우 정부가 광주민주화운동이나 전두환 정권과 관련된 사안을 철저하게 처리한다는 것이 사실 가능한 일도 아니었다.

그런 점에서 볼 때 중요했던 점은 구 권위주의 세력이 과거 세력과의 단절을 통해 민주화의 정치 질서 속에 녹아드는 자기 변신의 작업이었다. 다시 말해 구조적 측면에서 과거 세력과의 단절 및 새로운 환경에 맞는 권력의 기반을 마련하는 일이 노태우 정부에게 더욱 중요한 일이었다. 그런 점에서 우선 주목해야할 부분은 군의 통제와 관련된 것이다.

퇴임을 앞둔 1987년 12월 전두환 대통령은 군 인사를 행했다. 육군참모총장 박희도를 유임시켰고, 합참의장에 최세창, 3군사령관에 고명승, 국군보안사령

---

1. http://theme.archives.go.kr/next/518/sub5.do

관에 최평욱, 수방사령관에 김진영을 임명했다. 새 대통령의 취임이 1988년 2월 25일로 예정되어 있는 상황에서 군 수뇌부에 대한 인사를 퇴임을 앞둔 전두환 대통령이 단행한 것이다. 전두환의 이러한 조치가 시사하는 바는 매우 크다. 6.29 선언을 통해 민주화라는 새로운 정치 질서로 이행되었지만 전두환은 노태우 후보의 당선을 사실상 전두환 정권의 연장으로 받아들였던 것이다. 그리고 이러한 인사 조치는 군에 대한 자신의 통제권을 계속 유지하겠다는 의지의 표시로 볼 수 있다. 헌법에 국가원로자문회의를 두기로 한 것이나 일해재단의 설립 모두 그러한 차원에서 함께 이해할 수 있는 것이다.

그러나 사실 노태우 정부 출범 직전에 행한 전두환의 군 수뇌부 인사는 명백히 신임 대통령에 대한 결례이자 도전이라고 할 수 있다. 그만큼 전두환으로서는 군부 통제에 대한 확고한 자신감이 있었던 것이다. 그리고 그것은 6.29 선언이라는 정치적 합의에 대한 사실상의 부정을 의미하는 것이기도 했다. 전두환은 6.29 선언이 진정한 의미의 민주화로의 진전이 아니라 6월 항쟁에서 보여 준 민주화운동 세력의 공세를 일시적으로 모면하기 위한 전략적 차원의 것으로 간주했던 것으로 보인다. 그리고 노태우의 당선은 전두환에게는 그러한 전략의 성공을 의미했던 것이다.

그러나 노태우 대통령은 집권 이후 군 고위직 인사를 단행했다. 노태우 대통령은 취임 4개월 후인 1988년 6월 박희도를 경질하고 이종구를 육군참모총장으로 임명했고, 육군참모차장에 이진삼, 특전사령관이 이문석, 육본 인사참모부장에 구창회, 9사단장에 안병호를 임명했다. 12월에는 국군보안사령관이었던 최평욱을 교육사령관으로 전보시키고 조남풍을 보안사령관으로 임명했다. 이듬해에는 김진영 수방사령관을 교육사령관으로 전보시키고, 최세창 합참의장, 최평욱 교육사령관, 민병돈 육사교장, 고명승 3군사령관을 모두 전역 조치했다. 이들은 모두 전두환의 측근들이었으며 이 자리는 이른바 9.9 인맥 등 노태우의 측근들로 교체되었다(한용원 1993, 442−443).

노태우 대통령의 군 수뇌부에 대한 인사는 일차적으로 전두환 전 대통령의 인사 조치에 대한 명백한 거부 표시였고, 새 대통령의 권위와 리더십을 보여 주는 것이었다. 민주화의 진전과 관련하여 이것이 갖는 보다 중요한 의미는 새 체제의 대통령이 군부에 대한 통제력을 유지함으로써 이전 정권의 국정에 대한 영향력 행사를 막을 수 있었고, 또한 구 권위주의 체제와의 단절도 과시할 수 있었다는 점이다.

노태우 대통령 자신이 군 출신이었고 또 군의 요직을 자신이 포함된 하나회 출신이 장악한 상황에서 근본적인 군의 탈정치화를 이루기는 어려운 일이었다. 그러나 군 출신이라고 해도 민주화된 시대에 대통령이 된 노태우로서는 군 문제에 있어서도 민주화라는 변화된 환경에 적응하기 위한 노력을 행했다. 민군 관계의 변화 모색과 제2 창군의 선언, 군의 민주화와 정치적 중립, 국방행정의 공개에 대한 천명 등이 모두 그 예가 될 수 있다. 본질적인 한계가 있다고 해도, 이러한 노력은 노태우 대통령에 의해 임명된 군 수뇌부들이 새로운 차원에서 민군 관계를 바라보도록 하는 데 영향을 미쳤다(강원택 2017, 109). 이상훈 국방장관이 1988년 12월 5일의 기자회견에서 "군의 정치 개입은 시대착오적"이라고 강조한 것은 이러한 맥락에서 이해할 수 있으며, 이후 국민도 더 이상 군의 정치적 역할에 대해 크게 관심을 가지지 않게 되었다(김영명 2016, 394).

군부 권위주의에서 민주화 시대의 문민 통제로 가는 과정에서는 이와 같은 노태우 정부 시기의 군 개혁 조치가 매우 의미 있는 것이었다. 이와 같은 구 체제에서 임명한 군 고위직을 과감하게 정리할 수 있었던 것은 노태우 대통령이 군 출신이었다는 사실과 긴밀한 관련을 갖는다. 민주화라는 정치적 전환기 상황에서 이러한 군부 개혁은 민간인 대통령이 감행하기에는 상당한 부담이 있는 일이었으며, 경우에 따라서는 군 내부의 상당한 저항을 불러올 수 있는 것이었다. 이는 김영삼, 김대중 모두에게 해당되는 것이지만, 아래의 인용문에서 보듯이 특히 김대중에 대한 군부의 거부감은 컸다.

육군참모총장 박희도는 공개적으로 군부의 김대중에 대한 반대 의사를 명확하게 밝혔다. 만약 김대중이 집권하게 된다면 군부가 이를 용인할 것인가에 대한 의구심이 존재했고, 많은 사람들은 군부가 김대중을 살해할 수도 있다고 생각했다(Oberdorfer 2001, 177).

군의 탈정치화는 김영삼 정부 시기에 마무리되지만 그것이 가능하게 된 데에는 노태우 정부 시기의 군 개혁이 일정한 도움을 주었다(강원택 2017, 102-106). 임혁백(1997, 295)은 노태우 후보의 당선이 군부 쿠데타에 의한 신생민주주의의 '급격한 사망(sudden death)'을 피할 수 있게 했다는 점에서 장기적으로 보면 한국 민주주의의 공고화에 기여했다고 했는데, 이러한 지적 역시 노태우 대통령의 군 통제와 긴밀한 관련을 갖는다. 노태우 정부는 군 문제에 대해서 이전 정권과의 차별 조치를 통해 군부 권위주의 체제로부터 민주화 시대의 문민통제로 가는 디딤돌의 역할을 수행했다고 할 수 있다.

그런데 이전 정권과의 차별화 못지않게 중요한 점은 구 권위주의 세력이 민주화된 환경하에서 뿌리를 내릴 수 있는 정치적 기반을 마련하는 일이었다. 전두환 정권과의 차별화로 인해 구 권위주의 세력은 양분되었다. 더욱이 민주화가 이뤄진 만큼 군부가 더이상 권력의 기반이 될 수는 없었다. 새로운 정치 환경에 맞도록 구 권위주의 세력이 국민 사이에 확고한 지지기반을 마련하는 일이 필요했다.

이런 점에서 1990년 1월의 3당 합당은 정치적으로 큰 의미를 지닌다. 당시 3당 합당은 4당 체제라는 여소야대의 국회에서 야3당의 공조 체제에 정치적으로 끌려가던 노태우 대통령이 국회 내 안정적 의석 확보를 통한 국정 운영의 주도권을 되찾기 위한 목적에서 이뤄졌다. 한편, 김영삼 통일민주당 총재로서는 당시 제2야당의 처지에 머물러 있었고, 특히 차기 대통령 선거에서 자신이 대통령으로 당선되기 위해서는 4당 구도를 깨야할 필요가 있었다. 현행 4당 체제가 계속된다면 차기 대선에서도 김대중과의 분열은 불가피하고 그것은 또 다른 여권 후보의 당선 가능성을 높일 수밖에 없는 것이었다. 그러나 비밀리에 추진된 이러한 정계개편은 당시 매우 큰 충격을 주었고, 선거로 만들어진 4당 체제를 인위적으로 개편한 데 대한 여론의 반응도 매우 부정적이었다. 여소야대 4당 구조 하에서 타협과 합의에 의해 이뤄져 오던 국회 운영 역시 3당 합당 이후 거대 여당이 된 민자당이 타협을 거부하는 일방적 운영 방식으로 변화하면서 이에 대한 비판도 적지 않았다(이현우 2012; 최준영 2012).

그러나 3당 합당은 민주화 이후 한국 정치가 더 이상 과거와 같은 '권위주의 대 민주주의'라는 균열에 기초해 있지 않게 되었음을 상징적으로 보여 주는 것이었다. 더욱이 과거 민주화 운동의 중요한 한 축을 담당했던 김영삼과의 합당은 이전 군부 권위주의를 대표하는 속성으로부터 벗어날 수 있는 계기를 마련했다. 3당 합당의 일차적 목적은 정국 주도라고 하는 매우 단기적인 목표에 기초한 것이었지만, 그 결과는 그 이후의 한국 정치 전개 과정에서 오랫동안 커다란 영향을 미치는 것이었다. 3당 합당과 함께 노태우로 대표되는 구 권위주의 세력은 이제 더 이상 과거 권위주의 체제에 묶여 있지 않게 되었고, 전두환 정권과 차별화하면서 구 체제로부터 정치적으로 완전히 벗어날 수 있게 되었다. 다시 말해, 구 권위주의 체제의 주류 세력에게 정치적으로 더이상 의존할 필요가 없는 상황이 만들어진 것이다. 특히 과거 민주화 운동의 한 축이었던 김영삼과 연대하게 됨으로써 권위주의 체제 출신이라는 부담에서 벗어나 민주화된 정치 환경에 적합한 새로운 정체성을 확립할 수 있게 되었다. 3당 합당은 그 당시 권위주의 세력, 민주화 세력 양쪽 모두로부터 거센 비난을 받았다. 그러나 그 정치적 결과는 권위주의 대 민주화라는 과거의 정치적 대결구도를 모호하게 만들었다. 3당 합당과 함께 노태우 정부가 권위주의 체제의 일부이거나 연장선에 놓여 있다는 비난은 더 이상 유효하지 않게 된 것이다(강원택 2012, 182–183).

3당 합당과 함께 민자당과 민주당의 양당 체제가 형성되었고 이는 오늘날까지 지속되어 오고 있다. 제3의 정당이 때때로 선거 때 등장하고 또 소멸해 갔지만 1990년 3당 합당으로 만들어진 정당 구도에는 근본적 변화가 없었다. 그 사이 민자당은 한나라당, 새누리당 등으로, 민주당은 새정치민주회의, 새천년민주당, 통합민주당, 민주통합당, 더불어민주당 등 여러 가지 이름으로 명칭을 바꿔 왔지만 1990년 1월에 형성된 두 거대 양당 체제는 별다른 변화를 겪지 않았다. 정당의 구조, 속성, 이념, 지역 기반, 지지층에서 양당 체제는 명칭의 변화에도 불구하고 지속성을 보였다. 3당 합당 당시 '비호남 대 호남'이라는 지역적 대립을 보였던 정당 경쟁의 구도는 이후 이념적 갈등이 야당 중심의 경쟁에 추가되었고 세대 간 대립도 그 틀 속에 포함되었다.

3당 합당이라는 인위적인 정계개편과 뒤이어 지속되어 온 폐쇄적인 정당체계에 대해서는 비판의 여지가 있을 수 있지만, 여기서 주목하는 점은 민주화 과정에서 한 축을 담당했던 구 권위주의 세력이 3당 합당을 통해 과거의 권위주의 체제, 그리고 구 권위주의 체제의 주류 세력과 결별하고 새로운 정치적 질서에 맞도록 자기 변신을 이뤄낼 수 있었다는 점이다.

6.29 선언과 함께 시작된 민주적 전환의 과정은 민주화 운동 세력이나 구 권위주의 세력 모두에게 새로운 정치 환경에 맞는 자기 변화를 요구하는 과정이기도 했다. 하지만 이런 전환의 과정에서 더욱 큰 어려움을 겪을 수밖에 없는 것은 구 권위주의 세력일 수밖에 없다. 안정적 민주주의로의 진전을 위해서는 구 권위주의 세력이 새로운 정치 질서에 안착하는 일이 무엇보다 중요했다. 하지만 이러한 자기 변신은 결코 용이한 일이라고 보기는 어렵다.

노태우 정부는 군사적인 권위주의 체제로부터 민주주의적 시민사회로 전이하는 중간 단계에 놓여 있었다 … 민주화는 이전의 지배 세력에게는 새로운 정치로의 전환이기 때문에 자기 제약일 수밖에 없다. 그것은 심한 경우 지배 세력이 가지고 있는 기득권의 포기로 이어지게 되었다. 이 점에서 노태우 정부는 처음부터 민주화를 실현해야 하는 정치적 과제를 안고 있었기 때문에 그것에 따르는 문제점에 부딪힐 수밖에 없었다(진덕규 1994, 85).

그런 점에서 노태우 정부가 구 권위주의 체제의 주류 세력과 결별하고 또 국민 사이에서 새로운 지지기반을 찾아낸 것은 매우 중요한 의미를 갖는다. 이러한 자기 변신이 때로는 의도한 대로, 때로는 의도하지 않은 결과로 일어난 것이지만, 노태우 정부 시기 동안 구 권위주의 세력은 새로운 정치 환경에 적응했고, 새롭게 형성된 정치적 경쟁의 한 축을 담당하게 되었다. 그러한 변신과 함께 한국 정치는 민주화 이전으로의 후퇴, 권위주의 체제로의 복귀와 같은 퇴행적 움직임에서 완전히 벗어날 수 있게 되었다.

III. 어떻게 평가할 것인가

6.29 선언으로 민주화를 이뤘을 때 대다수 국민들은 권력 교체를 희망했다. 김영삼이나 김대중과 같은 민주화 운동을 이끌어 온 지도자 중 한명이 새로이 권력을 담당하기를 원하는 이들이 다수였던 것이다. 1987년 대통령 선거에서 김영삼, 김대중이 얻은 득표율을 합하면 55%에 달했다. 그러나 이들은 분열했고 이로 인해 구 체제 출신인 노태우 후보가 대통령에 당선되었다. 따라서 노태우의 당선은 새로운 변화를 원했던 다수 국민의 뜻에 어긋나는 것이었고 이 때문에 처음부터 노태우 정부에 대한 시선은 그리 곱지 않았다. 오랜 권위주의 체제의 억압과 통제로부터 벗어나게 되면서 권위주의 시대의 유산을 극복하고 새로운 민주적 질서를 '신속하고 급격하게' 이뤄 내야 한다는 기대감이 높았다. 또 한편으로는 권위주의 체제의 억압 기제가 완화되면서 노동 분규 등 참여 폭발도 일어났다. 이런 점에서 볼 때 과연 구 체제에서 자유롭지 못한 노태우 정부가 과연

새로운 민주적 질서를 '신속하고 급격하게' 이뤄 낼 수 있을지에 대한 본질적인 의구심이 존재했다. 아래의 인용문들은 그러한 의구심을 잘 지적하고 있다.

6공화국은 민주화를 열망하는 국민 대중의 압력에 권위주의 정권이 타협하고 양보함으로써 새로이 창출된 정권이었지만, 구 세력의 집권이 연장되었다는 점에서 탈권위주의화와 민주화라는 역사적 임무를 완수하기에는 본질적으로 한계를 가지고 있는 정권이기도 했다. 이 때문에 평가자들은 6공화국은 과도 정부요, 이 기간은 안정된 민주주의를 정착하는 데는 이르지 못한 '유보적 성공(mixed success)'의 시기였다고 한다. 노태우 정부는 과도기를 관리하고 권위주의를 청산하는 데는 일면 성공하였으나 민주주의를 공고화하지 못한 채 불안정한 정치를 김영삼 행정부에 물려주었다(안청시 1994, 1-2).

노태우 자신이 군부 권위주의 세력 출신이었을 뿐 아니라 국가와 집권 세력 안에 권위주의 잔존 세력이 많았다는 점이다. 따라서 정치의 민간화, 민주화는 한계가 있을 수밖에 없었으며 전체적인 정치사회 노선이 보수적일 수밖에 없었다(김영명 2006, 305).

이러한 지적은 타당한 것이다. 노태우 대통령은 그 자신이 군부 권위주의 세력 출신이었다는 점에서 매우 과감하고 급격한 민주화 조치를 행하기에는 분명한 한계가 있었다. 그러나 급격하고 전면적인 형태로 탈권위주의를 이룰 수 없었던 보다 중요한 이유는 한국 민주화의 이행 방식이 혁명적인 것이거나 혹은 민주화 운동 세력의 일방적인 승리로 이뤄지지 않았다는 데 있다. 한국의 민주화의 한 축은 구 체제의 군부 권위주의를 대표하는 세력이었다. 다시 말해 '신속하고 급격한' 민주적 질서로의 이행은 국민의 기대와는 달리 처음부터 일정한 한계를 가지고 있었던 것이다. 설사 김영삼이나 김대중 가운데 한 명이 대통령에 당선되었다고 하더라도, 그 대통령은 국회에서 가장 많은 의석을 가진 구 권위주의 체제의 야당을 만나게 되었을 것이다. 그리고 민주화를 향한 개혁조치가 급격하고 과감할수록 정치제도 안에서는 구 체제 출신의 야당으로부터의 저항을, 정치제도 밖에서는 여전히 구 체제에 대한 충성심에서 벗어나지 못한 군부로부터의 반발에 직면했을 것이다. 김영삼, 김대중이 대통령에 당선되었다고 하더라도 이들의 개혁 역시 두 세력 간 '타협의 정치'의 틀 속에서 조심스럽게 이뤄져야 했을 것이다.

또 다른 측면에서 보면, 오랜 권위주의 지배 체제에서 벗어나 민주화를 이뤄냈다는 감격 속에 새로운 정치 질서 확립에 대한 비현실적이고 과도한 기대감이 당시에 존재했던 것 또한 사실이었다. 민주화 직후에는 하루아침에 세상을 바꿀 수 있을 것 같은 장밋빛 희망을 적지 않은 사람들이 가슴에 품고 있었다. 하지만 민주화 이후 30년이 세월이 흐른 오늘날 그때를 되돌아보면 우리 사회가 참으로 과도한 기대감을 당시 가지고 있었음을 알 수 있다. 30년간의 민주주의를 경험하면서 이제는 민주주의의 공고화와 심화는 매우 지난한 과정을 겪을 수밖에 없으며, 정치제도, 정당 정치, 국민의 정치의식 등 다양한 영역에서 성숙해 가기 위한 많은 시간이 소요된다는 것을 깨닫게 되었다.

한 가지 흥미로운 예를 들면, 1987년 민주화 이후 10년이 지난 1997년 한국정치학회와 한국사회학회가 공동으로 '민주화 10년 평가'를 주제로 한 학술대회에서의 민주화 진전에 대한 평가이다. 그때 한국 민주주의의 진전에 대한 학자들의 평가는 "지연되고 있는 민주주의의 공고화"(임혁백 1997), "지체된 공고화"(송호근 1997), "제한된 형식 민주주의"(정영태 1997) 등이었다. 당시는 김영삼 정부 후반기였다. 이 무렵은 이미 군의 탈정치화가 이뤄지고, '역사 바로 세우기' 작업으로 5.18 특별법이 제정되어 12.12 사건과 5.18 사건에 대한 재판이 마무리되었고, 통합선거법 제정과 정치자금법 개정도 이뤄져 있었다. 10년 전 처음 민주화와 시작된 시점에서 보면 상당한 변화가 이뤄져 있던 시기였다. 그러나 그때도 한국 민주화에 대한 세간의 평가는 지연, 지체, 제한적이었다는 것이었다. 사실 2016년의 거대한 촛불집회 역시 불완전한 민주주의에 대한 분노였다. 민주화 이후 30년이 지난 시점에도 민주주의의 불안정성에 대한 불만은 여전했던 셈이다(이지호·이현우·서복경 2017, 105-149). 그런 점에서 본다면 거대한 정치적 전환의 과정이 막 시작된 노태우 정부 시기에 국민들이 가졌던 민주적 성과에 대한 기대감은 과도한 것이었고 너무 성급한 것이었다.

또 한편으로 6.29 선언이라는 타협에 의한 민주화는 그 속성상 양보와 타협에 반대하는 강경파들의 존재를 전제로 하는 것이다. 권위주의 체제 내에서도 타협보다는 물리력을 동원한 진압을 선호하는 세력이 존재했고, 민주화 운동 세력 내에서도 타협보다 체제 붕괴까지 투쟁을 이어 가야 한다고 주장하는 세력이 존재했다. 타협에 의한 민주화는 처음부터 각 세력 내부에 불안정성, 불확실성을 담고 있었던 것이었다. 따라서 이 시기에 중요한 점은 막 시작된 민주화가 좌초되지 않도록 잘 관리하고 또 올바른 방향으로 나아갈 수 있도록 이끌어 가는 일이었다.

특히 노태우 대통령으로서는 구 권위주의 세력 내 강경파를 견제하면서 민주화된 환경에 구 체제 출신을 적응시켜야 하는 과제를 갖고 있었던 것이다. 그런 점에서 6.29 선언 이후의 정치적 변화의 방향을 정확하게 이해하고 그 방향으로 이끌고 나가는 리더십이 매우 중요했다. 노태우는 집권 이후 정치적 변화의 방향을 분명하게 인식하고 있었다. 예컨대 노태우 대통령은 자신의 후임 대통령은 군 출신이 되어서는 안 된다는 뜻을 여러 차례 밝혔고, 실제로 민자당 대통령 후보 선출 과정에서 김영삼에 맞설 수 있는 유력한 대권 후보였던 박태준을 군 출신이라는 이유로 눌러 앉혔다(노태우 2011, 509-511; 이종찬 2015, 167-170). 박태준이 당 후보 경선에 출마하여 당시 민자당 내 최대계파인 민정계의 지원을 받았다면 1961년 이후 최초의 문민 대통령이 된 김영삼의 당내 후보 선출은 쉽지 않은 일이었다.

이런 점을 감안할 때 노태우 정부 시기는 새롭게 평가되어야 한다. 그 자신이 구 체제 출신으로 민주화 이후 첫 대통령이 되었기 때문에 급격한 민주화, 탈권위주의에 한계가 있었다는 지적은 일면 타당한 것이지만, 그것은 권위주의 세력과 민주화 운동 세력 간의 타협에 의한 방식이라는 우리의 민주화 이행 양식을 고려할 때 그러한 지적은 부분적으로만 타당한 것이다. 애당초부터 권위주의 세력은 민주화 이행의 한 축이었다. 문제는 이들이 그 이후 변화된 정치적 환경에 뿌리를 내리고 새로운 체제에 순응하는 정치 세력으로 안착해 갈 수 있느냐 하는 점이 한국 민주주의의 발전 과정에서 중요했던 것이다.

민주화라는 오랜 숙원이 달성된 직후의 정치적 도취감(euphoria)이 팽배하던 시기에 노태우 정부의 등장과 역할에 대한 불만과 못마땅함이 존재했던 것이 사실이었다. 그러나 노태우 정부 시기는 구 질서하의 권위주의 체제가 민주화라는 새로운 질서 속에 스스로 적응해 가는 과정이었다. 구 질서하의 정치권력과 가까운 군 수뇌부를 개혁하고, 또한 과거 질서하의 적대 세력의 일부와 정치적 협력 관계를 형성하여 새로운 정치 환경에 적응한 것은 그 이후에 계속된 민주주의의 진전과 관련하여 볼 때 그 의미는 결코 가볍게 평가되기 어렵다. 안정적이고 질서 있는 전환을 위한 디딤돌로서 노태우 정부 시기의 역할에 대한 재평가가 필요하다.

IV. 결론

지금까지 한국 민주화의 이행 과정에 주목하여 민주화의 특성과 노태우 정부에 대해 살펴보았다. 민주주의를 염원하는 강한 국민 여망에 의해 민주화가 이뤄진 것이지만, 그 이행 과정(a mode of transition)에 대한 현실 정치적 관점에서 본다면 6.29 선언은 권위주의 체제의 '항복 선언'이나 '몰락'이었다고 보기 어렵다는 것이 이 글에서의 기본적 관점이다. 한국의 민주화는 권위주의 체제와 민주화 운동 세력 간의 대립과 충돌에도 불구하고 명확한 승자를 만들어 내지 못했다. 권위주의 체제는 민주화 운동 세력을 제압하지 못했고, 민주화 운동 세력은 권위주의 체제를 타도하지 못했다. 한국의 민주화는 이 두 세력의 힘이 일정한 균형점에 도달했을 때 상호 간의 타협을 통해 이뤄진 것이다. 사실 '대통령 직선제 개헌'이라는 1987년 민주화 운동의 목표 자체가 이러한 정치적 타협을 전제로 한 것으로 볼 수 있다. 6.29 선언을 통한 한국의 민주화는 애초에 매우 불안정한 요소를 그 속에 담고 있었다. 그런 점에서 민주화가 이뤄졌다고 해도 과거 체제에 대한 정리 문제는 그리 간단한 일이 아니었다. 다시 말해 한국의 민주화와 그 이후의 공고화는 민주화 운동 세력뿐만 아니라 구 권위주의 세력이 함께 만들어 가야 했던 과정이었던 것이다.

더욱이 김영삼, 김대중의 분열로 인해 1987년 대통령 선거에서 구 권위주의 세력인 노태우 후보가 대통령으로 당선되었다. 당시 노태우 정부의 특성을 "군사 정권이라고 말하기도 어렵고 완전한 의미에서의 민간정권이라고도 하기 어려운 중간적, 과도기적 성격의 정권"(김영명 2006, 306)이라는 지적은 전적으로 틀린 것은 아니었다. 그러나 보다 주목해야 하는 점은 그 이후 '중간적, 과도기적 성격의 정권'의 속성에서 벗어나 민주화된 정치 상황에 적응해 가고, 또 국민들 사이에 새로운 형태로 지지를 뿌리내려 가는 과정에 대한 것이다. 다시 말해 노태우 정부는 민주화 이후의 새 체제에 순응하고 그 질서를 수용하는 체제 수용적 정치 세력으로 변모해야 하는 과제를 갖고 있었던 것이다. 이는 단지 구 권위주의 세력만의 문제가 아니라 6.29 선언이 상징하는 타협을 통한 민주화라는 민주화 이행의 양식을 고려할 때 향후 한국 민주주의 전개 과정에 중요한 의미를 갖는 것이었다.

노태우 대통령은 민주화 이후 적법한 절차를 거쳐 당선된 만큼 민주적 정통성에 대한 확고한 자신감을 가질 수 있었다. 민주화, 문민 통치라는 시대적 방향도 노태우 정부는 잘 이해하고 있었다. 문제는 구 권위주의 세력으로부터의 단절과 함께 새로운 독자적인 정치적 기반을 마련하는 수가 있느냐 하는 것이었다. 군부 개혁과 3당 합당은, 정파적 논란이나 당시의 현실 정치적 영향과 달리, 그런 점에서 매우 중요한 사건이라고 할 수 있다. 노태우 정부 시기를 거치면서 구 체제하의 권위주의 세력은 자기 스스로의 변화를 통해 보다 민주화된 환경에 적응하는 데 성공했고, 이는 또 다시 한국 민주화가 퇴행의 우려 없이 앞으로 나아가게 하는 데 중요한 기여를 했다.

태생적인 한계 등으로 인해 민주주의 공고화를 향한 노태우 정부의 여정은 조심스러운 것이었고 또 한편으로는, 많은 이들이 지적했듯이 분명한 한계를 지닌 것이기도 했다. 그럼에도 불구하고 그것은 민주주의 공고화를 향한 분명한 출발점이었고, 그 이후에 전개된 한국 정치의 발전에 중대한 기여를 한 의미 있는 첫걸음이었다.

참고문헌

강원택. 2017. "군의 탈정치화와 한국의 민주화." 강원택 외. 『대한민국 민주화 30년의 평가』. 대한민국역사박물관, 77-113.
_____. 2012. "3당 합당과 한국 정당 정치." 『한국정당학회보』. 11(1). 171-193.
김영명. 2016. "민주화 이후 한국 민주주의의 공고화: 노태우, 김영삼, 김대중 정부." 신명순 엮음. 『한국의 민주화와 민주화운동: 성공과 좌절』. 한울, 385-427.
_____. 2006. 『한국의 정치 변동』. 을유문화사.
노태우. 2011. 『노태우 회고록: 상권』. 조선뉴스프레스.
안청시. 1994. "한국 정치와 민주주의 비교정치학적 고찰." 안청시 편. 『전환기의 한국 민주주의: 1987-1992』. 1-30.
이종찬. 2015. 『숲은 고요하지 않다: 이종찬 회고록 2』. 한울.
이현우. 2012. "여소야대 국회에 대한 반응." 강원택 편. 『노태우 시대의 재인식: 전환기의 한국 사회』. 나남. 41-66.

임혁백. 1997. "지연되고 있는 민주주의의 공고화: 정치 민주화의 과정과 문제점." 한국정
치학회, 한국사회학회. 「한국 민주화 10년: 평가와 전망」 공동 학술대회 발표논문.
(1997. 6. 21.)

_____. 1994. 『시장, 국가, 민주주의: 한국 민주화와 정치경제이론』. 나남.

송호근. 1997. "배제적 민주화와 유보된 '이중전환': 한국 민주화의 사회적 성과와 한계."
한국정치학회, 한국사회학회. 「한국 민주화 10년: 평가와 전망」 공동 학술대회 발표
논문. (1997. 6. 21.)

정영태. 1997. "6공화국과 문민정부의 성격." 한국정치학회, 한국사회학회. 「한국 민주화
10년: 평가와 전망」 공동 학술대회 발표논문. (1997. 6. 21.)

진덕규. 1994. "노태우 정부의 권력 구조와 정치체제." 안청시 편. 『전환기의 한국 민주주
의: 1987-1992』. 법문사, 31-86.

최준영. 2012. "3당 합당: 민주화 이후 한국 정당정치의 분기점." 강원택 편. 『노태우 시대
의 재인식: 전환기의 한국 사회』. 나남, 67-97.

한용원. 1993. 『한국의 군부정치』. 대왕사.

Huntington, Samuel. 1991. *The Third Wave: Democratization in the Late Twentieth Century*. Norman: University of Oklahoma Press.

Oberdorfer, Don. 2001. *The Two Koreas: A Contemporary History*. revised and updated. Indianapolis: Basic Books.

제1부

6.29 선언과 한국 정치

제2장

정치사로서의 6.29 선언

한정훈 • 서울대 국제대학원

I. 서론

6.29 선언은 1987년 6월 29일 당시 민주정의당 대표이면서 대통령 후보였던 노태우 전 대통령(이후 노대통령)이 서울 종로구 관훈동의 민정당 중앙당사 중앙 집행위원회 회의실에서 '국민화합과 위대한 국가로의 전진을 위한 특별선언' 8개항을 발표한 것을 지칭한다. 전두환 전 대통령(이후 전대통령)은 7월 1일 '시국수습에 관한 대통령 특별담화'를 통해 6.29 선언을 정부와 민정당의 공식입장으로 확정하였다. 이후 30년의 역사를 통해 한국 사회는 '민주 대 반민주'의 대립구도에서 탈피하고, 민주주의 수립이라는 공동의 전제 조건 아래서 '보수 대 진보'라는 대립구도 속 변화를 거듭해 왔다. 한국의 민주화 과정은 6.29 선언 이전과 이후의 성격이 매우 달라진 것이다.

6.29 선언은 한국 민주화의 획기적인 전환점(turning point)이었음에도 불구하고, 6.29 선언에 대한 한국 국민들의 인식은 그렇게 뚜렷하지는 않다. 〈그림 1〉

은 최근 한국정당학회가 주관하고 엠브레인이 조사한 6.29 선언 30주년 여론조사 결과 가운데 6.29 선언을 알고 있는지를 조사한 결과의 분포를 보여 준다.[1] 네 개의 범주로 이루어진 6.29 선언에 대한 인지 여부를 단순화하여 알고 있는 응답자와 그렇지 않는 응답자로 구분할 경우, 48.8%는 6.29 선언을 알고 있는 반면, 나머지 51.2%가 알지 못한다고 응답하고 있다. 이러한 응답자 분포를 연령별로 구분하여 살펴보면 더욱 뚜렷한 대척점이 드러난다. 20대와 30대는 70%가 넘는 비율이 잘 알지 못한다고 응답하고 있는 반면, 50대 이상은 50%를 훨씬 웃도는 비율의 응답자가 6.29 선언을 인지하고 있다. 또한 6.29 선언 당시 10대였던 40대의 응답자 역시 50%를 넘는 이들이 잘 알지 못한다고 응답하고 있다는 점은 흥미롭다. 6.29 선언 이후 30년이라는 세월이 흐르면서 한국 유권자, 특히 젊은 유권자들에게 6.29 선언은 기억에 없는 과거사로 남아 있는 것이다.

아마도 이와 같은 낮은 인지는 6.29 선언 이후 상당한 세월이 흘렀다는 점 때문일 것이다. 그럼에도 불구하고 중요한 과거사가 교육 등을 통해 후세에 전달되지 못하고 있다는 점은 우려되는 부분이다. 이와 관련하여 학계에서 역시 6.29 선언에 대해 충분한 관심을 기울이지 않았다는 점도 생각해 볼 문제다. 그동안 상당한 양의 연구가 1987년 한국 민주화 과정을 분석하였음에도 불구하고 6.29 선언을 직접적인 연구주제로 다루는 경우는 드물다. 대부분의 기존연구는 6.29 선언을 1980년대 민주화의 결과로 간주함과 동시에 6.29 선언을 기점으로 한국 민주화 과정이 새로운 길로 들어섰다는 평가에 동의한다(최장집 1989; 송근원 1989; 배무기 1990; 임혁백 1990; 김세중·김종표 1991; 백선기 1992; 안종묵 2002; 이갑윤·문용직 1995; 김성수 2003; 조현연 2007; 정일준 2010; 손호철 2011; 조희연 2013 전재호 2016). 그러나 이와 같은 기존 연구는 6.29 선언의 어떠한 측면이 6.29 선

---

1. 설문조사는 전국 만 19세 이상 성인남녀 1,000명을 대상으로 구조화된 설문지를 이용한 온라인 조사방식으로 진행되었다. 2017년 6월 9일부터 13일까지 5일 동안 이루어진 설문조차의 표본오차는 95% 신뢰수준을 기준으로 ±3.1%p였다.

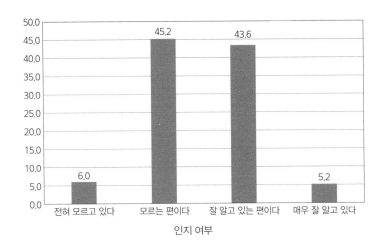

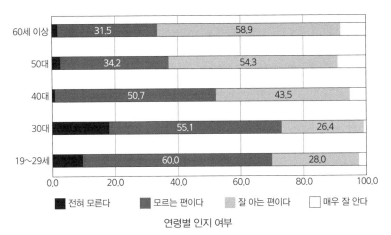

그림 1. 6.29 선언 인지 여부와 연령별 분포

언 이전과 이후 한국 민주주의 발전의 단절과 변화를 유발한 것인지에 대해서 체계적이고 명시적인 논의를 제시하지 않는다.

결국 그동안의 한국 민주화 과정에 대한 연구는 6.29 선언을 기점으로 그 이전 과 그 이후의 민주화를 위한 노력과 결과에 초점을 맞추고 있을 뿐, 6.29 선언 자 체에 대한 체계적이고 직접적인 평가는 빈약하다. 이 글은 위와 같은 6.29 선언에 대한 기존 논의의 한계를 극복하고, 6.29 선언의 정치사적 의의를 평가하고자 하는 데 있다. 특히 중대시점(critical juncture)이라는 개념을 활용하여 6.29 선언이 한국 정치사에서 지니는 의의를 살펴보고자 한다. 이 과정에서 이 글은 1987년 당시 민중운동 진영에서 요구하였던 개혁과 6.29 선언 8개항 사이의 차이에 주목한다. 1987년 당시 국민운동본부에 의해 대표되었던 민중운동 진영은 '대통령 직선제 개헌을 통한 민주헌법' 쟁취를 목표로 하고 있었다. 1987년 5월 27일 민주헌법쟁취 국민운동본부 결성대회에서 선언된 8개항의 결의문은 이를 대표한다. 그런데, 흥미롭게도 6.29 선언은 국민운동본부의 요구사항보다 더욱 포괄적인 민주개혁에 관한 내용을 담고 있다. 그러면, 왜 6.29 선언은 단순히 민중운동 진영의 대통령 직선제를 수용하지 않고, 그 이상의 개혁 내용을 담고 있는 것인가? 이 글은 이와 같은 6.29 선언의 내용적 특성을 유발한 배경을 설명함으로써 6.29 선언의 정치사적 의의를 제시하고자 한다.

이 글의 구성은 다음과 같다. 우선 역사적 사건을 해석하는 데 중대시점이라는 개념의 정의와 이를 분석하기 위한 역사실적 추론 방법의 특성에 대해 간략히 설명할 것이다. 다음으로 6.29 선언이 한국 민주화 과정에서 중대시점으로 간주될 수 있는 정치사적 배경과 의의를 분석한다. 마지막으로 본문의 논의를 요약하고 6.29 선언에 대한 적실한 평가를 위한 학문적 관심의 필요성을 제기하면서 결론을 대신하도록 하겠다.

II. 6.29 선언과 중대시점

한국의 민주화 과정을 분석한 기존의 연구는 1987년 6.29 선언을 기점으로 주제의 차별성을 드러낸다고 볼 수 있다. 6.29 선언 이점 시점을 분석한 대부분의 연구는 1980년 광주민주화운동 이후부터 1987년에 이르기까지 다양한 사건, 인물, 및 정치적 역학 등을 중심으로 민주화 과정을 설명한다(최장집 1989, 임혁백 1990; 이갑윤·문용직 1995; 김성수 2003; 정일준 2010). 반면 6.29 선언 이후 시점에서 이루어진 한국 민주화 과정에 대한 분석은 6.29 선언을 계기로 촉발된 사회적 요구가 수용되어 가는 과정의 성공과 실패에 대한 논의가 중심이다. 1987년 헌법개정과정 및 1987년 체제에 대한 논의, 또는 민주화 과정에서 사회 제 세력 및 사회적 이슈의 성격변화 등에 연구가 이에 해당한다(송근원 1989; 배무기 1990; 김세중·김종표 1991; 백선기 1992; 안종묵 2002; 김대영 2006; 조현연 2007; 정상우 2016; 손호철 2011; 조희연 2013).

그러나 한국 민주화 과정에 관한 기존 문헌에서 공통적으로 발견되는 점은 6.29 선언을 역사적으로 중요한 사건으로 간주함에도 불구하고, 그에 대한 구체적이고 체계적인 분석을 시행하지 않고 있다는 점이다. 6.29 선언 이전 시점에 초점을 둔 기존의 연구는 6.29 선언을 1980년 이후 한국 민주화 운동이 낳은 하나의 결과물이라는 암묵적 가정을 채택하고 있으며, 6.29 선언 이후 시점에 초점을 둔 연구는 6.29 선언을 통해 한국 민주화 과정이 이전 시점과는 전적으로 다른 양태로 발전하기 시작하였다는 점을 가정하고 있다. 다시 말해 6.29 선언은 한국 민주화 과정에서 민주화를 위한 사회세력들의 지속적인 노력의 결과물일 뿐 아니라 새로운 민주화 과정을 시작할 수 있는 계기가 되는 사건인 것이다. 그러나 6.29 선언에 대한 이와 같은 암묵적인 가정에도 불구하고 6.29 선언을 연구대상으로 삼고 진행된 체계적 분석은 전무하다는 문제점을 보인다. 그러면, 기존연구가 보이는 이와 같은 한계를 어떻게 극복할 수 있을까?

본 연구는 중대시점(critical juncture)이라는 개념을 활용하여 6.29 선언의 역사적 의의를 재조명하고자 한다. 그리고 6.29 선언을 중대시점의 관점에서 평가함으로써 6.29 선언을 하나의 독립적인 사건이 아니라 6.29 선언이 이루어지기 이전 시점의 중요 사건들과 밀접한 연관성을 지니면 등장하였음을 보이고자 한다. 또한 6.29 선언 이후의 민주화의 발전과 과정은 6.29 이전 시점에서 발생한 몇몇 중요한 일련의 사건과 밀접히 연관되며, 그러한 사건이 발생하지 않았을 경우와는 전적으로 다른 방식으로 발전하였음을 주장하고자 한다. 따라서 본 연구는 6.29 선언의 정치사적 의의를 연구 대상으로 삼고 있는 최초의 연구일 뿐 아니라 후속연구를 촉발하기 위한 하나의 이론적 견해를 제시하고자 하는 연구라고 할 수 있다.

중대시점이라는 개념은 '중요한 변화의 순간이며, 전형적으로 다른 국가들과는 독특한 방식으로 발생할 뿐 아니라 독특한 유산을 남길 것으로 가정될 수 있는 순간'이라고 정의된다(Collier and Collier 1991). 또한 유사한 관점에서 '이전 시점의 역사적 배경에 의해 제시되는 둘 이상의 대안 가운데 하나의 대안이 채택되는 선택의 순간'이라고 정의되기도 한다(Mahoney 2000, 4). 결국 중대시점은 해당 시점에서 이루어진 선택이 당시 논의되었던 다른 대안들에 대한 논의를 종결하고, 선택을 통해 새로운 경로의존적(path-dependence) 발전을 유도하는 시점이라고 할 수 있다. 전환점(turning point) 또는 위기(crisis) 등과 같은 개념과 유사한 의미를 지닌 개념이다.

중대시점이라는 개념은 역사적 제도주의(historical institutionalism)적 접근법의 발전과 함께 매우 일찍부터 이용된 것으로 알려졌다(Capoccia and Keleman 2007). 정치학에서 중대시점이라는 개념이 활용되기 시작한 사례는 서유럽의 정당체제는 세 번의 중대시점(three crucial junctures)을 경험하면서 형성, 발전하였다는 립셋과 로칸(Lipset and Rokkan 1967)의 주장을 들 수 있다. 또한 최근에는 장기간의 균형상태에서 갑작스러운 변화가 발생할 수 있다는 진화론의 '종결된 균형(punctuated equilibrium)'과 같은 개념을 통해 확대, 재생산되고 있다(Eldredge and Gould 1972). 그리고 미국을 중심으로 비교정치경제, 동아시아의 지역주의, 의제설정, 외교정책 분야 등 다양한 영역에 대한 연구에서 중대시점이라는 개념이 활용되고 있다(Gourevitch 1986; Pempel 1998; Kingdon 1985; Calder and Ye 2004).

중대시점의 개념적 정의에 따를 때, 6.29 선언은 한국 민주화 과정의 중대시점으로 간주하기에 충분한 타당성을 지닌 것으로 보인다. 6.29 선언은 '대통령 직선제'를 선택함으로써 대통령 선출과 관련된 기존의 다양한 논의를 종결하였다. 또한 '대통령 직선제'의 선택으로 인해 이후 한국의 민주화 발전은 이전 시점과 매우 상이한 경로를 따르게 된다. 그러나 이론적으로 특정 시점 또는 일련의 사건을 역사발전 과정에서 중대시점으로 규정하기 위해서는 이와 같은 단순한 평가보다는 더욱 구체적이고 면밀한 검토가 필요하다. 특히 중대시점에 관한 이론적 논의에 따르면, 다음과 같은 세 가지 측면이 일관되게 설명되어야 한다. 첫째, 중대시점을 형성하는 역사적 사건의 범위다. 중대시점은 때때로 하나의 사건을 중심으로 또는 일련의 사건을 중심으로 규정될 수 있다(Capoccia and Kelemen 2007, 349). 따라서 중대시점을 규정하기 위해서는 분석의 대상(unit of analysis)에 대한 규정이 명확해야 한다. 각 분석대상을 통해 중대시점을 규정함으로써 특정한 분석대상에 대해 이루어진 선택이 이전 시점에서 고려되었던 다양한 대안들에 대한 논의를 종결시킴에도 불구하고 다른 대상에서는 변화가 없을 수 있는 가능성을 허용해야 하는 것이다. 둘째, 중대시점을 형성하는 역사적 시기의 범주이다. 중대시점은 행위자들의 선택에 변화를 가져올 것이 예상되는 시점이다. 따라서 장기간 지속된 중대시점을 규정할수록 중대시점과 그 결과 발생한 경로의존적 발전을 구분하기 어렵다(Capoccia and Kelemen 2007, 350). 이러한 문제점을 회피하기 위해 중대시점은 가능한 단기적으로 규정될 필요가 있다(Capoccia and Kelemen 2007, 350). 셋째, 중대시점에 대한 규정은 무작위적인 일련의 사건의 종합을 통해서보다는 주요 행위자들의 선택을 통해 이루어질 필요가 있다(Capoccia and Kelemen 2007, 352).

결국, 6.29 선언이 중대시점에 해당하는가에 대한 평가가 피상적인 수준에 머무르지 않기 위해서는 6.29 선언이 이루어지는 시점에 어떤 대안들이 이용 가능했는지, 이용 가능한 대안들 가운데 이루어진 선택이 다른 대안들과는 어떠한 관계에 놓인 것인지 등을 규정할 수 있어야 한다(Capoccia and Kelemen 2007, 354-355). 또한 중대시점은 정상적인(normal) 시점에 비해 불확실성과 비예측성이 높다는 점에서 중대시점을 형성하고 있는 정상적인 시점과는 차별적인 맥락(contingency)적 특성에 근거하여 분석해야 한다. 본 연구에서는 그와 같은 역사적 맥락을 분석하기 위해 역사실적 추론의 방법에 의존하고자 한다.

역사실적 추론(counterfactual analysis)은 몇 가지 조건을 만족시키는 경우 역사적 맥락을 분석하는 데 매우 유용한 방법인 것으로 알려졌다(Fearon 1991). 특히 두 가지 요건이 제시되는 경향이 강하다(Capoccia and Kelemen 2007, 356). 하나는 이론적 일관성(theoretical consistency)이다. 마호니(Mahoney 2000, 513)는 역사실적 추론을 위해서는 중요시점 동안 실제 이용 가능했던(available) 역사실적 선행사건(antecedent)에 초점을 맞춰야 한다고 주장한다. 다른 하나는 역사적 일관성(historical consistency)이다. '최소수정규칙(minimal-rewrite rule)'이라고 알려진 이러한 원칙은 관련 행위자들에 의해서 매우 아슬아슬하게 선택되지 않았으나(narrowly defeated), 고려되었고(considered), 실행 가능했던(viable) 정책적 대안을 고려해야 한다는 것이다. 다시 말해, 선행사건(ceteris paribus)과 결과가 시기적으로 너무 멀리 떨어져 있어서 다른 모든 조건을 동일하게 한다(ceteris paribus)는 가정의 타당성이 상실되는 대인을 고려해서는 안 된다는 것이다(Tetlock and Belkin 1996, 23-24).

위와 같은 역사실적 추론은 또한 이론에 따른 서사(theory-guided narrative)가 이루어질 것을 요구한다(Capoccia and Kelemen 2007, 357). 역사적 사건에 대한 서사는 단순히 정해진 규칙 없이 또는 잠정적인 스토리텔링(storytelling) 형식으로 진행되는 것은 아니다. 오히려 최근 연구는 역사적 사건에 대한 서사 역시 명백한 이론적 모형에 따라 적절한 체계를 지닐 것을 요구한다(Büthe 2002, 483). 특히 게임이론과 같은 모형을 활용하는 경우 중요시점의 주요행위자, 행위자들이 지녔던 목적, 선호, 결정, 그들의 결정에 직접적 영향을 미친 사건 등에 대한 서사가 필요하다(Capoccia and Kelemen 2007, 357). 따라서 서사는 단순히 결정된 사건에 대해서뿐만 아니라 고려되었거나, 최종적으로 배제된 사건에 대한 기술을 포함할 필요가 있다.

이와 같은 논의에 근거하여 본 연구는 6.29 선언이 중대시점에 해당하는지를 평가하기 위해 다음과 같은 네 가지 측면을 살펴보고자 한다. 첫째, 6.29 선언이 한국 민주화 과정에서 어떠한 분석단위를 중심으로 중대시점을 형성하는가? 둘째, 6.29 선언이 중대시점으로 간주될 수 있는 시기적, 사건적 맥락은 무엇인가? 셋째, 6.29 선언을 전후한 중대시점에서 중요한 행위자는 누구인가? 넷째, 마지막으로 역사실적 추론에 따라 각 행위자들이 지녔던 목적, 선호, 결정은 어떻게 서술될 수 있는가?

중대시점은 활발히 활용되는 개념임에도 불구하고 해당 개념을 활용할 수 있는 일정한 방법론적 지침이 존재하지 않는다(Capoccia and Kelemen 2007, 347). 따라서 중대시점에 관한 이론적 논의를 고찰한 후, 특정 사건이 중대시점을 구성하는지를 평가하기 위해 위와 같이 제시된 네 가지 측면은 본 연구의 주장에 대한 타당성의 한계가 될 뿐 아니라 연구자와 독자가 공유할 수 있는 지침이 될 수 있을 것이다. 그럼, 위의 네 가지 측면을 중심으로 6.29 선언을 구체적으로 살펴보도록 하자.

III. 중대시점으로서 6.29 선언 분석

1. 6.29 선언은 4.13 호헌조치부터 시작되는 중대시점의 종결

1987년 6.29 선언이 한국 민주화 과정에 미친 가장 큰 변화는 헌법상 대통령 선출규정을 간선제에서 직선제로 변경한 것이다. 6.29 선언 이전 한국 사회는 소위 '유신헌법'으로 알려졌으며, 1972년 10월 27일 개정되고 동년 12월 27일 공포된 제7차 개정헌법에 따라 대통령 간선제를 유지해 왔다. 6.29 선언을 통해 이루어진 제9차 헌법개정은 대통령 간선제를 폐지하고 직선제를 규정하였고, 이에 따라 이후 한국 민주화 과정에서 대통령과 행정부 및 국회, 그리고 행정부와 국회 등 정부 기구 간 관계에 있어서 중대한 변화를 수반하였다.

6.29 선언과 함께 이후 한국 사회의 민주화 발전이 이전 시점과는 전적으로 다른 경로(path)를 따라 진행되었다는 점에서 6.29 선언은 중대시점으로 간주할 만하다. 그러면, 6.29 선언으로 이루어진 이후의 발전 경로를 전적으로 변화시킨 중대시점의 시기적, 사건적 범주를 어떻게 정할 것인가? 이 글은 1987년 4.13 호언조치부터 6.29 선언까지 두 달 반 정도의 시간을 한국 민주화의 이후 경로를 결정한 중대시점으로 간주할 수 있다고 주장한다. 그러면, 1980년대 중반의 정치상황을 고려할 때, 6.29 선언의 직선제 개헌을 가져온 중대시점의 시작은 6.10 민중항쟁, 5.27 호헌철폐민주헌법쟁취 국민운동본부 결성, 4.13 호헌조치, 1986년의 '직선제 개헌 1만 명 서명운동' 또는 1985년의 총선에서 직선제를 총선공약으로 내걸었던 신민당이 제1야당이 되었던 시점 등 다양한 사건을 통해 고려될 수 있음에도 불구하고 4.13 호헌조치부터 중대시점이 시작되는 것으로 간주하는 이유는 무엇인가?

우선, 한국 사회 내 대통령 직선제에 대한 요구는 1980년 초반부터 시작되었음에도 불구하고 4.13 호헌조치 이전 시점에서 대통령 직선제에 대한 주장은 정상적인(normal) 정치상황 아래서 다양한 제도 개혁의 대안 가운데 하나로 제기되는 성격을 지닌다고 볼 수 있다. 반면, 4.13 호헌조치 이후의 발전과정은 기존에 논의되었던 대통령 간선제와 내각제라는 제도적 대안을 완전히 폐기하는 정치적 불확실성이 높은 맥락(contingency)을 구성하였기 때문이다. 1985년 제12대 국회의원 선거에서 신한민주당이 총선 공약으로 내세웠던 대통령 직선제 개헌의 요구는 학생과 민중운동 세력의 선호와는 완전히 일치하지 않는 하나의 개혁안이었다. 또한 학생운동 세력은 1986년 5월 인천사태 당시까지도 민족과 계급모순의 해결을 주장하는 등 비교적 급진적 노선을 채택하고 있었다(이갑윤·문용직 1995, 219). 당시 미국에서 귀국한 김대중 전 대통령 역시 '소수 학생들의 과격한 주장에 동의할 수 없다'는 기자회견을 열고 비반미, 비폭력, 비용공이라는 3비(非) 원칙을 재야와 학생운동권에 호소하였다(전재호 2016, 267). 집권세력이었던 전대통령과 노대통령의 경우 직선제 요구뿐만 아니라 학생 및 민중운동 세력의 급진적 요구를 심각하게 받아들이지 않은 것으로 볼 수 있다. 전대통령이 1986년 초 국정연설을 통해 임기 내 개헌불가 입장을 천명하였던 사실은 이를 뒷받침한다.

대통령 직선제라는 대안이 그동안 간선제의 방식으로 운영되어 오던 대통령 선출방식에 대한 사회적 불확실성을 증대시킨 사건은 1986년 전대통령과 3당 대표와의 회담이다. 전대통령은 4월 30일 이루어진 회담에서 여야합의를 전제로 '임기 중'에 헌법을 개정할 용의가 있음을 밝혔다(정상우 2016, 4). 그 결과 여당과 야당의 개헌에 대한 논의는 급물살을 탔으며 국회 내 국회헌법개정특별위원회가 구성되었다. 이에 따라 신민당을 포함한 야당은 대통령 직선제를 주장하였으며, 집권당인 민정당은 내각제안을 제시함으로써 여야 간의 논의는 공전을 거듭하였다. 결국 11개월여 동안 이루어졌던 국회헌법개정특별위원회 활동은 별다른 성과를 내지 못한 채 1987년 4월 13일 전대통령이 현행헌법에 따라 대통령 선거를 실시하고 그에 따라 선출된 차기 대통령에게 권력을 이양한다는 중대결정을 발표하면서 마무리되었던 것이다. 따라서 4.13 호헌조치는 정치적 리더를 선출하기 위한 다양한 방식에 대한 사회적 논의에도 불구하고 어느 하나의 대안으로 수렴되지 않은 시점에서 이루어진 것이다.

4.13 호헌조치라고 일컬어지는 이와 같은 전대통령의 발표는 일반적인 정치상황에서는 최고권력자의 헌법수호 의지를 천명한 것이라는 측면에서 환영받을 조치이다. 그러나 1987년 당시 한국적 맥락에서 호헌조치는 반민주적 선거를 통

해 선출되는 대통령제를 계속 유지하겠다는 집권세력의 선호를 표출한 것이라는 특수성을 지닌다. 4.13 호헌조치를 통해 전대통령은 6.29 선언 이전 2년이 채 못 되는 시기 동안 대통령 선출방식과 관련하여 자신의 선호를 두 차례나 수정한 것이다.

이와 같은 한국적 특수성을 반영한 4.13 호헌조치 이후의 한국 정치의 발전 상황은 두 가지 특징을 보인다. 하나는 5월 27일 '호헌철폐민주헌법쟁취 국민운동본부'의 발족을 시발점으로 한 민중세력의 집결이다. 4.13 호헌조치 이후 민중운동 세력은 더 이상 다양한 대안으로 힘을 분산시키기보다는 대통령 직선제 개헌이라는 하나의 대안에 집중하게 된다. 박종철 고문살인 은폐조작 규탄을 위한 국민대회 역시 호헌철폐 민주헌법 쟁취라는 해결방안을 제시하면서 전 국민적 개헌 투쟁에 힘을 결집시킨 것이다.

다른 하나는 집권세력 내 지도자를 비롯하여 다양한 조언자 집단의 정국 해결 방안 제시다. 노대통령 역시 6월 10일 민정당 대통령 후보로 추대된 당일 '직선제와 김대중 사면복권을 할 수밖에 없다는 생각을 확고하게 가지게 되었다'고 한다(조갑제 2007, 161). 또한 이즈음 박철언 안기부장 특보를 비롯하여 소수 측근들에게 8개항 정치수습 방안을 작성하게 지시하였다(조갑제 2007, 157). 김용갑 당시 민정수석의 증언에 따르면(최영철 2007, 73), '대통령은 얼마든지 다른 선택을 할 수 있는 상황이었으며', '계엄령, 쿠데타, 국민투표안, 직선제 총선 연계안' 등이 그러한 방안이었음을 주장한다. 특히 1987년 6월 14일 전대통령은 대통령 비서실장 및 군수뇌수, 치안장관 등과의 논의를 통해 계엄령의 필요성을 의논하였다는 것이다. 또한 김윤환 정무1수석, 김용갑 민정수석 등은 직선제 개헌안을 포함하여, 정국을 평화롭게 해결할 수 있는 방안을 제시하고 있다. 6.10 민중항쟁을 눈으로 목격한 김용갑 민정수석은 이틀 후 안무혁 안기부장과 이춘구 민정당 사무총장 등을 만난 자리에서 대통령 직선제 개헌 수용 의사를 밝혔으며, 동년 6월 15일 김윤환 정무1수석 역시 개헌을 위한 다양한 대안을 고려하고 있었음을 증언하고 있다(최영철 2007, 72-73). 이러한 변화는 결국 4.13 호헌조치가 집권세력과 민중세력의 대결국면을 조장함으로써 정치적 불확실성을 높였으며, 그 결과 주요 정치적 행위자들이 갈등해소를 위한 과감한 조치 또는 자유로운 조치를 선택할 수 있는 정치적 맥락(contingency)을 형성하였음을 의미한다.

2. 중대시점에서 민중세력의 직선제 개헌요구는 상수

4.13 호헌조치 이후 6.29 선언이 이루어지기까지의 중대시점에서 민중운동 세력의 주장은 직선제 개헌이라는 대안 하나였다고 볼 수 있다. 4.13 호헌조치 이전 시점에서 야당 정치인, 재야세력, 학생 및 종교인 등 다양한 세력으로 구분되었을 뿐 아니라 각각의 세력의 정치적 선호가 전적으로 동질적이지 않았던 민중운동 세력은 4.13 호헌조치와 함께 직선제 개헌이라는 하나의 목표 아래 국민운동본부로 결집하였다. 당시 신한민주당 대표였던 김영삼 전 대통령은 1987년 6월 17일 중앙일보와의 특별회견에서 "우리 민주당은 이 제도하에서 절대 대통령 후보를 내지 않을 겁니다. … 지금 우리 국민들에게는 두려움이 없어지고 용기가 생긴데다가, 현 정권에 반대하는 생각들이 너무나 강하기 때문에 계엄령으로도 다스릴 수 없을 겁니다(김영삼 2000, 40-43)."와 같은 인터뷰를 통해 민중운동 세력의 응집력을 설명하고 있다. 6월 26일 이루어진 민주헌법 쟁취 국민평화대행진은 전국적으로 180만 명이 참여할 정도로 광범위한 국민적 호응을 이끌었다. 국민운동본부는 급진적 노동운동가 일부만이 제외되었을 뿐 학생, 화이트칼라 사무직 노동자, 재야세력, 야당 정치인들이 참여한 범국민적 반정부 연합이었던 것이다(이갑윤·문용직 1995).

임혁백(1990)은 민중운동 세력이 이데올로기적 투쟁을 연기하고 모든 노력을 직선 대통령제의 헌법개정으로 집중한 이와 같은 시점을 박종철 군 고문은폐 사건이 폭로된 1987년 5월 이후의 시점으로 삼고 있다. 이 글에서 4.13 호헌조치 이후의 변화부터를 민중운동 세력의 결집이 이루어진 시점으로 잡고 있는 것과는 시기적 차이가 있다. 그럼에도 불구하고 임혁백(1990) 역시 4.13 호헌조치 이외에 5월 박종철 군 고문은폐 사건의 폭로 시점 이전에 발생한 사건 가운데 중요하게 다루고 있는 사건은 없다. 따라서 6.29 선언까지 이어지는 대통령 직선제라는 목표의 시초는 이 두 사건 가운데 하나를 시발점으로 보는 것이 타당할 것 같다. 이 글에서는 권력구조 개편의 요구에 대한 직접적인 영향을 준 4.13 호헌조치를 그와 같은 시발점으로 보는 것이다.

그러나 민중운동 세력의 결집이 이루어지고 난 이후의 상황에 대한 임혁백(1990)의 평가는 이 글과 약간의 차별성이 존재한다. 임혁백(1990)은 민중운동 세력의 결집이 이루어지고 난 이후의 상황에서도 민중운동 세력 내부의 분열을 분석틀로 활용한다. 그 결과 온건파 민중운동 세력은 급진파 민중운동세력의 전략을 채택할 것인지, 아니면 타협의 전략을 채택할 것인지와 같은 두 가지 선택의 대안을 지닌 변수(variable)로서 기능하고 있다. 그리고 6.29 선언은 온건파 민중운동 세력과 체제 내 개혁파 간의 전략적 선택의 결과로 해석하고 있다.

이 글은 이러한 이해와 달리 4.13 호헌조치 이후 결집된 민중운동 세력은 체제 지배세력에게는 하나의 상수(constant)에 해당했다는 이해방식을 제시한다. 다시 말해 4.13 호헌조치부터 6.29 선언까지의 중대시점에서 민중운동 세력의 대통령 직선제에 대한 주장은 체제 지배세력의 입장에서는 6.29 선언을 낳게 한 하나의 외적 압력 또는 하나의 해결과제였다고 할 수 있다. 이 시기 민중운동 세력은 체제 지배세력과 게임이론적 상황에 놓인 하나의 행위자가 아니라 개혁방안을 두고 내적 갈등에 놓인 체제 지배세력의 기대효용을 변화시키는 외적요인이었다고 보는 것이다. 민중운동 세력은 4.13 호헌조치 이후 다양한 선택의 대안 가운데 어느 하나를 선택하는 행위자로써가 아니라 단 하나의 대안으로 대표되는 상수였던 것이다.

4.13 호헌조치 이후 결집된 민중운동 세력이 체제 지배세력과 타협의 대상이

아니었다는 점은 1987년 당시 한국 국민들에 대한 미국의 입장 변화를 통해서 확인할 수 있다. 4.13 호헌조치 이전 시점에서 미국은 '여야의 대화와 타협', '장외투쟁의 배격' 등을 주장하면서 한국의 정치상황이 여야 간의 타협이 새로운 제도 결정의 중요 과정이 될 수 있다고 간주하였다. 그러나 1987년 6월 10일 시거 국무성 차관보는 '국민의 소리가 정치에 보다 더 크게 반영되기를 바란다'는 논평을 통해 한국 국민의 의사가 제도개혁의 중요한 요인이 되었음을 인정하고 있다(편집부 1987, 118). 또한 13일 릴리 대사는 '명동성당에서 농성 중인 학생들을 강제진압해서는 안 된다'고 촉구하고 있으며, 26일 시거 차관보는 다시 '미국은 한국민이 원하는 것을 원한다'는 전례없는 기자회견을 하였다(편집부 1987, 118). 이는 4.13 호헌조치 이후 전개된 한국의 민중운동 세력의 직선제 주장이 더 이상 하나의 대안이 아니라 체제 지배세력이 수용할 것인가, 그렇지 않을 것인가의 대상이 되었다는 것을 의미한다. 이와 같은 논의는 결국 4.13 호헌조치 이후 6.29 선언에 이르기까지의 중대시점에서 6.29 선언은 대통령 직선제에 대한 민중운동 세력이 결집되고 일관된 요구에 대한 체제 지배세력 내부의 전략적 대응이었음을 함의한다. 따라서 6.29 선언의 정치사적 의의는 민중운동 세력과 체제 지배세력 간의 '타협'이라는 측면보다는 대통령 직선제에 대한 국민적 요구를 어떻게 수용할 것인가에 대한 체제 지배세력 내부 행위자 간 '게임'의 결과였다는 점에서 찾아질 수 있다.

3. 중대시점을 통해 간선제와 내각제라는 대안의 종결

4.13 호헌조치부터 6.29 선언까지의 중대시점에서 체제 지배세력 내부는 민중운동 세력의 결집된 대통령 직선제에 대한 요구에 대하여 두 유형으로 구분될 수 있다. 한 유형은 당시 현직 대통령인 전대통령 세력으로 볼 수 있다. 이들은 '정국 안정'을 통한 '평화적 정권이양'과 '정권유지'라는 목표를 지닌 세력이라고

할 수 있다. 임혁백(1990)은 이들이 민중세력과 대결국면에서 강경한 방안을 선호하는 강경파로 설명하고 있다. 여기서는 이 세력이 강경책을 선호할 것인지, 아니면 유화책을 선호할 것인지의 선택은 위에서 제기한 목표를 실현하기 위한 최선의 방안을 선택하는 과정에서 나타날 수 있다는 점에서 강경파로 구분하기보다는 '전대통령 세력'으로 지칭하고자 한다. 다른 한 유형은 당시 민정당 대표였으며, 대통령 후보였던 노대통령 세력으로 볼 수 있다. 이들의 선호는 '선거 승리'에 따른 '정권유지'의 측면이 강했을 것으로 예상할 수 있다. 이들 역시 임혁백(1990)의 구분과 달리 목표를 성취하기 위해 강경책을 선호할 수 있는 가능성을 배제하기는 어려울 것 같다. 따라서 여기서는 '노대통령 세력'이라고 지칭하고자 한다. 그러면, 이 세력들은 1987년 6.29 선언을 통해 왜 그동안 적절한 대안으로 고려되었던 대통령 간선제와 내각제라는 대안을 완전히 폐기한 것일까? 중대시점에서의 결정은 그 이전 정상적인(normal) 한 상황에서 논의되었던 대안을 완전히 폐기하고 새로운 상황으로 전개를 촉발하는 결정이라는 점을 고려할 때, 이러한 질문에 대해 답하는 것은 4.13 호헌조치부터 6.29 선언의 시점을 중대시점으로 평가하는 데 필수적이라 하겠다. 이를 위해 민중운동 세력이 응집력을 가지고 대통령 직선제를 요구하는 외적 환경에 대응하여 체제 지배세력 내부의 '전대통령 세력'과 '노대통령 세력'이 어떤 내용을 할 수 있었을 지를 살펴보자.

우선 전대통령 세력을 생각하면, 1987년과 그 이전 시점을 통해 전대통령의 목표는 '평화적 정권이양'에 있다는 점이 드러난다. 노대통령의 육성회고록(조갑제 2007, 151)에서 노대통령은 전대통령이 단임의 약속을 지킬 것이라는 점을 '확신'하고 있었다고 판단하고 있을 뿐 아니라 전대통령의 국정연설은 '평화적 정권이양'의 목표를 명확히 하는 경향이 강했다. 또한 최근 간행된 『전두환 회고록 2- 청와대 시절』에서 대통령 직선제를 최종 결심한 것은 1987년 6월 16일 밤이었으며, 그러한 결심을 한 배경으로 '평화적 정권이양이라는 40년 헌정사의 숙제를 풀고, 올림픽 개최라는 역사적 행사를 성공시키려는' 것이라고 설명하고 있다. '평화적 정권이양'은 대통령 간선제와 직선제, 내각제 등 다양한 방법을 통해서 가능하다. 그런데 왜 최종적으로 6.29 선언을 수용하고 대통령 직선제를 그 방안으로 선택하게 되었는가?

우선, 1987년 4.13 호헌조치부터 6.29 선언까지의 중대시점에서 야당과 재야 세력, 학생과 종교인들을 중심으로 한 민중세력은 '최소승리연합'에 기초하여 대통령 직선제를 주장하였다는 점에서 이러한 범사회적 요구를 무마하기 위해서는 1980년 광주민주화운동 이상의 폭력적 진압이 요구되었다고 할 수 있다. 이와 같은 정치, 사회적 환경을 배경으로 만일 전대통령이 대통령 간접선거제도를 그대로 유지하였다고 가정해 보자. 이 경우 전대통령이 얻을 수 있는 이익은 다음과 같은 사항들이 있을 것 같다. 첫째, 노대통령을 후임자로 정권유지가 가능하다. 둘째, 개헌논의의 허용 및 개헌과정을 시작함으로써 발생할 수 있는 제도권 내 갈등과 시간적 비용을 절약할 수 있다. 셋째, 4.13 호헌조치와 같은 전대통령 본인의 선언과 의지를 실현할 수 있다. 이와 같은 이점을 확보하기 위해 심지어 계엄령을 통한 군부동원의 가능성까지 열어 두었던 것으로 알려졌다(최영철 2007, 73). 그러나 간선제를 유지함으로써 다음과 같은 비용이 발생한다. 첫째, 반정부시위 및 대통령 직선제 요구가 지속되면서 6.10 민중항쟁과 같은 사회적 불안이 대통령 선출 이전 시점까지는 지속될 것이다. 둘째, 이 과정에서 군부나 경찰력과 시민들 간 충돌은 필연적일 것으로 생각되며, 그에 따른 희생과 불상사를 감수해야 할 것이다. 셋째, '평화적 정권이양'이기보다는 '독재자끼리의 정권교체에 불과하다'[2]는 비난을 감수해야 할 것이다. 이와 같은 설명은 중대시점에서 전대통령 세력은 간선제를 유지함에 따라 많은 이익뿐만 아니라 많은 비용을 지불해야 한다는 점을 의미한다.

반면, 내각제 개헌을 한 경우는 어떻게 될 것인가? 우선 비용적 측면에서 대통

---

2. 1984년 3월 27일 김대중 전 대통령이 미국 망명 중 「84년도 국정소신」을 통해 밝힌 주장(전재호 2016, 259).

령 직선제를 요구하고 있는 민중세력과의 타협을 시도해야 할 것이다. 또한 개헌과정에서 익숙하지 않은 내각제 운영을 두고 벌어질 것으로 예상되는 여야 간 갈등이라는 거래비용이 발생할 것이다. 둘째, 개헌논의가 진행되면서 나타날 수 있는 제도권 정치인들 내부의 갈등과 시간적 비용이다. 내각제 개헌에 따른 이점은 우선 '정권유지' 가능성이 높다는 점에서 찾아볼 수 있다. 둘째, 개헌이라는 국민적 요구를 수용하였다는 점에서 이후 '정국 안정'을 도모할 수 있다는 이점이 있다. 그러나 이 두 가지 이점 모두 불확실성이 매우 크다는 문제가 있다. 대통령제에 익숙한 역사적 경험 속에서 새롭게 운영되는 내각제를 통해 안정적으로 정권을 유지할 수 있을지에 대한 확신이 어렵다. 또한 개헌이라는 국민적 요구를 수용했음에도 불구하고 개헌의 내용은 국민들이 가장 선호하는 대안이 아니라는 점에서 이와 같은 대안 간 차이점이 유발할 수 있는 불만을 설득할 필요가 있다는 점이다. 더구나 그러한 불만이 과연 설득이 가능한 수준일 것인가에 대해서도 불확실성이 높다. 따라서 내각제 개헌의 대안은 일정한 이점이 있음에도 불구하고 그러한 이점이 실현될 수 있을지 불확실성이 높은 반면, 명확한 비용을 지불해야 하는 대안에 속한다. 이 점에서 오히려 대통령 간선제를 유지하는 대안보다도 더욱 실현 가능성(viable)이 낮았다고 볼 수 있다.

마지막으로 전대통령이 대통령 직선제에 내한 요구를 수용히였다고 가정하자. 이 경우 전대통령은 '평화적 정권이양'이라는 목적을 달성하는 데 가장 부합하는 선택이었다고 생각할 수 있다. 반면, '평화적 정권이양'을 통해 '정권유지'가 가능할지에 대한 불확실성이 큰 선택이기도 하다. 6.29 선언 이전 시점에서 장시간 동안 고려되었던 대안이었음에도 불구하고 쉽게 직선제 개헌을 수용하지 못했던 이유일 것이다. 최근 간행된 『전두환 회고록 2−청와대 시절』에 따르면 직선제에 대한 생각은 1985년 말 중앙일보 홍진기 회장의 직언에서 비롯되었으며, 이후 부인 이순자 여사, 장남 전재국 씨 등 가족뿐 아니라 1987년에 들어서는 김윤환 정무1수석, 박영수 청와대 비서실장, 김용갑 민정수석 등의 조언이 잇달았다고 한다. 따라서 전대통령의 입장에서는 직선제가 하나의 고려 대안이 될 수 있으나 그에 따라 어떤 이익을 얻을 수 있는가가 문제였을 것으로 보인다. 특히 '평화적 정권이양'이라는 목적의 배후에 놓인 '정권유지'의 차원에서 가능한 대안일 수 있는 것인가가 주요 이슈였을 것이라고 할 수 있다. 이와 관련하여 위와 같은 다양한 대안 가운데 최종결심에 '직선제 개헌요구의 완전수용뿐만 아니라 가능한 모든 민주화 조치의 단행'이 포함되어 있었다는 전대통령의 회고는 주의 깊게 살펴볼 필요가 있다. 다시 말해, 직선제의 수용은 단순한 절차적, 제도적 수용에 국한되지 않고, '가능한 모든 민주화 조치'를 포함함으로써 전대통령과 당시 집권여당이 고려할 수 있는 기대이익을 극대화하고자 했다고 볼 수 있다. 이에 대해서는 아래에 다시 설명하도록 한다. 그러면, 노대통령 세력은 어떤 이해관계를 형성하였는가?

　4.13 호헌조치와 6.29 선언이 이루어진 중대시점에서 또 다른 중요한 행위자는 노대통령이라고 할 수 있다. 6.29 선언과 관련된 기존의 논의 및 노태우 전 대통령의 회고록 등 다양한 문헌 자료를 살펴볼 때, 노대통령이 당시 가장 원했던 목표가 무엇이었는지는 명확하지 않다. 정권의 2인자, 그리고 민정당 대통령 후보였다는 점을 고려할 때, 노대통령의 일차적인 목표는 '정권유지'였을 가능성이 가장 높다고 해야 할 것 같다. 이러한 목표 아래서 대통령 간선제를 계속 유지하였다고 가정하자. 이 경우 이익의 측면은 전대통령과 유사하다. 다만, 전대통령이 4.13 호헌조치의 유지에 따른 이점이 있었던 반면, 노대통령의 경우 '선거 승리'와 '정권 유지'라는 상대적으로 가장 큰 이점을 지녔을 것으로 생각해 볼 수 있다. 비용적인 측면에서도 전대통령이 '정국 안정'을 위해 지불해야 할 비용과 유사한 비용을 지불해야 할 것이다. 다만 노대통령은 '민주적 절차'의 중요성을 강조하고, '책임지는 정치인'을 강조하는 경향이 강했다는 점(조갑제 2007, 149-150, 161)을 고려할 때, 정국 안정을 위해 과도한 폭력사태가 이루어지는 것을 선호하지 않았을 가능성이 높다. 또한 노대통령은 군대의 민주성에 대한 신뢰가 강했

다는 점(조갑제 2007, 149-150)에서도 정국 안정을 위한 군대의 동원은 노대통령에게는 상대적으로 큰 비용으로 간주되었을 가능성이 높다. 따라서 대통령 간선제 유지라는 대안은 노대통령에게 이익과 비용 양자 모두 상대적으로 매우 높았다고 볼 수 있다.

　내각제를 선택하는 경우의 대안에 대해서도 노대통령과 전대통령은 유사한 비용과 이익 구조를 지니고 있었을 것으로 판단해 볼 수 있다. 다만 노대통령의 경우 내각제 선택에 따른 추가적인 이익은 자신의 선호에 부합한 권력구조로 개편함으로써 민정당 내 실질적 리더로서의 입지를 강화할 수 있었다는 점을 생각해 볼 수 있다. 예를 들어, 김용갑 당시 민정수석의 증언에 따르면 노대통령은 1987년 6월 18일 '내가 전국 방방곡곡을 돌아다니면서 160만 당원에게 내각제만이 살 길이라고 외쳤는데 어떻게 갑자기 말을 바꾸겠냐, 힘들다(최영철 2007, 203)'고 한 것으로 나타난다. 다시 말해, 내각제는 당시 노대통령이 당원들과의 만남을 통해 대선 이후 고려 가능성이 가장 높은 대안으로 주장하고 있는 것이었다. 따라서 시기적으로 대선 이전 내각제 개헌이 이루어지는 경우 노대통령은 자신의 주장을 관철시켰다는 명성을 쌓을 수 있었을 것으로 보인다. 그럼에도 불구하고 내각제 개헌의 과정은 위에서 제기하였듯이 여전히 불확실성이 큰 대안으로 남는다.

　마지막으로 노대통령이 대통령 직선제를 수용한 경우이다. 이 대안은 비용의 측면에서 전대통령과 크게 다르지 않은 대안이다. 그러나 이익의 측면에서 '선거에서 승리'하고, '정권을 유지'할 수 있는 가능성이 상대적으로 높은 대통령 간선제나 내각제를 포기하고, 가장 불확실성이 높은 제도를 선택하는 문제가 있다. 따라서 대선을 준비하는 후보자 개인으로 선택할 수 있는 대안 가운데 가장 비효율적인 대안이라고 할 수 있다.

　결과적으로 대통령 직선제 대안은 현직자인 전대통령에게 가장 효과적인 '정국 안정' 책임과 동시에 '평화적 정권이양'의 목적을 달성하는 데 필요조건에 해당한다. 반면, '정권 유지'를 고려하는 경우 직선제 대안은 가장 비효율적인 대안이다. 이는 특히 후임자인 노대통령에게는 큰 손해를 가져오는 대안이다. 현직자인 전대통령이 대통령 간선제를 유지하거나 또는 내각제로의 개혁을 추진함과 동시에 그에 따른 사회적 불안요인에 책임을 지는 반면, 후임자인 노대통령이 '선거 승리'라는 결과를 얻는 것이 가장 유리한 대안이었을 것이다.

이와 같은 이익과 비용에 대한 고려는 대통령 간선제, 내각제, 대통령 직선제라는 정치적 지도자의 선출방식을 두고 집권세력 내부에서 상이한 선호를 지녔을 가능성을 내포한다. 그리고 6.29 선언을 통해 대통령 직선제라는 대안이 선정된 것도 이러한 집권세력 내부의 이해관계의 상충이 가장 큰 요인이었을 것으로 생각해 볼 수 있다. 그리고 이러한 집권세력 내부의 이해관계의 충돌에 외적 환경으로 작용한 것이 '최소승리연합'을 따라 형성된 민중세력의 요구였다고 할 수 있다. 민중세력은 집권세력과 '타협'이나 '협상'을 위한 대안이 존재하지 않았다. 따라서 민중세력이 제시한 대통령 직선제에 대한 요구를 집권세력이 받아들일 것인지 아니면 불수용에 따른 사회적 갈등과 폭력적 사태를 감수할 것인지의 압력으로 작용하였다고 볼 수 있다. 민중세력의 대통령 직선제 요구가 지닌 이와 같은 영향력으로 인해 때때로 6.29 선언은 민중세력의 요구에 대한 '항복(최영철 2007, 196)', '아래로부터 민주화의 결과(한완상 1992)', '개혁과 집권세력과 온건파 민주세력의 타협(임혁백 1990)' 등으로 간주된다고 볼 수 있다. 이러한 평가는 4.13 호헌조치 이후 한국 사회 내 민중운동의 결집된 직선제에 대한 요구가 체제 지배세력 내부의 다양한 이해관계에도 불구하고 간선제와 내각제라는 대안을 폐기할 수 있는 효용구조를 형성하는 데 기여했다는 점을 함의한다.

4. 중대시점에서 '소극적 직선제 수용'이라는 생존가능한 대안

위에서는 4.13 호헌조치 이후 6.29 선언까지의 시점이 한국 민주화 과정의 중대시점이라고 평가할 수 있는 이유 가운데 하나로서 이 시기가 정상적인 (normal) 정치국면에서 논의될 수 있었던 대통령 간선제, 내각제와 같은 정치적 지도자 선출방식과 관련된 대안들에 대한 논의를 완전히 종결시킨 시점임을 보였다. 여기서는 중대시점을 규정할 수 있는 또 다른 측면이라고 할 수 있는 고려 되었던(available) 대안들 가운데 실행가능한(viable)의 대안이 있었는가를 살펴보 고자 한다. 이를 위해 민중운동 세력의 결집된 대통령 직선제 요구에 대응하는 과정에서 체제 지배세력 내부의 갈등이 '소극적인(negative)' 직선제 수용으로 수 렴하지 않고, '적극적인(positive)' 직선제 수용으로 진행되었던 점을 설명하도록 하겠다. 그리고 만일 소극적인 수용이라는 대안이 실행 가능했다면, 한국 민주 화 과정에서 적극적인 직선제 수용과는 어떠한 차이를 보이는 경로의존성을 만 들어 낼 수 있었을지를 생각해 보도록 하겠다.

먼저 6.29 선언의 8개항은 4.13 호헌조치 이후 또는 그 이전 시점에서 민중세 력에 의해 요구되었던 대통령 직선제 개헌에 대한 요구를 '적극적'으로 수용했다 는 특징을 보인다. 여기서 '적극적 수용'이라는 것은 6.29 선언이 민중세력에 의 해 요구되었던 대통령 직선제 및 민주화 관련 개혁보다는 더욱 포괄적인 민주개 혁의 안을 담고 있다는 의미다. 반면 '소극적 수용'은 단순히 대통령 직선제와 선 거제도 개혁을 통한 대통령 직선제 운용의 효율성을 개신하는 정도의 수용을 의 미한다. 이 가운데 '적극적 수용'이 이루어졌다는 사실은 '대통령 직선제를 통한 정권교체'를 중요 목표로 활동하였던 국민운동 본부가 창설과 함께 발표했던 8 개항 결의문과 6.29 선언의 8개항을 비교함으로써 확인할 수 있다.

〈표 1〉은 국민운동본부가 주장하였던 8개항과 6.29 선언의 8개항을 비교한 것이다. 비교기준은 각 결의문과 선언문의 내용을 중심으로 연구자가 구분한 것 으로 이론적으로 엄밀한 기준을 통해 제시된 것은 아니다. 그럼에도 불구하고 〈표 1〉의 결과는 두 가지 흥미로운 점을 보여 준다. 첫째, 6.29 선언은 헌법개정, 선거개혁, 정치활동 개혁, 기본권 및 언론의 자유 증진이라는 개혁 이외에도 사

표 1. 6.29 선언의 대통령 직선제에 대한 적극적 수용성

범주	국민운동본부	6.29 선언
헌법개정	호헌반대, 민주헌법쟁취 민주, 민간 정부의 수립	대통령 직선제와 평화적 정부이양
선거개혁	모든 악법의 민주적 개정과 무효화 공무원과 군의 정치개입 중단	대통령 선거법 개정을 통한 자유로운 출마와 공정한 경쟁보장, 공명정대한 선거관리, 정책 대결에 근거한 선의의 경쟁
정치활동 개혁	민주인사 석방 및 복권	김대중 씨의 사면복권 및 시국관련 사범들의 석방을 통해 국민적 화해와 대단결 도모
기본권 증진	공권력의 폭력 중단 광주사태와 고문, 권력부패사건 등 역 사적 범죄 진상규명	개인의 기본권 신장과 정부의 인권침해사례 시정
언론의 자유	자유언론 쟁취	언론자유의 창달을 위한 언론기본법의 개정 및 폐지
사회적 자치와 자율 보장	–	사회각 부분의 자치와 자율의 보장과 지방자 치제의 구현 및 대학의 자율화와 교육자치
정당개혁	–	정당의 건전한 활동 보장
사회개혁	–	과감한 사회정화조치, 지역감정이나 흑백논 리 배격

출처: 국본의 8개항(김영삼 2000, 26), 6.29 선언 8개항(김용갑 2007, 59)

회적 자치와 자율 보장, 정당 및 사회개혁의 내용까지를 포괄하고 있다는 점이다. 이는 중요 목표에서도 나타나듯이 국민운동본부의 중요 활동은 대통령 직선제 개헌을 통한 정권교체에 한정되었기 때문에 발생하는 차이라고 생각된다. 다시 말해, 국민운동 본부는 직선제 개헌과 개헌을 통해 정권교체를 이루기 위해 필요한 제반 제도적 개선에 초점을 맞춘 것으로 보인다. 그에 비해 6.29 선언은 국민운동 본부가 제시한 개혁의 내용뿐만 아니라 사회 전체적인 민주화 증진 방안을 더욱 포괄적으로 제시하고 있는 것이다. 둘째, 6.29 선언은 지역감정이나 흑백논리의 배격과 같은 사회 개혁 방안을 제시하고 있다는 점이다. 이는 대통령 직선제에 따른 선거캠페인의 내용적 측면이 고려된 것으로 보인다. 다시 말해 대통령 직선제를 수용하고 김대중 전 대통령을 사면복권 한 이후 김대중 전 대통령과 김영삼 전 대통령의 지역중심 경쟁 가능성을 예상한 것으로 볼 수 있

다. 김용갑 당시 민정수석은 '김영삼 씨만 대선에 나가면 위험하다. 경쟁할 수 있는 사람을 풀어 줘야 한다'고 대통령께 보고한 것이 사실이고, '정치공학적인 계산도 다 있었다'는 것이다(최영철 2007, 205). 그러면, 이와 같은 대통령 직선제에 대한 적극적인 수용 이외에 소극적 수용 역시 가능한 대안일 뿐 아니라 생존가능한 대안일 수 있었는가? 중대시점은 가능한 대안, 생존가능한 대안이 있는 상황에서 또 다른 대안이 선택되고 그에 따라 발전 경로가 변경된 것을 의미한다는 점에서 중대시점에 대한 평가를 위해 이에 대한 답을 발견할 필요가 있다.

이를 위해 민중세력의 결집된 대통령 직선제 요구가 주어진 상황에서 노대통령이 먼저 선택을 한 이후 그에 따른 일련의 과정을 가정해 보자. 다시 말해 6.29 선언을 통해 노대통령이 대통령 직선제에 대한 적극적 수용과 소극적 수용이라는 대안을 지니고 있었다고 가정하자. 그리고 각각의 선택에 대해 전대통령이 호헌조치를 유지하거나 이를 철회하는 선택을 할 수 있었다고 가정하자. 그리고 전대통령의 선택에 대해 다시 노대통령이 전대통령의 선택을 수용하거나 거부할 수 있었다고 가정하자. 이와 같은 일련의 연속적 선택 상황은 가지치기형 게임(game tree) 형식으로 구성할 수 있다.

이와 같은 가정된 게임상황에서 먼저 고려해야 할 사항은 노대통령이 먼저 선택하는 행위자인가의 문제이다. 이는 6.29 선언의 주체가 누구인가와 같은 문제와 연관되는 가정에 해당할 수 있다. 그러나 실질적인 주체가 누구인가의 문제와는 별개로 당시 상황에 대한 다양한 증언은 노대통령이 먼저 공식적 조치를 취하지 않은 한 전대통령이 나서기는 어려웠다는 점에 동의하는 듯하다. 김영삼 전 대통령의 회고록에 따르면, 이 시기 전대통령은 '어려운 대목에 부딪치면 노태우와 만나 의견을 절충하라는 태도로 일관했다(김영삼 2000, 58)'고 한다. 또한 노대통령의 회고록에서 역시 6.10 민중항쟁 이후 전대통령은 '노후보를 중심으로 시국수습방안을 마련하라(조갑제 2007, 157)'고 지시했다는 것이다. 4.13 호헌조치가 이루어진 상황에서 전대통령이 그로부터 이탈하는 발표를 하는 경우 이는 호헌철폐를 의미하는 것이고 그에 따라 발생하는 사회적 혼란 및 집권세력 내부의 경쟁에 대해서 전대통령이 책임질 필요가 있다. '평화적 정권이양'이라는 목표를 지니고 있는 상황에서 그러한 책임을 떠안고자 하지는 않았을 것으로 보인다. 또한 4.13 호헌조치를 통해 이미 두 번이나 개헌에 관한 선호를 변경한 상태에서 4.13 호헌조치를 결정한 지 두 달여의 시간 만에 또 다시 그러한 결정을 철회하는 데 대한 부담이 있었을 것으로 생각해 볼 수 있다. 따라서 4.13 호헌조치 이후 6.29 선언까지 체제 지배계급 내에서 4.13 호헌조치에 대한 변경이 이루어지는 경우 그에 대한 공식적인 역할은 노대통령에게서 시작될 가능성이 높았다고 할 수 있다.

다음으로 이와 같은 연속적 선택상황은 최종적으로 8가지 결과를 낳는다고 할 수 있다. 처음 두 가지 결과는 노대통령이 대통령 직선제를 소극적으로 수용한 반면, 전대통령이 호헌유지를 선언하고, 그에 대해 노대통령이 다시 전대통령의 선언을 지지하거나 거부하는 경우이다. 다음 두 가지 조합은 노대통령이 대통령 직선제를 소극적으로 수용한 반면, 전대통령이 호헌철회를 선언하고, 그에 대해 노대통령이 다시 전대통령의 선언은 수용하거나 거부하는 경우이다. 다음 네 가지 조합은 노대통령이 대통령 직선제를 적극적으로 수용한 다음 전대통령의 호헌유지 또는 철회의 결정과 노대통령의 전대통령의 선택에 대한 수용 또는 거부에 따른 것이다.

위와 같은 8가지 결과 가운데 6.29 선언은 노대통령이 대통령 직선제를 적극적으로 수용하고 이에 대해 전대통령이 호헌철회, 6.29 선언의 수용을 선택한 후 노대통령이 다시 이를 수용한 상황이라고 할 수 있다. 이는 노대통령에게는 직선제 수용을 통해 전 국민적 호응을 유도할 수 있는 상황이며, 동시에 적극적 수용을 통해 6.29 선언 이후 선거경쟁에서 유리한 고지를 점할 수 있는 계기를 마련할 수 있는 방안이다. 또한 민중세력의 결집된 대통령 직선제를 수용함으로써 폭력적 진압에 따른 희생자 발생 및 비극적 상황의 발생과 같은 비용을 지불하지 않을 수 있는 선택에 해당한다. 반면, 전대통령에게는 직선제 수용을 통해 '정국 안정'을 도모할 수 있을 뿐 아니라 '평화적 정권유지'라는 목표를 성취하게 하는 것이다. 다만 6.29 선언의 구체적인 내용을 노대통령에게 맡긴 상태이기 때문에 그러한 선언이 대통령 직선제를 적극적으로 수용하여 '정권 유지'에도 기여할 수 있는 방안인지에 대해서는 확신할 수 없는 것이라고 할 수 있다. 따라서 현직자로서 '정국 안정'과 '평화적 정권이양'이라는 목적을 달성할 수 있다는 기회가 전대통령에게는 호헌철회를 선택하게 할 수 있다.

그러면, 위와 같은 중대시점에서 고려되었을 뿐 아니라 생존할 수 있는 또 다른 균형은 무엇인가? 노대통령의 입장에서는 전대통령이 호헌을 유지할 경우 거부하는 것이 최선의 방안(best response)이며, 전대통령이 호헌을 철회할 경우 수용하는 것이 최선의 방안이다. 전대통령이 호헌을 유지했을 때 자신이 그것을 수용하는 경우, 노대통령 본인은 결집된 민중세력과 맞서야 할 뿐 아니라 그 과정에서 대통령이 되는 경우에도 정통성의 시비가 임기 내내 끊이지 않을 것이라는 점을 알고 있다. 따라서 호헌 수용은 '정권획득'이라는 이점을 가져오는 반면, '정국 불안정'에 따른 비용을 계속 지불할 필요가 있는 것이다. 반면, 전대통령이 호헌을 유지했을 때 자신이 직선제 수용안을 관철시키는 입장을 취하는 경우, '정국 안정'의 책임은 전대통령이 질 뿐 아니라 '정국 안정'이 어떠한 방식으로 이루어지든 그에 따른 '선거경쟁의 승리'라는 이점 역시 챙길 수 있다. 만일 전대통령이 호헌을 철회했음에도 불구하고 자신이 이를 거부하고 간선제를 계속 요구한다면, 이는 개헌의 논의과정에서 약자의 입장에 놓일 뿐 아니라 비민주적 정권유지를 기도했다는 비난을 지속적으로 받을 것이다. 또한 간선제의 주장에도 불구하고 전대통령의 호헌철회에 따라 개헌이 이루어지고 선거가 이루어진다면 자신이 부정했던 직접 선거경쟁에서 승리하기는 어려웠을 것으로 보인다. 따라서 만일 전대통령이 호헌을 철회한다면 노대통령은 이를 수용하는 것이 최선의 방안인 것이다.

전대통령의 입장에서는 완전정보(complete information)의 상황에서 노대통령의 위와 같은 선택을 알고 있다. 따라서 호헌을 유지함으로써 '정국 불안정' 해소를 위한 모든 책임을 지닌 상황보다는 호헌철회를 통해 '평화적 정권이양'이라는 목표를 달성하고자 할 것이다. 이와 같이 전대통령에게는 '정국 불안정'에 대한 책임과 '평화적 정권이양'이라는 두 가지 목표가 우선되기 때문에 노대통령이 적극적 수용을 했든, 아니면 소극적 수용을 했든 노대통령이 직선제 수용을 선택하는 한 호헌철회를 했을 것이라는 것을 예상해 볼 수 있다.

결국, 일련의 연속된 선택 상황에서 노대통령은 최초의 선택을 통해 '선거경쟁'에서의 우위를 점할 수 있을 뿐 아니라 '정국 안정'을 꾀할 수 있는 대안을 선택하고, 그러한 노대통령의 선택을 전대통령이 호헌철회를 통해 수용할 뿐 아니라, 전대통령의 수용에 대해 노대통령이 다시 수용하는 것이 두 세력 모두에게 최선의 방안이다. 그럼에도 불구하고 노대통령이 '선거경쟁'이라는 유인을 고려하지 않고, '정국 안정'이라는 목표만을 고려하였다면, 대통령 직선제에 대한 요구에 대해 소극적인 수용도 가능했을 것이다. 그리고 이 경우 전대통령의 호헌철회, 노대통령의 수용으로 전개되는 대안은 생존 가능한 대안이었다고 볼 수 있다.

만일 위와 같이 6.29 선언이 적극적인 대통령 직선제의 수용안이 아닌 소극적 수용안이었다면 이후의 발전경로는 어떻게 되었을까? 이는 결집된 민중운동 세력의 대통령 직선제 요구에 대한 수동적인 수용만을 의미한다는 점에서 지역주의 배제, 민주주의 발전 등의 노대통령이 주장할 수 있는 민주적 정당성의 상실을 의미한다. 따라서 실제 대통령 선거과정에서 김영삼, 김대중 전 대통령에 의해 지역주의에 근거한 유권자 동원, 김영삼, 김대중 전 대통령의 세력 분열이 이루어지더라도 제3의 후보로서 열세를 면치 못했을 가능성이 높다. 이는 결국 6.29 선언 이후의 대통령 직선제 과정의 선거국면이 적극적 수용에 따른 경로를 실제 역사발전과 유사한 경로를 따라 전개되는 것이 아니라 김대중, 김영삼 전

대통령에 의한 1, 2위 경합 가능성을 함의한다. 그리고 그러한 선거결과는 이후 한국 민주주의 발전이 1987년 직후부터 문민정부의 출범으로 이루어질 가능성을 의미한다.

IV. 결론

이 글은 6.29 선언의 정치사적 의의를 '중대시점(critical juncture)'이라는 개념을 활용하여 평가한 것이다. 특히 이 글은 4.13 호헌조치부터 6.29 선언까지의 시점을 한국 민주화 발전의 새로운 경로를 설정한 중대시점으로 규정하였다. 그리고 이러한 중대시점에서 6.29 선언은 민중세력의 대통령 직선제에 대한 요구를 적극적으로 수용한 선택이었다는 의의를 지닌다는 점을 보였다. 다시 말해 체제 지배세력은 6.29 선언 당시 민중운동 진영의 대통령 직선제에 대한 요구를 대통령 직선제와 그에 따른 제반 선거제도 및 언론의 자유에 한정하여 '소극적'으로 수용할 수 있었음에도 불구하고 민중운동 진영의 요구 이외에도 정당과 사회 개혁 및 사회적 자치와 자율 보장이라는 내용을 포괄하여 '적극적'으로 수용하였던 것이다. 이 글은 6.29 선언 당시 체제 지배세력에 의한 이와 같은 '적극적' 대통령 직선제의 수용이 이후 직선제 대통령 선거과정에서 노태우 전 대통령의 선거경쟁력을 강화하기 위한 예측에 근거한 것이었을 가능성을 제시하였다.

이 글은 위와 같은 분석과정에서 4.13 호헌조치 이후 이루어진 민중운동 세력의 결집을 6.29 선언을 가져온 외적 압력 또는 외적 요인으로 간주하였다. 이는 4.13 호헌조치 이후 민중운동 세력은 내적으로 강경 개혁파와 온건 개혁파와 같은 분화가 이루어졌다고 보기 어렵다는 것을 의미한다. 4.13 호헌조치 이전 시점에서 야당 정치인, 재야세력, 학생운동 세력 및 종교인 등 다양한 세력으로 나누어져 대통령 직선제 및 반독재 투쟁 등 다양한 대안을 제시하였던 민중운동 세력은 4.13 호헌조치와 함께 대통령 직선제 개헌 성취라는 공동의 목표 아래 결집하였던 것이다. 따라서 6.29 선언을 이와 같은 민중운동 세력과 체제 지배세력이 다양한 대안을 두고 전략적으로 타협한 결과로 해석하는 것은 적절치 않다는 점을 지적하였다. 오히려 민중운동 세력의 결집된 주장은 4.13 호헌조치부터 6.29 선언에 이르는 중대시점에 체제 지배세력 내부의 전략적 타협을 유도한 외적 압력이었다고 평가할 필요가 있다는 것이다.

위와 같은 분석은 결국 6.29 선언은 대통령 직선제 개헌을 위한 민중운동 세력의 결집력에 의해 추동되었을 뿐 아니라 체제 지배세력 내부에서 대통령 직선제 개헌에 대한 사회적 요구의 수용 및 이후 정치 상황의 전개과정에서 기득권을 유지할 수 있는 방안을 적극적으로 고려한 결과였다는 평가를 가능하게 한다.

참고문헌

김대영, "87년 개헌협상과 국민운동본부의 정치행위," 『정신문화연구』 제29권 제1호, 275-301, (2006).
김성수, "민주화 이행과정에서 한국 중산층의 역할: 민주화 운동 참여 동기에 대한 분석," 『국제정치논총』 제43집 제1호, 135-162, (2003).
김세중·김종표, "한국 민주화 과정의 계량적 분석 – 정부의 조치가 개혁요구 변화에 미친 영향을 중심으로," 『한국정치학회보』 제25집 제2호, 729-749, (1991).
김영삼, 『김영삼 회고록: 민주주의를 위한 나의 투쟁』 (백산서당, 2000).
김용갑 (편), 『6.29 민주화 선언 알고 있는가: 6.29 선언의 역사적 평가』 (김용갑 의원실, 2007).
배무기, "6.29 선언 이후의 노동운동 3년," 『계간사상』 제6권, 337-375, (1990).
백선기, "한국 신문의 비정상적 보도경향에 관한 연구 – '6.29 선언' 이후의 중앙 일간지들의 보도 관행을 중심으로," 『한국언론학보』 제28권 제0호, 213-237, (1992).
손호철, 『현대한국정치: 이론, 역사, 현실, 1945~2011』 (이매진, 2011).

송근원, "통일 잇슈의 발전과정: 6.29 선언 이전과 이후를 중심으로," 『사회과학연구』 제5권, 59-86, (1989).

안종묵, "제5공화국의 대언론 홍보정책에 관한 연구: 6.29 선언을 전후한 언론정책과 보도태도," 『언론과학연구』 제22권 제2호, 79-114, (2002).

이갑윤·문용직, "한국의 민주화: 전개과정과 성격," 『한국정치학회보』 제29집 제2호, 217-232, (1995).

임혁백, "한국에서의 민주화 과정 분석: 전략적 선택이론을 중심으로" 『한국정치학회보』 제24집 제1호, 51-77, (1990).

전재호, "한국의 민주화 이행에서 김대중의 역할: 1980~1987년," 『기억과전망』 제35호, 243-281, (2016).

정상우, "1987년 헌법개정안 형성과정 연구," 『세계헌법연구』 제22권 제1호, 1-25, (2016).

정윤재, "대통령제와 14대 대통령 선거의 전망: 노태우 대통령의 정치리더십에 관한 한 연구 - 「6.29 선언」·「중간평가」·「3당합당」에 있어서 그의 태도와 역할을 중심으로," 『선거와 한국정치』 463-487, (한국정치학회 편, 1992).

정일준, "전두환, 노태우 정권과 한미관계: 광주항쟁에서 6월 항쟁을 거쳐 6공화국 등장까지," 『역사비평』 296-332, (February 2010).

조갑제, 『노태우 육성회고록: 전환기의 대전략』 (조갑제닷컴, 2007).

조현연, "87년체제의 정치적 등장 배경과 한국 민주주의 연구 - 87년 9차 개헌과 13대 대통령 선거를 중심으로," 『기억과 전망』 제16권 제0호, 217-252, (2007).

조희연, "박근혜 정부의 정책과 한국 사회의 전망: 수동혁명적 민주화 체제로서의 87년체제, 복합적 모순, 균열, 전화에 대하여 87년 체제, 97년 체제, 포스트민주화 체제," 『민주사회와 정책연구』 제24권 제0호』, 137-171, (2013).

최영철, "1987년 청와대 민정수석 김용갑 의원의 '그해 6월': 전두환, 직선제 수용건의에 '노태우를 설득하가, 특명이다'," 『6.29 민주화 선언 알고 있는가: 6.29 선언의 역사적 평가』 (김용갑 의원실, 2007).

최장집, "민주화 정치연합의 형성과 분해과정 - 6월 민주항쟁부터 6.10 통일운동까지," 『한국현대정치의 구조와 변화』 (서울: 까치, 1989), 292-313.

편집부, "6.29 선언과 미국의 대한공작," 『월간말』 August (1987).

한완상, "한국에서 시민사회, 국가 그리고 계급: 과연 시민운동은 개량주의적 선택인가," 한국사회학회·한국정치학회 (편) 『한국의 국가와 시민사회』 (한울, 1992).

Büthe, Tim, "Taking Temporality Seriously," *American Political Science Review* 96 (September 2002).

Calder, Kent, and Min Ye, "Regionallism and Critical Junctures: Explaining the 'Organization Gap' in Northeast Asia," *Journal of East Asia Studies*, Vol.4, No.2 (2004).

Capoccia, Giovanni, and R. Daniel Kelemen, "The Study of Critical Junctures: Theory, Narrative, and Counterfacturals in Historial Institutionalism," *World Politics* 59 (April 2007).

Collier, Ruth Berins, and David Collier, *Shaping the Political Arena* (Princeton: Princeton University Press, 1991).

Eldredge, Niels, and Stephen Jay Gould, "Punctuated Equilibria: An Alternative to Phyletic Gradualism," in Thomas J. M. Schopf, (ed.), *Models in Paleobiology* (San Francisco: Freeman, Cooper, 1972).

Fearon, James D., "Counterfacturals and Hypothesis Testing in Political Science," *World Politics* 43 (January 1991).

Gourevitch, Peter, *Politics in Hard Times* (Ithaca N.Y.: Cornell University Press, 1986).

Kingdon, John. *Agendas, Alternatives, and Public Policies* (Boston: Little, Brown, 1985).

Lipset, Seymour M., and Stein Rokkan. "Cleavage Structures, Party Systems and Voter Alignments: An Introduction" in Lipset and Rokkan (eds.), *Party Systems and Voter Alignments* (New York: Free Press, 1967).

Mahoney, James, "Path Dependence in Historical Sociology," *Theory and Society* 29 (August 2000).

Pempel, T. J., *Regime Shift: Comparative Dynamics of the Japanese Political Economy* (Ithaca, N.Y.: Cornell University Press, 1998).

Tetlock, Philip, and Aaron Belkin, "Conterfactual Thought Experiments in World Politics: Logical, Methodological and Psychological Perspectives," in Tetlock and Belkins, (eds.), *Counterfactual Thought Experiments in World Politics* (Princeton: Princeton University Press, 1996), 1-38.

제3장

6.29 선언 8개항의 의미와 진전에 대한 평가

강신구 · 아주대 정치외교학과

I. 서론

　'6.10 고문치사 조작·은폐 규탄 및 호헌철폐 국민대회', '6.18 최루탄 추방대회', '6.26 민주헌법쟁취 국민평화대행진' 등의 굵직한 이름을 통해서 기억하고 있지만, 1987년 6월은 민주화를 향한 시민들의 열망이 어느 하루 예외 없이 전국의 주요 도시와 거리 곳곳을 뜨겁게 달구던 시기였다. 그래서 우리는 이러한 당시 시민들의 열망을 '6월 민주항쟁'으로 기억하고 있다. 연일 수십 수백만의 시민들이 전국의 거리 곳곳에서 민주주의를 목놓아 외치던 가운데, 마침내 1987년 6월 29일 오전 노태우 당시 민주정의당 대표위원이자 대통령 후보자는 당사에서 '국민화합과 위대한 국가로의 전진을 위한 특별담화'라는 제목의 선언을 TV와 라디오를 통해서 생중계되는 가운데 발표하였다. 대한민국의 민주주의를 향한 여정(旅程)의 커다란 전환점이 되는 '6.29 민주화 선언'이다.

　① 대통령 직선제 개헌을 통한 1988년 2월의 평화적 정부이양, ② 자유로운 출마와 공정한 경쟁을 보장할 수 있는 대통령 선거법의 개정과 공명정대한 선거관

리, ③ 김대중의 사면·복권과 시국관련 사범의 대폭석방, ④ 기본적 인권의 신장과 기본권 강화조항을 포함한 개헌안의 추진, ⑤ 언론 자유의 창달, ⑥ 지방자치 및 교육자치를 포함한 사회 각 부분의 자치 확대, ⑦ 정당의 건전한 활동 보장, ⑧ 과감한 사회 정화 조치를 통한 밝고 맑은 사회 건설 등의 총 8개항으로 구성된 '6.29 선언'의 발표 이후, 대한민국의 민주주의로의 전환은 급물살을 타게 된다.

전두환 대통령은 이틀 후인 1987년 7월 1일 TV로 생중계된 특별담화를 통하여 '6.29 선언'의 요구사항을 수용한다는 뜻을 밝혔고, 이후 정치권은 본격적으로 헌법과 대통령 선거법의 개정작업에 착수하게 된다. 7월 24일 민정당과 통일민주당은 이를 위한 협의기구로 '8인 정치회담'을 구성하기로 합의하고 일주일 뒤인 7월 31일, 8인 정치회담은 첫 회의를 가졌다. 8인 정치회담을 통해서 큰 틀에서 합의된 개헌안의 내용들은 국회의 헌법개정특별위원회(8월 14일 구성)와 헌법개정안기초소위원회(8월 31일 구성)에 의해서 구체화되었다. 여·야 10인의 의원으로 구성되었기에 달리 '10인 기초소위원회'라고 불리기도 한 소위원회의 개헌안은 9월 17일 개헌특위안으로 채택되고, 9월 18일 국회는 재적의원 272명 중 262명의 공동명의로 헌법개정안을 발의하였다. 발의된 헌법개정안은 20여 일의 공고기간을 경과한 후 10월 12일 국회본회의에서 찬성 258, 반대 4표로 통과하고, 보름 뒤인 10월 27일 실시된 국민투표에서 78.2%의 투표율과 투표자 93.1%의 찬성으로 확정되었다. 지금까지 30년 가까이 유지되어 온 1987년 헌법이 마침내 확정되는 순간이다.[1]

대통령 선거법의 개정 또한 헌법개정안과 마찬가지로 8인 정치회담을 통하여

---

1. 헌법개정의 과정과 성격에 대해서는 강원택(2017) 참조. 강원택은 당시 협상에 참여했던 인사들과의 인터뷰를 바탕으로, 헌법개정안이 이렇게 급속도록 합의되고, 본회의와 국민투표를 거쳐 확정될 수 있었던 것은 '대통령 직선제'로 대표되는 정치적 경쟁의 민주화라는 매우 제한된 목표를 가지고 있었고, 이외의 쟁점사항에 대해서는 유신헌법 이전의 제3공화국 헌법(1962년의 개정헌법)을 참고할 수 있었던 때문으로 주장한다.

큰 틀에서 합의된 후 국회를 통하여 마무리되었다. 8월 말에 헌법개정안 협상을 끝낸 8인 정치회담은 9월 8일부터 대통령 선거법을 새로이 만들기 위한 협상을 시작하여, 9월 19일 합의안을 국회내무위에 넘겼다.[2] 대통령 선거법 개정안은 10월 30일 국회내무위를 거쳐, 본회의에서 출석 151명의 의원 중 148명의 찬성으로 원안대로 가결되고, 국회를 통과한 법률안은 정부로 이송되어 1987년 11월 7일 공포되었다. 이에 따라 1987년 12월 16일 국민의 손으로 직접 대통령을 선출하는 선거가 16년 만에 실시되었다.

6.29 선언 약 열흘 뒤인 1987년 7월 9일 단행된 대규모의 사면·복권 조치(2,335명)를 통하여 피선거권을 회복한 김대중과 9월 28일 정계복귀를 선언한 김종필을 포함하여, 4자 구도(노태우, 김영삼, 김대중, 김종필) 속에서 치러진 제13대 대통령 선거는 89.2%의 높은 투표율을 보인 가운데, 노태우 후보가 유효투표수의 36.6%를 얻어 경쟁한 후보 중에서 가장 많은 득표를 함으로써 당선되었다. 1988년 2월 25일 마침내 전두환 대통령이 임기만료로 퇴임하고, 노태우 당선인이 새 헌법의 틀 속에서[3] 대통령으로 취임하여 업무를 시작하는 것으로써, 대한민국의 권위주의에서 민주주의로의 전환은 '공식적으로' 하나의 큰 단계를 넘었다고 할 수 있을 것이다.

한국의 민주주의로의 여정에 큰 전환의 계기를 마련한 '6.29 민주화 선언'이 발표된 지, 꼭 30년의 시간이 경과하였다. 6.29 민주화 선언을 직접적인 계기로 하

---

2. 대통령 선거법 개정이 신속하게 이루어질 수 있었던 것은 이미 '직선'이라는 것에 대한 합의가 이루어진 상황에서 협상의 쟁점이 주로 선거운동에 맞추어져 있었기 때문이다. 민주정의당은 선거과열 방지와 선거비용 등을 감안하여 선거 운동을 규제하는 쪽에, 통일민주당은 표현의 자유와 선거운동 기회를 확대하는 쪽에 비중을 두었다(중앙선거관리위원회 2009a, 488-490).

3. 헌법개정안의 큰 틀을 마련했던 '8인 정치회담'에서 마지막까지 쟁점이 되었던 사항 중의 하나가 새 헌법의 발효시기였다. 민주정의당은 전두환 대통령의 임기가 만료되는 '1988년 2월 25일'을 주장하였고, 통일민주당은 '국민투표의 결과가 확정되는 즉시'를 주장하였기 때문이다. 통일민주당은 헌법개정안이 국민투표를 통해 확정되더라도, 대통령 선거의 결과에 따라 개정 전 헌법의 대통령 비상조치권을 통하여 정국이 돌변할 수 있다는 것을 우려하였다. 그러나 결국 이 문제에 대해서는 통일민주당이 양보하여 새 헌법의 발효시기는 1988년 2월 25일로 결정되었다(중앙선거관리위원회 2009a, 453).

여 등장한, 헌법과 대통령 선거법을 비롯한 이른바 제도로서의 '1987년 체제'는 지난 30년의 시간 동안 변화 없이 유지되어 왔지만, 한국의 사회와 민주주의는 큰 변화의 과정을 거쳤다. 이 글에서 우리는 '6.29 민주화 선언' 30주년을 맞아, 선언 이후 지난 30년의 변화를 선언에 포함된 8개항의 내용을 중심으로 반추(反芻)하여 평가해 보고자 한다. 앞으로의 30년, 100년을 준비하는 과정에서 이러한 평가는 의미 있는 작업이라고 생각하기 때문이다.

　그러나 위에서 잠시 살펴본 바와 같이, 선언에 포함된 8개항의 내용 중 일부는 선언 직후 얼마 지나지 않아 실현되었으며(예를 들어, ①, ②, ③), 또 일부는 실현 가능성이 의심되는 강령적인 성격을 가지고 있는 것이다(예를 들어, ⑧). 그래서 우리는 특히 절차적 민주주의와 지방자치를 중심으로 지난 30년의 변화를 살펴 보고자 한다. 비록 절차적 민주주의는 6.29 민주화 선언을 구성하는 8개항의 내용 중에 직접적으로 표현되어 있지는 않지만, 그 구체적인 내용들에 의하여 함의되는 하나의 지향점과도 같은 것이라고 판단된다. 또한 지방자치는 비록 8개항의 내용 중의 하나, 그중에서도 일부를 구성하는 것에 불과하지만, 정치학적 개념으로서의 절차적 민주주의가 주로 중앙정부(national government)의 구성 및 운영에 초점을 맞추는 것임을 생각할 때, 절차적 민주주의에 의한 중앙정부의 평가와 함께, 최소한의 형식적인 의미에서나마 완결된 평가의 쌍을 이룬다고 판단되기 때문이다.

　본격적인 평가에 앞서, 아래에서는 먼저 6.29 민주화 선언을 구성하는 8개항의 내용에 대해서 살펴보고자 한다. 6.29 선언과 관련하여 누가 주체인가에 대해서 논란이 일었다. 비록 선언 당시 노태우 대표위원이 스스로의 구상인 것처럼 발표하였지만, 후일 6.29 선언은 선언의 효과를 극대화시키기 위하여 전두환 당시 대통령과의 사전 교감 속에서 발표된 것이 또한 밝혀졌기 때문이다(중앙선거관리위원회 2009a, 450). 그러나 선언의 당사자인 노태우 전 대통령이 선언 후 20년이 지난 시점에 이루어진 한 신문과의 인터뷰에서 스스로, "6.29의 핵심인 직선제와 김대중 씨 사면·복권은 어느 한 사람만의 아이디어라고 할 수 없는 것입니다. 김용갑 청와대 민정수석이 내게 직선제를 건의했다느니, 김복동 씨가 나를 설득했다느니 하는데, 그런 얘기를 한 사람은 많았습니다. 6.29 선언은 대다수 국민이 원하는 것들이었고, 나만의 아이디어도, 어느 누구의 아이디어도 아닙니다"라고 밝힌 것처럼,[4] 6.29 선언에 담긴 내용들은 당시 1987년 6월 거리를 메웠던 시민들 모두의 열망이었고, 지향점이었다고 할 수 있다. 선언의 내용들이 그러한 것이었기 때문에 선언 이후 시민들이 자신들의 요구사항이 관철될 것에 대한 희망을 가지고 각자의 일터로, 학교로, 가정으로 돌아갈 수 있었을 것이리라. 그러하기에 선언 자체가 어떻게 준비되고 발표되었는지보다, 선언을 구성했던 내용들이 어떠한 것이었는가를 살펴보는 것이 6.29 선언의 진정한 성격을 밝히는 데 도움을 줄 것이고, 이후의 변화를 평가하는 데에 일종의 준거점을 제공해 줄 수 있을 것이다.

II. 6.29 민주화 선언 8개항의 구성

6.29 선언의 내용을 구성한 8개항과 관련하여 우리는 1985년 2월 12일의 제12대 국회의원 총선거에 주목하고자 한다. 그 이유는 위의 노태우 전 대통령의 인터뷰에서 알 수 있는 것처럼 6.29 선언 8개항 중 핵심이라고 할 수 있는 대통령 직선제를 포함한 개헌에 대한 요구가 제5공화국의 권위주의체제 아래서 본격적으로 대중의 관심을 끌 수 있었던 계기가 2.12 총선을 통해서 마련될 수 있었기 때문이다. 물론 그 이전부터 재야를 중심으로 개헌에 대한 요구는 계속 있어 왔지만 권위주의 정권 아래에서의 극심한 언론 탄압과 규제에 의해서 이러한

---

4. 조선일보, "6.29 선언 20주년 기념 노태우 전 대통령 인터뷰"(2007년 6월 29일) 〈http://news.chosun.com/site/data/html_dir/2007/06/29/2007062900095.html〉(검색일: 2017.6.16.)

요구는 일반 시민 대중들에게 널리 알려지기는 힘들었다. 예를 들어, 5.18 민주화 운동 3주년을 맞아 1983년 5월 18일 김영삼 전 신민당 총재는 대통령 직선제로의 개헌을 포함한 '5개 민주화 요구사항'을 제시하면서 23일간 단식투쟁을 했지만, 이 기간 동안 김영삼의 단식투쟁은 국내언론에 의해 거의 보도되지 않았다(중앙선거관리위원회 2009a, 310-312). 또한 1984년 5월에는 제5공화국이 들어서면서 선포된 '정치풍토쇄신을 위한 특별조치법'에 의해서 정치활동이 규제되었던 사람들을 중심으로 '민주주의로 가는 길을 봉쇄하고 있는 현행의 모든 제도적 장치와 제약의 개폐를 위해 투쟁'하는 것을 목표로 하는 '민주화추진협의회'(민추협)가 결성되었지만, 민추협은 그 구성원의 대부분이 정치활동 피규제자라는 신분상의 제약에 의해서 대중적인 활동은 제한적일 수밖에 없었다.

그러나 선거의 상황은 다르다. 아무리 권위주의 정권이라도 권력의 정당성을 유지하기 위해서 선거를 실시하는 한, 선거의 장에서 그동안 억눌려 왔던 요구사항들이 터져 나오고, 이에 대해 시민들의 관심이 기울여지는 것을 막는 것은 한계가 있을 수밖에 없기 때문이다. 더욱이 전두환 정권은 제12대 총선을 앞두고 선거법을 비롯한 제반 제도적 여건을 정비했고, 또한 거시 경제지표 등의 호전으로 어느 정도 자신들의 권력기반이 공고화되었다고 판단했기 때문인지, 1983년 2월부터 '정치풍토쇄신을 위한 특별조치법'에 의해서 정치활동이 금지된 567명을 단계적으로 해금하는 조치를 단행하였다.

전두환 정권의 해금에 대해, 심지연은 "야당이 중심이 되어 제기했던 해금문제를 부분적이나마 수용함으로써 야당의 취약한 입지를 강화해 주는 동시에, 정치적 반대자를 탄압한다는 외부의 비판적 시각을 완화하기 위한 다목적의 의도가 포함된 것"으로 분석한다(심지연 2009, 340). 즉 전두환 정권의 통치를 위한 구상은 1구2인제의 중선거구제 속에서 복수의 야당을 서로 경쟁하게 함으로써, 민주정의당을 패권정당으로 존속하게 한다는 다당구도의 유지에 있었던 것이다. 그러한 구상에 따라 전두환 정권은 해금된 정치인들이 어느 하나의 '제도권' 야당에 쏠리는 것을 막으려는 노력을 기울였던 것으로 보고된다. 해금이 단계적으로 이루어진 것 또한 이러한 노력의 일환이었던 것으로 판단된다(심지연 2009, 343).

그러나, 이와 같은 전두환 정권의 구상은 1984년 5월 18일 2차 해금된 정치인들을 중심으로 민추협이 결성되고, 1984년 11월 30일 3차 해금 이후 신당창당이 시도됨으로써 차질을 빚게 되었다. 심지연은 선거를 불과 70여 일 앞둔 시점에서 김대중, 김영삼, 김종필 등의 15명을 제외한 84명에 대해 일시에 정치활동을 허용한 것에 대해서, 강력한 구심점이 형성되는 것을 막으면서 야권의 대여투쟁 전선에 혼선을 주기 위한 것으로서 설명한다. 실제로 선거참여를 두고 선거투쟁을 주장하는 김영삼계와 총선불참을 주장했던 김대중계를 비롯한 재야, 학원가의 갈등은 매우 심각해서 민추협은 한때 분열 직전까지 가기도 하였으나, 결국 두 세력은 민주화의지를 대변하지 못하는 당시 제1야당이었던 민주한국당(민한당)을 대신하는 정당을 통해서 군사독재 종식을 위해서 노력해야 한다는 합의를 이룰 수 있었고, 그 결과 선거를 채 1달도 남기지 않은 시점인 1985년 1월 18일 신한민주당은 창당될 수 있었다(심지연 2009, 343-346).

결국 신한민주당은 짧은 준비기간에도 불구하고 선거에서 돌풍을 일으키면서 29.3%의 득표율로 전체 276석 중 67석(24.3%)을 차지함으로써 제1야당의 지위를 차지할 수 있었다.[5] 선거 전 제1야당이었던 민주한국당은 19.7%의 득표율로 35석을 차지하면서 제1야당의 자리를 신생 신한민주당에 내주고 말았다. 공화당과 유정회 출신 인사들로 주로 구성된 한국국민당 역시 9.2%의 득표율로 20석을 확보하는 데 그쳤다.[6] 당시 총선에서 신한민주당은 민주한국당과 한국국

---

5. 민주정의당은 35.2%의 득표율로 148석(53.6%)을 획득하였다. 민주정의당이 낮은 득표율로 과반수의석을 차지할 수 있었던 것은 여당이 크게 어렵지 않게 선거구당 1석을 차지할 수 있는 1구2인제의 중선거구제와 전국구 전체의석의 3분의 2를 의석 제1당에게 우선 배분하는 전국구의석 배분방법의 불합리성에 인한 것이었다.

6. 이는 제11대 총선과 비교하여 4.1%, 5석이 줄어든 결과이다.

민당을 '민주정의당의 2중대, 3중대'라고 비판하면서 '대통령 직선제 개헌'을 선거공약으로 강력히 내세움에 따라 개헌은 제12대 총선의 최대 쟁점이 되었다.

선거 직후 민주한국당의 당선인들이 대거 탈당하여 신한민주당에 입당함에 따라 신한민주당은 국회개원 전에 의석수 103석을 보유한 이제까지 볼 수 없었던 거대 야당이 될 수 있었고, 반면에 민주한국당은 의원 3명만을 보유한 군소정당으로 전락하고 말았다. 선거결과 확인된 개헌에 대한 시민들의 열망과 지지를 바탕으로 신한민주당은 총선 1년 후인 1986년 2월 12일부터 민추협과 공동으로 '1천만 개헌서명운동'을 시작하면서 전두환 정권에 대한 정치적 압력을 가중시켜 나갔다.

이상에서 1985년 2월 12일 실시된 제12대 국회의선총선거를 전후한 정치적 상황을 간략하게 살펴보았다. 6.29 민주화 선언의 핵심을 구성하는 대통령 직선제를 포함한 개헌이 공개적으로 거론되고 시민대중들의 관심을 본격적으로 확보하게 된 계기가 제12대 총선으로부터 시작되었음을 보이고자 했기 때문이다. 그러나 앞에서 잠시 언급했던 것처럼, 선거는 아무리 그것이 권위주의 정권하에서 실시되는 것이라도, 억눌려 왔던 요구사항들이 터져 나올 수 있는 기회의 장이 될 수 있는 것이고, 대통령 직선제 개헌은 비록 당시 가장 중요하고 핵심적인 요구사항이었다는 점은 부정하기 어렵지만, 억압되어 왔던 것, 당시 총선의 현장에서 요구되었던 것의 전부는 아니었다.

선거의 장에서 이러한 시민들의 요구사항은 표를 얻기 위한 정당의 선거공약의 형태로 표출되기 마련이다. 다음의 〈표 1〉은 제12대 총선 당시, 민주정의당, 신한민주당, 민주한국당, 한국국민당의 4개 정당에 의해 제시되었던 선거공약의 체계와 핵심적인 공약사항들을 간추려서 정리한 것이다.

독자들의 기억을 상기시키기 위해서 다시 옮겨 보면, 6.29 민주화 선언은 ① 대통령 직선제 개헌을 통한 1988년 2월의 평화적 정부이양, ② 자유로운 출마와 공정한 경쟁을 보장할 수 있는 대통령 선거법의 개정과 공명정대한 선거관리,

표 1. 제12대 국회의원 총선거(1985.2.12.) 당시 4대 정당의 공약

	민주정의당	신한민주당	민주한국당	한국국민당
공약 체계	'다 함께 참여하는 민주정치' 등 5개 분야 51개 항목	정치, 사법, 행정, 경제 등 10개 분야	'자유·민주헌법으로의 개정' 등 5개 분야 51개 항목	5대 선거공약 목표와 50개 실천사항
핵심 공약 사항	평화적 정권교체, 지방자치제, 교육자치제, 행정절차 간소화, 공평한 세정구현, 부동산 투기 억제, 사회부조리 근절, 근로자 권익 증진, 임금격차 해소, 여성지위 향상, 국민복지연금제도, 공무원 정년연장, 교원복지증진, 사회체육시설 확대, 국토균형개발, 전통우방과의 유대강화 등	대통령 직선제, 의회기능강화, 지방자치제 실시, 언론 자유보장, 군 정치관여 금지, 사법부 독립과 권위향상, 행정 능률화·간소화, 공무원 정치적 중립, 소득의 적정배분, 점진적 민영화, 노동3권 보장, 실업보험제도, 사학육성 중립국 및 공산권 국가와의 관계개선, 남북한 유엔동시가입 등	대통령 직선제, 전국구 폐지, 선거연령 18세로 인하, 국정감사 도입, 교육자치제, 근로자의 이익분배균점권, 언론통제의 철폐, 남북통일정책기구, 군의 정치적 중립, 재벌위주 경제정책 수술, 토지소유상한제 학생자치활동 보장, 사학활성화, 노동3권 보장, 전 국민 의료보험제, 도시인구집중방지 등	5대 공약: ①대통령 직선제 개헌과 평화적 정권교체, ②지방의회 구성과 자치단체장의 직선, ③농어촌 부채탕감과 농수산물 적정가격 보장, ④노동권 확립과 최저임금제 실시, ⑤언론통폐합 철폐와 자유언론 창달 50개 실천사항: 눈민정치 실현, 폭력정치 배격, 우민정치 타파, 비민주악법 개폐, 작은 정부 구현, 농어민 의료보험, 관치금융 청산, 불법연행 및 고문 등 폭력일소, 전투경찰 남용철폐 등

출처: 중앙선거관리위원회(2009a), 「대한민국선거사 제4집(1980.1.1.~1988.2.24.)」, 346-354.

③ 김대중의 사면·복권과 시국관련 사범의 대폭석방, ④ 기본적 인권의 신장과 기본권 강화조항을 포함한 개헌안의 추진, ⑤ 언론 자유의 창달, ⑥ 지방자치 및 교육자치를 포함한 사회 각 부분의 자치 확대, ⑦ 정당의 건전한 활동 보장, ⑧ 과감한 사회 정화 조치를 통한 밝고 맑은 사회 건설의 총 8개항의 내용으로 구성되어 있다. 이러한 8개항의 내용들을 위 〈표 1〉과 비교하여 보면, 8개항 내용의 상당수가 이미 1985년 실시된 제12대 총선 당시 각 정당의 선거공약 속에서 발견됨을 알 수 있다. 대통령 직선제 개헌(①과 ②)과 언론통제의 철폐와 언론자유 보장(⑤)은 야3당이 모두 한목소리로 요구하고 있는 것이었다. 지방자치(⑥)는 민한당을 제외하고 당시 여당인 민주정의당과 다른 두 야당에 의해서 공약으로

제시되고 있었으며, 교육자치(⑥)는 민주정의당과 민주한국당의 공약 속에서 발견할 수 있다. 이를 통해서 6.29 선언에 포함된 내용들이 어느 한순간의 구상을 통하여 하루아침에 만들어진 것이 아니라, 이미 오랜 기간 동안 억눌려 왔고, 그러하기에 요구되던 내용들이었음을 알 수 있다.

그러나 억눌려 왔고, 요구되던 내용들이 모두 6.29 선언에 포함될 수 있었던 것 또한 아니다. 대표적인 것이 군의 정치적 중립과 노동권의 보장 등에 대한 것이다. 〈표 1〉을 보면 군의 정치적 중립과 노동권의 보장은 당시 야 3당이 모두 함께 요구하던 것이다. 하지만 이에 대한 내용은 6.29 선언에는 포함되지 않았다. 군과 재벌 등은 제5공화국의 핵심적인 지지집단으로서 이들의 이익은 결코 쉽게 양보될 수 없던 것이다. 총선 이후 6.29 선언까지 약 2년 4개월의 기간 동안에 이와 관련한 어떤 변화가 있었던 것이 아님을 감안한다면, 이는 6.29 선언의 성격을 보다 분명히 드러내 주는 것이라 생각된다. 즉, 일부는 6.29 선언을 시민들의 대규모 저항에 직면한 집권세력의 전면적 항복 선언이었던 것으로 평가하기도 하지만, 그 실상은 체제의 위기에 처한 집권세력이 수용할 수 있는 타협의 마지노선(Ligne Maginot)을 제시했던 것, 일종의 최종협상안과 같은 것이었다고 해석할 수 있다.[7]

6.29 선언에 포함된 내용 중 아직 언급하지 않은 다른 내용들도 이러한 해석을 뒷받침한다. 6월 민주항쟁을 촉발시켰던 직접적인 계기 중의 하나가 1987년 1월의 박종철 군 고문치사 사건과 1987년 5월 이 사건이 조직적으로 축소·은폐되었음이 천주교정의구현사제단에 의해서 밝혀졌던 것임을 생각할 때, 기본적

---

7. 앞의 주(4)에 소개한 인터뷰에서 노태우 전 대통령은 "6.29 선언이 민심을 수용한 결과입니까? 민주화 세력에 대한 굴복입니까?"라는 질문에 대해서, 전두환 당시 대통령이 6월 18일 군출동 준비태세를 갖추라고 지시한 후, 6월 19일 오후 이를 유보한 것을 언급하면서, "파국을 면한 것은 민주화 세력에 대한 굴복이라기보다 민심을 읽고 최악의 강경책을 유보한 때문이었다"고 대답하였다. 조선일보, "6.29 선언 20주년 기념 노태우 전 대통령 인터뷰", 2007년 6월 29일, 〈http://news.chosun.com/site/data/html_dir/2007/06/29/2007062900095.html〉(검색일: 2017.6.16.).

인권의 강화(④)가 선언에 포함된 것은 자연스러운 것이다. 또한 1971년 대선 이후부터 정권에 의해 투옥과 석방, 망명과 귀국을 반복하면서 군부독재정권의 최대피해자 중의 하나이면서, 그로 인해 저항운동의 구심점 중의 하나로 역할해온 김대중 씨에 대한 피선거권 회복(③) 역시 당시 6월 민주항쟁 당시의 시민적 열기와 요구를 생각할 때, 선언에 포함되는 것은 당연한 사항 중의 하나였을 것이다. 어쩌면 김대중의 사면·복권 없는 대통령 직선제는 시민들과 집권세력 모두에게 받아들여지기 힘든 대안이었을 것이다. 하지만 정당의 건전한 활동을 보장하고(⑦), 과감한 사회 정화 조치를 강구하겠다는 것(⑧)은 선언에 포함된 배경과 근거를 6월 민주항쟁의 진영에서는 쉽게 찾기 힘든 것이다. 이러한 내용들은 6.29 선언의 다른 내용들에 가려져 잘 드러나지 않았지만, 선언 이후에 절차적 민주주의를 도입하기 위한 협상의 새로운 국면이 전개되더라도, 그 과정에서 정국운영의 주도권을 계속 장악하고 유지하려는 의도가 반영된 결과라고 생각된다.[8]

요약해 보면, 6.29 민주화 선언을 구성하고 있는 8개항의 내용은 선언의 성격이 6월 민주항쟁에 대한 집권세력의 일방적인 양보나 굴복이 아니라, 제5공화국

---

8. '1천만 개헌서명운동'을 전개하는 과정에서 신한민주당은 큰 분열의 변수를 맞이한다. 그것은 1986년 12월 24일 이민우 당시 신한민주당 총재가 송년기자간담회에서 지방자치제 실시와 공정한 국회의원 선거법 등 7개항의 민주화 조치가 선행되면, 제5공화국의 집권세력이 원하던 내각제 개헌안을 긍정적으로 검토할 수 있다는 이른바 '이민우 구상'을 발표한 것이다. 신한민주당의 당권을 둘러싼 경쟁이 배경이 되어 이루어진 것으로 알려진 '이민우 구상'의 발표 이후 이민우 총재를 지지하는 입장과 김영삼·김대중의 양김세력은 좀처럼 갈등을 봉합하지 못하다가, 마침내 양김측은 1987년 4월 8일 신한민주당과 결별하고, 신당(통일민주당)을 창당하겠다고 선언하게 된다. 통일민주당의 창당과정에서 1987년 4월 20일부터 4월 24일까지 이루어진 48개 지구당창당대회 중 18개 지구당의 창당대회장이나 사무실에 조직폭력배들이 난입하여 폭행과 방화를 하는 창당방해 사건이 발생했는데, 이것이 이른바 '용팔이 사건'이다. 사건 발생 초기에, 즉 6월 민주항쟁의 시기에, 이 사건의 배후에는 이민우 구상을 지지했던 신한민주당의 구당권파가 있었던 것으로 알려져 있었다. 정당의 건전한 활동과 사회 정화 조치 강구라는 내용이 6.29 선언에 포함된 것과 연관지어 생각할 수 있는 사회적 배경 중의 하나이다. 그러나 후에 김영삼 대통령이 취임한 후 이루어진 재수사 결과, '통일민주당 창당방해사건'에 장세동 당시 국가안전기획부장이 자금을 제공하는 등 개입했던 것이 마침내 밝혀졌다(중앙선거관리위원회 2009a, 435–440).

의 출범 이후부터 지속적으로 잠재되어 있다 1985년 제12대 총선 이후부터 본격적으로 표출되어 나오면서 마침내 1987년 6월 민주항쟁의 시기에 이르러서 그 강도가 절정을 이룬 시민사회의 요구사항들 중에서 집권세력이 수용할 수 있는 내용들을 선별해서 그 타협의 한계치로서 제시한, 일종의 최종협상안, 혹은 최후통첩과 같은 것이었음을 생각하게 한다. 그리고 그 타협의 한계치가 가리키는 것은 바로 정치적 경쟁의 민주화, 즉 절차적 민주주의(procedural democracy)의 도입이었다.

즉, 8개항의 내용 중 대통령 직선제 개헌(①과 ②)과 지방자치(⑥)는 중앙과 지방 차원에서의 절차적 민주주의의 도입을 직접적으로 의미하는 것이고, 기본적 인권의 신장(④)과 언론 자유의 창달(⑤)은 절차적 민주주의의 근간을 이루는 경쟁적 선거(contested elections, Schumpeter 1942, Przeworski et al. 2000)를 가능하게 하는 필수적인 전제조건과 같은 것이다. 김대중 씨의 피선거권 회복(③)과 정당의 건전한 활동보장(⑦) 역시, 그 의도와 배경이 어떠한 것이었는가는 일단 차치하고, 절차적 민주주의와 관련되어 있는 것임을 부정하기는 어렵다.

앞에서 잠시 살펴본 바와 같이, '6.29 민주화 선언'이 6월 민주항쟁의 세력과 (비록 사전교감 속에서 이루어진 것이라 해도) 집권세력 모두에게 수용되면서 한국의 권위주의에서 민주주의로의 전환은 시작되었다. 그리고 그 전환의 과정은 6.29 선언의 틀 속에서 이루어졌다. 제3의 민주화 물결(Huntington 1991) 이후 민주주의 이행(democratic transition)을 연구하는 사람들은 권위주의에서 민주주의로의 전환이 크게 두 가지 유형으로 이루어졌음을 주장한다. 권위주의 정권이 그에 반대하는 시민사회의 조직적 저항에 급격하게 무너지게 되는 '아래로부터의 민주화(bottom-up democratic transition)'와 권위주의 정권 내부의 온건파와 시민사회 내부의 타협으로 점진적 민주화가 이루어지게 되는 '협약에 의한 민주화' 또는 '위로부터의 민주화(top-down democratic transition)'가 그것이다. 한국의 민주화는 후자의 대표적인 예에 해당하는 것으로 일반적으로 평가된다. 한국의 민주화가 비록 6월 민주항쟁으로부터 출발했음에도 불구하고 위로부터의 민주화로 평가되는 배경에 '6.29 민주화 선언'이 있음을 부정하기는 어렵다.

결국 절차적 민주주의로 대표되는 6.29 선언의 내용은 1987년 6월의 민주항쟁으로부터 비롯된 민주주의로의 전환의 이정표와 같은 것이었다. 이정표는 방향을 제시함과 함께, 그 길의 끝에 무엇이 있음을 알려 준다. 그러나 길의 끝에서 또 다른 이정표를 찾을 수 있는 것처럼, 더 나은 민주주의, 더 성숙한 민주주의를 만들기 위한 우리의 노력은 계속되어야 할 것이다. 그러기 위해서는 우리가 지금 어디까지 왔나를 명확하게 알아야 할 것이다. 이에 아래에서는 1987년 6.29 민주화 선언 이후 지난 30년간 우리 사회와 민주주의의 변화를 중앙정부 차원에서의 절차적 민주주의와 지방자치를 중심으로 살펴보고자 한다.

III. 6.29 민주화 선언 이후 한국의 민주주의: 절차적 민주주의를 중심으로

민주주의를 정의내리는 데에는 다양한 방식이 존재하지만, 대체로 두 가지의 방식으로 분류된다. 그 하나는 경제 정의나 공공선의 추구와 같이, 하나의 정치체제가 만들어 내는 결과물로서 민주주의를 정의내리는 것이다. 또 다른 하나는 정치체제의 제도와 절차에 주목하여 민주주의를 정의내리는 방식이다. 전자는 일반적으로 실질적 민주주의, 후자는 절차적 민주주의의 입장으로 분류된다. 그러나 실질적 민주주의의 입장은 어떤 결과물을 민주주의의 가치로서 포함시켜야 하는지에 대해서 합의에 이르기 쉽지 않고, 측정의 어려움 또한 커서 현실의 정치체제 분석에 유용하게 이용되기는 힘들다. 그래서 많은 정치학자들은 절차적 민주주의의 입장에서 민주주의를 정의한다(Clark et al. 2013, 150).

절차적 민주주의의 입장에서는 일반적으로 슘페터의 입장을 따라, 민주주의를 '경쟁적 선거(contested elections)에 의해 지배자를 교체하는 정치체제'로 정의한다.**9** 이러한 정의는 민주주의를 '경쟁적 선거'라고 하는 단 하나의 조건에 의해서 규정하고 있기 때문에, 달리 선거민주주의, 혹은 민주주의의 최소적 정의(minimalist definition)라고 불리기도 한다. 이 정의를 현실의 분석에 사용할 경우, 여전히 문제로 남는 것은 그럼 무엇이 '경쟁적 선거'인가라는 질문이다. 이에 대해서 셰보르스키와 그의 동료들은 선거가 경쟁적인 것이 되기 위해서는 선거의 승자가 사전에 결정되어서는 안 된다는 사전적 불확실성(ex-ante uncertainty), 선거의 결과가 사후에 쿠데타와 같은 사태에 의하여 뒤집어져서는 안 된다는 사후적 불가역성(ex-post irreversibility), 그리고 그와 같은 선거가 주기적으로 반복되어야 한다는 반복성(repeatability)을 만족시켜야 한다고 정의한다(Przeworski et al. 2000).

그렇다면, 선거가 위의 세 조건을 만족시키는지는 어떻게 알 수 있을까? 그것은 바로 정권교체이다. 정권교체가 일어났다는 것 자체가 선거가 반복적으로 행해졌으며, 선거의 승자가 미리 정해지지 않았다는 것을 의미하며, 선거의 승자가 결과에 따라 지배자의 지위를 얻을 수 있었다는 것은 선거의 결과가 사후에 선거 외에 다른 요인에 의해서 뒤집어지지 않았다는 것을 의미하기 때문이다. 그러나 이와 같은 개념적·조작적 정의의 약점은 새로운 정치·선거제도가 마련되고 난 후, 첫 정권교체가 일어나기까지의 성격을 규정하기 어렵다는 점이다. 이에 대해서 셰보르스키를 비롯한 이와 같은 정의를 적용하는 사람들의 입장은 어떠한 정의도 오류로부터 완전히 자유로울 수는 없기에 오류의 경중(輕重)을 따져야 하며, 이를 감안할 때, 정권교체가 수십 년 동안 한 번도 일어나지 않았던 사례를 민주주의로 규정하는 것보다 정권교체를 목격한 후, 그 전의 시기에 대해서 민주주의로 인정해 주는 것이 더 낫다는 입장을 택한다.**10** 또한 절차적 민

---

9. 슘페터는 경쟁적 선거를 competitive elections로 표현하였지만, 많은 사람들은 달(Robert Dahl)의 표현을 빌어, contested election으로 사용하는 것을 선호하고 있다(Przeworski et al. 2000)

주주의의 입장이기 때문에 선거제도 자체에 변화가 없는 한 하나의 정치체제로 봐야 한다는 입장이다.

이러한 입장에 따르면 1987년 민주항쟁 이후 첫 번째 정권교체는 IMF 환란 위기의 격랑 속에서 1997년 12월 18일 실시된 제15대 대통령 선거에서 당시 김대중 새정치국민회의 후보가 40.3%의 득표율로 38.7%의 득표를 얻은 한나라당의 이회창 후보를 제치고 대통령에 당선됨으로써 이루어지게 된다. 그리고 1997년에 김대중을 승리하게 한 제도가 바로 1987년 노태우 후보를 대통령에 당선시킨 제도와 본질적으로 같은 것이기에, 현재 한국 민주주의의 기점을 1987년으로 일반적으로 평가하는 것이다. 그러나 과연 1987년에 노태우 후보가 아닌 다른 후보가 당선되었더라면, 선거의 결과대로 권력을 이양받을 수 있었을까는 역사의 의문으로 남는다.[11]

이와 관련하여 또 하나 주목할 수 있는 개념이 민주주의 공고화(democratic consolidation)이다. 민주적 방법, 즉 경쟁적 선거라는 방법 이외에는 그 정치체제에서 권력을 얻을 수 있는 방법이 없음을 사회의 중요한 구성원 모두가 동의하는 상태가 되었을 때 —셰보르스키의 표현을 빌면, 민주주의가 '그 사회의 유일한 게임의 규칙'(the only game in town)이 되었을 때— 그와 같은 정치체제를 공고화된 민주주의로 일반적으로 정의한다. 공고화의 지표로서 헌팅턴은 '두 번의 정권교체'(two turnover test, Huntington 1991, 267)를 제시한다. 한 번의 정권교체는 그 사회의 중요한 입장 중의 하나가 민주적 절차에 따라 권력을 내어 줄 용의가 있음을 보여 주는 것이지만, 그렇게 권력을 얻은 다른 하나의 입장이 다시 또

---

10. 이들은 독재자라 할지라도 여건만 허락한다면, 선거를 통해서 권력의 정당성을 담보하고자 하는 유인을 갖고 있음을 지적한다. 비록 상황이 맞지 않는다면 언제든지 선거 자체를 없애고자 하거나 조작할지라도 말이다. 그러하기에, 대규모 국가비교연구를 수행하는 입장에서 이들은 자신들이 갖고 있는 정보가 민주주의가 아닌 체제를 민주주의로 판단하게 만드는 편향된 자료일 수 있다는 의심을 제기하고, 이를 위한 교정장치로서 이러한 조작적 정의를 채택하는 것이라고 설명한다(Przeworski 2000, 23–28).
11. 군에 대한 문민통제의 확립이 이루어지는 과정과 배경에 대해서는 강원택(2017b) 참조.

민주적 절차에 자신의 정치적 운명을 내어 맡길 용의가 있는지는 확인되지 않았기 때문이다. 두 번의 정권교체를 목격하고 나서야 비로소 우리는 그 사회의 모든 중요한 세력이 민주적 절차만이 그 사회에서 권력을 얻을 수 있는 유일한 길이라는 것에 동의했음을 확인할 수 있는 것이다. 이러한 개념적·조작적 정의를 통해서 유의해야 할 사항은 민주주의 공고화 역시 절차적 민주주의에 기반하고 있는 개념이라는 점이다.

한국은 1997년의 첫 번째 정권교체 이후에 다시 2007년 이명박 당시 한나라당 후보의 제17대 대통령 당선으로 두 번째 정권교체를 경험했으며, 비록 현직 대통령 탄핵이라는 헌정 사상 초유의 사태 속에서 조기에 치러진 것이지만, 2017년 5월의 제19대 대통령 선거에서 더불어민주당 문재인 후보가 당선됨으로써 1987년 이후 세 번의 정권교체를 경험하였다. 형식적이고 절차적인 의미에서 한국이 공고화된 민주주의라는 것을 의심하기는 쉽지 않다. 그러나 탄핵의 과정에서 밝혀진 대통령의 권력남용과 그 이전 2012년 제18대 대통령 선거 이후 드러난 국가정보원과 국군 사이버사령부 등 국가기관에 의한 여론 조작 사건 등은 이러한 확신, 즉 한국이 제3의 민주화 물결 이후 민주주의로 전환한 나라 중 공고화에 성공한 몇 안 되는 나라 중의 하나라는 자부심에 큰 의구심을 품게 하는 것이 사실이다.

어쩌면 이러한 학문적인 평가와 우리가 실제로 느끼는 '민주주의'의 불일치는 우리가 사용하는 민주주의의 잣대가 너무 큰 눈금으로 이루어진 것이기 때문일 수 있다. 즉, 이제까지 우리가 적용한 민주주의의 조작적 정의는 (그리고 그에 기반한 공고화의 정의 역시) 오직 민주주의냐 아니냐를 이분적으로 평가할 수 있는 것이기 때문이다. 그래서 우리는 조금 더 세밀한 측정치를 제공하는 Polity IV 지수를 통해 민주화 이후 한국 민주주의의 변화를 추적해 보고자 한다. 1972년 테드 거(Ted R. Gurr)에 의해 처음 정치체제의 성격과 이행의 관계를 측정하고자 고안된 이후에 현재 벌써 4대에 이르는 진화를 경험한 Polity IV 지수는 어떤 하나의 정체(polity) 안에서 발견되는 '제도화된 권력의 특성(institutionalized authority traits, Marshall et al. 2015, 11)'을 측정한다. 조금 더 구체적으로 설명하면, Polity IV 지수는 먼저 최고 행정책임자(chief executive)가 충원되는 과정의 (1)경쟁성과 (2)개방성, 그의 (3)권력행사에 대한 제약, 정치참여에 대한 (4)규제와 (5)개방성의 차원에서 제도화된 권력의 민주적인 성격과 권위주의적인 성격을 각각 측정하여 DEMOC와 AUTOC의 두 변수를 각각 구성한다. 이렇게 구성된 두 개의 변수는 각각 0에서 10까지의 정수를 변수값으로 가지게 되고, 최종적인 Polity IV 지수의 값은 DEMOC의 값에서 AUTOC의 값을 빼는 것으로 구해지게 된다. 따라서 Polity IV 지수는 −10에서 10 사이의 정수값을 가지고, −10에 가까울수록 보다 권위주의, 10에 가까울수록 보다 민주적인 속성이 강한 제도적 성격을 갖는 것으로 해석된다. 다음의 〈표 2〉는 Polity IV 지수값을 구성하기 위하여 먼저 요구되는 (1)부터 (5)까지의 구성변수들이 각각 어떤 값을 가지며, 이 값들이 DEMOC와 AUTOC를 구성하는 과정에서 어떻게 전환되는지를 보여 주고 있다.

〈표 2〉에 대해서 부연하면, 최고 행정책임자 충원의 경쟁성과 관련하여 거의 모든 정체는 크게 셋 중의 하나로 분류될 수 있다. 현대의 많은 민주주의 국가들처럼 최고 행정책임자가 직접적이든 간접적이든 선거의 기제를 통해서 충원되는 경우가 있을 수 있고(XRCOMP=3), 과거의 군주제나 현대의 공산주의처럼, 세습이나 소규모의 한정된 집단에 의해 지명의 과정을 거치는 경우(XRCOMP=1), 그리고 행정권자가 이중으로 구성되어 있거나 하는 등의 이유로 양자 모두의 성격을 가지면서 어느 하나로 특정하기 어려운 성격을 가지는 정체의 경우(XRCOMP=2)이다. 이 각각의 경우에 대해서 XRCOMP의 값이 2와 3의 경우에는 DEMOC 값을 구할 때 각각 1과 2의 전환값을 가중치로 부여하고, 1의 경우에는 AUTOC의 값을 구할 때, 2의 값을 부여하는 것이다. 〈표 2〉를 살펴보면, 각 구성변수에서 얻을 수 있는 DEMOC 값의 최대값은 10이며 최소값은 0인 것을 확인할 수 있다. 마찬가지로 AUTOC의 값 또한 0에서 10 사이의 값을 가지게 되는

표 2. Polity IV 지수의 구성

변수명	변수값	설명	DEMOC 가중치	AUTOC 가중치
XRCOMP	3 2 1	**최고 행정책임자 충원의 경쟁성** 선거(election) 1과 3의 중간단계(transitional) 지명 혹은 세습(selection)	2 1 0	0 0 2
XROPEN	4 3 2 1	**최고 행정책임자 충원의 개방성** 선거(election) 선거와 계승의 공존 (선거)계승) 선거와 계승의 공존 (선거)계승) 폐쇄적·계승(closed)	1 1 0 0	0 0 1 1
XCONST	7 6 5 4 3 2 1	**최고 행정책임자에 대한 제약** 대등하거나 강한 기관(ex: 의회) 존재 5와 7의 중간단계 상당한 제약 3과 5의 중간단계 경미한 제약 1과 2의 중간단계 제약 없음	4 3 2 1 0 0 0	0 0 0 0 1 2 3
PARCOMP	5 4 3 2 1	**참여의 경쟁성** 경쟁적(competitive) 3과 5의 중간단계(transitional) 분파적(factional) 제한적(suppressed) 억압적(repressed)	3 2 1 0 0	0 0 0 1 2
PARREG	4 3 2	**참여에 대한 규제** 심한 제약(restricted) 분파적 제약(sectarian: 참여가 어느 정도 보장되지만, 중요한 사회의 일부에 대한 참여가 억제되는 경우) 비교적 자유로운 참여가 보장되며, 경쟁이 안정적으로 지속되는 경향을 보이는 경우	0 0 0	2 1 0

출처: *POLITY IV PROJECT Dataset Users' Manual* (Marshall et al. 2015)

것이다. 각각의 구성변수들을 통해서 확인할 수 있는 것처럼, 정체의 제도화된 권력을 측정하고자 한다는 점에서 Polity IV 지수 또한 절차적 민주주의의 개념에 기반하고 있는 것임을 유의할 필요가 있다. 다음의 〈그림 1〉은 1948년 이후 2013년까지 한국의 Polity IV 지수의 변화를 보여 주고 있다.[12]

〈그림 1〉을 통해서 Polity IV 지수를 통해서 대표되는 한국의 절차적 민주주의

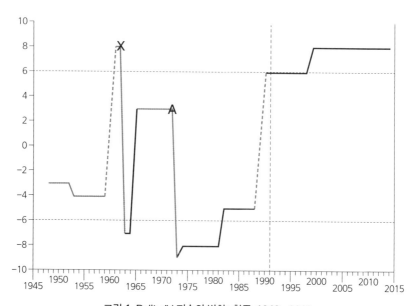

그림 1. Polity IV 지수의 변화: 한국, 1948~2013

출처: http://www.systemicpeace.org/polity/rok2.htm(검색일: 2017.6.16.)

의 양상이 (그 이전의 변화는 논외로 하고) 1987년을 통해서 획기적으로 변화하였음을 알 수 있다. 1987년 이전 −5의 값에 머무르던 Polity IV 값이 1987년 이후 6의 값으로, 그리고 1997년 이후로 다시 8의 값으로 변동되었음을 확인할 수 있다. −10에서 10의 값을 가지는 Polity IV의 값에 대하여, 학자들마다 약간의 차이는 있지만, 대체로 −10에서 −6까지를 권위주의, −5에서 5까지를 혼합형, 6에서 10까지를 민주주의로 분류하는 것이 일반적이니 만큼, Polity IV 지수를 통해서도 현재의 한국 민주주의의 기점을 1987년으로 삼고 있음을 알 수 있다.

그러나 우리가 Polity IV 지수를 살펴보는 이유는 단순하게 현재 한국 민주주

---

12. 그림은 새로 작성한 것이 아니라, Polity IV를 측정하고 제공하는 Center for Systemic Peace의 홈페이지에서 가져온 것으로서 현재 제공되고 있는 그림은 2013년까지의 기록만으로 작성되어 있다. 가장 최근의 2015년 자료를 확인해 보아도 2013년부터 2015년 사이에는 Polity IV 지수의 변화가 없기에 이 그림을 그대로 사용한다(〈http://www.systemicpeace.org/polity/rok2.htm〉, 검색일: 2017.6.16.).

의의 시작이 언제부터였는가를 확인하고 싶은 것이 아니라, 이분적인 민주주의/
권위주의의 구분을 넘어서 조금 더 세밀한 측정치를 통해서 한국 민주주의의 어
떤 부분이 부족하고 어떤 부분이 변화했는가를 살펴보기 위함이다. 이를 위해서
는 Polity IV 지수를 구성하는 변수값의 변화를 살펴볼 필요가 있다. 다음의 〈표
3〉은 그 결과를 보여 주고 있다.

〈표 3〉은 Polity IV 사업을 관리하는 Center for Systemic Peace에서 제공하는
원자료의 값에 더하여 〈표 2〉를 참고하여 산출한 전환값을 아울러 보여 주고 있
다. 이를 통해서 1987년의 민주항쟁과 6.29 선언을 계기로 경미한 제약만을 받
는 권력을 행사(XCONST=3)하는 최고 행정책임자가 선거가 아닌 방법에 의해서

표 3. Polity IV 구성변수값의 변화

구성변수		시기		
		1987년 이전	1988~1997년	1998년 이후
Polity IV		−5	6	8
DEMOC		0	7	8
〈전환값〉	XRCOMP	0	1	2
	XROPEN	0	1	1
	XCONST	0	3	3
	PARCOMP	0	2	2
AUTOC		5	1	0
〈전환값〉	XRCOMP	2	0	0
	XROPEN	0	0	0
	XCONST	1	0	0
	PARREG	1	1	0
	PARCOMP	1	0	0
〈측정값〉	XRCOMP	1	2	3
	XROPEN	4	4	4
	XCONST	3	6	6
	PARREG	3	3	2
	PARCOMP	2	4	4

출처: http://www.systemicpeace.org/inscrdata.html(검색일: 2017.6.16.)

소수의 집단에 의해서 선택되고(XRCOMP=1), 정책결정의 과정에서 사회의 중요한 일부가 배제되고(PARREG=3), 참여가 허용되는 일부들도 그 참여가 상당한 정도로 제한받는(PARCOMP=2) 권위주의적인 속성이 강한 체제(Polity IV=-5)에서, 비록 온전히 선거에 의해서만 결정되는 것은 아니지만, 상당한 정도로 공개된 경쟁이 보장되는 상황에서 최고 행정책임자가 선택되고(XRCOMP=2, XROPEN=4), 그의 권한도 상당한 수준 이상으로 제한을 받으며(XCONST=6), 비록 여전히 사회의 중요한 일부는 정책결정의 과정에 대한 참여가 허용되지 않고 있지만(PARREG=3), 그 외 참여가 허용되는 집단에게는 상당한 정도의 경쟁이 보장되는(PARCOMP=4) 민주주의로의 전환(Polity IV=6)이 이루어진 것으로 평가받고 있음을 알 수 있다. 비록 척도가 허용하는 가장 낮은 단계의 민주주의 수준을 보여 주고 있지만 말이다.

그렇다면 1998년 이후의 변화는 어디로부터 비롯된 것이며, 어떻게 가능한 것이었을까? 〈표 3〉을 통해서 1988년부터 1997년까지의 시기와 그 이후의 시기에 차이를 만들어 낸 것이 최고 행정책임자 충원의 경쟁성과 참여의 경쟁성 두 구성변수값의 변화라는 것을 알 수 있다. 앞에서 확인한 바 있듯이 1997년 말은 1987년의 민주화 이후 첫 번째 정권교체가 발생한 시기이다.[13] 비록 어떤 근거에 기록의 변화가 왔는지를 확인하기는 쉽지 않으나, 이 시기의 변화가 정권교체를 계기로 최고 행정책임자, 즉 대통령의 충원과정에서 군의 후견이 사라지고, 또한 이 과정에서 정책결정 과정에서 오랜 기간 소외되어 온 측면이 있는 진보 및 호남의 참여가 확대된 것이 지수값의 변화를 가져온 것이 아닐까 추정할 수 있을 뿐이다.

Polity IV 지수의 또 다른 효용은 이 지수를 통해서 보다 더 성숙한 절차적 민주주의 혹은 제도화된 민주주의를 위하여 필요한 변화는 무엇일까를 고민할 수

---

13. Polity IV 지수는 매년 1월 1일을 기준으로 작성·발표되고, 그 근거가 되는 것은 발표되기 전 1년 동안 목격되는 변화이다. 따라서 1998년의 값은 1997년 한 해 동안의 변화를 반영하는 것이다.

있게 한다는 점이다. 〈그림 1〉과 〈표 3〉을 통해서 1998년 이후 지수가 제공되는 2015년(즉 기록의 근거가 되는 것은 2014년)까지 한국 민주주의의 Polity IV 지수는 8점으로 고정되어 있다. 이를 다시 〈표 2〉와 비교하면 최고 행정책임자, 즉 대통령의 권력행사에 대한 제약(XCONST)과 참여의 경쟁성(PARCOMP)이라고 하는 두 측면에서 발전의 여지가 있음을 보여 주고 있다.

비록 민주화 이후 한국의 대통령 권력이 어느 정도냐에 대해서는 여전히 많은 논쟁이 있고, 그와 같은 대통령의 권력이 제도적 요인으로부터 비롯된 것이냐 아니면 지역주의 투표와 같은 제도 외적인 요인에 의한 것이냐에 대한 논쟁 또한 제기되고 있지만, 한국의 대통령을 제왕적 대통령으로 묘사하는 것이 일반적인 평가이며, 최소한 대통령 임기의 주기(cycle)에 따라 임기 초반에 헌법상으로 부여된 권력의 범위를 넘어서는 제왕적 대통령의 모습과 임기 후반에 그 마저도 행사하지 못하는 레임덕(lame duck) 대통령의 모습을 반복적으로 보여 왔다는 것을 부정하기는 쉽지 않아 보인다. 현직 대통령을 파면하기에까지 이르게 한 국정농단 사태와 그와 같은 사태가 꼭 임기 말에 이르러서야 알려지게 되는 모습은 시사하는 바가 크다.

국정농단과 같은 극단적인 사태뿐만 아니라 대통령이 제한받지 않는 권력을 행사하는 것과 관련하여 정부를 구성하는 제도적 장치의 흠결, 예를 들면 국회의 견제장치 부족 등을 우선적으로 지적할 수 있겠지만, 다른 곳에서도 요인을 찾을 수 있을 것이다. 이와 관련하여 살펴보고자 하는 것이 언론의 자유이다. 최근의 국정농단 사태에서도 언론이 권력의 감시자, 견제자로서의 역할을 충실히 했더라면 사태가 이렇게까지 커져 가는 것은 막을 수 있었을 것이라는 비판이 나온다. 더욱이 언론의 자유는 6.29 선언에 포함된 8개항의 하나이며, Polity IV 지수에서 발전의 여지를 갖고 있는 참여의 경쟁성과도 관련이 있는 지표이다. 즉 보다 자유로운 언론 환경이 조성된다면 권력을 향한 각 부문의 이해가 보다 치열하게 경쟁할 수 있을 것이다.

정치적 권리(political rights)와 시민적 자유(civil liberties)를 포함한 자유도 지수(freedom scores)를 1972년 이후부터 매년 발표해 오고 있는 프리덤하우스는 1980년부터 언론의 자유(Freedom of the Press)라는 새로운 지수를 함께 발표해 오고 있다. 처음 개발된 이래 몇 번의 발전적 변화를 거쳐서 1993년부터는 신문(print), 방송(broadcast), 디지털미디어(digital media)의 세 부분에 걸쳐서 매체를 둘러싼 법적·제도적 환경, 보도에 대한 정치적 압력, 뉴스와 정보에 접근하는 데 미치는 경제적 영향의 세 요인을 종합적으로 고려하여 산출하는 언론의 자유 지수는 0부터 100의 값을 가지며, 언론의 자유가 높을수록 작은 값, 즉 0에 가까운 값을 가지도록 설계되어 있다. 다음의 〈그림 2〉는 1993년부터 2016년까지 한국이 언론의 자유 지수값의 변화를 보여 주고 있다.

앞에서도 소개하였듯이 프리덤하우스의 언론의 자유 지수는 작은 값일수록 언론의 자유가 높은 것을 의미한다. 그렇다면 꺾은 선 그래프가 연도의 배열에 따라 최근으로 오면서 낮아질수록 언론의 자유가 좋아지는 상황을 의미한다. 그러나 〈그림 2〉에서 발견되는 모습은 이와는 다른 방향의 변화를 보이고 있다. 즉 언론의 자유가 2002년부터는 더 나아지지 않고 답보하는 모습을 보이다가 2010

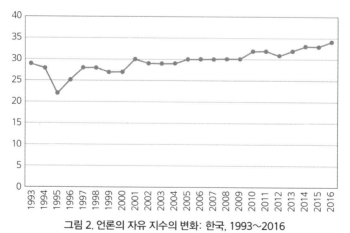

그림 2. 언론의 자유 지수의 변화: 한국, 1993~2016

출처: 프리덤하우스(〈https://freedomhouse.org/report-types/freedom-press〉, 검색일: 2017.6.16.)

년부터는 급기야 '자유(Free)'에서 '부분적 자유(Partly Free)'의 상태로 바뀌더니,[14] 2012년 이후부터는 지속적으로 나빠지는 모습을 보여 주고 있는 것이다.

이상에서 우리는 1987년 6.29 민주화 선언 이후 지난 30년 동안 한국 민주주의의 변화를 절차적 민주주의의 측면에서 살펴보았다. 어떠한 지표를 채택하느냐에 따라 조금씩 평가는 달라지지만, 최소한 절차적 민주주의, 선거 민주주의의 관점에서 한국의 민주주의는 조금은 더 성숙해지고 공고화되었다고 조심스레 평가할 수 있을 것이다. 그러나 이와 같은 반추는 또한 한국 민주주의의 발전의 한계 또한 보여 주고 있다. 대통령 권력에 대한 통제의 미비, 여전히 제한적인 요소가 남아 있는 참여, 그리고 오히려 점점 악화되어 가는 언론자유의 환경 등이 그것이다. 이외에도 아직은 완전히 확인되지 않은 사건들(예를 들면, 국가정보원 여론조작사건), 그리고 지금 우리가 한정된 지면 속에서 미처 살펴보지 못한 다양한 지표와 증거들은 한국 민주주의의 미래를 낙관적으로만 기대하지 못하게 하는 것이다.[15]

IV. 6. 29 민주화 선언 이후 한국의 민주주의: 지방자치를 중심으로[16]

이제부터는 6.29 선언에 포함된 8개항 중의 하나였던 지방자치를 중심으로 지난 30년의 변화를 살펴보고자 한다. 앞에서 살펴본 바와 같이 절차적 민주주의

---

14. 0에서 100의 값을 가지는 언론의 자유 지수에 근거하여, 프리덤하우스는 0부터 30까지의 값에 대해서는 자유, 31부터 60까지의 값에 대해서는 부분적 자유, 그리고 61부터 100 사이의 값에 대해서는 '자유롭지 않음'(Not Free)으로 분류하고 있다.

15. 예컨대, 윤성이는 Polity IV의 2011년 지수(8)를 언급하면서, 외국의 평가기관으로부터 높은 수준의 민주주의로 인정을 받으면서도, 우리의 정부를 비롯한 대의정치제도에 대한 국민의 불신이 매우 높은 것에 대한 우려를 표명하고 있다. 그는 달라진 정보통신환경의 변화에 따라 높아진 국민들의 정치의식을 우리의 현행 대의민주제도가 제대로 대변하지 못하고 있음을 불신의 원인 중 하나로 지목하고 있다(윤성이 2016).

16. 이 부분의 서술은 필자의 졸고(강신구 2017)에서 상당부분을 요약·발췌한 것임을 밝힙니다.

에 대한 평가는 주로 중앙정부의 권력을 둘러싼 경쟁에 초점을 맞추고 있기에 지방자치의 변화를 포함하는 것은 앞의 분석과 함께 최소한의 형식적인 의미에 서나마 완결된 쌍으로서 한국 민주주의의 전반을 살피는 것이라고 생각하기 때 문이다.

지방자치를 중앙정부의 경우와 비슷하게, '지방시민의 삶에 중요한 영향을 미 치는 정책을 결정하고 집행하는 권한을 가지는 지방정부를 지방을 구성하는 시 민의 손에 의해 직접 선출하고 교체하는 제도'로서 절차적으로 정의한다면, 한국 의 지방자치는 1961년 군사혁명위원회의 포고령 제4호에 의해 지방의회가 전격 적으로 해산된 이후 30년 만인 1991년 지방정부의 한 축에 해당하는 지방의회 선거가 실시됨으로써 절반의 부활을 이루게 되고, 이후 다시 4년의 시간을 경과 한 1995년에 이르러서야 나머지 반쪽에 해당하는 지방자치단체장을 선거를 통 해서 선출하게 됨에 따라 비로소 온전한 부활이 '최소한의 절차적 의미'에서나마 이루어졌다고 할 수 있다. 중앙정부 차원에서의 절차적 민주주의의 도입이 6.29 선언을 계기로 1987년에 이루어졌음을 생각할 때, 같이 6.29 선언에 포함되었던 내용의 하나로서 지방자치의 도입은 그보다도 약 8년의 시간을 더 필요로 했던 것이다.

지방자치 부활의 과정을 간략히 살펴보면 다음과 같다. 우선 6.29 선언 이후 개정된 이른바 1987년 헌법에서 그동안 지방자치 실시 유예의 헌법적 근거를 제 공했던 제5공화국 헌법의 부칙 제10조, "이 헌법에 의한 지방의회는 지방자치단 체의 재정자립도를 감안하여 순차적으로 구성하되, 그 구성시기는 법률로 정한 다"를 삭제함으로써 지방자치의 부활을 위한 헌법적 근거가 마련되었다. 이어 실시된 12월의 제13대 대통령 선거에서 모든 후보는 지방자치의 전면 혹은 즉각 실시를 공약으로 내세웠다. 그러나 노태우 후보의 지방자치에 대한 입장은 대통 령에 당선된 후 유보적인 입장으로 바뀐다. 선거 이후 여야는 지방자치제 실시 와 관련한 정치적 협상을 전개하였지만 끝내 합의에 이르지 못했고, 민정당은 새 헌법에 의한 국회의원 선거가 실시되기 직전 1988년 3월 8일 임시국회 본회의에서 '1989년 4월 30일까지 시·군·구 의회를, 그리고 시·도의회는 시·군·구 의회구성 이후 2년 이내에 구성하고, 지방자치단체장은 따로 법률로 정할 때까지 정부에서 임명한다'고 규정한 내용을 담은 지방자치법과 지방의회의원 선거법을 단독으로 변칙 처리했다.

그러나 1988년 4월 26일 실시된 제13대 국회의원 선거의 결과 헌정사상 최초로 대통령의 정당이 의회 과반을 확보하지 못하는 이른바 '여소야대' 국회가 등장하게 되었고, 이는 지방자치의 부활·실시를 위한 새로운 추동력을 제공하였다. 야3당은 지방자치실시를 위한 공조체제를 구축하였고, 마침내 1989년 3월 지방선거의 실시에 대한 내용을 담은 야권단일안을 만들어 3월 15일 임시국회에서 통과시켰다. 하지만 노태우 대통령은 이에 대해 거부권을 행사하였으며, 이는 1988년 4월 공포된 지방자치법에서 법 시행일 1년 이내에 시·군·구 의회 선거를 실시한다는 실정법의 규정을 대통령 스스로 위반하는 결과를 가져왔다. 야당이 이에 크게 반발하고, 대통령 또한 실정법의 위반이라는 비판으로부터 자유롭지 못했기에, 여당을 포함한 4당은 지방자치문제를 원점에서 재협상하기로 하고, 마침내 1989년 12월 19일 정기국회 폐회일에 '1990년 6월 30일 이내에 시·도 및 시·군·구의 의회선거를 실시한다'는 내용을 담은 새로운 지방자치법 개정에 대한 타협안을 극적으로 합의·통과시켰다.

하지만 이제 곧 시행만을 남겨둔 것처럼 여겨졌던 지방자치는 1990년 1월 민주자유당이 출범하면서 다시 좌초하게 된다. 국회의석 3분의 2 이상을 차지하는 거대여당이 1989년 12월에 합의한 지방자치제 법안에 대해서 경제안정을 명분으로 전면적 재검토를 선언한 때문이다. 이로써 정부와 여당은 1990년 이전에 지방의회 의원선거를 실시한다는 실정법의 규정을 다시 한 번 위반하게 된 것이다. 이에 반발한 김대중 당시 평화민주당 대표는 1990년 10월 8일부터 29일까지 지방자치제 실시 관철을 목표로 단식투쟁을 펼쳤다. 이와 같은 야당대표의 극한 투쟁과 지방자치제 관철을 위한 천만인 서명운동과 같은 시민운동의 압력, 합의사항의 일방적 파기와 그로 인한 실정법 위반이라는 부담[17] 속에서 마침내 여당은 야당의 요구를 일부 수용하여 1990년 12월 31일, '지방의회 선거를 1991년 6월 30일 이내에 실시하고 지방자치단체장에 대한 선거를 1992년 6월 30일 이내에 실시한다'는 내용을 담은 지방자치법 개정안을 여야합의로 통과시켰다. 그리고 이 법에 따라 마침내 1991년 3월 26일 시·군·구 (기초)의회 선거가, 그리고 6월 20일 시·도 (광역)의회 선거가 실시되었다. 비록 자치단체장의 선거를 포함하지 않은 반쪽짜리 지방자치제이기는 하지만, 1961년 지방의회가 전격적으로 해산된 지 30년만의 일이며, 민주화에 의해 직선대통령이 선출된 후로 다시 약 4년이 지난 시점의 일이다.

그러나 정부와 여당은 1992년으로 예정된 지방자치단체장 선거는 준비하지 않음으로써 지방자치의 전면적 실시에 미온적이며 유보적인 모습을 보였다. 그러다 마침내 1992년 1월 10일, 임기를 1년 남긴 시점에서 행해진 연두기자회견에서 노태우 대통령은 '광역과 기초 지방자치단체장 선거의 연기'를 일방적으로 발표한다. '예정대로 1992년에 지방자치단체장 선거를 실시하게 되면 1992년 한 해에 4개의 선거(제14대 국회의원 선거, 제14대 대통령 선거, 기초·광역 단체장 선거)를 치르게 되어 경제적·사회적 안정을 이룰 수 없다'는 것이 이유였다. 이는 그전의 법에 의해 예정되어 있던 지방자치단체장의 선거를 대안입법 없이 다시 연기했다는 점에서 정부·여당에 의한 세 번째 실정법 위반이 되는 셈이다.[18] 이와 같은 우여곡절의 과정을 거친 끝에 마침내 1994년 3월 16일 지방자치법 개정이 이루어지고, 이에 따라 1995년 6월 27일, 임기만료에 의한 지방의회 의원선

---

17. 또한 당시에 내각제 합의각서 유출, 수서사건 등도 함께 터져나와 여당의 입장은 매우 난처한 상황에 처해 있었다.
18. 이때, 야당은 이와 같은 대통령의 일방적 연기 발표가 제14대 대통령 선거를 임명된 지방자치단체장에 의한 체제로 치름으로써 관권선거를 획책하려는 음모라고 정부·여당을 비난하였다(중앙선거관리위원회 2009b).

거와 함께 광역과 기초자치단체장의 선거를 포함한 제1회 전국동시지방선거가 실시되었다. 1961년 지방자치가 동면에 들어간 지 34년 만에, 그리고 민주화가 시작된 지 8년 만에야 비로소 '온전한 지방자치'가 최소한의 절차적 의미에서나마 이루어지게 된 것이다.

왜 이렇게 늦춰졌던 것일까? 왜 당시 노태우 대통령은 세 차례에 걸쳐서 스스로 서명한 법률을 위반한다는 부담에도 불구하고 지방자치의 실시를 자꾸 유보하였던 것일까? 이는 당시의 중요 정치행위자들이 지방자치를 중앙정부와 구분되는 민주주의의 기초단위로서 주민들의 삶의 질과 직접적으로 연결되는 문제들에 대해서 지방적 차원의 해결을 모색하는 풀뿌리 민주주의(grassroot democracy)의 장으로서 이해하기보다는 중앙정부의 권력을 얻기 위한 경쟁의 수단이자 도구의 차원으로 이해했으며, 이에 따라 지방자치의 재도입 혹은 부활과 관련한 논의는 철저히 중앙정치 세력들의 정치적 이해관계에 따라 전개되어 왔기 때문인 것으로 해석할 수 있다. 그러하기에 선거 전에는 지방자치를 공약했다가도, 당선 후에는 권력의 분산을 의미하는 지방자치의 실현에 소극적인 모습을 보인 것이다. 이와 같은 모습은 야당이라고 다르지 않았다. 노태우 대통령의 지방자치단체장 선거의 일방적 연기선언에 대해서 관권선거를 꾀하려는 속셈으로 비난하고 있는 것에서 알 수 있는 것처럼, 야당 역시 지방자치를 중앙권력과의 관계, 그리고 그에 대한 견제의 수단이라는 성격에 그 일차적 중요성을 두고 있었다.

힘겨운 부활의 과정을 거친 우리의 지방자치는 이제 22년의 역사를 갖게 되었다. 그동안 우리의 지방자치는 어떤 변화를 겪었을까? 우선 최소한의 절차적 의미로 지방자치를 규정하는 조건인 선거의 과정과 변화를 살펴보자. 다음의 〈표 4〉는 민주화 이후 1991년부터 실시된 역대 지방선거의 선출직 지방공직자 수의 변화를 보여 주고 있다. 표를 통해서 1998년 이후부터는 4년마다 주기적으로 실시되어 오고 있는 것을 확인할 수 있고, 이는 선거의 내용적 측면과는 별도로 지방자치가 최소한의 제도적 안정성을 확보해 오고 있는 것으로 이해될 수 있다. 지방자치를 구성하는 선출직 지방공직자의 다양화도 확인할 수 있다.

하지만, 지방선거가 매 국회의원 총선거의 정확히 중간이 되는 해에 치러지는 것으로 정해지게 됨에 따라, 지방선거는 중앙정치의 영향으로부터 자유롭지 못하고, 오히려 중앙정치의 대리전 양상, 중간평가의 성격을 가지는 결과를 낳게 되었다. 6번의 동시지방선거를 치르는 동안, 지방선거의 결과가 대통령 혹은 집권여당에게 유리한 결과로 나타난 것은 1998년 한 번 밖에 없다. 그 외의 모든 경우에 여당은 지방선거에서 큰 손실을 경험해야 했다. 1995년의 지방선거에서 여당이었던 민주자유당은 15개의 광역단체장 중 6개를 얻는 데에 만족해야 했나. 2002년의 선기에서는 16개의 광역단체장 중 넷, 2006년의 선거에서는 16개 중 오직 하나, 2010년의 선거에서는 16개 중 여섯, 2014년의 선거에서는 17개 중 8개를 얻는 데 만족해야 했다. 유일한 예외는 1998년의 지방선거로, 이때는 이른바 DJP 연합이 작동하는 상황에서 중앙정부의 권력을 공유하는 새정치국민

표 4. 1987년 민주화 이후 역대 지방선거의 선출직 지방공직자 수 변화

	1991	1995	1998	2002	2006	2010	2014
선거일	3.26	6.20	6.27	6.4	6.13	5.31	6.2	6.4
광역단체장	·	·	15	16	16	16	16	17
광역의원	·	866	875	616	682	733 † (=655 +78)	761 (=680 +81)	789 (=705 +84)
기초단체장	·	·	230	232	232	230	228	226
기초의원*	4,304	·	4,541	3,489	3,485	2,888 (=2,513 +375)	2,888 (=2,512 +376)	2,898 (=2,519 +379)
교육감	·	·	·	·	·	·	16	17
교육의원	·	·	·	·	·	·	82	5
투표율	55.0	58.9	68.4	52.7	48.9	51.6	54.5	56.8

주: *제3회 전국동시지방선거까지 기초의원에 대한 정당공천은 실시되지 않았다. †제4회 전국동시지방선거부터 광역 및 기초의원 선거는 1인 2표제를 통하여 지역구와 비례대표의원을 별도로 뽑기 시작하였다.

회의와 자유민주연합이 함께 16개의 광역자치단체장 중 10명의 당선자를 얻은 경우이다. 이 경우를 제외하고 광역자치단체장 중 과반수 이상을 얻은 경우는 없었다.

지방선거가 대통령과 정부여당에 대한 중간평가로 이해된다는 것은 지방선거가 지방의 현안 및 쟁점이 중심이 되는 선거가 되지 못하고 있다는 것이고, 이는 주민자치와 이를 통한 풀뿌리 민주주의의 활성화라는 지방자치의 원래의 도입취지와는 어긋나는 것이다. 지방선거가 중앙정부에 대한 중간평가의 성격을 가지게 됨에 따라 지방선거에서 역시 중앙정부를 구성하기 위한 선거에서 발견되는 지역주의 투표현상이 지배적인 투표행태로 나타나게 되었다. 예를 들어 부산시의 경우에 역대 6번의 지방선거에서 한 번도 예외 없이, 이른바 우리 사회의 보수를 대표하는 정당인 민주자유당, 한나라당, 새누리당의 후보가 광역자치단체장인 부산시장 선거에서 승리하는 동시에, 이들 정당들이 90% 이상의 의석을 부산시의회에서 차지하는 모습을 발견할 수 있다. 또한 광역단체인 부산시 안에 포함되는 16개의 기초자치단체의 장들도 거의 독식하는 모습을 보여 주고 있다. 이와 같은 모습은 광주, 울산, 전북, 전남, 경북 등지에서도 지방자치 22년의 전 기간에 걸쳐서 발견된다. 또한 1998년 이후의 대구, 1998년부터 2006년까지의 충북, 그리고 2010년을 제외한 경북에서도 유사하게 발견된다. 즉, 정당은 달리하고 있지만, 특정 정당이 특정지역에서 압도적인 지지를 받는 지역주의 투표현상이 확인되는 것이다.

이와 같이 지방선거에서 나타나는 지역주의 투표현상은 중앙정부의 선거와는 또 다른 부정적인 영향을 만들어 내게 된다. 현재 한국의 지방정부는 예외없이 중앙정부의 대통령제 정부형태와 유사하게 (행정학의 용어를 빌면) 기관대립형으로 설계되어 있다. 결국 대통령제 정부형태와 마찬가지로, 우리의 지방정부 역시 단체장과 의회, 두 기관 사이에 '견제와 균형(checks and balances)'의 '묘(妙)'가 발휘될 때, 그 성공적인 운영을 기대할 수 있다. 하지만 특정 정당이 지역주의 투표에 힘입어, 자치단체장과 자치의회를 독식하는 상황에서 이러한 견제와 균형을 기대하기는 힘들다. 또한 광역자치단체와 기초자치단체가 역시 하나의 정당에 의해서 장악이 되는 상황은 지방자치를 구성하는 수직적 차원에서 두 수준의 정부 사이에서 역시 견제와 균형을 기대하기는 힘들다는 것을 의미한다. 견제와 균형, 그로부터 비롯되는 건전한 긴장감을 상실한 지방자치단체에서 자연스레 따라나오는 것은 보여 주기식 전시행정과 방만한 재정운용, 그리고 각종 부정부패·비리와 관련한 추문(scandal)과 사법처리이다.[19]

또한 앞에서도 언급했듯이, 우리의 지방자치는 중앙정치세력의 정파적 이해관계에 따라 도입된 일종의 정치적 타협물로서 부활되었다. 이에 따라 선거를 통해시 지빙자치단체를 구성하는 데에는 합의를 이룰 수 있었는지 몰라도, 이렇게 구성된 지방자치단체에 실제로 주민의 뜻에 부응하는 일을 할 수 있는 권한과 능력을 배분하는 데에는 지극히 인색한 모습을 보여 왔다. 이에 따라 지방자치의 부활·실시 이후에도 중앙정부는 지방정부에 대해서 여전히 강력한 재정적·행정적인 통제력을 유지해 왔다. 이를 통해 나타나는 문제가 지방정부가 처리해야 하는 업무와 재원의 불일치이다. 지방자치의 실시 이후 중앙정부는 각종 위원회를 설치하여 중앙정부의 사무를 이양하는 절차를 진행해 왔고,[20] 이를 통해서 현재 한국의 지방정부가 중앙정부의 할 일을 위임받아 처리하는 국가사무

---

19. 대검찰청의 내부자료를 분석한 한국지방행정연구원의 2000년 보고서에 의하면, 1995년 5월부터 2000년 3월까지 부패행위로 인하여 광역자치단체장 5명, 기초자치단체장 53명, 광역의원 54명, 기초의원 134명 등 모두 246명이 사법처리되었다(안청시·이광희 2002). 2006년에 선출된 민선 4기의 경우 기초단체장의 18.3%가 뇌물수수 등으로 직위를 상실했으며, 전라북도 임실의 경우는 1995년 이후 선출된 군수 중, 현직 군수를 제외한 모두가 허위서류작성, 인사비리, 뇌물수수, 정치자금법 위반 등의 혐의 및 확정 등으로 임기를 채우지 못하고 중도하차함으로써 '군수의 무덤'이라는 오명을 쓰기도 하였다. 현직 군수 또한 선거법 위반으로 기소되었다가 벌금 80만 원을 선고받고 간신히 군수직을 유지하는 상태이다(경향신문 2016).
20. 노태우 정부 때인 1991년에는 "지방이양합동심의회," 김대중 정부는 1999년에 "지방이양추진위원회," 노무현 정부는 2003년 "정부혁신지방분권위원회," 이명박 정부는 2008년 "지방분권촉진위원회," 그리고 박근혜 정부는 2013년 "지방자치발전위원회"를 구성하였다. 이와 관련하여 특징적인 사항 중의 하나는 이른바 '진보정부' 시기에 지방으로의 업무이양에 조금 더 적극적인 모습을 보였다는 것이다.

와 지방정부가 자체적인 의결을 통하여 실행하는 지방사무의 비율은 지방자치의 도입 초기 8:2의 수준에서 7:3 정도의 비율로 변모해 왔다. 하지만 이러한 업무를 수행하기 위한 재원으로서의 국세와 지방세의 비율은 여전히 8:2의 수준을 보여 주고 있다. 즉, 지방정부는 이전보다 더 적은 재원으로 더 많은 업무를 처리해 와야 했던 것이다.

요약컨대, 중앙정치의 대리전 양상으로 전개되는 선거, 견제와 균형의 상실, 중앙정부의 재정적·행정적 통제의 지속 등과 같은 구조적 악조건 속에서 우리의 지방자치는 지난 22년간 많은 혼란을 경험할 수밖에 없었다. 주민들의 실질적인 삶의 질 향상에는 크게 기여하지 못하는 보여 주기식 전시행정 및 홍보성 이벤트, 그로 인한 방만한 재정운용과 파탄 등은 일부에게 지방자치를 비효율과 무능의 상징으로 만들기도 하였다. 각종 비위와 연관되어 임기를 마치지 못하는 단체장과 의원은 지방정부에 대한 시민들의 신뢰를 거둬들이게 만드는 요인이 되어 왔다.

그러나 우리의 지방자치가 지난 22년간 암울한 모습만을 보여 온 것은 아니다. 일부의 지방자치단체는 이러한 척박한 환경 속에서도 조금씩, 조금씩 지방정치의 차원에서 시민의 참여를 확대해 가는 모습을 보이고 있다. 특히 지방자치의 원래의 도입취지에 맞게 주민의 삶에 밀접한 연관을 가지는 복지정책의 영역에서 지역의 실정에 맞는 새로운 혁신적인 실험들이 지방자치단체들에 의하여 시도되는 모습들도 발견된다. 일부 지역에 나타난 변화가 주변 지역으로 확산되면서 지방자치단체가 중요하고 혁신적인 정책의 실험장으로 역할하는 모습을 보이기도 한다.

대표적인 예가 '주민참여예산제도'이다. 지방차지단체의 예산편성에 주민들이 참여하여 의견을 개진하고 집행의 우선순위를 결정하는 주민참여예산제도는 2002년 제3회 전국동시지방선거에서 민주노동당이 선거공약으로 도입을 주장하면서 사람들의 관심을 처음 끌게 되었으며, 이후 광주 북구가 2004년 3월 예산참여시민위원회를 구성하여 시민들이 예산편성에 참여하는 것을 제도화하는 운영조례를 제정함으로써 처음 도입되었다. 이어서 유사한 내용을 담은 조례가 울산 동구를 비롯한 다른 지방자치단체에서 채택됨으로써 확산되는 모습을 보였고, 마침내 2006년 행정자치부는 '주민참여예산제도 표준 조례안'을 제시하게 되었고, 2011년에는 지방재정법 개정을 통해서 모든 지방자치단체의 예산편성에 주민이 참여하는 것이 의무화되었다(권오성·배인명 2015). 이는 지방정부에서 시작된 정책된 정책적 혁신이 중앙정부를 통해서 전국으로 확산되는 상향식 정책결정의 양상이 나타나게 된 것을 보여 준다.[21]

위의 사례는 지방정부에서 시작된 정책적 혁신이 중앙정부로 확산된 경우이지만, 이와 유사한 사례는 너 있다. 현재 한국사회를 뜨겁게 달구고 있는 경제민주화에 대한 관심은 2010년 지방선거에서 진보세력이 무상급식을 선거의 쟁점으로 부각시키는 과정에서 전국적인 의제로 확산되었음을 부인하기 어렵다. 일상의 삶과 직결되는 경제민주화에 대한 쟁점은 재벌개혁을 제외하고는 이전의 전국선거에서 찾아보기 어려웠던 쟁점이다. 하지만 2010년 지방선거 이후 무상급식, 무상보육과 같은 쟁점은 이후의 전국선거에서 가장 뜨거운 관심을 받는 쟁점 중의 하나가 되었다. '협치' 및 '연정'에 대한 관심도 빼놓을 수 없을 것이다. 2014년의 지방선거를 앞두고 제주도의 원희룡, 경기도의 남경필 후보는 여·야의 대립과 갈등을 한국정치의 고질적인 해악으로 규정하면서 도지사에 당선되면 권력을 적극적으로 나누겠다는 공약을 제시하며 당선된 후, 상대 당의 후보를 자신의 인수위원장으로 임명하고(제주도), 상대당에서 추천한 인사를 사회통합부지사의 자리에 임명하는 등(경기도), 각자의 '협치'와 '연정'을 추진하는 파격적인 모습을 보인 것이다. 아직 현재진행형인 모습이기에 그 성과를 평가하는 것은 시기상조이지만, 이러한 파격적인 모습이 중앙정치에 하나의 '화두'를 제시

---

21. 이와 유사한 사례로 1991년 충북 청주시 의회에 의해 처음 도입되고, 이후 국회입법을 통해 전국에 확대된 '공공기관의 정보공개에 관한 법률'이 있다.

한 것은 부인하기 어렵다. 이러한 모습은 상명하달식의 위계적인 모습을 보이던 중앙정부와 지방정부의 관계가 지방이 적극적으로 중앙정치의 '의제'를 설정할 수 있는 역할을 수행할 수 있을 정도의 관계로 중앙정부와 지방정부의 관계가 변모해 왔다는 것을 보이는 상징적인 것이다.

　이러한 변화가 가능하게 된 데에, 역설적으로 중앙권력을 둘러싼 중앙정치세력의 정치적 이해관계에 따른 전략적 상호작용이 있었다는 것을 부인하기는 어렵다. 즉 권력을 장악하지 못한 쪽은 중앙권력을 견제하기 위해서 지방분권의 확대를 주장한 것이고, 권력을 장악한 쪽은 중간평가의 성격으로 진행되는 불확실한 선거의 환경 속에서 지방분권의 확대에 타협할 수 있었던 것이다. 그러나 어렵게 찾아온 기회를 소중히 살려서 희망의 씨앗을 키운 것은 무엇보다도 시민의 힘이다. 시민의 힘은 지방자치를 부활시키는 데 있어서 중요한 사회적 압력을 제공했으며, 비록 지역주의라는 왜곡된 선거환경으로부터 자유롭기 힘들었지만, 그와 같은 어려운 환경에서도 더 나은 지역의 대표자를 선출하려는 노력을 보여 왔으며, 선출된 대표자에 대한 감시의 눈초리도 거두지 않은 것이다.[22] 비록 여전히 많은 지방자치단체가 다양한 문제들을 노출하고 있지만, 일부의 지방자치단체에서 시작된 작은 변화는 다시 이웃하는 다른 지방자치단체의 시민들로 하여금 그들이 지방자치단체에 변화를 요구하게 하는 준거를 제공하였다.

V. 결어: 한국 민주주의의 재도약을 희망하며

　이 글에서 우리는 6.29 민주화 선언을 구성하는 8개항의 내용과 함께, 선언 이후 지난 30년간 한국 민주주의의 변화를 절차적 민주주의와 지방자치를 중심으로 살펴보았다. 6.29 선언의 내용을 살펴보는 과정에서 우리는 선언에 담겨 있는 내용의 상당수가 선언을 직접적으로 이끌어 낸 6월 민주항쟁 이전에 이미 1985

년 제12대 국회의원총선거 때부터 야당과 시민들에 의해 요구되던 것들임을 알수 있었다. 어쩌면 이들은 그 이전부터 잠재되고 억눌려 왔던 요구들이었을 수도 있다. 하지만 당시 시민들에 의해 요구되던 것들 모두가 선언에 담겨 있던 것은 아니며, 선언에 담겨 있던 것 모두가 시민들에 의해 요구되던 것도 아니다. 군의 정치적 중립이 전자의 예이며, 사회 정화 조치의 강구가 후자의 예이다. 이를통해서 우리는 6.29 선언이 집권세력의 일방적인 양보나 굴복이 아니라, 6월 민주항쟁을 통해서 절정을 보인 시민들의 요구에 대해서 집권세력이 수용할 수 있는 타협의 한계치를 제시한 일종의 최종협상안과도 같은 것이었음을 주장하였다. 그리고 그 타협의 한계치가 가리키는 것은 바로 정치적 경쟁의 민주화, 즉 절차적 민주주의(procedural democracy)의 도입이었다.

6.29 선언 이후 지난 30년간, 선언을 직접적인 계기로 하여 형성된 이른바 1987년 체제는 기본적으로 동일하게 유지되어 왔지만, 중앙정부 차원의 절차적 민주주의와 지방자치는 큰 변화를 경험하였다. 어떠한 지표를 채택하느냐에 따라 조금씩 평가는 달라지지만, 최소한 절차적 민주주의, 선거 민주주의의 관점에서 우리의 민주주의는 조금은 더 성숙해지고 공고화되었다고 조심스레 평가할 수 있다. 그러나, 대통령 권력에 대한 통제의 미비, 여전히 제한적인 요소가 남아 있는 참여, 그리고 오히려 점점 악화되어 가는 언론자유의 환경 등은 우리의 민주주의가 더 나은 단계, 더 성숙한 단계로 나아가기 위하여 극복해야 하는 과제로 남아 있다.

우리의 지방자치는 6.29 선언에 직접적으로 표현된 8개항 중의 하나였지만, 중앙정부 차원의 절차적 민주주의가 도입된 후, 약 8년의 시간이 경과한 후에야 마침내 부활할 수 있었다. 이는 당시의 중요 정치행위자들이 지방자치를 그 본래의 취지에 맞게 풀뿌리 민주주의의 장으로서 이해하기보다는 중앙정부의 권력을 얻기 위한 경쟁의 도구이자 수단의 차원으로 이해했기 때문이었다. 힘겨운 부활의 과정을 거치고, 1998년 이후부터는 4년마다 주기적으로 선거가 실시되면서, 우리의 지방자치는 최소한의 제도적 안정성을 보여 주게 되었지만, 내용적으로는 많은 문제를 드러내게 되었다. 지방선거가 중앙권력에 대한 중간평가의 성격을 가지게 됨에 따라, 지방의 쟁점과 이해는 사라지고, 중앙권력을 향한 경쟁이 그 자리를 메웠다. 중앙선거에서 나타난 지역주의 투표가 지방선거에서도 그대로 복사되어 나타나면서, 지방정부 차원에서 건전한 견제와 균형의 묘는 찾아보기 힘들었다. 중앙정치의 대리전 양상으로 전개되는 선거, 견제와 균형의 상실, 중앙정부의 재정적·행정적 통제의 지속 등과 같은 구조적 악조건 속에서 우리의 지방자치는 지난 22년간 많은 혼란을 경험할 수밖에 없었다. 그러나 우리의 지방자치가 지난 22년간 암울한 모습만을 보여 온 것은 아니다. 일부의 지방자치단체는 이러한 척박한 환경 속에서도 조금씩, 조금씩 지방정치의 차원에서 시민의 참여를 확대해 가는 모습을 보이고 있으며, 지역의 실정에 맞는 새로운 혁신적인 실험들이 지방자치단체들에 의하여 시도되는 모습들도 발견된다. 일부 지역에 나타난 변화가 주변 지역으로 확산되면서 지방자치단체가 중요하고 혁신적인 정책의 실험장으로 역할하는 모습을 보이고 있기도 한다.

이러한 변화를 가능하게 한 중요한 계기이자 단계의 하나가 6.29 민주화 선언라는 것을 부정하기는 힘들다. 6.29 선언의 내용은 1987년 6월의 민주항쟁으로부터 비롯된 민주주의로의 전환의 이정표와 같은 것이었다. 이정표는 방향을 제시함과 함께, 그 길의 끝에 무엇이 있음을 알려 준다. 6.29 선언이라는 이정표가 가리키는 것은 절차적 민주주의라는 제한된 것이었다. 길이 끝나기 전에 새로운 이정표를 찾는 것처럼, 비록 아직은 그 길이 끝나지 않았지만, 중요한 갈림길을 앞두고 있음을 우리는 모두 알고 있다. 6.29 선언 그리고 대한민국의 민주화 30주년을 맞아, 우리가 어떤 민주주의로 나아가야 할지 사회적 고민이 필요한 시점이다.

강신구. 2017. "민주화 30년: 지방자치의 성숙과 과제." 강원택 외. 『대한민국 민주화: 30 년의 평가』 대한민국역사박물관 한국현대사 연구총서 16. 서울: 대한민국역사박물 관. 155-194.

강원택. 2017a. "87년 헌법의 개헌과정과 시대적 함의." 『역사비평』 119호(2017 여름): 12-37.

강원택. 2017b. "군의 탈정치화와 한국의 민주화." 강원택 외. 『대한민국 민주화: 30년의 평가』 대한민국역사박물관 한국현대사 연구총서 16. 서울: 대한민국역사박물관. 77-114.

경향신문. 2016. "지방자치 25년(3): 4명이 옷벗은 '군수 무덤' 임실 ⋯ 비리에 풀뿌리 정치 병든다." (2016. 2. 4).

권오성·배인명. 2015. "주민참여예산제도의 효과성 평가에 관한 연구" 한국행정연구원 (KIPA) 연구보고서 2015-26.

심지연. 2009. 『한국정당정치사: 위기와 통합의 정치』 증보판. 서울: 백산서당.

안청시·이광희. 2002. "한국민주주의와 지방정치 10년의 성과와 과제." 안청시 외. 『한국 지방자치와 민주주의: 10년의 성과와 과제』 서울:나남. 13-51.

윤성이. 2016. 『대한민국역사박물관 현대사교육총서 5: 대한민국의 민주주의』 서울: 대한 민국역사박물관.

조선일보. 2007. "6.29 선언 20주년 기념 노태우 전 대통령 인터뷰" (2007년 6월 29일) <http://news.chosun.com/site/data/html_dir/2007/06/29/2007062900095. html> (검색일: 2017.6.16.)

중앙선거관리위원회. 2009a. 『대한민국선거사 제4집』

중앙선거관리위원회. 2009b. 『대한민국선거사 제6집』

Clark, William R., Matt Golder, and Sona N. Golder. 2013. *Principles of Comparative Politics*. 2nd Ed. Los Angeles: CQ Press.

Huntington, Samuel P. 1991. T*he Third Wave: Democratization in the Late Twentieth Century*. Norman: University of Oklahoma Press.

Marshall, Monty G., Ted R. Gurr, and Keith Jaggers. 2015. *POLITY IV PROJECT Political Regime Characteristics and Transition, 1800-2015. Dataset Users' Manual*.

<http://www.systemicpeace.org/inscr/p4manualv2015.pdf> (검색일: 2017.6.16.)

Przeworski, Adam, Michael E. Alvares, Jose Antonio Cheibub, and Fernando Limongi. 2000. *Democracy and Development: Political Institutions and Well-Being in the World, 1950-1990*. Cambridge: Cambridge University Press.

Schumpeter, Joseph A. 1942. *Capitalism, Socialism, and Democracy*. London: George Allen & Unwin.

Polity IV Project, <http://www.systemicpeace.org/inscrdata.html>.

Freedom of the Press, <https://freedomhouse.org/report-types/freedom-press>

제4장

민주화의 '제3의 물결'과 6.29 선언

임성학 · 서울시립대 국제관계학과

I. 서론

2017년은 1987년 한국 민주화가 실현된 지 30년이 되는 기념적인 해이다. 독재권력에 저항하기 위해 학생들과 시민은 거리로 나섰고 저항운동은 전국으로 확산되었다. 이런 민주화 운동의 정점은 1987년 6월 항쟁이었다. 군부정권은 시민들의 저항을 막아 보려고 했지만 역부족이었고 결국 시민들의 요구인 헌법개정 및 대통령 직선제를 노태우의 6.29 선언을 통해 약속하게 되었다. 새로운 민주헌법에 따라 1987년 12월 12일 제13대 대통령 선거가 실시되었는데, 1971년에 있었던 제7대 대선 이후 16년 만에 국민이 직접 대통령을 뽑는 직선제의 역사적 부활이었다. 시민들의 민주화 운동이 결국 민주화를 이끌어냈다.

한국 민주주의에 대한 다양한 비판과 평가가 존재하지만 민주화의 제3의 물결 국가들 중 가장 모범적인 민주주의 발전을 이룩한 국가로 평가받고 있다. 프리덤하우스의 자유도 등급이나 이코노미스트 잡지의 민주주의 지수에서도 한국

민주주의 수준은 신생 민주주의 국가 중에서는 매우 긍정적인 평가를 받고 있다. 특히 1997년의 평화적 정권교체를 통해 공고화의 단계에 진입하여 권위주의로의 회귀에 대한 걱정으로부터 자유로운 국가가 되면서 신생 민주주의 국가에게 민주적 발전의 모델이 되었다.

이런 민주적 공고화가 달성되는 데에는 여러 단계를 거쳐 점진적으로 진행되었다. 민주화 이후 첫 번째 노태우 정부하에서 절차적 민주주의의 기반이 자리를 잡을 수 있었고 그다음 김영삼 정부에서는 군을 민이 통제하는 문민정부를 확립해 군의 정치적 개입을 막는 데 성공하였다. 그다음 정부인 김대중 정부는 여야가 바뀌는 평화적 정권교체로 탄생한 정부로서 민주주의 공고화의 첫발을 내디뎠다. 이후 안정된 민주주의 체제하에서 민주주의의 심화를 위한 노력들이 이루어져 한국은 국제적으로 고도압축 성장에 성공한 경제발전의 모델에서 빠른 시일에 민주주의 공고화에 성공한 민주주의 발전의 모델이 되었다.

그러나 최근 박근혜·최순실 국정농단으로 인해 한국 민주주의는 위기에 처하게 되었다. 2016년 말 전국에서 시민들의 자발적 촛불집회가 열리면서 국정농단의 책임을 물어 헌법에 따른 정당한 절차에 따라 대통령인 박근혜를 탄핵시켰다. 박근혜정권퇴진비상국민행동 추산에 따르면 23차에 걸친 촛불집회에 약 1천6백만 명 이상의 시민이 참여한 것으로 나타났다. 6월 항쟁이 있었던 30년 전과 같이 시민의 힘으로 정치적 변혁을 실현한 것이다.

이 연구의 목적은 민주화 운동의 산물인 6.29 선언 30주년을 기념해 6.29 선언의 의미를 되새기고 6.29 선언이 한국 민주화에 어떤 영향을 주었는지를 추적해 보는 것이다. 이를 위해 먼저 민주화 이전, 민주화 직후, 그리고 민주주의 공고화에 대하여 프리덤하우스와 이코노미스트사의 민주주의 지수를 기초로 평가해 보려고 한다. 전 세계적인 민주화 물결 속에서 6.29 선언은 한국 민주화의 상징적 사건으로 다른 민주화의 사례와 비교분석해 보고 그 의미를 살펴보려고 한다. 이를 위해 기존의 민주화와 민주주의 공고화 이론과 최근 소개된 이론을 통합해 살펴보려고 한다. 이를 통해 6.29 선언의 의미와 배경을 재조명하고자 하는 것이 이 글의 목적이다. 6월 항쟁 민주화 운동과 6.29 선언이 과연 현재는 어떻게 인식되고 평가받고 있는지를 살펴보기 위해 실시된 여론조사 결과도 같이 살펴볼 것이다.[1]

II. 민주화와 공고화에 대한 기존연구

비교정치학에서 권위주의 체제에서 민주주의로의 체제전환에 대한 연구는 크게 세 가지 접근으로 나누어 볼 수 있다. 가장 오래되고 대표적인 이론은 구조주의적 시각(the quantitative structural approach)이다. 립셋(1959)은 산업화, 도시화, 부(wealth)와 교육을 사회, 경제적 지표로 이용하여 민주주의와의 긍정적인 상관관계가 있다고 주장한다. 두 번째는 비교역사적 이론으로 정치, 경제발전의 주요요인으로 사회 집단, 국가, 국제적 변수를 연구하고 이런 요인이 어떻게 민주화에 영향을 미쳤는가를 연구하는 방법이다. 대표적인 비교역사학자인 스티븐스 부부와 루쉬마이어(Stephens and Rueschemeyer, 1992)는 자본주의 발전단계에 따라 변하는 사회·경제적 요인들(국가와 계급 간의 구조, 국제적 상황)이 민주화에 가장 중요한 변수로 작용한다고 주장하고 경제발전과 민주화는 밀접한 상관관계가 있지만 양적 방법론에서 제시한 것과는 다르게 영향을 준다고 주장한다. 산업화는 피지배계급의 사회적 영향력을 증대시켜, 그들을 정치적으로 배제하기가 어려운 사회로 전환되기 때문에 민주화가 가능해진다고 설명한다.

마지막은 미시적인 접근을 이용해 정치 행위자(political actor)의 선택과 전략과 그 과정을 살펴보고 이들 간의 상호작용 결과가 정치체제의 변환을 가져온다

---

1. 여론조사 방식과 식 등에 대한 자세한 내용은 이 책 제5장 "6.29 선언과 한국 민주주의에 대한 세대 간 인식"을 참고.

고 설명하는 이론이다. 단선론적 근대화 이론을 극복하고 정치적 과정을 중심으로 전환을 볼 수 있다는 장점이 있어 민주화 분석에서 주류 이론이 되었다. 민주주의는 사회·경제적 요소에 결정되는 종속변수가 아니라 정치 행위자의 주체적 선택과 결단의 산물로 보는 시각이다. 오도넬과 슈미터(O'Donnell and Schmitter, 1986)가 대표적인 학자로서 경제발전 등 구조적인 요건이 비록 정치 행위자의 선택과 전략을 제한하지만 정치변동 과정은 궁극적으로 정치행위자에 의해 결정된다고 주장한다. 임혁백(1994)은 한국에서의 민주화 과정을 위의 전략적 선택이론을 적용하여 설명하고 있다. 그러나 이 이론은 정치엘리트 중심적인 시각으로 집단 간의 역동적인 관계, 시민 사회의 성격 등을 간과하기 쉽다는 비판을 받고 있다.[2]

게디스(Geddes 1995, 120-21)는 '민주화 20년 이후 우리가 민주화에 대해 아는 것이 무엇인가'라는 논문에서 정치엘리트의 전략적 선택에 따른 민주화는 그 이후 민주화에 대한 영향력이 크지 않고 매우 짧다고 주장하면서 이 이론의 적실성에 대한 의문을 제기한다. 전략적 선택이론으로 도출된 설명 중에 많이 반복되는 것 중 하나로 정치엘리트 간의 협약(pact)에 의한 민주화가 가장 성공적인 체제전환, 더 나아가 성공적인 공고화를 가져올 가능성이 높다는 설명과 성공적인 권위주의정권의 경우 권위주의 세력의 특권을 유지할 수 있는 협약을 추진할 수 있기 때문에 민주화 이후에도 권력을 유지할 수 있다는 설명이 있지만, 성공적인 권위주의 엘리트가 협상에서 유리한 위치를 차지하면서도 결국 그런 협약은 예상보다 오래 지속되지 못한다는 것이 다양한 사례를 통해 밝혀지고 있다고 주장한다.

정치엘리트 중심의 전략적 선택이론에서 상대적으로 경시된 대중의 정치참여와 동원을 중시하는 사회운동이론이 이후에 등장하게 되었다. 이 이론은 시민

---

2. 민주화에 대한 이론 부분은 임성학(1998)의 내용에서 발췌, 정리한 것임.

들의 정치적 투쟁과 집단동원이 정치엘리트 간의 협상과 타협을 이끄는 원인이기 때문에 사회운동이 민주화를 촉발시키는 원인이고 민주화와 공고화 모든 과정에서 가장 중요한 역할을 한다는 이론이다(Tarrow 1995; Bermeo 1997). "민주화가 단순히 짧은 기간 동안 이루어지는 엘리트들 간 상호작용의 결과로 얻어지는 것이 아니라, 민주화 전환 및 공고화에 대한 시민사회의 열망 및 압력이라는 상대적으로 긴 기간에 걸친 민중적 항의 및 투쟁이 민주화의 추동력임을 주장한다"(김용철 2015, 280). 권위주의 독재에 맞서 인권과 민주주의를 위해 싸운 저항운동으로 인해 민주화가 성공했고, 민주주의 이후에는 관례적인 참여인 선거와 동시에 비관례적인 참여인 촛불집회 등이 한국 민주주의가 갈 길을 인도해 왔다는 점에서 사회운동이론적 설명의 유용성이 매우 높다고 할 수 있다.

그러나 사회운동론에서 주장하듯이 시민들의 집단적 시위가 권위주의 엘리트들이 계획한 것보다 더 자유화 혹은 민주화하도록 하는 역할을 하지만 자유화와 민주화를 추진하는 주요 요소는 아니라는 반론이 제기되고 있다. 대부분의 사례에서 밝혀졌듯이 대중동원이 이루어진 대부분의 국가의 경우 자유화 혹은 민주화가 잘 진행되면서 시위에 참여하는 비용이 줄어드는 상황에서만 발생하기 때문에 민주화를 추동한 것이라 볼 수 없다는 주장이다(Geddes 1999, 120). 이갑윤과 문용직(1995)은 국민운동본부의 절차적 민주주의에 대한 온건한 요구가 더 많은 국민들을 동원할 수 있었다는 점에서 권위주의 체제에 억압되어 온 중산층과 노동자 등이 민주대연합을 구성하여 6월 항쟁을 일으킴으로써 민주화가 시작되었다는 민주대연합론(최장집 1992)을 비판하고 있다.

제3의 민주화 물결로 인해 전 세계 속으로 민주화가 확산되면서 그다음 과제는 이런 신생민주주의를 어떻게 공고화할 것인가에 대한 논의로 발전하게 되었다. 공고화이론의 대표적인 학자인 린즈와 스테판(Linz and Stepan, 1996, 9-14)은 정치엘리트의 전략적 선택과 시민사회의 압력과 참여를 동시에 고려한 통합적인 이론을 제시하였다. 국가의 모든 주요 기관들이 민주적 제도에 따라 기능하면 민주주의는 공고화된다고 주장하면서 공고화는 단순히 자유롭고 공정한 선거만을 의미하는 것은 아니라고 주장한다. 자유로운 시민사회, 선거, 정당 의회 등이 자율적이고 존중받는 정치사회, 정치지도자에 대한 법치주의, 능력 있는 관료로 구성된 국가기제, 국가와 시장을 조정할 수 있는 경제사회라는 5가지 영역으로 구분하고 이 영역들이 민주적 제도에 따라 운영될 때야 비로소 공고화되었다고 할 수 있다.

이 글에서는 6.29 선언은 주로 정치사회와 시민사회에 관련된 선언이기 때문에 린즈와 스테판이 말한 정치사화와 시민사회를 중심으로 보려고 한다. 특히 정치사회와 시민사회의 상호작용에 따른 정치적 결과를 살펴보려고 한다. 정치사회는 다양한 정치조직이나 연합들이 국가기구에 대한 통제권을 합법적으로 획득하기 위한 경쟁적 영역이다. 대표적인 조직은 정당이지만 권위주의 시기에는 군부세력과 권위주의저항세력이 서로 경쟁하는 영역으로 볼 수 있다. 시민사회는 자발적으로 단체들이 조직되고 운동이 이루어지며, 비교적 국가로부터 자율적인 개인들이 자신들의 가치와 이해를 표출하는 영역으로 다양하게 조직된 사회운동세력과 조직을 포함한다(Linz and Stepan, 1995, 9-14). 결국 한국민주화 과정을 분석하기 위해서는 정치사회와 시민사회의 객관적 여건과 구조, 정치사회와 시민사회 행위자의 전략적 선택과 결과를 통합해서 살펴보는 것이 필요하다.

III. 한국 민주화와 공고화 평가

6.29 선언, 민주화, 공고화를 살펴보기 위해 가장 기초적인 작업은 이에 대한 객관적인 평가작업이라고 할 수 있다. 민주주의에 대한 평가를 실시하는 기관들이 최근 들어 많아지고 있지만 가장 오랫동안 민주주의를 평가한 기관은 미국의

프리덤하우스(Freedom House)이다. 정치적 권리와 시민적 자유라는 두 가지 기준에 각국의 민주주의 정도를 평가하고 있다. 이외에도 영국 이코노미스트(The Economist)사의 이코노믹 인텔리전스 유니트(Economist Intelligence Unit)라는 기관이 167개국의 민주주의의 상태를 선거과정과 다원주의, 정부의 기능, 정치참여, 정치문화, 시민적 자유의 측면에서 측정하여 민주주의 점수와 순위를 2006년부터 발표한다. 한국 민주주의를 국제적 기준에 살펴보기 위해 위의 두 기관의 평가를 선택했는데 그 이유는 프리덤하우스의 지수는 1976년부터 발표되어 장기간의 민주화 추이를 살펴볼 수 있기 때문이고, 이코노미스트사의 민주주의는 민주주의를 5가지 분야로 나누어 평가했기 때문에 보다 분석적인 평가가 가능하기 때문이다. 이 두 가지 지표를 살펴보면서 특히 한국과 같이 제3의 물결 민주화 국가들과 비교평가하고자 한다.

1. 프리덤하우스 평가

먼저 프리덤하우스의 민주주의 등급을 살펴보자. 아시아 지역에서 제3의 민주화 물결에 의해 민주화된 대표적인 국가 5개국(필리핀, 한국, 대만, 태국, 인도네시아)을 민주화의 역사적 측면에서 같은 기준으로 평가하기 위해 민주화 2년 전 등급부터 민주화 2년 후, 5년 후, 10년 후, 15년 후, 20년 후, 25년 후의 등급을 살펴보았다(표 1). 등급별로 자유(Free)는 1.0에서 2.5, 부분적 자유(Partly Free)는 3.0에서 5.0, 비자유는 5.5에서 7.0 등급으로 나뉜다. 제3의 민주화 물결 아시아 시초인 필리핀의 경우 민주화 직후 개선된 후 점차 악화되는 모습을 보이고 있고 2012년에는 부분적 자유국가로 분류되어 퇴보하였다. 그다음 민주화 국가인 한국과 대만은 민주화가 진행되면서 점차 개선되고 안정화되는 모습을 보이고 있다. 두 국가 모두 1.5등급으로 자유로운 국가로 분류된다. 상대적으로 시민들의 적극적인 참여로 성취된 한국의 민주화가 위로부터 민주화된 국가보다 민주화

표 1. 프리덤하우스 아시아 국가들의 민주주의 등급(민주화 이전 및 이후 등급)

		민주화 2년 전	2년 후	5년 후	10년 후	15년 후	20년 후	25년 후
		1984– 1985	1987– 1988	1991– 1992	1996– 1997	2001– 2002	2007	2012
필리핀 1986	PR	4	2	3	2	2	3	3
	CL	4	2	3	3	3	3	3
		1985– 1986	1988– 1989	1992– 1993	1997– 1998	2003	2008	2013
한국 1987	PR	4	2	2	2	2	1	1
	CL	5	3	3	2	2	2	2
대만 1987	PR	5	5	3	2	2	2	1
	CL	5	3	3	2	2	1	2
		1990– 1991	1993– 1994	1997– 1998	2003	2008	2013	
태국 1992	PR	2	3	3	2	6	4	
	CL	3	5	3	3	4	4	
		1996– 1997	1999– 2000	2005	2010	2015		
인도네시아 1998	PR	7	4	3	2	2		
	CL	5	4	4	3	4		

직후 바로 개선되는 모습을 보였다. 인도네시아도 현재 3등급으로 부분적으로 자유로운 국가이지만 민주화 이후 점차 개선되고 있다. 반면 태국은 민주화 직후 개선되다가 다시 권위주의로 회귀하였다.

한국의 민주화 정도는 정치적 권리에서 1등급, 시민적 자유에서 2등급(평균 1.5등급), 대만은 정치적 권리에서 2등급, 시민적 자유에서 1등급(평균 1.5등급)으로 두 국가 모두 자유스러운 국가로 분류되고 있다. 제3의 민주화 물결에 따라 민주화된 국가들과 비교해 보면 "1등급인 폴란드나 스페인, 포르투갈에 비해서는 조금 낮지만, 아르헨티나(2등급), 브라질(2.5등급) … 러시아(5.5등급)보다는 높은 등급"으로 보이고 있어 민주화와 공고화가 잘 진행되고 있다고 할 수 있다(김정훈 2007: 38).

2. 민주주의 지수

이코노믹 인텔리전스 유니트(Economic Intelligence Unit)가 발표하는 민주주의 지수(democracy index)를 기준으로 살펴보자. 민주주의 지수는 민주주의의 요소를 5가지로 분류하고 이에 따른 점수도 따로 발표하고 있어 민주주의 분야별 점수를 비교할 수 있다는 장점이 있다. 한 가지 단점은 2006년부터 발표되어 신생 민주주의 국가들의 민주화 초기에 대한 자료를 비교할 수 없다는 것이다.

민주주의를 평가한 점수에 따라 완전한 민주주의(full democracies), 결함 있는 민주주의(flawed democracies), 혼합정권(hybrid regimes), 권위주의정권(authoritarian regimes)으로 구분한다. 2007년의 경우 전 세계적으로 완전한 민주주의는 16.8%, 결함 있는 민주주의는 32.3%, 혼합정권은 18.0%, 권위주의정권은 32.9%로 민주주의적 국가가 거의 반을 차지했다. 2016년의 경우 완전한 민주주의 11.4%, 결함 있는 민주주의 34.1%, 혼합정권 24.0%, 권위주의정권은 30.5%로 민주주의 국가의 비율이 45.5%로 나타나 세계적으로 민주주의 국가가 점차 감소하는 추세이다.

민주주의 지수를 통해서 살펴보면 아시아 국가들 중 제3의 민주화 물결 민주주의 국가에서 한국 민주주의의 우수성이 돋보인다. 한국은 이들 아시아 국가들 중에서 유일하게 2008년부터 2014년까지 완전한 민주주의체제를 유지하였고 대만과의 비교에서도 보통 10등 이상의 차이를 보이고 있다. 태국은 2007년과 2013년 이후에는 혼합정체의 성격을 보이고 있어 이들 국가들 중 민주주의 후퇴가 가장 심각하게 나타나는 국가라고 할 수 있다. 대만은 31~47위 사이를 나타내고 있어 한국 다음 수준의 민주주의를 유지하고 있지만 한번도 완전한 민주주의의 수준에 올라 보지 못하고 결함 있는 민주주의체제를 유지하고 있다. 필리핀과 인도네시아는 점점 등수가 낮아져 개선되는 모습을 보이고 있지만 완전한 민주주의 위치에 도달하기에는 갈 길이 멀어 보인다(표 2).

표 2. 민주주의 지수에서 나타난 아시아 주요 국가들의 민주주의 등수 및 민주주의 상태

	2007	2008	2010	2012	2013	2014	2015	2016
한국	31 FL	28 FU	20 FU	20 FU	21 FU	21 FU	22 FL	24 FL
대만	32 FL	33 FL	36 FL	35 FL	37 FL	35 FL	31 FL	33 FL
필리핀	63 FL	77 FL	74 FL	69 FL	66 FL	53 FL	54 FL	50 FL
인도네시아	65 FL	69 FL	60 FL	53 FL	54 FL	49 FL	49 FL	48 FL
태국	90 HY	54 FL	57 FL	58 FL	72 HY	93 HY	98 HY	100 HY

주: 완전 민주주의(FU), 결함 있는 민주주의(FL), 혼합정권(HY)

남미 국가들 중 제3의 민주화 물결 민주주의 국가들과 비교해 보면 우루과이 만이 한국보다 높은 점수를 받고 있고 완전한 민주주의체제를 계속 유지하고 있 다. 칠레가 대만과 비슷한 수준의 민주주의를 유지하고 있으며 브라질은 40위대 를 유지하다가 2015년부터 50위대로 민주주의가 하락하고 있다. 멕시코 민주주 의의 수준도 점차 악화되고 있다(표 3). 민주화 20~30년 정도 이후 아시아와 남 미 국가를 비교해 보면 한국과 우루과이가 민주주의를 정착시키는 데 가장 성공 적이라고 평가할 수 있다.

민주주의 지수의 다섯 가지 분야를 비교분석하기 위해 한국의 민주주의를 각 분야별로 살펴보려고 한다. 민주주의 지수의 다섯 분야에 대한 측정 기준은 다 음과 같다. 선거과정과 다원주의(Electoral process and pluralism) 분야는 주로 선 거의 보통선거권 보장 및 자유와 공정성의 측면과 다원주의적 가치인 반대세력 의 정치적 권리 보호, 정치자금의 투명성, 평화적 정권교체의 가능성 등의 측면 을 평가한다. 정부의 기능(functioning of government) 분야는 선출직의 정책결 정권, 행정부에 대한 의회의 견제능력, 문민에 의한 군의 통제, 정부운영의 투명 성, 정부에 대한 신뢰 등에 대해 평가한다. 정치참여(political participation) 분야

표 3. 민주주의 지수에서 나타난 남미 주요 국가들의 민주주의 등수 및 민주주의 상태

	2007	2008	2010	2012	2013	2014	2015	2016
칠레	30 FL	32 FL	34 FL	36 FL	32 FL	32 FL	30 FL	34 FL
브라질	42 FL	41 FL	47 FL	44 FL	44 FL	44 FL	51 FL	51 FL
우루과이	27 FU	23 FU	21 FU	18 FU	17 FU	17 FU	19 FU	19 FU
멕시코	53 FL	55 FL	50 FL	51 FL	51 FL	57 FL	66 FL	67 FL
아르헨티나	54 FL	56 FL	51 FL	52 FL	52 FL	52 FL	50 FL	49 FL

주: 완전 민주주의(FU), 결함 있는 민주주의(FL), 혼합정권(HY)

는 투표율, 소수 의견의 존중, 여성의 의회 진출, 정당 당원가입 및 시민단체 참여율, 시위 및 집회 등 참여, 정치에 대한 관심 등을 평가한다. 민주적 정치문화 (democratic and political culture)의 경우 강력한 리더십에 대한 선호, 군사정권에 대한 인식, 전문가 혹은 테크노크라트에 대한 인식, 정치질서에 대한 선호, 민주주의와 경제와의 관계, 민주주의체제에 대한 지지 등을 평가한다. 마지막으로 시민적 자유(civil liberties)의 경우 언론의 자유, 집회 · 결사의 자유, 인터넷 등 정보접근에 대한 자유, 고문 사용, 종교적 관용, 법치주의, 인종, 피부색, 신념, 양성 등에서의 차별 등을 평가한다.

최초로 발표된 민주주의 지수 2007년과 이후 5년인 2012년, 그리고 가장 최근 자료인 2016년 지수를 비교해 보았다. 2007년 결함 있는 민주주의가 2012년에는 완전 민주주의로 개선되었지만 2016년에는 결함 있는 민주주의로 다시 악화되어 민주주의에 대한 관심과 보완이 절실히 필요하다. 분야별로 본다면 정치참여가 가장 좋은 등수를 기록해 상대적으로 정치참여 분야가 가장 발달한 것으로 나타났다. 가장 열악한 분야는 시민적 자유 분야로 2007년에는 66위, 2012년에는 45위, 2016년에는 44위로 매우 저조하다. 김정훈(2007, 39)은 민주주의 지수

표 4. 2007년, 2012년, 2016년 한국의 민주주의 지수

		전체 등수	전체 점수	분류				
				선거과정과 다원주의	정부의 기능	정치 참여	정치 문화	시민적 자유
2007	결함 있는 민주주의	31	7.88	9.58 (26)	7.14 (39)	7.22 (21)	7.50 (28)	7.94 (66)
2012	완전 민주주의	20	8.13	9.17 (39)	8.21 (18)	7.22 (14)	7.5 (22)	8.53 (45)
2016	결함 있는 민주주의	24	7.92	9.17 (36)	7.5 (27)	7.22 (19)	7.5 (19)	8.24 (44)

에서 선거과정과 다원주의 분야에서 높은 점수를 받아 매우 긍정적으로 평가한 반면 정치참여는 부정적으로 평가했지만 상대적인 등수로 평가하면 선거과정과 다원주의는 2007년 26위, 2012년 39위, 2016년 36위로 전체등수에 못미쳐 부정적 평가가 가능하지만 정치참여는 전체등수에 비해 높은 위치를 차지하고 있어 긍정적으로 평가할 수 있다. 물론 절차적 민주주의의 수준을 평가하는 선거과정과 다원주의 분야의 절대점수가 상당히 높음에도 불구하고 상대적 등수가 낮은 것은 제3의 민주화물결에 의한 민주화가 주로 절차적 민주주의에 집중되었고 그로 인해 높은 수준의 절차적 민주주의가 보장되었지만 상대적으로 부족하다고 평가할 수 있다. 한국 민주주의를 한 단계 끌어올리기 위해서는 가장 부족한 분야인 '시민적 자유'의 확보가 가장 절실하다.

IV. 6.29 선언의 의미와 재평가

민주주의 수준에 대한 국제적 기구의 평가에 따르면 한국 민주주의는 상당히 선전하고 있는 것으로 밝혀졌다. 이런 성공적인 민주화와 공고화가 가능했던 이유들 중에 1987년 민주화 과정 속에서 찾아볼 수 있는 것들을 위의 이론적 논의

에서 살펴본 것과 같이 정치사회와 시민사회를 나누어 두 측면을 통합해서 살펴보려고 한다. 이를 위해 민주화 전반적인 과정에 대해 대략적으로 살펴보고 정치사회와 시민사회에서 나타난 한국적 민주화의 특징을 설명하고자 한다.

1. 1987년 민주화 과정

1987년 민주화 과정은 절차적 민주주의의 상징인 대통령 직선제 쟁취의 과정이라고 해도 과언이 아니다. 1985년 총선에서 3주 만에 설립된 신한민주당은 기존 야당을 비판하고 대통령 직선제 개헌이라는 체제 변혁을 요구하면서 차별화하여 총선에서 돌풍을 일으켰다. 기존 야당을 제치고 신생야당인 신한민주당이 67석을 얻어 제1야당이 되었다. 이후 직선제 개헌은 정치권과 시민들에게 가장 중요한 정치적 이슈가 되었으며 이를 위해 야당과 재야는 전국적으로 개헌추진 서명운동을 벌였다. 이런 상황에서 전두환정권은 전두환의 장기집권을 위해 단임제 대통령제를 끝내고 내각제를 기획하게 되었는데 결국 야당 이민우 총재가 내각제 개헌을 제시하면서 논란에 휩싸이게 되었다.

이런 정치적 혼란 속에서 1987년 1월 서울대 박종철 학생 고문치사 사건이 터지면서 전정권은 정통성에 큰 타격을 입었고 시민들은 저항을 확대하여 갔다. 위기상황에서 전대통령은 4월 13일 1988년 서울올림픽 이후까지 개헌에 관한 모든 논의를 금지하고 현행 헌법에 따라 차기 대통령을 뽑겠다는 일명 '호헌' 특별담화를 발표하였다. 그러나 1987년 5월 18일 5.18 광주민주화운동 7주년 기념일에 정의구현사제단의 김승훈 신부가 박종철 학생 고문치사 사건이 조작되었다고 폭로하였고 전국적으로 고문 축소 조작 규탄과 4.13 호헌철폐를 요구하는 시위가 확산되었다. 이에 따라 '민주헌법쟁취 국민운동본부'가 결성되어 민주화 운동의 중심이 되었다. 경찰의 대규모 병력을 동원해 진압하려 했지만 전국적으로 대규모 시민이 참여하였고 대학생뿐만 아니라 소위 넥타이 부대라는 중산층의 참여도 점차 늘어났다.

당시 6월 항쟁에서 나타난 민심은 국민이 직접 대통령을 뽑는 것을 민주주의라고 생각했고 따라서 "호헌 철폐, 직선쟁취"에 대한 국민적 합의가 형성된 상태였다. 6.29 선언은 권위주의 세력이 군부 독재를 끝내고 야당과 재야세력이 주장한 직선제 개헌이 곧 민주화'라는 요구를 받아들인 민주화 타협의 산물이다. 당시 민정당 대표위원이자 대통령 후보인 노태우는 6월 29일 '국민대화합과 위대한 국가로의 전진을 위한 특별선언'을 발표했는데 가장 중요한 내용은 대통령 직선제를 받아들이겠다는 것이었다. "8개항으로 구성된 주요 내용은 ① 여야 합의하에 조속히 대통령 직선제 개헌을 하고, 새 헌법에 의한 대통령 선거를 통해 1988년 2월 평화적으로 정권을 이양하며, ② 자유로운 출마와 공정한 경쟁이 보장되는 대통령 선거법의 개정, ③ 국민적 화해와 대단결을 도모하기 위해 김대중 씨 등의 사면복권과 극소수를 제외한 시국사범 석방, ④ 인간존엄성을 존중하기 위해 개헌안에 기본권 강화조항 보완, ⑤ 언론자유의 창달을 위해 관련제도와 관행을 획기적으로 개선하며 언론의 자율성을 최대한 보장, ⑥ 사회 각 부문의 자치와 자율을 최대한 보장, 지방자치 및 교육자치 실시, 대학의 자율화, ⑦ 정당활동 보장, 대화와 타협의 정치풍토 조성, ⑧ 밝고 맑은 사회건설을 위해 사회정화 조치의 강구 등이다. 이와 더불어 노태우 대표는 자신의 제안이 관철되지 않으면 민정당 대통령 후보와 당 대표위원직을 포함한 모든 공직에서 사퇴한다는 단서를 첨가하였다"(한국민족문화대백과사전).

이후 여야 개헌협상을 위해 개헌을 논의할 '8인 정치회담'이 여야 동수로 구성되어 국회에서 회의를 개최하였다. 8인 정치회담은 대통령 5년 단임제를 골자로 한 개헌안 골격을 제시하고 이후 국회개헌특위가 헌법조문화 작업에 착수해 개헌안은 10월 27일 국민투표를 거쳐 93.1%의 찬성으로 현재 헌법인 제9차 개정 헌법이 탄생됐다. 헌법 개정에 따라 그해 12월 제13대 대통령 선거가 치러져 민주정의당 노태우 후보가 당선됐고, 1988년 4월 제13대 국회의원 총선거가 실시되어 여소야대 국회가 만들어지게 되었다.

2. 1987년 민주화에 대한 기존의 평가

한국 민주화에 대한 평가는 다양하며 서로 상반된 견해도 있다. 일반적으로 국외에서 한국 민주화와 민주주의에 대해 매우 긍정적으로 평가하는 반면 국내 학자들은 매우 비판적이다. 가장 대표적인 국내평가는 한국 민주화의 보수성을 지적하면서 민주화의 한계를 지적하는 연구들이다. 최장집(2005)은 한국 민주화는 협약에 의한 민주화로 사회적 요구와 개혁의지를 배제한 정치엘리트 간의 보수적 정당체제 유지에만 합의하였기 때문에 보수적 민주화라고 명명하였다. 따라서 한국 민주주의는 기존의 냉전반공주의의 헤게모니와 보수독점의 정치구조를 반영하여 결국 정당체제의 위기를 야기했으며 특권적 기득권 구조가 유지되어 계급적 갈등은 심화되었고 사회 공동체의 기반은 약화되어 개인의 삶도 황폐화되었다고 주장한다. 손호철(2003)도 한국 민주화의 특징은 타협 혹은 거래에 의한 민주화이기 때문에 결국 보수적으로 귀결되었다고 주장한다. 특히 민주화 과정에서 민주화를 추동한 시민사회가 역동적으로 움직이고 민주화에 대한 압박을 가했지만 정치사회는 시민사회로 분리되어 자신들의 이해관계를 우선시함으로써 시민사회의 요구를 수용하지 못하였기 때문이라고 설명한다. 또한 지역주의와 다양한 진입장벽 등으로 진보세력은 정치사회에 제대로 진입하지 못하고 진보적 시민의 목소리를 대변하지 못하였다고 비판한다.

국내 연구 중 한국 민주화를 다소 긍정적으로 평가한 연구도 있다. 임혁백(2000)은 좀 더 객관적인 시각에서 살펴보면 군부독재와 시민 간의 밀고 당기기 전쟁 끝에 민주화 대타협을 이끌어 냈다는 점에서 의미가 있고 가장 군사화된 지역임에도 불구하고 군부가 개입하지 않아 민주화가 가능했다고 평가했다. 비록 정치인, 시민들이 민주적 절차와 규범을 내면화하지 못한 한계는 있지만,

1997년 경제위기에도 불구하고 민주주의를 유지하고 정권교체를 이루어내어 공고화에도 성공했다는 점에서 높이 평가해야 한다고 주장한다. 위에서 프리덤 하우스와 이코노미스트사의 평가에서 살펴본 것과 같이 국외의 평가는 매우 긍정적이다. 이런 상반된 평가가 나오게 된 것은 결국 정치사회와 시민사회에 대한 통합적인 분석이 안 되었기 때문이다. 한국 민주화와 민주주의 공고화의 특성은 정치사회와 시민사회의 성격과 구조, 그리고 상호관계에 의해 나타난 것이기 때문에 정치사회와 시민사회를 나누어 살펴보고자 한다.

3. 정치사회

민주화 운동과 6.29 선언에 있어 정치사회는 다양한 정치조직이나 연합들이 국가기구에 대한 통제권을 합법적으로 획득하기 위한 경쟁적 영역인데 이 당시는 권위주의 시기 중이라 군부세력과 권위주의저항세력이 서로 경쟁, 타협, 갈등하는 영역으로 볼 수 있다. 여기서는 민주화 논의에서 가장 많은 논의가 되었던 정치엘리트 간의 협약과 군사정권의 특성을 살펴보고자 한다.

1) 정치엘리트 간의 협약에 의한 민주화에 대한 재평가

한국 민주화에 가장 비판적인 평가는 정치엘리트의 이해만 도모하는 협약에 의한 민주화가 진행되었다는 것이다. 그러나 한국 민주화를 협약에 의한 민주화, 민중이 배제된 정치적 타협이라고 평가하는 적절한 것인가?

민주화 과정에서 주요 정치세력인 집권세력과 저항세력은 체제전환과정 속에서 자신들의 이익을 극대화하려고 할 것이고 특히 민주화하는 과정에서 집권세력은 자신들의 특권을 민주화 이후에도 유지하려고 할 것이다. 헌팅턴 (Huntington, 2011(1991), 170~71)은 "군부지도자는 항상 권력반환에 두 가지 조건 혹은 '반환보장'을 제안"하는데 먼저 "군부가 집권했을 때 행한 행동에 대한

처형, 처벌 혹은 다른 보복이 없어야 한다"는 점과 "국가안보에 대한 군부의 총체적 권한, 군부에게 국가안보 관련 정부 각료직 보장, (종종) 군수산업 및 전통적으로 군부가 후원했던 다른 경제사업에 대한 군부의 통제를 포함한 군부조직의 제도적 역할과 자율성이 존중되어야 한다"는 점이다. 발렌주엘라(Valenzuela, 1990)는 반환보장과 더불어 민주화에 의해 구성된 정부의 막후에서 주요 의사결정에 막강한 영향력을 행사하는 '후견권력'의 존재와 정부가 정책결정과정에서 그 본래의 권한을 행사할 수 없는 '유보된 영역(reserved domain)'이 존재할 수 있다고 한다. 민주화 초기에 직면하는 장애로 공고화를 위해서 넘어야 할 장벽이라고 했다. 이러한 반환보장 혹은 유보된 영역 등이 민주화 과정에서 보장받을 수 있는지는 군부의 상대적 능력에 따라 다르게 나타난다. 군부에 의해 추진된 위로부터 민주화의 경우 군부의 요구가 대부분 보장되지만 민중혁명에 의한 민주화의 경우에는 아무것도 보장받을 수 없는 경우가 대부분이다.

한국의 경우 정치엘리트 간의 거래도 있었지만 중간층, 학생, 반체제 인사들의 지속적인 압력으로 협약에 의한 민주화보다 더 개혁적인 민주화가 진행되었다고 평가할 수 있다(임성학 1998). 헌팅턴은 이런 방식의 체제전환 즉 반정부집단이 민주주의를 성취하는 데 주도적인 역할을 하는 것을 '전환(transplacement)'이라고 정의하였다. 반정부세력은 정부를 전복할 정도로 자신이 강력하지 않다는 사실을 알고, 정부는 협상비용을 엄청나게 증가시킬 정도로 반정부세력이 강하다는 사실을 알고 있고 또한 반정부세력 내에서 민주적 온건세력이 반민주적 급진세력을 압도할 만큼 강력하지만 정부를 전복할 정도로 강력하지는 않게 되어 반정부세력과 반민주세력이 협상을 통해 민주화로 가는 것을 의미한다. 권위주의 정권 내 집권세력이 정권을 종식시키고 체제를 민주적 체제로 전환시키는 데 주도권을 잡고 결정적인 역할을 하는 '변환(transfomation)'과 구별하고 있다. 전환과 변환 모두 정부와 반정부세력의 상대적 중요성을 통해 구분하고 있어 국가별 민주화 유형화하기는 쉽지 않지만 위에서 논의한 반환보장, 후견권력, 유보된 영역 등의 유무나 범위가 기준이 될 수 있다. 즉 변환의 경우 반환보장, 후견 권력, 유보된 영역이 더 많이 유지되는 반면 전환의 경우 이런 영역이 매우 적을 것이다.

헌팅턴은 한국을 폴란드, 체코, 우루과이, 볼리비아, 온두라스, 엘살바도르, 니카라과, 남아공, 몽골, 네팔과 함께 전환의 사례로 들었다. 출처는 밝히고 있지 않지만 "우루과이와 한국에서 군부지도자는 인권침해로 인한 기소나 처벌에 대한 대책을 요구했다"고 주장하고 있다(헌팅턴 2011(1991), 222). 그러나 민주화 직후 일어난 일들을 보면 반환보장이 있었더라면 일어나기 힘든 일들이 나타났다. 군부지도자에 대한 기소나 처벌이 계속 진행되었다는 점에서 유보된 영역이 없었거나 가장 빠르게 청산되었다고 할 수 있다. 대표적인 사례가 1988년 6월에 국회에 구성된 '5공비리 특별조사위원회'였다. 1988년 총선에서 여소야대가 되면서 야당이 요구한 5공비리 특별조사위원회가 설치되었다. 헌정 사상 최초의 국회 청문회는 일해재단 비리, 광주민주화운동 진상조사, 언론기관통폐합 문제 등의 진상 조사를 위해 열렸다. 비록 1989년 12월 31일 청문회에 출석한 전두환 전대통령은 5공비리에 대한 직접개입을 전면부인하였지만 전경환을 비롯한 전두환 전대통령의 친·인척 10명과 장세동 전 안기부장, 이학봉 전 대통령민정수석비서관 등 모두 47명이 구속되고 29명이 불구속 입건되었다.

한국 민주화가 태생적으로 한계를 갖게 된 이유는 권위주의세력이 대선 승리를 확신하였기 때문에 6.29 선언이 가능했고 결국 대선 승리를 통해 권위주의 세력의 특권과 지위를 보장받으려고 했다는 주장이 있다. 헌팅턴은 "한국에서 최소한 두 명의 야당 후보가 출마함으로써 정부 여당 후보의 승리가능성이 매우 높을 것이라는 가정을 전제로 정부 여당은 직접, 공개 선거에 동의했다" (2011(1991), 222)고 주장했다. 서중석(2008, 224-5)은 노태우가 6.29 선언을 한 이유는 김영삼과 김대중이 옛날과 같이 다른 길을 갈 것이고, 그렇게 된다면 노태우가 당선될 수 있다고 계산했기 때문이라고 주장한다. 정일준(2017, 7)도 "6.29

선언은 시민사회의 도전에 전두환 정권이 완전 굴복한 것이 아니었다. 직선제를 통해서도 충분히 정권을 재창출할 수 있다는 치밀한 계산이 깔려 있었다." 박기덕(2006, 41-2)은 "지배집단은 아무런 조건 없이 대통령 직선제를 수용함으로써 체제 차원의 보장을 포기했기 때문에, 헌법 만들기 게임을 통해 절차적 차원에서 제도적 보장을 확보할 계획이었다. 반대세력은 대통령 직선제라는 단순한 목표를 위해 투쟁했으나, 승리를 담보할 수 있는 구체적인 계획을 수립하지 못했다"고 주장하고 있다.

그러나 그 당시 두 명의 야당 후보의 단일화에 대한 국민적 요구가 있었으며 그 가능성도 충분히 있었기 때문에 노태우 후보의 당선을 이 당시에는 누구도 확신할 수 없는 상황이었다. 대통령 직선제가 채택된다면 야당에 김대중과 김영삼이라는 대중적 지도자가 있어 선거전에서 패배할 가능성이 높았기 때문에 전두환 정권은 이전에 내각제를 통해 민정당이 국회에서 다수 의석을 차지하여 정치 권력을 계속 장악할 수 있도록 내각제 개헌을 추진(김영명 1992, 373)한 것이다. 정일준(2017, 7)은 6.29 선언을 "집권당 대선 후보인 노태우를 주연으로 내세운 '대담한 도박'이었다"라고 규정하고 있다. 반환보장에 대한 협약 없이 대선에서 실패한다면 그것은 곧바로 군부세력의 몰락, 그리고 과거 비민주적 행위에 대한 단죄가 이어질 수 있다는 걸 알면서도 6.29 선언을 한 것은 결국 국민들의 정치적 개혁요구를 받아들여 극단적 대결을 피하고 체제해체 위기를 회피하는 전략의 산물일 가능성이 더 높다.

2) 제도화된 군사정권

기존의 체제전환모델을 비판하면서 새로운 모델을 제시하고 있는 게디스(Geddes 1999)는 군사정권의 성격에 따라 민주화의 시기, 전환 방식이 다르다고 주장한다. 권위주의 체제를 군사정권, 개인화된 독재, 일당독재 등으로 나누고 있고 이런 특성에 따라 민주화의 결과는 다르게 나타난다는 것이다. 이 논문에서는 6.29 선언의 특성상 군사정권과, 개인화된 독재에 대한 이론에 집중하고자 한다. 게디스는 쿠데타에 의한 군사정권이 창출되면 두 가지 방식으로 발전하게 된다고 한다. 하나는 특정 개인의 카리스마적 리더십에 의해 통제되는 개인화된 독재 형식(a personalist dictatorship)과 군사쿠데타에 참여한 군인들의 집단적 협의체에 의해 권력의 분배와 순환(rotating)규칙에 의해 통치되는 제도화된 군사정권(an institutionalized military regime)형식이다. 개인화된 독재의 경우 쿠데타 초기에 특정 개인이 경쟁상대를 제압하고 일찍 권력을 독점하는 경우로 이런 정권은 오랫동안 권력이 유지되고 저항이 극렬할 경우에만 협의가 가능해 체제전환이 어렵거나 체제전환이 일어나도 시민혁명 혹은 또 다른 쿠데타로 귀결되는 경우가 많다. 반면 제도화된 군사정권의 경우 권력유지 기간이 가장 짧으며 민주화를 가장 빨리 시도할 가능성이 높다고 주장한다.

그렇다면 전두환 군사정권은 개인화된 독재인가 제도화된 군사정권인가? 몇 가지 이유에서 제도화된 군사정권에 가깝다고 평가할 수 있다면 게디스의 이론에 따라 권위주의 정권의 수명은 짧고 민주화의 시도는 보다 쉬웠다고 평가할 수 있다. 제도화된 군사정권이라고 볼 수 있는 이유로 먼저 박정희는 군과 다양한 국가 기구들에 대한 통제력을 확보해 개인적 독재가 가능했지만 전두환은 개인적 지배 체제를 구축하지 못했다는 점이다. 또한 전두환은 유신독재와 차별화하고 쿠데타와 광주민주화운동 탄압으로 추락한 정통성을 회복하기 위해 단임을 집권의 명분으로 세웠기 때문에 장기집권도 어렵고, 장기간에 걸친 군의 제도적 성장으로 한 개인의 카리스마적 리더십에 의해 군이 장악될 수도 없는 상황이었다(김영명 1992, 357-8). 두 번째는 제도화된 군사정권에 나타는 특징인 권력의 분배와 순환(rotating)규칙에 의한 통치인데 전두환 정권에서는 후계자에 대한 구상이 나타나고 있다는 점에서 제도화된 군사정권의 성격이 강하다. 집권당인 공화당을 약화시키면서 후계자의 대두 가능성을 없앤 박정희와 달리 전두환은 노태우를 후계자로 선택하고 후계자 교육을 시켰다. "노태우를 일찌감치 전역시켜 다양한 공직을 섭렵"하도록 하고 "정무 제2장관, 체육부장관, 내무부장관 그리고 서울올림픽과 아시안게임의 조직위원장 등"을 맡겨 다양한 정치, 행정 경험을 하도록 하였다(정일준 2017, 22).

제도화된 군사정권의 특징으로 세 번째는 정당을 통한 통치를 시도하였다는 점이다. 개인화된 독재로 정당정치를 부정하고 집권여당인 공화당을 약화시킨 박정희 정권과 달리 전두환 정권은 민정당을 창당하고 당과 긴밀한 관계를 유지하며 강화시켰다. 정당을 강화시킨 원인은 7년 단임 임기가 끝난 뒤에 지속적으로 권력을 유지하고 후계자를 키우는 정치기구로 정당을 선택할 수밖에 없었던 것이다(정일준 2017, 23).

4. 시민사회

정치사회에 대한 고찰은 정치엘리트 중심으로 그들의 전략적 선택에 관심을 두고 시민사회에 대한 고찰에서는 시민들의 정치적 투쟁과 집단동원이 어떻게 민주화를 추동하는지에 관심을 두고 있다. 시민들의 집단적 시위가 권위주의 엘리트들이 계획한 것보다 더 자유화 혹은 민주화하도록 하는 역할을 하지만 자유화와 민주화를 추진하는 주요 세력은 아니라는 반론이 제기되고 있다. 한국 정치에서 민주화 운동은 군부의 지배에 대한 민주 세력의 저항이라는 사이클이 반복적으로 이어져 왔다. 지배 세력은 쿠데타를 계기로 집권해 탄압으로 지배를 연장했고, 민주화세력은 지배 세력의 탄압에 맞서 저항했다. 1987년 광주민주화운동은 전두환 군부 정권의 폭압과 신군부의 권력 승계 의도에 맞서 시민이 대통령 직선제 개혁을 쟁취함으로써 군부 정권의 굴복을 가져온 전국적인 투쟁이었다(한정택 2016)는 점에서 위의 반론은 한국 사례에 적용하기 어렵다. 6.29 선언을 이끈 주요 동력은 무엇인가에 대한 설문조사에서도 집권세력이나 야당세력 등 정치인의 협의와 투쟁의 결과(14.7%)라기보다는 시민들을 중심으로 한 민중항쟁(60.4%)이 압도적으로 주요한 동력으로 인식되고 있었다(표 5).

6월 항쟁을 이끈 주요세력에 대한 설문에서 학생이 47.8%, 그다음으로 화이트칼라 노동자가 10.1%를 차지하였다. 그다음으로는 재야세력(7.2%), 블루칼라 노동자(6.6%) 순으로 조사되었다. 손호철(2003)은 한국 민주화 운동의 중요한 특징의 하나로 학생운동의 주도성을 들고 있다(표 6). 이전의 민주화 운동과 1987년 민주화 운동의 가장 큰 차이점 중 하나는 중산층이 과거 경제적 과실을 위해 정치적 자유는 희생될 수 있다는 소극적 비판자에서 적극적 참여자로 변모한 점이다.

1987년 민주화 운동은 과거 민주화 운동에 비해 질적으로 달랐다. 유신 붕괴 후에 좌절된 민주주의 열망이 계속되었고 광주 참극에 대한 국민의 분노가 본격

표 5. 6.29 선언을 이끈 주요 동력

구분	%
국민운동본부를 중심으로 한 민중항쟁	60.4
전두환 노태우를 포함한 여권 정치인들 간 합의	8.7
김영삼을 포함한 야권 정치인의 투쟁	6.0
미국을 포함한 국제사회의 압력	2.2
기타	0.7
잘 모름	22.0

표 6. 6월 항쟁을 이끈 주요세력에 대한 의견

구분	%
재야세력	7.2
학생	47.8
블루칼라 노동자	6.6
제도권 정치인	3.5
화이트 칼라 노동자	10.1
기타	2.0
잘 모르겠다	22.8

화(김영명 1992, 358)하여 과거와 같은 소극적 비판자가 아니라 적극적 참여자로 변모하게 되었다. 이런 변화에 사회경제적 변화도 영향을 미쳤다. 1980년대 중 반에는 빈곤의 시대를 넘어 급속한 산업화에 따라 물질적 욕구가 충족된 상황에 서 정치적 자유에 대한 요구가 강해졌다(김용철 2015, 309). 특히 전문가, 지식인, 사무직 노동자들은 경제 발전의 명목으로 인권 및 정치적 자유의 보장을 미루어 온 권위주의 정권의 행태에 가장 비판적인 태도를 보이며 점차 참여적인 태도로 변화하게 되었다.

그러나 전문가, 지식인, 사무직 노동자 등 한국 중산층 구성원들의 대부분은 헌법 개혁을 지지할 의사는 충분히 가지고 있었음에도 불구하고 결코 사회 전체 의 기반이나 정치 체제의 균형을 깨는 것을 원하지는 않았다. 헌법 개정을 요구 하는 거리 시위에 참여하였을 때 '질서'를 소리쳐 외쳤던 사실에서도 명백히 알 수 있다. 그 이유는 중산층이 인식한 민주주의는 자유주의적 시각에서 기초하고 있었기 때문이다(김성수 2003).

이갑윤·문용직(1995)의 연구도 이런 측면을 뒷받침하고 있다. 1987년 민주화 가 사회·경제적 개혁보다 정치적·절차적 민주주의에 머문 가장 큰 이유는 한국 인의 대부분이 절차적 민주주의를 원했기 때문이라고 주장한다. "국민운동본부 의 절차적 민주화에 대한 온건한 요구는 더 많은 국민의 지지를 동원할 수 있었 으며, 범국민적인 개헌의 요구 앞에 집권세력은 결국 이를 수용할 수밖에 없었 기 때문이라는 것이다. 궁극적으로 6월 항쟁은 누구나 앞으로는 권력을 획득하 기 위해서 공정한 선거절차를 반드시 거쳐야 한다는 한국인의 선언"이라고 할 수 있다(이갑윤·문용직 1995, 228). 강원택(2015, 198)도 "6월 민주항쟁이 이렇게 많은 이들의 참여를 이끌어 낼 수 있었던 것은 체제의 본질적 변혁보다 절차적 민주적 권리 회복에 초점을 맞추었기 때문"이라고 주장한다. 문지영(2004)은 한 국의 자유민주주의가 민주화 과정에서 절차적, 형식적 민주주의에 집중하고 실 질적 민주주의에 대해 외면했다는 진보주의자들의 비판은 오해라고 주장한다.

그 당시 자유주의 원칙의 회복이 투쟁의 초점으로 떠올랐기 때문에 이를 회복하는 가장 기본적인 방법이 공정하고 자유로운 선거였다.

　민주화 과정에서 정부와 반대세력 간의 상호작용으로 인한 정치적 갈등과 국민의 개혁요구 수준변화 사이의 관계를 시계열로 분석한 김세중과 김종표(1992)의 연구에 따르면 4.13 호헌조치는 국민의 개혁요구 수준을 증가시켰고, 6.29 선언은 국민의 개혁요구를 감소시켜 정부와 반대세력을 타협으로 이끌었다고 주장한다. 결국 6월 민주항쟁과 6.29 선언은 중산층을 포함한 시민세력이 대통령 직선제라는 절차적 민주주의를 확립하려는 저항에 대한 정치권의 타협과 양보의 결과라고 볼 수 있다.

V. 결론

　1987년 민주 세력의 절차적 민주주의에 대한 요구와 이에 대한 권위주의세력의 수용으로 탄생한 6.29 선언은 한국 민주화의 시발점이 되었다. 보수적 민주화라는 비판도 있었지만 30년이 지난 오늘 한국 민주주의는 큰 문제없이 발전해왔고 공고화되었다. 한국 민주화의 가장 중요한 발전요인은 아마 시민사회의 적극적 참여와 정치사회의 반응이라고 할 수 있다. 적극적으로 독재권력에 대항하고 민주주의 후퇴에 저항하는 시민사회와 이런 정치적 요구에 정치사회가 서로 반응하며 새로운 타협점을 찾아 가는 역동성이 있었기 때문일 것이다. 절차적 민주주의와 시민사회의 역동성은 국제적으로 민주주의를 평가하는 민주주의 지수에서도 나타나고 있다. 절차적 민주주의의 수준을 평가하는 선거과정과 다원주의 분야에서 상대적 등수는 낮지만 10점 만점에 9점 이상을 받아 상당히 높은 수준에 도달했다고 평가할 수 있다. 상대적으로 가장 좋은 평가를 받는 부분은 정치참여 부분으로 나타나 적극적 정치참여를 통해 민주주의를 발전시키고 있

표 7. 6.29 선언 내용 중 가장 큰 진전이 이루어진 부분

구분	%
절차적 민주주의의 확립	28.6
인권의 신장	17.4
언론 자유의 신장	14.1
지방자치 및 교육자치	10.8
정당의 민주화	7.2
기타	1.1
잘 모름	20.8

는 것으로 평가할 수 있다. 6.29 선언에 담겨 있던 주요 내용 중 지난 30년의 기간 동안 이들 중 어떤 측면에서 가장 큰 진전이 이루어졌다고 평가하는가를 묻는 설문에서도 절차적 민주주의의 확립이 가장 큰 진전을 본 것으로 시민들로부터 평가받고 있다(표 7).

비록 한국 민주주의에 대한 국제적 평가가 긍정적이지만 아직도 갈 길은 멀다. 민주주의 지수에서 가장 뒤처지는 분야는 '시민적 자유'의 확보였다. 시민적 자유에 대한 평가는 언론의 자유, 집회·결사의 자유, 인터넷 등 정보접근에 대한 자유, 고문 사용, 종교적 관용, 법치주의, 인종, 피부색, 신념, 양성 등에서의 차별 등이다. 민주주의의 심화를 위해서는 시민적 자유의 확보를 위한 정치사회와 시민사회의 노력이 필요하다.

참고문헌

강원택. 2015. 『대한민국 민주화 이야기: 민주화를 향한 현대한국정치사』 서울: 을유문화사.

김만흠. 2009. "민주화 20년의 한국정치: 지체된 개혁과 전환기의 혼돈." 「의정연구」. 28: 131-159.

김성수. 2003. " 민주화 이행 과정에서 한국 중산층의 역할: 민주화 운동 참여 동기에 대한 분석."「국제정치논총」43(1): 135-162.

김영명. 1992.『한국 현대 정치사: 정치변동의 역학』서울: 을유문화사.

김용철. 2015. "한국의 민주화운동과 민주화."「민주주의와 인권」15(3): 275-320.

김일영(김도종 엮음). 2012.『한국 현대정치사론』서울: 논형.

김정훈. 2007. "민주화 20년의 한국 사회."「경제와 사회」74: 34-65.

김형철. 2012. "민주화 이행 모델과" 좋은 민주주의": 민주주의 수행력을 중심으로."「한국 정치연구」21(1): 279-305.

문지영. "2004. 한국에서의 자유주의와 자유주의 연구."「한국정치학회보」38(2): 73-94.

박기덕. 2006.『한국 민주주의의 이론과 실체: 민주화, 공고화, 안정화』파주: 한울아카데미.

박명림. 2005. "헌법, 헌법주의, 그리고 한국 민주주의."「한국정치학회보」39: 253-76.

박상훈. 2006. "한국의 '87년체제 ': 민주화 이후 한국정당체제의 구조와 변화."「아세아연구」124: 7-41.

서중석. 2008.『대한민국 선거이야기: 1948 제헌선거에서 2007 대선까지』서울: 역사비평사.

이갑윤·문용직. 1995. "한국의 민주화: 전개과정과 성격."「한국정치학회보」29(2): 217-232.

임성학. 1998. "경제발전전략, 사회집단변동, 그리고 정치민주화: 한국과 대만의 비교연구."「연세사회과학연구」제4권 가을호: 103-124.

임성학. 2003. "아시아 민주주의의 비교분석과 공고화"「한국사회과학」25집 1-2호 통합본: 184-205.

임혁백. 1994. "한국에서의 민주화 과정 분석."『시민시장, 국가, 민주주의』. 서울: 나남.

손호철. 2003. "민주화 운동, 민주화, 민주주의: 개념과 한국적 특성을 중심으로."「한국과 국제정치」19: 1-29.

정대화. 2007. "민주화 과정에서 민간권력의 형성과 역할."「민주사회와 정책연구」11(0): 113-39.

정일준. 2017. "5공화국 헌법과 6.29 선언." 민주화운동기념사업회 주최 '6월 항쟁, 촛불혁명 , 한국민주주의' 학술토론회. 프레스센터 6월 7일.

지병근. 2008. 민주주의 이행: 민주화이론의 한국적 수용. 2008 건국60주년 기념 공동학술대회. 한국국제정치학회.

최장집. 2005. 『민주화이후의 민주주의: 한국민주주의의 보수적 기원과 위기』. 서울: 후마니타스.

한국민주주의연구소. 2011. 『한국민주화운동사 3: 서울의 봄부터 문민정부 수립까지』 파주: 돌베개.

한정택. 2016. "제5공화국 시기의 민주화운동" 신명순 엮음. 『한국의 민주화와 민주화 운동: 성공과 좌절』 파주: 한울아카데미.

헌팅턴, 새뮤얼. (강문구·이재영 역). 2011(1991). 『제3의 물결: 20세기 후반의 민주화』. 고양: 인간사랑.

Bermeo, Nancy. 1997. "Myths of Moderation: Confrontation and Conflict during Democratic Transitions." *Comparative Politics* 29(3): 305-322.

Geddes, Barbara. 1999. "What Do We Know about Democratization after Twenty Years?." *Annual Review of Political Science* 2(1): 115-144.

Linz, Juan J., and Alfred Stepan. 1996. *Problems of democratic transition and consolidation: Southern Europe, South America, and post-communist Europe*. JHU Press, 1996.

Huntington, Samuel P. 1991, *The Third Wave: Democratization in the Late Twentieth Century*. Norman, Oklahoma: University of Oklahoma Press.

Lipset, Seymour Martin. 1959. "Some Social Requisites of Democracy: Economic Development and Political legitimacy." *American Political Science Review* 53: 69-105.

O'Donnell, Guillermo, and Philippe C. Schmitter. 1986. *Transitions from Authoritarian Rule: Tentative Conclusions about Uncertain Democracies*. JHU Press, 2013.

Rueschemeyer, Dietrich. et al. 1992. *Capitalist Development and Democracy*. Chicago: University of Chicago Press.

Tarrow, Sidney. 1995. "Mass mobilization and elite exchange: Democratization Episodes in Italy and Spain." *Democratization* 2(3): 221-245.

Valenzuela, Julio Samuel. 1990. "Democratic Consolidation in Post-transitional Settings: Notion, Process, and Facilitating Conditions. *Helen Kellogg Institute for International Studies*. Working Paper. 150.

제5장

6.29 선언과 한국 민주주의에 대한 세대 간 인식

가상준 · 단국대 정치외교학과

I. 서론

　최근 한국정치는 커다란 변화를 경험하였다. 2012년 대통령 선거에서 승리해 제18대 대통령으로 취임한 박근혜 대통령이 국회에 의해 탄핵되었고 헌법재판소에 의해 인용되면서 물러났다. 2017년 5월 9일에 새로운 대통령 선출을 위한 제19대 대통령 선거가 실시되었고 문재인 후보가 당선되어 정권교체가 이루어졌다. 박근혜 대통령 탄핵을 촉발했던 촛불시위에 많은 시민들이 참여하였고 이러한 참여의 열기는 높은 투표율(77.2%)로 이어져 정치에 대한 관심이 과거 어느 때보다 고조됨을 알 수 있었다. 최근 대통령 선거에서의 높은 투표율과 정치에 대한 뜨거운 관심은 제18대와 제19대 국회의원선거 그리고 제17대 대통령 선거에서 낮은 투표율로 인해 제기되었던 대의민주주의 위기에 대한 걱정을 어느 정도 해소해 주었다. 국민의 여망을 담아 대통령 직선제를 출발시킨 제6공화국에서 투표율은 지속적으로 하락하였다. 또한, 제6공화국에서 임기를 수행한 대통령들의 고난스러운 임기 말과 퇴임 후 불운 그리고 극단적인 갈등으로 치닫고 있는 정치권의 모습은 새로운 권력구조의 필요성을 제기하였고 본격적인 논의가 시작되고 있는 상황이다.

제6공화국의 7번째 대통령이 선출된 2017년 한국 사회는 제6공화국 출발을 촉발시킨 6.29 선언 30주년을 맞이하게 되었다. 1987년 6.10 민주항쟁과 6.29 선언은 해방 이후 한국 민주주의를 획기적으로 변화시킨 사건이었다. 무엇보다 6.10 항쟁과 6.29 선언은 현재의 제6공화국으로 전환되는 데 계기가 되었으며 한국 민주주의 수준을 한 단계 업그레이드시키는 원동력이 되었다. 그러나 30년이 지난 현재 6.10 항쟁과 6.29 선언은 중요한 정치사로 남아 있지만 국민들의 기억에는 그동안 다사다난했던 사건들과 경험으로 인해 흐릿하게 기억되고 있을 뿐이다. 현재 제6공화국 헌법의 개정이 필요하다는 논의가 전개되면서 그런 모습은 더욱 강해질 것이다. 무엇보다 1987년 6월을 경험하지 못한 세대들에게 6.29 선언의 의미를 부여하기는 힘들다. 6.10 항쟁과 6.29 선언이 한국 정치사에서 지니는 중요성에도 불구하고 6.10 항쟁과 6.29 선언에 대한 학문적 접근 그리고 한국정치사에서 지니는 의미에 대한 연구는 전무한 편이다. 권위주의 시기와 결별을 선언하고 국민에 의해 선출되는 단임 대통령제 시대를 열게 된 6.29 선언이 과연 현재는 어떻게 인식되고 평가받고 있으며 세대별로 어떤 평가의 차이를 보이고 있는지 알아보는 것은 의미 있는 작업일 것이다.

이러한 의미에서 본 연구는 6.29 선언 30주년을 맞이하여 6.29 선언에 대한 시민들의 기억은 흐릿해지고 있지만 이들은 6.29 선언에 대해 어떻게 평가하고 있는지 알아보는 것을 목적으로 한다. 특히 이에 대한 평가에 있어 세대별 차이가 발견되는지 알아보고 무엇보다 6.10 항쟁을 주도했고 6.29 선언을 이끌어 냈던 민주화 세대의 한국 민주주의와 6.29 선언에 대한 평가는 다른 세대와 차이가 있는지 알아보려 한다. 한편, 우리도 모르게 한국 민주주의는 커다란 변화를 경험하였고 무엇보다 많이 발전하였다. 과연 시민들은 이러한 한국의 민주주의에 대해 어떻게 평가하고 있는지 본 연구를 통해 알아보려 한다. 6.29 선언은 6.10 항쟁이 지니는 역사적 중요성에 가려 그리고 4.13 호헌조치와 연계되어 논의되고 있는 이유로 정확하게 독립적으로 평가되지 못하였다. 과거 6.29 선언을 평가하고 논의한 연구가 없었다는 점을 감안할 때 본 연구는 6.29 선언이 한국 정치사에 지니는 의미를 알아볼 수 있는 기회를 제공할 것이다. 또한, 한국 정치에 대한 강한 불신으로 인해 한국 민주주의 수준이 낮지 않음에도 부정적 평가가 주를 이루고 있는데 민주주의 성취감과 만족감이 높아지고 있는 현 상황에서 이번 연구는 시민들이 한국의 민주주의에 대해 어떻게 평가하고 있는지 알아볼 수 있는 기회를 제공할 것이다. 본 연구는 한국 민주주의와 6.29 선언에 대해 세대별 평가를 시도하였다. 이는 유사한 시기 중요한 정치, 경제, 사회적 사건을 공유한 세대들은 과연 한국 민주주의와 6.29 선언을 어떻게 이해하고 평가하는지 알아보기 위함이다. 특히, 민주화 세대는 그전 세대 그리고 그 후 세대들과 달리 어떻게 한국의 민주주의를 바라보고 6.29 선언을 평가하고 있는지 알아보려고 한다.

II. 세대에 대한 연구와 6.29 선언

한국에서 세대에 대한 연구가 관심을 끌게 된 것은 제16대 대통령 선거에서 20, 30대의 정치적 행태가 다른 세대에 비해 차이를 보이면서다. 제16대 대통령 선거의 특징은 지역주의의 상징인 3김이 퇴장한 이후 실시된 첫 대통령 선거로 진보적 성향을 띠는 노무현 후보와 보수적 성향의 이회창 후보의 지역별 그리고 세대별 차이가 나타난 선거였다는 점이다. 지역주의 영향력 속에서 이념, 세대가 중요하게 선거에 영향을 미치면서 세대에 관심이 크게 대두되었지만 이러한 점이 제17대 대통령 선거에서는 발견되지 않아 세대에 대한 관심이 사그라지기도 하였다. 그러나 최근 경제적 이슈의 중심을 나타나는 세대갈등, 쇠고기 수입 관련 촛불시위, 박근혜 탄핵 촛불시위, 나아가 투표성향에서 발견되고 있는 세대 간 차이는 세대효과에 대한 관심을 크게 하고 있다. 이는 정치적 이념과 성향에 대한 연구에서는 연령의 중요성과 함께 세대에 관심을 갖기 때문이다. 생애주기 효과(life-cycle effect)라고도 하는 연령효과(age effect)는 생물학적인 변화에 따른 정치적 의식 및 정향의 변화와 관련된 것으로 대표적인 연령효과로는 나이가 들면서 보수화되는 현상을 말할 수 있다. 이에 비해 세대 요인으로 코호트효과(cohort effect)에 대해 연구하는 학자들은 비슷한 연령대에 동일하게 경험하는 정치사회화, 특히 중요한 역사적 사건의 공유는 이들의 정체성과 정치적 성향을 비슷하게 만들고 이러한 점이 나이가 들어도 쉽게 변하지 않는다는 점에 주목한다(Delli Carpini 1986; Hyman 1959; Inglehart 1977; Lambert 1972; Mannheim 1952; Ryder 1965). 특히 세대효과는 연령과 경험의 상호작용에 영향을 받는데 특정 역사적 사건이 젊은 시절(대략 17세에서 26세 사이)에 지울 수 없는 강력한 흔적을 남기게 될 때 발생한다고 말한다(Erikson and Tedin 1995; Jennings and Niemi 1981).

많은 연구들은 유권자의 투표행태, 정치적 관심 및 참여, 정치적 성향의 차이를 분석하는 데 있어 세대효과에 초점을 맞추고 있다(강원택 2009; 노환희 외 2013; 박명호 2008; 황아란 2009; 허석재 2014). 한편, 한국 사회에서 이념과 세대를 구분하는 요인으로 경제, 사회적 이슈와 함께 대북관련, 대미관계 등 정치적 사안을 중요시 한다(가상준 2014; 강원택 2005; 이내영 2009; 이현출 2005; 한정훈 2016). 이러한 점은 대북인식에 대한 연구에 있어 세대별 차이를 중요시하는 이유이기도 한다(김병조 2015; 박영득·이재묵 2016). 세대효과에 대한 연구에서 386세대에 대한 연구가 뚜렷하게 많이 나타나고 있는데 대부분의 연구는 386세대의 진보성에 관심을 갖고 있으며 결과도 이를 증명하고 있다(노환희 외 2013; 박길성 2002; 오세제·이현우 2014; 황아란 2009; 허석재 2014)

세대에 대한 연구에 있어 가장 논란이 되면서도 중요한 점은 세대를 어떻게 구별하는 것인가에 관한 것이다. 한편, 세대효과가 불러 온 차이점을 연령효과, 그리고 기간효과(period effect)와 어떻게 구분할 수 있는가에 대한 문제가 중요하게 다루어진다. 본 연구가 시계열 차원에서 세대효과를 분석하는 것이 아니기 때문에 이를 연령효과와 기간효과와 구분할 필요는 없을 것이다. 그러나 세대를 어떻게 구분하는지에 대해서는 논의가 필요하다. 세대를 구분하는 방식은 다양하지만 세대를 코호트(cohort)로 이해할 때 비슷한 시기에 출생한 사람들이 특정한 기간에 중요한 역사적 경험을 공유하게 된다는 점을 중요시하며 동일한 정체성과 연대감을 가질 때 세대는 의미 있게 된다(Mannheim 1952). 한국 사회의 급격한 변화를 감안해 세대를 10년 단위의 20대, 30대, 40대 등으로 구분하는 경우도 있지만 역사적 사건, 정체성을 고려하여 구분하고 있다. 이러한 방식에 의해 세대구분을 시도한 연구를 살펴보면 정진민(1992)의 경우 세대를 전전세대, 민주세대, 신세대로 구분하였고 김형준(2006)은 전쟁세대, 전후세대, 유신세대, 민주화세대, 탈냉전세대, 탈정치세대로 구분하였다. 한편, 황아란(2009)은 산업화/전쟁세대, 민주화 투쟁세대, 민주화 성취세대, 신세대로 구분하고 있으며 박명호(2009)는 월드컵세대, 탈냉전 민주노동 운동세대, 386세대, 유신체제세대, 전후 산업화세대, 한국전쟁세대로 구분하였다. 최근 연구들을 보면 노환희 외(2013)는 전쟁세대, 산업화세대, 유신세대, 386세대, IMF세대, 월드컵세대, 촛불세대로 구분하고 있으며, 허석재(2014)는 전쟁세대, 산업화세대, 386세대, X세대, IMF세대로 구분하고 있다.

　이러한 기준들을 참고하여 본 연구는 〈표 1〉에서 보듯이 6개 세대로 구분하였다. 여기에는 10대 후반과 20대 초반에 어떠한 역사적 경험을 공유했는지가 중요하게 작용하였다. 이를 살펴보면 6.25 전쟁과 4.19 혁명을 경험하였으며 한국의 산업화에 앞장선 1951년 이전에 태어난 전쟁/산업화세대, 한국의 권위주의 시기를 공유한 유신세대, 6.10 항쟁과 6.29 선언을 경험한 386세대, 한국의 IMF 경제 위기에 10대 후반과 20대 초반을 맞이한 IMF세대, 월드컵의 열기를 경험한

표 1. 출생연도별 세대 구분

출생연도	세대 구분
1951년 이전	전쟁/산업화세대
1952~1959년	유신세대
1960~1969년	386세대
1970~1978년	IMF세대
1979~1987년	월드컵세대
1988~1998년	세월호세대

월드컵세대, 그리고 마지막으로 2014년 세월호 사건과 2016년 대통령 탄핵을 경험한 세월호세대로 구분하였다.

과거 연구들은 386세대를 기준으로 이전 세대로 명칭에는 차이는 있지만 대부분 전쟁세대, 산업화세대, 유신세대(전전세대, 전후세대, 유신체제세대) 등을 두고 있다. 그러나 본 연구에서는 벌써 386세대 연령층이 40대 후반부터 50대 중반까지 형성되어 있는 점을 감안해 386세대 전 세대로 두 세대만을 포함시켰으며 386세대 이후로 3개 세대를 포함시켰다. 각 세대가 경험한 역사적 사건 그리고 공유한 중요 사건의 차이 때문에 세대가 가지는 정체성 그리고 유대감은 차이가 있을 것이다. 그러나 같은 세대라고 하여도 이들에게 영향을 미친 중요한 사건이 단 하나만은 아니며 그들이 공유한 역사적 사건의 영향력도 개인별로 다르기에 이들을 획일적으로 동질화하는 것도 쉽지 않다. 어쩌면 이러한 점이 세대를 중심으로 한 연구의 어려움일 것이다. 이를 감안하며 한국 민주주의와 6.29 선언에 대한 평가가 어떠한지 그리고 세대별로 차이가 있는지 다음 절에서 파악해 보았다.

III. 세대별 정치적 성향 분석

한국 민주주의와 6.29 선언에 대한 평가를 알아보기 위해 본 연구는 설문조사를 실시하였다. 설문조사는 2017년 6월 9~13일(5일) 동안 만 19세 이상 전국 성인 남녀 1,000명을 대상으로 실시되었다. 세대별로 구분해서 빈도를 확인해 보면 〈표 2〉의 결과를 얻을 수 있는데 전쟁/산업화세대가 차지하는 비율이 상대적으로 낮으며 다른 세대의 비율은 비슷한 것으로 나타나고 있다.[1]

세대별 특징을 알아보기 위해 세대별 평균 이념 그리고 정당에 대한 호감도를 조사해 보았다. 〈표 3〉에서 보듯이 전쟁/산업화세대의 이념이 가장 보수적이며, 유신세대가 그 뒤를 잇고 있다. 반면 세월호세대의 이념이 가장 진보적이며 월드컵세대가 그다음으로 진보적임을 알 수 있다. 세대별 이념을 비교해 보았을 때 평균 연령과 평균 이념이 깊은 연관성이 있다는 점을 알 수 있다. 정당에 대한 평가에 있어 민주당에 대한 평가가 가장 긍정적이고 정의당, 국민의당 순으로 나타나고 있는데 각 정당에 대한 평가에 있어 세대별 차이가 크다는 점을 발견

표 2. 세대별 빈도

세대 구분	N	%
세월호세대	175	17.5
월드컵세대	168	16.8
IMF세대	184	18.4
386세대	196	19.6
유신세대	192	19.2
전쟁/산업화세대	85	8.5

---

1. 세월호세대 175명은 19~29세 연령대를 보이며, 월드컵세대는 모두 30~39세 연령대였다. IMF세대의 경우 10명(5.4%)은 30~39세 연령대, 174명(94.6%)은 40~49세 연령대며, 386세대의 33명(16.8%)은 40~49세 연령대 163명(83.2%)은 50~50세 연령대다. 유신세대의 경우 36명(18.8%)은 50~59세 연령대며 156명(81.3%)은 60세 이상 연령대로 나타나고 있다. 전쟁/산업화세대 85명 전원 60세 이상이다.

할 수 있다. 민주당에 대한 평가에 있어 세월호세대와 월드컵세대의 평가는 매우 긍정적이지만 유신세대와 전쟁/산업화세대의 평가는 상대적으로 부정적이다. 한편 월드컵세대의 경우 정의당에 대한 호감도는 다른 세대보다 높지만 한국당에 대한 호감도는 다른 세대보다 낮은 것으로 나타나고 있다. IMF세대의 경우 국민의당과 바른정당에 대한 호감도가 다른 세대보다 월등히 낮지만 한국당에 대한 평가에 있어서는 그렇지 않다는 점을 발견할 수 있다. 가장 젊은 세대인 세월호세대의 경우 다른 세대에 비해 민주당에 대한 평가와 바른정당에 대한 평가가 높다는 점을 알 수 있다. 이러한 결과는 세대별 정당에 대해 느끼는 태도 및 성향에 있어 차이가 있음을 말해 준다. 386세대의 경우 민주당에 대해 젊은 세대에 비해 호감도가 낮지만 한국당에 대해서는 높은 편이다. 386세대의 이념을 보았을 때 진보성향을 발견하기 힘들며 정당에 대한 호감도에서도 다른 세대에 비해 특이성을 발견하기는 힘들다. 이러한 점은 과거 연구들과 차이를 보이는 결과로 386세대의 연령이 대부분 50대임을 감안할 때 연령효과에 따른 보수화가

표 3. 세대별 이념 및 정당에 대한 호감도

세대 구분	평균 이념	민주당 호감도	한국당 호감도	국민의당 호감도	바른정당 호감도	정의당 호감도
세월호세대	4.446	6.274	2.143	4.434	4.731	4.891
월드컵세대	4.458	6.185	1.994	4.054	4.173	4.923
IMF세대	4.467	5.707	2.294	3.913	3.870	4.908
386세대	4.643	5.648	2.459	4.520	4.148	4.857
유신세대	5.339	4.776	3.073	4.484	4.068	3.943
전쟁/산업화 세대	6.012	4.400	3.765	4.012	3.706	3.165
전체	4.795	5.585	2.524	4.265	4.150	4.564
분산비교 F값	13.662 (p<0.001)	13.199 (p<0.001)	8.291 (p<0.001)	2.919 (p=0.013)	4.359 (p=0.001)	11.631 (p<0.001)

주: 이념은 0에 가까울수록 진보, 10에 가까울수록 보수를 의미한다. 호감도는 0에 가까울수록 매우 싫어함, 10에 가까울수록 매우 좋아함을 의미한다.

나타나고 있음을 보여 주는 것이다. 이는 과거 연구들이 386세대가 30, 40대에 조사한 연구들과는 차이가 있음을 말해 주는 것이다.

세대별 제19대 대통령 선거에서 후보자 선택을 살펴보면 예상과 다르지 않게 전쟁/산업화세대에서는 홍준표 후보 비율이 높고, 유신세대는 문재인 후보와 홍준표 후보가 비슷한 편이다. 세월호세대, 월드컵세대, IMF세대와 386세대에서 문재인 후보에 대한 투표가 압도적으로 높은데 386세대의 홍준표 후보와 안철수 후보에 투표한 비율은 다른 젊은 세대에 비해 높은 편이다. 이러한 점은 앞서 세대별 이념에서도 보았듯이 세대별 투표성향은 연령효과에 의한 결과와 크게 다르지 않음을 말해 주는 것이다.

세대별 이념, 정당에 대한 태도, 그리고 제19대 대통령 선거에서의 선택을 보았을 때 차이가 크다는 점을 알 수 있었다. 연령이 낮은 세대일수록 진보적 성향이 강했으며 연령이 높을수록 보수적 성향이 강했다. 한국 민주화를 경험한 386세대가 연령에 비해 상대적으로 진보적 성향을 보인다는 과거 연구들과는 달리

표 4. 세대별 제19대 대통령 선거 후보 선택

	세월호세대	월드컵세대	IMF세대	386세대	유신세대	전쟁/산업화세대	계
문재인	90	89	93	81	57	21	431
	55.9%	56.0%	53.4%	44.0%	31.3%	26.3%	45.9%
홍준표	8	9	14	24	56	40	151
	5.0%	5.7%	8.0%	13.0%	30.8%	50.0%	16.1%
안철수	22	30	39	52	42	10	195
	13.7%	18.9%	22.4%	28.3%	23.1%	12.5%	20.7%
유승민	15	12	16	13	16	3	75
	9.3%	7.5%	9.2%	7.1%	8.8%	3.8%	8.0%
심상정	24	18	12	14	11	6	85
	14.9%	11.3%	6.9%	7.6%	6.0%	7.5%	9.0%
기타	2	1	0	0	0	0	3
	1.2%	0.6%	0.0%	0.0%	0.0%	0.0%	0.3%
계	161	159	174	184	182	80	940

이들의 성향은 연령대에 상응한 이념적 특징을 보였다. 정당에 대한 호감도를 보면 모든 세대에서 여당인 민주당에 대한 호감이 높고 한국당에 대해 호감이 낮다는 점을 발견할 수 있으나 세대 간 차이는 크다는 점을 발견할 수 있었다. 전쟁/산업화세대와 유신세대의 한국당에 대한 선호도는 상대적으로 높고 민주당에 대한 선호도는 낮다. 제19대 대통령 선거에서 후보자 선택에 있어 세대별 차이는 매우 크다는 점을 알 수 있었다. 박근혜 대통령에 대한 탄핵 여파와 제19대 대통령 선거 결과로 인해 높은 연령대인 유신세대와 전쟁/산업화세대의 정당일체감 및 정당에 대한 선호도가 크게 흔들리고 있음을 파악할 수 있었으며 다른 연구자들이 주장한 386세대가 지니는 정치적 정체성보다는 연령효과에 따른 정치적 성향을 발견할 수 있었다.

IV. 경험적 검증: 한국 민주주의에 대한 평가 및 의견

앞서 세대별 정치적 성향에 있어 어떠한 차이가 있는지 살펴보았다. 세대가 지니는 정체성과 유대감으로 인해 연령대로 보았을 때 찾을 수 없는 특징이 있지 않나 살펴보았지만 그러한 점은 발견할 수 없었다. 이러한 점을 감안하며 유권자들의 한국 민주주의에 대한 평가는 어떻게 나타나고 있는지 알아보았고, 세대별 차이를 살펴보았다. 한국 민주주의에 대한 평가에 앞서 한국정치에 대한 관

표 5. 정치에 대한 관심

구분	빈도	%
매우 관심이 있다	132	13.2
대체로 관심이 있다	574	57.4
별로 관심이 없다	268	26.8
전혀 관심이 없다	26	2.6

심을 알아보았다. 〈표 5〉는 이에 대한 결과를 보여 주고 있는데 유권자들의 정치에 대한 관심은 매우 높은 편이다. 정치에 전혀 관심이 없다고 대답한 응답자는 2.6%뿐으로 상당히 높은 정치적 관심을 엿볼 수 있다.

유권자의 정치에 대한 관심을 세대별로 구분해 살펴보면 가장 정치에 대한 관심이 높은 세대는 세월호세대며 정치적 관심이 가장 낮은 세대는 386세대로 나타나고 있다.[2] 전쟁/산업화세대의 정치적 관심은 높은 편이지만 세월호세대보다 낮게 나타나고 있다. 일반적으로 연령대가 낮을수록 정치에 대한 관심이 낮고 투표에 참여도 낮은 것으로 나타나고 있는데 여기서는 이와는 다른 결과를 보여 주고 있다. 한편, 높은 연령대 세대들의 정치적 관심이 낮은 것이 아니라 세월호, 월드컵세대들의 정치적 관심이 높게 나와 나타난 결과라 하겠다. 박근혜 대통령에 대한 촛불시위 및 탄핵 그리고 제19대 대통령 선거로 이어진 정치적 사건들로 인해 세월호세대와 월드컵세대의 정치적 관심이 일시적이지만 높아진 것이 아닌가 하는 생각을 들게 한다.

다음으로 민주화 이후 지난 30년간 한국 정치 발전에 대해 어떻게 평가하고 있는지 살펴보았다. 〈표 7〉에서 보듯이 민주화 이후 30년간 한국 정치 발전에

표 6. 세대별 정치에 대한 관심

세대 구분	정치 관심도
세월호세대	2.080
월드컵세대	2.185
IMF세대	2.196
386세대	2.286
유신세대	2.203
전쟁/산업화세대	2.141
전체	2.188
분산비교 F값	1.779 (p=0.114)

2. 1에 가까울수록 관심이 높고 4에 가까울수록 관심이 낮음을 의미한다.

표 7. 민주화 이후 한국 정치 발전 만족도

구분	빈도	%
매우 만족스럽다	27	2.7
대체로 만족스럽다	227	22.7
별로 만족스럽지 않다	560	56.0
전혀 만족스럽지 않다	186	18.6

표 8. 세대별 민주화 이후 한국 정치 발전 만족도

세대 구분	평균 만족도
세월호세대	2.823
월드컵세대	2.964
IMF세대	2.940
386세대	2.944
유신세대	2.891
전쟁/산업화세대	2.824
전체	2.905
분산비교 F값	1.132 (p=0.341)

주: 1에 가까울수록 만족도가 높고 4에 가까울수록 만족도가 낮은 것을 의미한다.

만족스럽다는 의견(25.4%)보다는 불만족스럽다는 의견(74.6%)이 다수임을 알 수 있다. 이는 한국 정치에 대한 불신이 높다는 점을 감안할 때 예상과 다르지 않은 결과라 하겠다. 그러나 권위주의 시기와 차별되는 정치상황이 전개되고 있고 한국 정치는 꾸준히 발전해 왔다는 점을 감안할 때 너무 부정적인 평가가 아닌가 하는 생각을 들게 한다.

　세대별 한국 정치 발전 만족도는 어떠한지 알아보면 한국 정치발전에 대해 가장 긍정적으로 평가하는 세대는 세월호세대와 전쟁/산업화세대며 월드컵세대가 가장 부정적으로 평가하고 있음을 알 수 있다. 일반적으로 30대의 정치, 경제, 사회에 대한 불만이 큰 것으로 나타나고 있는데 30대 연령대인 월드컵세대가 가지는 정치적 불만을 엿볼 수 있는 결과다. 전쟁/산업화세대의 경우 한국 정치 발전을 오랫동안 목격하고 체험한 결과를 토대로 평가한 것인데 비해 세월호세대는 최근 일어난 정치적 사건과 결과를 중심으로 평가한 것이라 말할 수 있다. 한편, 386세대는 민주화 이후 한국 정치 발전에 대한 평가에 부정적인 편이다. 6.10 항쟁과 6.29 선언에 주요 인물이었던 세대로 긍정적인 평가를 기대했지만 그들의 기대보다 못한 정치 발전상황에 불만을 나타낸 것이라 하겠다.

한국인들의 관심, 나아가 시대정신을 어디에 두고 있는지 알아보기 위해 10년 뒤 바람직한 우리나라의 모습은 어떠해야 한다고 생각하는지 물어보았다. 다수의 응답자(50.7%)는 공정하고 투명한 사회를 기대하고 있었으며 복지선진국, 수도권과 지방이 고르게 발전하는 사회를 선택한 응답자가 각각 15.5%, 10.7%로 그 뒤를 따르고 있다. 통일한국과 경제선진국을 선택한 응답자는 상대적으로 매우 적은 편이다.

10년 뒤 바람직한 한국의 모습에 대한 의견을 세대별로 구분해 살펴보면 모든 세대의 다수 의견은 공정하고 투명한 사회다. 공정과 투명이 한국사회에 지니는 중요한 의미를 모든 세대에서 엿볼 수 있다. 한편, 세월호세대를 제외하고 다른 세대들은 복지선진국을 두 번째로 선택하고 있으며 세월호세대는 수도권과 지방이 고르게 발전하는 사회를 두 번째로 선택하고 있다. 이후 모습은 세대별로 차이가 있는데 전쟁/산업화세대와 유신세대는 경제선진국, 386세대와 월드컵

표 9. 10년 뒤 바람직한 한국의 모습에 대한 의견

구분	빈도	%
복지선진국	155	15.5
통일 한국	67	6.7
경제선진국	81	8.1
공정하고 투명한 사회	507	50.7
안보, 치안이 잘 되어 있는 사회	74	7.4
수도권과 지방이 고르게 발전하는 사회	107	10.7
기타	9	0.9

표 10. 세대별 10년 뒤 바람직한 한국의 모습에 대한 의견

	세월호세대	월드컵세대	IMF세대	386세대	유신세대	전쟁/산업화세대	계
복지선진국	24	30	30	31	25	15	155
	13.7%	17.9%	16.3%	15.8%	13.0%	17.6%	15.5%
통일 한국	7	5	20	13	16	6	67
	4.0%	3.0%	10.9%	6.6%	8.3%	7.1%	6.7%
경제선진국	10	12	12	11	24	12	81
	5.7%	7.1%	6.5%	5.6%	12.5%	14.1%	8.1%
공정하고 투명한 사회	93	92	94	103	93	32	507
	53.1%	54.8%	51.1%	52.6%	48.4%	37.6%	50.7%
안보, 치안이 잘 되어 있는 사회	9	12	9	16	17	11	74
	5.1%	7.1%	4.9%	8.2%	8.9%	12.9%	7.4%
수도권과 지방이 고르게 발전하는 사회	30	17	17	19	15	9	107
	17.1%	10.1%	9.2%	9.7%	7.8%	10.6%	10.7%
기타	2	0	2	3	2	0	9
	1.1%	0.0%	1.1%	1.5%	1.0%	0.0%	0.9%
계	175	168	184	196	192	85	1000

세대는 수도권과 지방이 고르게 발전하는 사회, IMF세대는 통일 한국을 선택하고 있다. 공정하고 투명한 한국사회를 모든 세대가 기대하고 있다는 점에는 차이가 없으나 이후 선택에서는 세대별 조금씩 차이가 있음을 빌견할 수 있다.

다음은 한국 민주주의 수준을 비교 차원에서 살펴보았다. 유권자들에게 아시아 지역 내 다른 국가들과 비교하였을 때 우리나라의 민주주의 수준이 어느 정도 수준이라고 생각하는지 물어봄으로써 알아보았다. 이에 대한 결과를 보면 아시아 지역 다른 국가들에 비해 높은 수준이라는 응답자의 비율은 40%였으며 낮은 수준이라는 응답자의 비율은 28.4%로 높은 수준이라는 응답이 다수다. 그러나 비슷하다 혹은 낮은 수준이라는 응답이 60%로 한국 민주주의 수준에 대해 낮게 보는 경향이 크다는 점을 알 수 있다. 무엇보다 아시아 지역에서 우리보다 민주주의 수준이 높은 국가를 찾기 힘들다는 점을 고려할 때 아래와 같은 결과

표 11. 아시아 지역에서 한국 민주주의 수준 평가

구분	빈도	%
매우 높다	32	3.2
높은 편이다	368	36.8
비슷하다	316	31.6
낮은 편이다	239	23.9
매우 낮다	45	4.5

가 나타난 것은 한국 정치에 대한 높은 불신에서 비롯된 것이라 하겠다.

위의 결과를 세대별로 구분해 분석해 보면 한국 민주주의 수준에 대해 가장 긍정적으로 평가하고 있는 세대는 유신세대며 다음이 세월호세대로 나타나고 있다. 이에 비해 가장 부정적으로 평가하고 있는 세대는 월드컵세대며 다음이 전쟁/산업화세대임을 알 수 있다. 앞선 결과와 마찬가지로 세월호세대는 한국 정치 및 민주주의에 대해 상대적으로 긍정적 태도를 가지고 있는 반면 월드컵세대의 부정적 태도를 발견할 수 있다. 이는 세월호세대는 자긍심에 기초한 평가를 하는 반면 월드컵세대는 현실적 어려움에 기초한 평가를 하는 것이라 유추해 볼수 있다. 월드컵세대는 성공적인 월드컵 개최와 성적으로 인해 우리나라에 대한

표 12. 세대별 아시아 지역에서 한국 민주주의 수준 평가

세대 구분	평균 평가
세월호세대	2.840
월드컵세대	2.988
IMF세대	2.886
386세대	2.908
유신세대	2.839
전쟁/산업화세대	2.965
전체	2.897
분산비교 F값	0.674 (p=0.643)

자긍심이 많은 세대일 것이라 예상해 보았지만 30대 때 대면해야 하는 어려움으로 인해 과거에 가졌던 긍지는 찾을 수 없게 된 것이다. 386세대의 한국 민주주의 수준에 대한 평가를 보면 부정적 태도에 가까운 편인데 일반적으로 나타나는 정치 불신 그리고 기대에 미치지 못하는 정치상황 때문이라 하겠다.

좀 더 구체적으로 한국 민주주의에 대해 어떻게 평가하고 있는지 알아보기 위해 한국 민주주의 수준을 완전 독재(0)부터 중간(5), 그리고 완전 민주주의(10) 사이에서 평가해 달라고 부탁하였다. 응답자들의 평균은 6.025로 중간보다 높은 편이었다. 이는 한국 민주주의 수준이 독재라고 생각하지는 않지만 그렇다고 완전한 민주주의에 가깝다고 볼 수 없다는 점을 말해 주는 것이다. 완전 독재와 완전 민주주의 스펙트럼에서 한국 민주주의 정도에 대한 세대별 평가를 보면 유신세대와 전쟁/산업화세대가 한국 민주주의 정도를 가장 높게 평가하고 있으며 IMF세대와 세월호세대가 가장 낮게 평가하고 있다. 386세대의 평가는 상대적으로 긍정적인 편이지만 젊은 세대들보다는 긍정적이며 연상 세대보다는 부정적이라는 점에서 이들 연령대가 지니는 특징 외에 다른 변수로 이들의 특징을 파악하기는 힘들다고 말할 수 있다.

다음은 한국의 민주주의 성숙도에 대해 평가해 보았다. 민주주의 성숙도란 사

표 13. 세대별 한국 민주주의 정도 평가

세대 구분	평균 평가
세월호세대	5.949
월드컵세대	5.988
IMF세대	5.946
386세대	6.046
유신세대	6.172
전쟁/산업화세대	6.047
전체	6.025
분산비교 F값	0.481 (p=0.791)

표 14. 민주주의 성숙도 평가

구분	빈도	%
매우 만족스럽다	18	1.8
대체로 만족스럽다	356	35.6
별로 만족스럽지 않다	549	54.9
전혀 만족스럽지 않다	77	7.7

회갈등지수를 파악하는 데 있어 중요한 요인으로 반대집단에 대한 관용, 상대방에 대한 배려, 기본권에 대한 존중 등 시민의식과 관련이 깊다. 이러한 점을 고려한 평가에 있어 만족스럽다고 대답한 응답자는 37.4%인데 비해, 만족스럽지 않다는 응답자는 62.6%로 만족스럽지 않다는 응답이 다수다. 특히 매우 만족스럽다고 대답한 응답자는 단 1.8%로 평가의 심각성을 보여 주고 있다. 한국사회의 높은 갈등 정도 그리고 반대 의견을 가지고 있는 집단 및 개인에 대한 불관용을 고려했을 때 예상과 다르지 않은 평가라 하겠다.

민주주의 성숙도에 대한 세대별 평가는 크게 차이가 나지 않는데 IMF세대의 평가가 가장 긍정적이며 세월호세대의 평가가 가장 부정적으로 나타나고 있다. 이에 대한 해석이 쉽지 않은데 갈등공화국이라고 불리는 한국사회의 민주주의 성숙도는 매우 낮은 편이라 말할 수 있다. 이를 바라보는 전쟁/산업화세대와 유신세대의 시각은 젊은 세대에 비해 부정적인 것이 일반적이다. 그러나 젊은 세대들의 평가가 상대적으로 부정적으로 나타나는 것은 이들이 민주주의 성숙도가 지니는 의미를 정확히 파악하지 못한 것이 아닌가 하는 의구심을 들게 한다.

한국 민주주의와 경제발전에 대해 어떠한 의견을 가지고 있는지 알아보았다. 민주주의와 경제발전이 희생관계(trade-off)에 놓인 것은 아니지만 경제발전과 민주주의 발전이 서로에게 상충적 영향을 미칠 수 있다는 전제하에 물어본 것이다. 여기에 대해 경제발전이 더 중요하다는 응답이 54.6%로 민주주의가 더 중요하다는 의견(45.4%)보다 높다. 현재 좋지 않은 경제상황이 반영된 것이라 생각할

표 15. 세대별 민주주의 성숙도 평가

세대 구분	평균 평가
세월호세대	2.709
월드컵세대	2.691
IMF세대	2.652
386세대	2.694
유신세대	2.682
전쟁/산업화세대	2.682
전체	2.685
분산비교 F값	0.156 (p=0.978)

표 16. 민주주의와 경제발전 중 선택

구분	빈도	%
경제발전이 훨씬 더 중요하다	178	17.8
경제발전이 좀 더 중요하다	368	36.8
민주주의가 좀 더 중요하다	306	30.6
민주주의가 훨씬 더 중요하다	148	14.8

수 있겠지만, 촛불시위와 대통령 탄핵을 경험하면서 건전한 민주주의 유지가 사회를 위해 얼마나 중요한지 깨닫게 되었음에도 민주주의보다 경제발전이 중요하다는 의견이 높은 것은 의외의 결과다.

위의 결과를 세대별로 구분해 살펴보면 세대별 뚜렷한 차이가 있음을 발견할 수 있다. 유신세대와 전쟁/산업화세대의 경우 경제발전이 더 중요하다는 의견이 70%에 가깝게 나오고 있고 세월호세대와 월드컵세대 중 50% 이상이 민주주의가 더 중요하다는 의견을 피력하고 있다. IMF 경제 위기를 젊은 시절 경험한 IMF세대와 한국 민주화의 주역인 386세대의 다수도 민주주의보다는 경제발전이 더 중요하다는 의견을 제시하고 있다. 1987년 6.10 항쟁의 주역인 386세대들의 이러한 의견은 연령효과에 의해 이들이 가지고 있는 정치적 성향이 많이 변화하였음을 보여 주는 것이다.

표 17. 세대별 민주주의와 경제발전 중 선택

	세월호세대	월드컵세대	IMF세대	386세대	유신세대	전쟁/산업화세대	계
경제발전이 훨씬 더 중요하다	15 8.6%	22 13.1%	31 16.8%	41 20.9%	40 20.8%	29 34.1%	178 17.8%
경제발전이 좀 더 중요하다	46 26.3%	61 36.3%	71 38.6%	71 36.2%	91 47.4%	28 32.9%	368 36.8%
민주주의가 좀 더 중요하다	83 47.4%	65 38.7%	52 28.3%	48 24.5%	39 20.3%	19 22.4%	306 30.6%
민주주의가 훨씬 더 중요하다	31 17.7%	20 11.9%	30 16.3%	36 18.4%	22 11.5%	9 10.6%	148 14.8%
계	175	168	184	196	192	85	1000

마지막으로 해방 이후 한국정치 발전에 크게 기여한 정치적 사건은 무엇이라 생각하는지 알아보았다. 〈표 18〉에서 보듯이 1960년 4.19 혁명, 1961년 5.16 쿠데타, 1980년 5.18 광주민주화운동, 1987년 6월 항쟁과 6.29 선언, 1993년 김영삼 대통령의 문민정부 출범, 1998년 김대중 대통령에 의한 첫 정권 교체, 2017년 박근혜 대통령 탄핵 중 택일하였는데 이 중 박근혜 대통령 탄핵이 25.1%로 가장 높고, 1980년 5.18 광주민주화운동을 선택한 응답자가 24.1%로 두 번째였다. 해방 이후 한국 정치발전에 가장 크게 기여한 정치적 사건으로 1987년 6월 항쟁과 6.29 선언을 선택한 응답자는 17.3%로 세 번째로 높게 나타나고 있다. 4.19 혁명이 한국 정치사에 있어 매우 중요한 사건임에도 이를 경험한 세대가 적어 낮게 나타난 것이며 박근혜 대통령 탄핵이 가장 최근의 정치적 사건으로 아직도 강한 인상이 남아 가장 높게 나타난 것이라 생각해 볼 수 있다.

〈표 18〉의 결과를 세대별로 구분해서 살펴보면 세대별로 뚜렷한 차이를 발견할 수 있다. 먼저 가장 연령대가 높은 전쟁/산업화세대의 다수가 선택한 사건은 1961년 발생한 5.16 쿠데타였다. 박정희 대통령과 연관된 사건으로 박정희 정부에 대한 지지와 관련된 선택이라 하겠다. 전쟁/산업화세대가 선택한 두 번째 사건은 1960년 발생한 4.19 혁명이었다. 반면, 유신세대와 386세대의 다수가 선택

표 18. 한국정치 발전에 가장 크게 기여한 사건

구분	빈도	%
4.19 혁명	97	9.7
5.16 쿠데타	74	7.4
5.18 광주민주화운동	241	24.1
1987년 6월 항쟁과 6.29 선언	173	17.3
문민정부 출범	109	10.9
첫 정권 교체	43	4.3
박근혜 탄핵	251	25.1
기타	12	1.2

한 사건은 1987년 6.10 항쟁과 6.29 선언으로 권위주의 시기를 종식시킨 6.10 항쟁과 6.29 선언에 중요한 의미를 부여한 것이라 하겠다. 특히 유신세대와 386세대는 6.10 항쟁에 참여 혹은 목격한 세대로 이들의 참여와 저항이 가져다준 6.29 선언과 이의 결과물, 즉 직접선거에 의한 대통령제 제6공화국의 의미를 알고 있는 것이다. 한편, 세월호세대, 월드컵세대, IMF세대의 다수는 공통으로 박근혜 탄핵을 가장 중요한 정치적 사건으로 뽑고 있다. 이들이 참여하고 목격한 최근 정치적 사건에 대해 중요성을 부여한 것이라 하겠다. 그런데 이들은 공통으로 이들이 직접으로 경험하지 못한 1980년 광주민주화운동이 두 번째로 중요한 정치적 사건이라 말하고 있다. 이는 이들이 직접 경험하지는 못했지만 교과서 및 영화를 통해 5.18 광주민주화운동을 간접 경험할 수 있었던 기회가 다른 정치적 사건에 비해 많았기 때문이라 짐작해 볼 수 있다.

시민들은 한국 민주주의 및 정치에 대해 어떠한 의견을 가지고 있는지 살펴보았다. 전반적으로 정치에 대한 관심은 높으나 한국 민주주의에 대한 평가는 부정적이라는 점을 알 수 있었다. 이러한 점은 세대에 구분 없이 나타나는 결과로 한국 민주주의 발전을 경험한 386세대, 유신세대, 전쟁/산업화세대들도 한국 민주주의에 대해 다른 세대와 다르지 않게 부정적으로 평가하고 있었다. 이는 한

표 19. 세대별 한국정치 발전에 가장 크게 기여한 사건

	세월호세대	월드컵세대	IMF세대	386세대	유신세대	전쟁/산업화세대	계
4.19 혁명	16 9.1%	9 5.4%	16 8.7%	15 7.7%	23 12.0%	18 21.2%	97 9.7%
5.16 쿠데타	3 1.7%	1 0.6%	11 6.0%	14 7.1%	25 13.0%	20 23.5%	74 7.4%
5.18 광주 민주화운동	58 33.1%	58 34.5%	47 25.5%	40 20.4%	28 14.6%	10 11.8%	241 24.1%
1987년 6월 항쟁과 6.29 선언	21 12.0%	19 11.3%	30 16.3%	51 26.0%	37 19.3%	15 17.6%	173 17.3%
문민정부 출범	10 5.7%	13 7.7%	15 8.2%	27 13.8%	32 16.7%	12 14.1%	109 10.9%
첫 정권 교체	7 4.0%	9 5.4%	12 6.5%	3 1.5%	11 5.7%	1 1.2%	43 4.3%
박근혜 탄핵	59 33.7%	59 35.1%	48 26.1%	43 21.9%	33 17.2%	9 10.6%	251 25.1%
기타	1 0.6%	0 0.0%	5 2.7%	3 1.5%	3 1.6%	0 0.0%	12 1.2%
계	175	168	184	196	192	85	1000

국사회에 만연해 있는 정치 불신에 의한 것으로 정치에 대한 기대는 높지만 현실은 그렇지 못한 상황에 의한 것이라 하겠다. 한편 해방 이후 한국 정치 발전에 크게 기여한 정치적 사건에 대해서는 세대별 차이를 보이고 있었다. 권위주의 시기에서 민주주의 시기로 전환되는 한국정치 상황을 목격하고 참여한 386세대와 유신세대는 6.10 항쟁과 6.29 선언을 선택하고 있지만 이후 세대들은 그들이 경험한 박근혜 탄핵을 가장 중요한 정치적 사건이라 말하고 있었다. 한국 정치와 민주주의에 대한 평가에 있어 세대별 차이는 없지만 정치적 사건에 대해서는 다른 의견을 보이는 결과들을 볼 수 있었다.

V. 경험적 검증: 6.29 선언에 대한 평가 및 의견

이번 장에서는 6.29 선언 관련해서 국민들의 평가 및 의견은 어떠한지 알아보고 이에 대한 평가에 있어 세대별 차이가 있는지 분석해 보았다. 먼저 6.29 선언에 대해 알고 있는지 물어보았다.[3] 〈표 20〉에서 보듯이 모르고 있다고 대답한 응답자(51.2%)가 알고 있다고 대답한 응답자(48.8%)보다 많았다. 30년이 지난 현재 6.29 선언은 젊은 세대들에게는 생소한 것이며 연령대가 높은 세대들에게도 많이 잊혀진 정치적 사건으로 남게 되었다는 점을 발견할 수 있었다.

세대별로 나누어 6.29 선언에 대한 인지 정도를 살펴보면 전쟁/산업화세대, 유신세대, 386세대에서 6.29 선언에 대해 잘 모른다는 응답자는 30~40% 수준이지만 IMF세대로 가면서 이들의 비율은 급격하게 높아지고 있음을 발견할 수 있다. 세월호세대와 월드컵세대의 경우 약 70%가 6.29 선언에 대해 모르고 있는 것으로 나타나고 있다. 한편, 한국의 민주주의 변화를 경험하고 목격한 전쟁/산업화세대, 유신세대, 386세대에서도 예상과는 달리 6.29 선언에 대해 잘 모른다는 응답자 비율이 높은 편이다. 이러한 점은 질문이 6.29 선언에 대해 알고 있는지 여부에 대해 묻기보다는 6.29 선언에 대해 어느 정도 알고 있는가, 즉 6.29 선언의 내용에 대한 질문으로 이해되어 나타난 결과라 짐작해 볼 수 있다.

표 20. 6.29 선언 인지 정도

구분	빈도	%
전혀 모르고 있다	60	6.0
모르는 편이다	452	45.2
잘 알고 있는 편이다	436	43.6
매우 잘 알고 있다	52	5.2

---

3. 정확한 질문은 "선생님께서는 6.29 선언에 대해 어느 정도 알고 계십니까?"였다.

표 21. 세대별 6.29 선언 인지 정도

	세월호세대	월드컵세대	IMF세대	386세대	유신세대	전쟁/산업화세대	계
전혀 모르고 있다	17	31	3	4	4	1	60
	9.7%	18.5%	1.6%	2.0%	2.1%	1.2%	6.0%
모르는 편이다	105	94	93	72	63	25	452
	60.0%	56.0%	50.5%	36.7%	32.8%	29.4%	45.2%
잘 알고 있는 편이다	49	43	80	102	110	52	436
	28.0%	25.6%	43.5%	52.0%	57.3%	61.2%	43.6%
잘 알고 있는 편이다	4	0	8	18	15	7	52
	2.3%	0.0%	4.3%	9.2%	7.8%	8.2%	5.2%
계	175	168	184	196	192	85	1000

다음으로 6.29 선언 하면 무엇이 떠오르는지 물어보았다. 다수의 응답자는 6.29 선언과 6.10 항쟁을 연계하고 있는 것으로 나타나고 있다. 6.10 항쟁의 결과가 6.29 선언으로 나타났기에 예상과 크게 다르지 않은 결과다. 다음으로 직선제라고 대답한 응답자가 많았다. 이는 6.29 선언이 대통령 직선제를 중심으로 하는 제6공화국 헌법으로 이어졌기 때문일 것이다. 한국의 민주화라고 대답한 응답자가 16.9%로 높은 편인데 한국의 민주화의 기반이 되었다는 점에 기인한 것이라 하겠다. 잘 모르겠다고 대답한 응답자가 16.1% 또한 높은 편으로 6.29 선언을 경험하지 못한 세대들이 늘어나면서 나타난 결과라 하겠다.

표 22. 6.29 선언 하면 무엇이 떠오르는지 선택

구분	빈도	%
한국의 민주화	169	16.9
6월 항쟁	296	29.6
직선제	221	22.1
4.13 호헌조치	13	1.3
전두환 독재 정부	135	13.5
기타	5	0.5
잘 모르겠다	161	16.1

세대별로 6.29 선언 하면 떠오르는 것이 무엇인지 알아보았다. 전쟁/산업화세대는 한국의 민주화, 직선제 순으로 답하고 있으며 유신세대, 386세대, IMF세대는 6월 항쟁과 직선제 순으로 답하고 있다. 월드컵세대는 6.29 선언 하면 6월 항쟁이 가장 먼저 떠오른다고 답하고 있지만 잘 모르겠다고 답한 응답자의 비율이 두 번째로 높게 나타나고 있다. 한편 세월호세대는 6월 항쟁이라는 응답과 잘모르겠다는 응답의 비율이 같게 나타나고 있는데 젊은 세대로 갈수록 6.29 선언과 관련 내용을 잘 모르고 있는 비율이 높아짐을 알 수 있다. 세대별 조금씩 차이는 있지만 잘 모르겠다는 응답자를 제외할 때 대부분은 6.29 선언을 6월 항쟁, 직선제, 한국의 민주화로 연계시키고 있음을 발견할 수 있다.

6.29 선언에 대해 좀 더 구체적으로 물어보았다. 먼저 6.29 선언의 주체가 누구라고 생각하는지 물어보았을 때 일반시민들이라는 대답이 가장 많았고 (39.7%) 노태우 대통령이라는 대답이 잘 모르겠다는 대답을 제외할 때 두 번째로

표 23. 세대별 6.29 선언 하면 무엇이 떠오르는지 선택

	세월호세대	월드컵세대	IMF세대	386세대	유신세대	전쟁/산업화세대	계
한국의 민주화	30 17.1%	19 11.3%	30 16.3%	34 17.3%	33 17.2%	23 27.1%	169 16.9%
6월 항쟁	49 28.0%	53 31.5%	55 29.9%	64 32.7%	58 30.2%	17 20.0%	296 29.6%
직선제	24 13.7%	23 13.7%	48 26.1%	50 25.5%	54 28.1%	22 25.9%	221 22.1%
4. 13 호헌조치	2 1.1%	4 2.4%	1 0.5%	3 1.5%	3 1.6%	0 0.0%	13 1.3%
전두환 독재 정부	20 11.4%	22 13.1%	28 15.2%	23 11.7%	26 13.5%	16 18.8%	135 13.5%
기타	1 0.6%	0 0.0%	1 0.5%	1 0.5%	1 0.5%	1 1.2%	5 0.5%
잘 모르겠다	49 28.0%	47 28.0%	21 11.4%	21 10.7%	17 8.9%	6 7.1%	161 16.1%
계	175	168	184	196	192	85	1000

표 24. 6.29 선언의 주체에 대한 의견

구분	빈도	%
전두환	141	14.1
노태우	206	20.6
김영삼	22	2.2
김대중	21	2.1
일반시민들	397	39.7
기타	3	0.3
잘 모르겠다	210	21.0

많았다. 전두환 대통령이라는 대답도 14.1%로 높게 나타나고 있었다. 이러한 점은 6.29 선언을 이끌어 낸 것은 6.10 항쟁이며 여기에 시민들의 역할이 중요했다는 점을 반영한 결과라 하겠다.

6.29 선언의 주체 세력에 대해 각 세대는 어떠한 의견이 다수인지 알아보았다. 세월호세대에서는 모르겠다는 응답자의 비율이 가장 높지만 모르겠다는 응답을 제외할 때 모든 세대에서 일반시민이라는 응답자의 비율이 가장 높음을 알수 있다. 이러한 점은 IMF세대와 386세대에서 뚜렷하게 나타나고 있다. 한편, 전쟁/산업화세대, 유신세대, 386세대와 세월호세대는 일반시민 다음으로 노태우대통령이라는 응답자의 비율이 높지만 월드컵세대와 IMF세대에서는 전두환대통령이라는 응답자의 비율이 노태우 대통령이라는 응답자의 비율보다 높다. 이러한 결과가 나타난 원인에 대해 정확히 알 수 없으나 현재까지도 이어지고 있는 6.29 선언을 누가 주도하였는지에 대한 논란과 주장이 여기 설문조사 결과에도 나타난 것이라 하겠다.

다음으로 6월 항쟁을 이끈 중요 세력은 누구라고 생각하는지 물어보았다. 〈표 26〉은 이에 대한 결과를 보여 주고 있는데 다수의 응답자는 6월 항쟁을 이끈 주요세력으로 학생을 선택하고 있다. 정치인, 노동자, 재야세력이라기보다는 학생이라는 의견이 압도적으로 높다. 무엇보다 6월 항쟁을 이끈 중요 세력이 제도권

표 25. 세대별 6.29 선언의 주체에 대한 의견

	세월호세대	월드컵세대	IMF세대	386세대	유신세대	전쟁/산업화세대	계
전두환	17 9.7%	26 15.5%	31 16.8%	24 12.2%	29 15.1%	14 16.5%	141 14.1%
노태우	29 16.6%	21 12.5%	23 12.5%	53 27.0%	61 31.8%	19 22.4%	206 20.6%
김영삼	7 4.0%	3 1.8%	5 2.7%	5 2.6%	1 0.5%	1 1.2%	22 2.2%
김대중	2 1.1%	4 2.4%	3 1.6%	5 2.6%	1 0.5%	6 7.1%	21 2.1%
일반시민들	57 32.6%	59 35.1%	90 48.9%	83 42.3%	76 39.6%	32 37.6%	397 39.7%
기타	0 0.0%	0 0.0%	1 0.5%	1 0.5%	1 0.5%	0 0.0%	3 0.3%
잘 모르겠다	63 36.0%	55 32.7%	31 16.8%	25 12.8%	23 12.0%	13 15.3%	210 21.0%
계	175	168	184	196	192	85	1000

표 26. 6월 항쟁 이끈 주요세력에 대한 의견

구분	빈도	%
재야세력	72	7.2
학생	478	47.8
블루칼라 노동자	66	6.6
제도권 정치인	35	3.5
화이트칼라 노동자	101	10.1
기타	20	2.0
잘 모르겠다	228	22.8

정치인이라는 말한 응답자는 3.5%로 6.10 항쟁은 시민, 특히 학생에 의한 민주화 운동이었다는 점을 보여 주는 것이다.

6.29 선언 후 정치권에 의해 만들어진 제6공화국 헌법에 대해 6월 항쟁 세력이 요구한 결과물이라고 생각하는지 아니면 야당과 제5공화국 세력 간 타협의

결과물이라고 생각하는지 물어보았다. 이에 대해 6월 항쟁 세력이 요구한 결과물이라는 응답이 35.8%로 야당과 제5공화국 세력 간 타협의 결과물이라는 응답(32.8%)보다 높다. 6.10 항쟁의 핵심 요구사항은 대통령 직접선거였으며 6.29 선언의 핵심 내용은 민주화와 직선제 개헌이었기에 대통령 직접선거 실시가 6월 항쟁 요구를 수용한 것이라는 의견으로 연계된 것이라 하겠다. 그러나 야당과 제5공화국 세력 간 타협의 결과물이라는 의견도 32.8%로 매우 높은 편이다. 이는 제6공화국 헌법이 노태우 대통령이 6.29 선언을 하며 발표한 주요 내용 8개를 다 반영하고 있지 못하고 있어 나타난 것이기도 하겠지만 현재 논란이 되고 있는 현 대통령제의 권력분립 및 견제 등의 문제점이 고려된 대답이라고 말할 수 있을 것이다.

각 세대별로 제6공화국 헌법을 어떻게 평가하고 있는지 알아보았다. 세월호세

표 27. 6.29 선언 후 제6공화국 헌법에 대한 의견

구분	빈도	%
6월 항쟁 세력이 요구한 결과물이다	358	35.8
야당과 제5공화국 세력 간 타협의 결과물이다	328	32.8
잘 모르겠다	314	31.4

표 28. 세대별 6.29 선언 후 제6공화국 헌법에 대한 의견

	세월호세대	월드컵세대	IMF세대	386세대	유신세대	전쟁/산업화세대	계
6월 항쟁 세력이 요구한 결과물이다	54 30.9%	47 28.0%	60 32.6%	82 41.8%	78 40.6%	37 43.5%	358 35.8%
야당과 제5공화국 세력 간 타협의 결과물이다	34 19.4%	52 31.0%	75 40.8%	67 34.2%	69 35.9%	31 36.5%	328 32.8%
잘 모르겠다	87 49.7%	69 41.1%	49 26.6%	47 24.0%	45 23.4%	17 20.0%	314 31.4%
계	175	168	184	196	192	85	1000

대와 월드컵세대의 가장 높은 의견은 잘 모르겠다는 대답이지만 이를 제외했을 때 두 세대의 의견은 다르다는 점을 〈표 28〉에서 발견할 수 있다. 전쟁/산업화세대, 유신세대, 386세대 그리고 세월호세대의 다수는 제6공화국 헌법에 대해 6월 항쟁세력이 요구한 결과물이라는 의견을 제시하고 있지만, IMF세대와 월드컵세대에서는 타협의 결과물이라는 의견이 다수다. 많은 면에서 386세대는 유신세대와 전쟁/산업화세대와 의견을 같이하고 있으며 IMF세대와는 차이가 있음을 알 수 있다. 6.10 항쟁을 이끌었으며 한국 민주화의 주요 세력이었던 386세대의 제6공화국 헌법에 대한 긍정적 의견이 다수지만 부정적 의견도 매우 높다는 것은 주요 요구사항이 대통령 직접선거만은 아님을 보여 주는 것이다.

마지막으로 6.29 선언이 한국 정치발전에 기여했다고 생각하는지 물어보았다. 이에 대한 결과를 보면 기여했다는 긍정적 평가(66.4%)가 기여하지 않았다는 부정적 평가(12.5%)보다 월등히 높음을 알 수 있다. 6.29 선언의 내용, 주체, 주요 동력에 대해 모른다고 대답한 응답자는 많았지만 6.29 선언의 한국 정치 기여도는 높게 평가하고 있음을 보여 주는 것이다.

이를 세대별로 구분해서 살펴보면 모든 세대에서 6.29 선언의 기여도를 긍정적으로 평가하는 의견이 압도적으로 높게 나타나고 있다. 세월호세대와 월드컵세대에서 모르겠다는 대답의 비율이 30% 이상으로 높음에도 긍정적 평가는 부정적 평가에 비해 50% 정도 높게 나타나고 있다. 다른 세대들에서는 부정적인 평가가 10% 이상이지만 긍정적 평가에 비하면 매우 낮은 수준이다. 이러한 결

표 29. 6.29 선언의 한국 정치 기여도 평가

구분	빈도	%
전혀 기여하지 않았다	29	2.9
기여하지 않은 편이다	96	9.6
기여한 편이다	488	48.8
크게 기여하였다	176	17.6
잘 모르겠다	211	21.1

표 30. 세대별 6.29 선언의 한국 정치 기여도 평가

	세월호세대	월드컵세대	IMF세대	386세대	유신세대	전쟁/산업화세대	계
전혀 기여하지 않았다	5 2.9%	6 3.6%	2 1.1%	9 4.6%	4 2.1%	3 3.5%	29 2.9%
기여하지 않은 편이다	12 6.9%	5 3.0%	26 14.1%	24 12.2%	20 10.4%	9 10.6%	96 9.6%
기여한 편이다	68 38.9%	74 44.0%	96 52.2%	107 54.6%	99 51.6%	44 51.8%	488 48.8%
크게 기여하였다	35 20.0%	21 12.5%	27 14.7%	30 15.3%	45 23.4%	18 21.2%	176 17.6%
잘 모르겠다	55 31.4%	62 36.9%	33 17.9%	26 13.3%	24 12.5%	11 12.9%	211 21.1%
계	175	168	184	196	192	85	1,000

과들은 6.29 선언이 한국 정치발전에 미친 기여도뿐만 아니라 6.29 선언이 한국 정치에서 지니는 의미에 대해서도 모든 세대들이 공감하고 있음을 보여 주는 것이다.

이번 장에서는 유권자들이 6.29 선언에 대해 어떠한 평가를 하고 있는지 살펴보았고 세대별 평가에 있어 차이가 있는지 알아보았다. 세월호세대와 월드컵세대 중에서 6.29 선언에 대해 잘 인지하고 못하고 있는 응답자가 많았으며 다른 세대에서도 인지하지 못하는 응답자의 비율이 높은 편이었다. 6.29 선언 후 30년이 지나면서 6.29 선언은 젊은 세대에게는 익숙하지 않은, 장년층에게는 기억 속에서 희미해진 정치적 사건으로 남아 있는 것이다. 그러나 6.29 선언을 경험한 세대와 6.29 선언을 듣고 배운 세대들 모두 6.29 선언을 직선제, 한국의 민주화와 연계시키며 긍정적으로 평가하고 있음을 알 수 있었다. 또한 6.10 항쟁을 이끌었던 주요 세력이 누구인지에 대해 공통의 의견을 가지고 있었다. 6.29 선언 30년이 지났지만 6.29 선언이 지니는 의미에 대한 세대들의 공감대를 확인할 수 있었다.

VI. 의미 및 결론

제6공화국 헌법이 탄생하고 7명 대통령이 취임하였다. 그동안 한국의 민주주의는 많은 대립과 갈등을 경험하였고 이는 현재도 이어지고 있다. 국회 내 이념적 양극화와 정당 간 도를 넘는 대립, 그리고 끊임없이 발생하는 권력자들의 비리는 한국 민주주의에 대한 회의를 갖게 하였다. 그럼에도 한국 정치가 발전했다는 점을 부정하기는 힘들 것이다. 대통령 권한 견제를 위한 다양한 제도가 만들어졌고 국회는 과거보다 생산적이며 공개적으로 변화하였다. 대통령이 여당총재를 겸하던 시기는 사라졌고, 의원 빼 가기, 법안 날치기 등도 사라졌다. 그러나 이러한 변화에도 불구하고 한국정치에 대한 불신은 매우 강하다. 민주화 이후 30년 동안 이루어졌던 정치적 발전이 시민들에게 가시적이고 비약적이지는 않겠지만 분명한 성과가 있었다는 점을 거부할 수는 없을 것이다. 이러한 발전에 있어 1987년 6.10 항쟁과 6.29 선언은 전환점을 마련하는 계기였다. 6.10 항쟁과 6.29 선언이 발생한 지 30년이 지난 시점에 한국 민주주의에 대해 평가해보고 6.29 선언이 주는 의미에 대해 되새겨보는 것이 본 연구의 목적이다. 한국 민주화와 6.29 선언이 시기적으로 분리될 수 없고 이에 대한 평가도 분리될 수 없어 평가를 시도해 보았다. 특히 본 연구는 6.29 선언이 벌써 30년이 지난 시점에서 전반적 평가와 함께 세대별 평가를 실시하여 각 세대가 가지는 6.29 선언에 대한 의미와 인식에 대해 알아보았다.

설문조사 결과 한국 민주주의와 정치에 대한 유권자들의 평가는 혹독했다. 정치에 대한 관심은 높으나 한국 민주주의에 대한 평가는 매우 부정적이었다. 이러한 점은 세대별 구분 없이 나타나고 있었으며 386세대, 유신세대, 전쟁/산업화세대들도 한국 민주주의에 대해 부정적으로 평가하고 있었다. 한국사회에 만연해 있는 정치 불신이 이러한 결과를 초래하였다고 말할 수 있다. 한편 해방 이후 한국 정치발전에 크게 기여한 정치적 사건에 대해서는 세대별 차이를 보이고 있었는데 권위주의 시기에서 민주주의 시기로 전환되는 한국정치 상황을 목격하고 참여한 386세대와 유신세대는 6.10 항쟁과 6.29 선언을 선택하고 있지만 이후 세대들은 그들이 경험한 박근혜 탄핵을 가장 중요한 정치적 사건이라 말하고 있었다. 전반적으로 한국 정치와 민주주의에 대해서는 세대별 차이는 없지만 정치적 사건에 대해서는 다른 의견을 보이는 결과들을 발견할 수 있었다.

6.29 선언에 대한 평가에 있어 가장 눈에 띄는 점은 6.29 선언에 대해 모르는 응답자가 많다는 점이었다. 이러한 점은 세월호세대와 월드컵세대뿐만 아니라 6.29 선언을 경험하고 목격한 세대에서도 발견되고 있었다. 6.29 선언 후 30년이 지나면서 6.29 선언은 젊은 세대에게는 생소한, 장년층에게는 기억 속에서 희미해진 정치적 사건이 되어 버린 것이다. 그럼에도 모든 세대들은 6.29 선언을 직선제, 한국의 민주화와 연계시키며 긍정적으로 평가하고 있음을 알 수 있었다. 6.29 선언 30년이 지났지만 6.29 선언이 지니는 의미에 대한 세대들의 공감대를 확인할 수 있었다.

6.10 항쟁과 6.29 선언으로 새롭게 시작된 한국의 민주주의는 이제 변화의 요구 속에 새로운 방향으로 전개될 가능성이 크다. 국회에 의한 2번의 대통령 탄핵, 퇴임한 대통령들의 불운한 모습, 그리고 무엇보다 극심한 갈등과 대립의 정치를 협치의 정치로 바꾸어야 한다는 요구는 새로운 권력구조의 탄생을 기대하고 있다. 4.19 혁명은 한국 정치의 뿌리로 자리 잡으며 민주이념을 심었으며 6.10 항쟁과 6.29 선언은 권위주의를 종식시키고 한국의 민주화를 가져왔다. 새로운 헌법에 대한 요구와 30년이 지난 세월로 인해 6.10 항쟁과 6.29 선언에 대한 기억은 흐릿해지고 있지만 6.10 항쟁과 6.29 선언이 한국 정치사에서 지니는 의미는 변화하지 않을 것이다.

참고문헌

가상준. 2014. "한국 국회는 양극화되고 있는가?" 『의정논총』 9-2: 247-272.

강원택. 2005. "한국의 이념 갈등과 진보·보수의 경계." 『한국정당학회보』 4-2: 193-217.

_____. 2009. "386세대는 어디로 갔나? 2007년 대선과 2008년 총선에서의 이념과 세대." 『변화하는 한국유권자3』 서울: 동아시아연구원.

김병조. 2015. "한국인의 통일인식 2007-2015: 세대별 격차와 세대내 분화." 『통일과평화』 7-2: 3-41.

노환희·송정민·강원택. 2013. "한국 선거에서의 세대 효과: 1997년부터 2012년까지의 대선을 중심으로." 『한국정당학회보』 12-1: 113-140.

박길성. 2002. "왜 세대인가?" 『사상』. 2002년 가을호. 14권. 사회과학원. 8-27.

박명호. 2009. "2008 총선에서 나타난 세대 효과와 연령 효과에 관한 분석." 『한국정당학회보』 8-1: 65-86.

박영득·이재묵. 2016. "세대에 따른 통일과 대북인식 차이 분석: 코호트 분석을 중심으로." 『글로벌정치연구』 9-2: 31-67.

오세제·이현우. 2014. "386세대의 조건적 세대효과: 이념성향과 대선투표를 대상으로." 『의정 연구』 20-1: 200-230.

이내영. 2009. "한국 유권자의 이념성향의 변화와 이념투표." 『평화연구』 17-2: 42-72.

이현출. 2005. "한국 국민의 이념성향: 특성과 변화." 『한국정치학회보』 39-2: 321-343.

최유정·최샛별. 2013. "연령대별 세대 의식과 정치적 태도를 통해 본 세대의 경계: 정치적 세대의 가능성에 관한 시론." 『사회과학연구논총』 29-2: 159-201.

한정훈. 2016. "한국 유권자의 이념성향: 통일의 필요성 인식에 미치는 효과에 관한 사례 분석." 『한국정치학회보』 50-4: 105-126.

황아란. 2009. "정치세대와 이념성향: 민주화 성취세대를 중심으로." 『국가전략』 15-2: 123-151.

허석재. 2014. "세대와 생애주기, 그리고 투표선택: 1992-2012 대통령 선거 분석." 『한국과 국제정치』 30-2: 167-199.

Delli Carpini, Michael X. 1986. *Stability and Change in American Politics: The Coming of Age of the Generation of the 1960's*. New York: New York University Press.

Erikson, S Robert and Kent L. 1995. Tedin. *American Public Opinion: Its Origins, Con-*

tent, and Impact. Boston, MA: Allyn and Bacon.

Hyman, Herbert. 1959. *Political Socialization*. New York: The Free Press.

Inglehart, Ronald. 1977. *The Silent Revolution: Changing Values and Political Styles among Western Publics*. Princeton: Princeton University Press.

Jennings, M. Kent and Richard G. Niemi. 1981. *Generations and Politics: A Panel Study of Young Adults and Their Parents*. Princeton: Princeton University Press.

Lambert, A. 1972. "Generations and Change: Toward a Theory of Generations as a Force in Historical Process." *Youth and Society* 4-1: 21-45.

Mannheim Karl. 1952. "The Problem of Generation." Paul Kecskemeti(ed). in *Essays on the Sociology of Knowledge*. New York: Oxford University Press.

Ryder, Norman. 1965. "The Age Cohort as a Concept in the Study of Social Change." *American Sociological Review* 30-6: 843-861.

제2부

노태우 정부 시기의 재평가

제6장

전환기의 민주주의

조진만 · 덕성여대 정치외교학과

I. 서론

　1987년은 6월 항쟁, 6.29 선언, 헌법 개정, 직선제 대통령 선거로 대별되는 민주주의로의 이행이 급속하게 이루어진 해이다. 그리고 1987년 민주주의로의 이행이 이루어진 이후 30년이라는 적지 않은 시간이 흘렀다. 그동안 한국의 민주주의는 다양한 논란과 다소의 부침(浮沈)이 있었지만 중단 없이 이어져 오고 발전해 왔다. 예를 들어 프리덤하우스(www.freedomhouse.org)에서 정치적 권리와 시민적 자유를 기준으로 정기적으로 발표하는 민주주의 지수를 살펴보면 한국은 민주주의로의 이행이 이루어진 시기인 1987년 11월부터 1988년 11월까지를 대상으로 한 조사에서 처음으로 자유로운 민주국가로 분류된 이후 지금까지 큰 변동 없이 그 지위를 유지하고 있다.[1] 이러한 이유로 한국은 제3의 민주화 물

---

1. 프리덤하우스의 지수는 1점부터 7점 사이에 분포하는데 1점에 가까울수록 정치적 권리와 시민적 자유가 잘 보장되는 민주주의 국가라는 것을 의미한다. 한국의 경우 프리덤하우스가 조사를 처음 실시한 1972년에

결을 타고 민주주의를 성공적으로 안착시켜 발전해 온 국가로 평가받고 있다(강원택 외 2017; Huntington 1991).

이처럼 한국의 민주주의가 발전해 온 궤적을 살펴보면 1987년 민주주의로의 이행 이후 큰 후퇴 없이 민주주의 공고화를 위한 노력들을 전개하였다고 평가할 수 있다. 이러한 관점에서 보면 1987년에 급속하게 민주주의로의 이행이 이루어진 이후 어떠한 정치적 변화들이 있었는가를 살펴보는 작업은 중요하다. 다시 말해 민주주의로의 이행이 이루어지고 정치적 전환의 시기에 국정을 담당하였던 노태우 정부가 민주주의의 공고화 문제와 관련하여 어떠한 행보와 성과를 보였는가를 평가하는 작업은 큰 의미가 있다. 왜냐하면 특정 시기에 형성된 제도가 그 이후의 제도 운영과 변화에 중요한 영향을 미치는 경로의존성(path dependency)을 갖는다(North 1990)는 점을 고려할 때 1987년 민주주의로의 이행 이후 노태우 정부가 민주주의를 어떻게 정착시켰는가의 문제는 오늘날 한국의 민주주의를 이해하고 개선하는 데 중요하게 작용할 수 있기 때문이다. 하지만 민주주의 전환기 노태우 정부에 대한 연구는 그 중요성에도 불구하고 부족하였던 것이 사실이다(강원택 2012c, 6).

이에 본 연구는 민주주의로의 이행이 이루어지고 민주주의 공고화를 위한 조석을 마련해야 하는 시대적 요구 속에서 출범한 노태우 정부가 어떠한 모습을 보이며 국정 운영을 해 왔는가를 다각적으로 살펴보고 있다. 먼저 본 연구는 민주주의 전환기의 노태우 정부를 평가할 수 있는 기준을 제시하기 위한 이론적 논의를 전개하고 있다. 구체적으로 기존 연구에서 제시된 민주주의 공고화 기준

정치적 권리 5점과 시민적 자유 6점으로 자유롭지 못한 비민주국가로 분류되었고, 그다음 해인 1973년 정치적 권리가 4점으로 인상되면서 부분적으로 자유로운 국가로 분류되었다. 그러던 것이 민주주의로의 이행이 이루어진 직후인 1987년 11월부터 1988년 11월까지를 대상으로 한 조사에서 정치적 권리 2점과 시민적 자유 3점으로 자유로운 민주국가로 분류되었다. 그 이후 1993년 조사에서 시민적 자유가 2점을 기록하고, 2004년 조사에서는 정치적 권리가 1점을 기록하는 성과를 보였다. 그러나 2013년 조사에서 정치적 권리가 2점으로 내려간 이후 지금까지 정치적 권리 2점과 시민적 자유 2점의 자유로운 민주국가로 분류되고 있다.

들을 토대로 노태우 정부가 전환기에 한국의 민주주의에 어떠한 기여와 한계를 보였는가를 평가할 수 있는 요인들을 제시한다. 다음으로 노태우 정부 시기에 이론적 논의에서 제시된 민주주의 공고화 기준들과 관련하여 어떠한 성과와 한계를 보였는가를 다각적으로 살펴본다. 이러한 작업을 마친 이후에는 지금까지 노태우 정부에 대한 평가가 어떻게 진행되어 왔는지를 살펴보고, 왜 노태우 정부에 대한 부정적 평가가 많은지에 대한 원인을 고찰한다. 이를 통하여 본 연구는 민주주의 전환기에 정권을 담당하였던 노태우 정부가 한국의 민주주의 발전 과정에서 어떠한 명암(明暗)을 남겼는지를 평가하고 있다.

II. 전환기의 민주주의 평가: 이론적 논의

권위주의 체제에서 민주주의 체제로의 이행이 이루어진 전환기에 정권을 장악한 정부는 어떠한 소임을 갖고 국정 운영을 운영해야 하는가? 기본적으로 권위주의 체제가 붕괴하고 민주주의로의 이행이 이루어진 과정에서 나타난 시민사회의 민주적 요구들에 부응하고 보다 발전된 민주주의를 위한 초석을 마련해야 한다. 다시 말해 민주주의로의 이행 이후 권위주의 체제로의 회귀를 방지하고 민주주의가 공고화될 수 있는 토대를 구축하는 작업이 민주주의 전환기에 국정을 담당한 정부에게 요구되는 기본적인 소임이다.

그렇다면 한국의 민주주의로의 이행은 어떠한 모습을 보였으며, 그것이 이후 민주주의의 공고화에 어떠한 영향을 미쳤는가? 한국의 민주주의 이행은 권위주의 체제에 대한 시민사회의 저항과 요구에 직면하여 전두환 정부가 대통령 직선제 수용을 핵심으로 하는 6.29 선언을 발표하는 과정을 통하여 이루어졌다. 당초 전두환 정부는 4.13 호헌조치를 통하여 대통령 선거인단에 의하여 대통령을 선출하는 기존 간선제 헌법하에서 후임자에게 권력을 이양할 것이라는 입장을 표명하였다. 하지만 이와 같은 4.13 호헌조치에 대하여 시민사회는 강하게 반발하였으며, 결국 6월 항쟁을 분기점으로 전두환 정부가 시민들의 요구를 수용하는 방식으로 민주주의로의 이행이 이루어졌다.

당시 여당인 민주정의당의 차기 대권 후보였던 노태우 대표를 통하여 발표한 6.29 선언은 민주주의로의 이행을 약속하면서 여야 정치권이 합의하여 개정하게 될 헌법하에서 대통령 선거를 실시하겠다는 것을 의미하였다. 이와 같은 민주화 조치에 야당들이 적극적으로 호응하면서 한국의 민주주의로의 이행은 거래와 협약에 의하여 이루어진 특징을 보였다.

민주주의로의 이행이 어떠한 방식으로 이루어졌는가의 문제는 그 이후 민주주의의 공고화가 진행되는 과정에서 중요한 영향을 미치게 된다. 이 문제와 관련하여 한국과 같이 거래와 협약에 의하여 민주주의로의 이행이 이루어진 경우 민주주의 공고화에 긍정적인 영향을 미친다는 주장이 존재한다(Huntington 1991; O'Donnell and Schumitter 1986; Stradiotto and Guo 2010; Ward and Gleditsch 1988). 이 주장을 전개하는 학자들은 거래와 협약에 의한 민주주의 이행이 권력의 문제를 둘러싼 엘리트들 사이의 협력적 관계와 합의를 가능하게 하고, 권위주의 체제로부터 점진적·안정적으로 탈피할 수 있다는 점에 주목한다. 왜냐하면 시민사회의 저항으로 인하여 권위주의 체제가 급속하게 붕괴될 경우 과거의 기득권 세력이 극단적으로 도전함으로써 권위주의 체제로 복귀될 가능성을 완전히 배제할 수 없기 때문이다. 특히 과거 권위주의 체제가 군부의 적극적인 지원을 토대로 유지되었던 경우 급속한 체제의 변화와 지배엘리트의 교체가 군의 정치 개입을 이끌 수 있다는 점을 우려한다.

하지만 이에 대한 반론들도 존재한다(임혁백 1995; Przeworski 1991). 그 주장의 핵심은 거래와 협약에 의한 민주주의로의 이행이 이후 제한된 수준의 민주주의 체제를 구축하게 함으로써 결과적으로 민주주의 공고화를 지체시키는 결과를 초래한다는 것이다. 왜냐하면 거래와 협약에 기반한 민주주의로의 이행은 필연적으로 민주화 과정에서 불거져 나온 다양한 정치·사회·경제적 개혁 요구들을 충분하게 수용하지 못하는 모습을 보일 수밖에 없기 때문이다. 다시 말해 거래와 협약에 의한 민주주의로의 이행과 비교하여 붕괴에 의한 민주주의로의 이행은 불안정성이 높을 수 있지만 민주주의의 공고화를 위한 토대를 구축하는 데 있어서는 더 유용할 수 있다는 것이다.

민주주의로의 이행이 어떻게 이루어졌는가의 문제가 이후 민주주의가 공고화되는 과정에 영향을 미칠 수 있다는 점은 충분히 인정된다. 하지만 거래와 협약에 의한 민주주의로의 이행은 한국의 민주주의를 평가하는 데 있어 상수이다. 즉 한국에서 민주주의로의 이행이 거래와 협약, 그리고 붕괴에 의하여 두 차례 이루어지지 않은 상황에서 민주주의로의 이행 유형이 이후 민주주의 공고화에 어떠한 영향을 미쳤는가를 적실성 있게 비교 분석하는 데에는 한계가 있다. 이러한 상황에서 민주주의로의 이행이 일어난 직후 전환의 시기에 국정을 담당하였던 정부에 대한 적실성 있는 평가는 민주주의의 공고화라는 측면에서 어떠한 기여를 하였는가를 면밀하게 고찰함으로써 가능하다. 좀 더 구체적으로 민주주의 공고화에 대한 기존 연구를 참고하여 민주주의로의 이행 직후 전환기에 민주주의의 공고화의 핵심적인 기준들과 관련하여 어떠한 성과를 보였는가를 살펴보고, 그것이 어떻게 평가되고 있는가를 추적하는 작업이 필요하다.

본 연구는 이와 같은 관점에서 〈그림 1〉과 같은 도식화를 통하여 민주주의로의 이행 직후 국정을 담당한 노태우 정부에 대한 평가를 진행하고 있다. 구체적으로 본 연구는 한국의 전환기 민주주의에 대한 평가는 민주주의 이행 직후 정권을 장악한 노태우 정부가 민주주의 공고화의 측면에서 어떠한 성과와 한계를 보여 주었는가를 고찰함으로써 가능하다는 입장을 보이고 있다. 그리고 기존 연구를 참고하여 민주주의 공고화와 관련한 핵심적 기준으로 민주적 정치제도 확립, 과거 청산과 탈권위주의, 시민사회 활성화, 군의 통제와 탈정치화라는 네 가지 기준을 제시하고 있다.

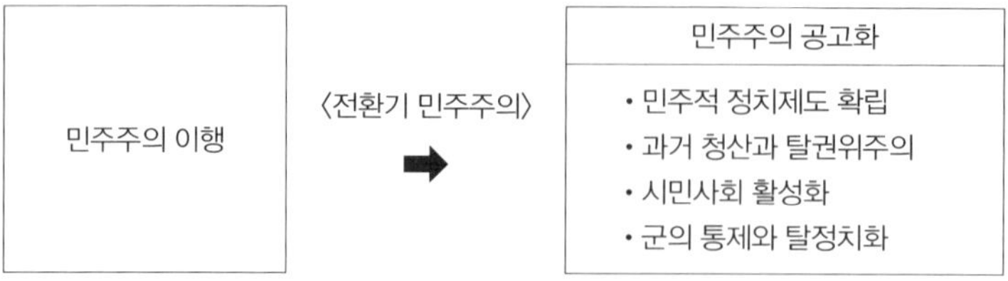

```
┌─────────────┐                    ┌──────────────────────────────────┐
│             │                    │          민주주의 공고화           │
│             │   〈전환기 민주주의〉 ├──────────────────────────────────┤
│  민주주의 이행 │        ➡         │ • 민주적 정치제도 확립              │
│             │                    │ • 과거 청산과 탈권위주의           │
│             │                    │ • 시민사회 활성화                 │
└─────────────┘                    │ • 군의 통제와 탈정치화             │
                                   └──────────────────────────────────┘
```

그림 1. 전환기 민주주의에 대한 평가기준

먼저 민주주의 공고화 기준과 관련하여 민주적 정치제도 확립의 문제를 우선적으로 선정하고 있는 이유는 기존 연구에서 민주주의 전환기에 요구되는 정치적 과제들을 어떻게 안정적으로 제도화하였는가의 문제가 중요하다는 점을 지적하고 있기 때문이다. 예를 들어 셰보르스키(Przeworski 1991)는 민주주의 전환기에 마련한 정치제도가 '유일한 게임(the only game in town)'으로 인정받을 때, 다시 말해 민주주의 이행을 통하여 마련된 정치제도 안에서 경쟁하고 결과에 승복하는 모습을 보일 때 민주주의는 공고화되었다고 평가할 수 있다고 보았다. 다시 말해 이것은 권위주의 체제와는 차별성을 갖는 민주적 정치제도가 확립되어 선출된 정치권력을 거부하지 않고 승인하는 모습을 보일 때 민주주의가 공고화되었다는 것을 의미한다(Gunther et al. 1995; Linz 1990; Linz and Stepan 1996a; 1996b).

권위주의 체제하에서는 기본적으로 정치제도들이 불공정하게 설정되어 있는 특징을 보인다(Przeworski 1991). 이러한 이유로 권위주의 체제하에서는 그 체제가 만들어 낸 정치제도들에 대하여 불만을 갖고 체제의 전복을 시도하려는 시민사회의 저항들이 필연적으로 나타나게 된다. 하지만 민주주의로의 이행이 이루어진 전환기에는 과거 권위주의 체제하에서 구축되었던 핵심적인 정치제도들에 대한 개혁이 이루어지게 되며, 시민들은 그 정치제도하에서 경쟁하고 결정된 결과를 수용하는 모습을 보이게 된다. 특히 이 문제와 관련하여 권위주의 체제하에서 국민들이 정치권력을 장악할 대표를 직접 선출하지 못한 경우 이 문제를 해결하기 위한 요구가 가장 크게 제기된다. 그리고 이 문제가 해결된 이후에는 다양한 차원에서 제기되는 민주적인 정치제도의 구축을 위한 요구들을 얼마나 수용하였는가의 문제가 중요하게 대두된다. 그러므로 노태우 정부가 민주주의 전환기에 민주적 정치제도를 어떻게 확립해 나아갔는가를 면밀하게 고찰하여 평가하는 작업은 중요한 의미를 갖는다.

두 번째로 과거 청산과 탈권위주의의 문제를 선정한 이유는 민주주의의 공고화는 제도적 차원뿐만 아니라 문화적 차원에서도 접근할 필요가 있다는 점을 고려하였기 때문이다. 정치문화적 관점에서 민주주의 공고화는 민주적인 절차와 규범의 일상화와 내면화가 이루어진 상태를 의미한다(Diamond 1999). 이러한 이유로 민주주의로의 이행 직후 권력을 장악한 전환기의 정부가 민주주의의 대중적 확산과 지지를 확보하기 위하여 어떠한 노력을 전개하였는가의 문제는 중요한 의미를 갖는다. 즉 노태우 정부가 민주주의 전환기에 과거 권위주의 체제와 어떠한 차별화를 시도하였으며, 민주화 시대에 부응하는 탈권위주의적인 리더십을 보여 주었는가의 문제는 이후 민주주의를 국민들의 생활과 삶 속에 정착시키는 데 있어 중요한 영향을 미쳤을 것으로 사료된다. 그러므로 이러한 부분들에 대한 다각적인 고찰이 요구된다.

세 번째로 시민사회의 활성화 문제는 권위주의 체제가 민주화되는 과정에서 과거 억눌렸던 시민사회의 요구와 이해관계들이 필연적으로 불거져 나오게 되는데 이를 어떻게 민주적으로 수용하고 활성화시켰는가의 문제가 전환기 민주주의를 평가하는 데 있어서 중요하다는 관점에서 포함시켰다. 즉 권위주의 체제하에서는 그 체제를 유지하기 위하여 강한 국가와 약한 시민사회라는 특징을 보이게 되는데 이것이 민주주의로의 이행 이후 얼마나 균형적인 상태로 회복되었는가의 문제는 민주주의 공고화에 있어서 중요하게 간주된다(임혁백 2000, 227). 특히 다양한 차원의 시민사회 조직화와 더불어 활성화된 시민사회의 목소리를 정치권에 잘 대변할 수 있는 지방자치의 발전이나 언론의 자유 보장 등이 민주주의 전환기에 어떻게 이루어졌는가를 살펴보는 작업은 중요하다.

마지막으로 군의 통제와 탈정치화 문제는 신생 민주국가가 당면하게 되는 중요 과제 중 하나가 군의 정치적 개입을 어떻게 방지할 것인가에 있다는 주장들 (Huntington 1991; O'Donnell and Schumitter 1986; Valenzuela 1992)을 고려하여 설정하였다. 이것은 민주주의로의 이행 이후 군에 대한 민간 통제와 탈정치화를 얼마나 잘 수행하였는가의 문제가 민주주의 공고화에 중요한 영향을 미치게 된다는 것을 의미한다. 특히 한국의 경우 민주화 이전 30년 이상의 긴 세월 동안 권위주의 체제하에서 군이 실질적으로 중요한 정치적 행위자로서 역할을 해왔다. 그러므로 민주주의로의 이행을 통하여 권위주의 체제의 기반이었던 군이 정치적 무대의 전면에 나서는 상황은 방지하였지만 강력한 물리력을 기반으로 정치에 개입할 수 있는 가능성까지 완전히 차단된 것은 아니었다(강원택 2017; Croissant and Kuehn 2009). 이러한 이유로 민주주의로의 이행 이후 여전히 상당한 영향력을 유지하고 있는 군을 어떻게 통제하고 탈정치화시켰는가의 문제는 전환기 민주주의를 평가하는 데 있어서 중요한 기준이 된다.

III. 민주주의 전환기 노태우 정부의 국정 운영: 성과와 한계

1. 민주적 정치제도 확립

민주주의 전환기의 노태우 정부를 평가하는 데 있어 그 출발점은 6.29 선언으로 잡는 것이 타당하다. 왜냐하면 당시 민주정의당 노태우 대표가 발표한 6.29 선언은 민주화 과정의 분수령에서 권위주의 체제를 유지한 전두환 정부가 시민사회의 요구를 전폭 수용하였다는 것을 의미하기 때문이다. 6.29 선언을 통하여 여야 간 합의에 기반한 개헌을 단행할 수 있었다는 점은 헌법에서 명시하고 있는 민주적 규범과 제도에 대한 사회적 합의를 이끌어냈다는 점에서 일부 과정상의 문제 제기[2]에도 불구하고 민주주의 공고화를 위한 중요한 초석을 마련한 것으로 평가할 수 있다(김충남 1992). 특히 대통령 직선제 도입을 통한 경쟁적 선거 제도의 확립은 민주주의의 공고화를 위한 유일한 게임규칙을 마련하였다는 점에서 중요한 의미를 갖는다. 더불어 이를 통하여 선거결과에 대하여 승복하고 선출된 권력의 정통성을 강화시켜 주는 역할도 하게 되었다.

제13대 대통령 선거에서 민주정의당 노태우 후보 당선이라는 결과는 민주화 세력에게는 충격적인 일이었다. 왜냐하면 이와 같은 선거결과는 민주화 운동의 열망이 반영되지 못한 민주주의의 후퇴로 여겨졌기 때문이다. 이러한 이유로 제13대 대통령 선거 직후 야당과 재야단체는 부정·타락선거를 명분으로 선거 무효 투쟁을 전개하고자 하였다. 하지만 이것이 크게 쟁점화되지는 못하였다. 그 이유는 절차론적 관점에서 볼 때 제13대 대통령 선거는 개헌을 통하여 16년 만에 국민들의 자유로운 참여를 토대로 정부를 구성한 것(김일영 2010)으로 그 결과를 뒤집는 것 자체가 민주주의의 역행을 의미하였기 때문이다. 뿐만 아니라 당시 민주정의당 노태우 후보가 당선된 가장 큰 원인이 야권의 분열, 즉 통일민주당 김영삼 후보와 평화민주당 김대중 후보의 동반 출마에 있었다는 점이 자명하였기 때문에 선거 무효 투쟁이 점화되지 않았다(김선혁 2012, 110).

대통령 직선제라는 민주주의 공고화를 위한 유일한 게임규칙을 마련하고 이를 통하여 권력 장악의 절차적 정통성을 갖추게 되었다는 점은 노태우 정부가 민주주의 전환기에 이루어 낸 중요한 성과물이다. 즉 민주주의로의 이행 이후 중단 없이 30년 동안 민주주의 체제를 유지할 수 있었던 것은 제13대 대통령 선

---

2. 시급하게 개헌을 진행하는 과정에서 국회가 예정되어 있던 지역공청회를 단 한 차례도 진행하지 않고, 민주화 운동을 이끈 세력의 참여를 제한하였다는 점이 문제점으로 제기된다(지병문 외 2014, 282). 하지만 당시 민주화 운동 과정에서 불거져 나온 핵심적인 내용들이 6.29 선언에 포함되어 있었고, 이에 대한 정치권의 합의 수준과 사회적 공감대가 높았던 것도 사실이다. 그러므로 최대한 빨리 민주주의 체제의 수립을 위한 개헌 절차를 진행하였던 측면도 있다.

거를 통하여 마련된 절차적 민주주의에 대한 합의와 준수가 큰 역할을 하였다는 점을 부인하기 힘들다. 제13대 대통령 선거의 결과에 대하여 불만을 가졌던 다수의 유권자들은 그 결과에 불복하여 민주주의를 역전시키는 선택을 하기보다는 이후 1988년에 실시된 제13대 국회의원 선거에서 여소야대의 국면을 만들어 냄으로써 민주주의 공고화를 진척시켜 나아가는 선택을 하였다. 즉 당시 민주주의의 발전을 희망하였던 다수의 유권자들은 여소야대 국회를 통한 대통령과 행정부의 견제, 그리고 민주적인 입법과 정치제도화의 실현을 요구하였던 것이다.[3]

　민주화 운동 과정에서 제기되었던 시민사회의 핵심적인 요구들이 정치적으로 수용되고, 그 이후 형성된 여소야대 국면에서 야당들이 주도하여 제안한 민주적 개혁법안들이 채택되는 상황 속에서 한국의 민주주의는 급속하게 발전하는 모습을 보였다.[4] 구체적으로 이 시기 국회와 사법부의 권한과 자율성 강화를 중심으로 민주적 정치제도의 확립이 이루어졌다(김일영 2010; 윤여준 2011). 일단 국회 차원에서 대통령의 비상조치권과 국회해산권이 폐지되었다. 국회의 국정감사권이 부활되었고, 임시회의 소집요건이 완화되었다. 뿐만 아니라 국회가 국무총리, 대법원장, 헌법재판소장에 대한 임명동의권을 행사할 수 있게 되었다. 사법부의 경우에도 법관을 대법관회의의 동의를 구하여 대법원장이 임명하게 하였으며, 대법원장과 대법권의 임기가 6년으로 연장되었다. 또한 헌법재판소가 신설되어 사법부의 위상과 자율성이 크게 신장되었다.

　이 외에도 임기 말 노태우 대통령이 후계자 선출 과정에 직접 개입하지 않고

---

3. 일반적으로 대통령 소속 정당이 의회 내 다수의 의석을 장악하게 되면 대통령은 헌법상의 막강한 권한을 휘두르는 모습을 보인다(Mainwaring and Shugart 1997). 이러한 점을 고려할 때 당시 여소야대 국회의 구성을 통한 노태우 정부 견제는 굉장히 절묘한 유권자들의 선택이었다.

4. 구체적으로 5.18 광주민주화운동과 제5공화국 비리 관련 청문회가 실시되고, 그 과정이 생방송으로 중계되었다. 노동쟁의조정법, 노동조합법, 국민의료보험법, 지방자치법, 해직공직자보상법, 국정감사 및 조사법, 국회에서의 증언 및 감청법과 같은 법안들도 제정되었다(김용호 2017, 46-47).

야당의 중립 선거관리 내각에 대한 요구를 수용하였다는 점도 민주적 정치제도 확립과 관련하여 긍정적으로 평가를 할 수 있는 부분이다.[5] 왜냐하면 이와 같은 결정을 통하여 당시로서는 보기 드물게 여당의 대통령 후보를 경선으로 선출하였고, 대통령 선거 이후 정통성 시비를 제거함으로써 차기 정권이 평화적으로 안착할 수 있는 민주적 토대를 마련할 수 있었기 때문이다.

하지만 노태우 정부에서 진행된 민주정의당, 통일민주당, 신민주공화당 3당의 합당에 따른 거대여당 민주자유당 출현은 민주적 정치제도 확립의 문제와 관련하여 일정한 한계를 보여 준 것이었다. 3당 합당은 4당체제에 기반한 여소야대 국면에서 국정 운영의 어려움을 느꼈던 노태우 대통령이 이를 극복하기 위한 정치적 처방이었다. 당시 한국의 대통령제는 미국이나 남미 국가와 비교하여 대통령에게 많은 권한이 부여된 대통령제였다(조정관 2004). 뿐만 아니라 노태우 대통령은 권위주의 체제하에서 제왕적 대통령의 모습을 가장 근접한 위치에서 목격하였던 인물이다. 이러한 점을 고려할 때 여소야대 국면에서 노태우 대통령이 야당들과 심각하게 갈등하면서 자신의 의지를 관철시키고자 하는 모습을 크게 보이지 않았고(O'Donnell 1994), 다른 수단의 정치적 방법을 모색하였다는 점은 긍정적으로 평가할 수 있다. 또한 과거 권위주의 체제에 대하여 미련을 가지고 있던 정치적 세력들에 대한 의존 없이 민주화 세력과 연합하여 자신의 독자적 정치기반을 확대시켰다는 점(강원택 2012a; 2017), 그리고 이와 같은 3당 합당이 당시 정국의 안정을 도모할 수 있는 하나의 방안이었다는 점에서 긍정적인 평가를 받기도 한다.[6]

---

5. 노태우 대통령은 회고록에서 당시 중립내각에 대한 요구들이 많음에도 불구하고 그것이 수용될 것이라고 생각하는 사람은 많지 않았다고 얘기하면서 다음과 같이 중립내각에 대한 입장을 밝혔다(노태우 2011a, 527). "나는 중립적인 개각만으로는 관권선거 불식이라는 목표를 달성하기에는 모자란다고 생각하였다. 대통령이 당적을 가지고 있는 한 공무원들이 눈치를 볼 수밖에 없다고 보았기 때문이다. 명예총재직 사퇴에 그치지 말고 아예 탈당을 해야만 소기의 목적을 달성할 수 있겠다고 판단하였다."

6. 예를 들어 이만섭 전 국회의장의 경우 "3당 합당은 최선은 아니지만 나라를 위해서는 정국의 안정이 필요하다는 생각에서 차선일 수는 있겠다"는 생각을 하였다고 회고록에서 언급한 바 있다(이만섭 2004, 360).

하지만 기본적으로 유권자의 의사와는 무관하게 정치엘리트들 차원의 단합을 통하여 인위적으로 정계 개편을 추진하였다는 점에서 비판을 받을 수밖에 없었다(김수진 2017; 서복경 2017; 최준영 2012). 특히 앞서 언급하였듯이 당시 여소야대 국면은 민주주의로의 이행 과정에서 합의한 정치제도의 틀 내에서 대통령－행정부 대 국회 간의 견제와 균형을 이루기 위한 유권자들의 선택이었다. 이러한 점을 고려할 때 이에 대한 인위적 개편은 현실적 필요성에도 불구하고 민주주의의 공고화의 관점에서 볼 때 비판을 모면하기 힘든 측면이 존재하였다.[7] 더욱이 기존의 다원화된 정치지형을 보수 대혁신으로 양분하는 상황 속에서 지역적으로 호남 대 비호남의 지역갈등구조를 새롭게 형성하였다는 점은 국민 통합적 차원에서도 바람직하지 못한 측면이 있었다.

2. 과거 청산과 탈권위주의

권위주의 체제에서 민주주의로의 이행이 이루어진 이후 전환기에 정권을 장악한 정부는 과거 권위주의 체제의 유산을 청산하고 탈권위주의적 리더십을 정립해야 하는 사회적 요구에 직면하게 된다. 그리고 이 문제를 어떻게 처리하는가의 문제는 국정을 수행하는 데 있어 중요한 요인으로 작용하게 된다. 특히 노태우 정부는 이전 권위주의 체제의 전두환 정부를 승계하고 있다는 사회적 인식이 강한 상황에서 과거 청산과 탈권위주의의 정립을 위하여 어떠한 노력을 하였는가의 문제는 중요한 의미를 갖는다.

노태우 정부는 이와 같은 시대적 요구와 사회적 흐름에 대한 인식을 갖고 전두환 정부와의 차별화를 시도하였다. 노태우 대통령은 자신의 회고록에서 "5공화국에 대한 국민적 이미지가 너무 좋지 않아 부득이하게 5공화국과의 차별화

---

7. 이 문제와 관련하여 최준영(2012)은 한국의 정당과 정당정치에 대한 시민들의 불신이 생긴 역사적 기원으로 3당 합당의 문제를 지적하였다.

가 불가피하였다(노태우 2011a, 376)"고 밝혔다. 그러면서 "괴로웠지만 어쩔 수 없는 과정이라고 생각"하여 5공화국과의 청산을 단행하였다고 언급하였다.[8] 노태우 정부가 전두환 정부와 차별화를 시도하면서 과거 청산을 할 수 있었던 것은 무엇보다도 민주화 직후 이에 대한 시민사회의 요구가 그 어느 때보다 강하였기 때문이다. 하지만 현실적으로 다음과 같은 두 가지 점도 중요하게 작용하였던 것이 사실이다.

첫째, 전두환 정부와 다른 노태우 정부의 성격이다. 노태우 정부는 전두환 정부와 달리 직선제로 대통령이 선출되었다는 절차적 정당성을 확보하였다. 그러므로 노태우 정부가 전두환 정부와 높은 연관성을 가지고 있다는 시민들의 인식에 변화를 도모하기 위해서는 다양한 차별화 전략을 추구할 필요가 있었다. 더욱이 당시 전두환 대통령의 경우 임기를 마친 이후에 국가원로로서 노태우 정부에 지속적으로 영향을 미치려는 의도를 가지고 있었다(강준식 2017, 282). 이러한 점을 감안할 때 5공화국 청산의 문제는 노태우 대통령 스스로 자신의 권한과 리더십을 확고히 구축하기 위한 차원에서도 요구되는 부분이었다(김선혁 2012, 105).

둘째, 노태우 대통령이 전두환 대통령을 포함하여 5공화국 실세들로부터 많은 견제와 괄시를 받았다(정윤재 2003, 380)는 점에서 과거 청산의 작업을 수월하게 진행한 측면도 존재한다. 노태우 대통령은 야당들이 요구한 5공화국 청문회를 수용하였고, 그 결과 전두환 대통령을 포함한 친인척들이 유배 또는 구속되었다.[9] 5공화국의 권력기반으로서 중요한 역할을 하였던 민주정의당도 해체하

---

8. 노태우 대통령의 이에 대한 입장은 다음과 같은 회고를 통해서도 잘 드러난다(노태우 2011a, 479). "당시 5공화국 사람들은 '대통령이면 모든 것이 가능하다'는 생각을 갖고 있었던 것 같다. 그래서 "전두환 대통령이 왜 백담사에 가야 하느냐?"며 원망하였다. 그들의 마음을 이해하면서도 어쩔 도리가 없었다. 대통령이 국민들의 요구를 무시하고 자기 마음대로 한다면 그것은 대통령이 아니라 독재자라는 것이 나의 철학이었다. … 5공화국 청산은 누가 직접 내게 건의해서 하게 된 것은 아니다. 국회와 언론, 학생들을 비롯하여 국민들의 뜻이 너무나도 분명한 상황이었다. 그것을 어떻게 수용하지 않을 수 있었겠는가."
9. 검찰은 1988년 11월 7일 전두환 전 대통령의 사촌동생(전순환)을 구속하였다. 11월 12일에는 또 다른 사

였다. 노태우 대통령은 과거 민주정의당 대표 시절 월 400만~500만 원의 판공비를 받았는데 당시 전두환 대통령은 야당 총재들에게는 월 1,000만~2,000만 원씩의 활동비를 제공하였다(강준식 2017, 289). 그래서 이 사실을 알게 되었을 때 노태우 대표는 전두환 대통령이 왜 이렇게 자기에게 인색한지 이유를 몰라 전전긍긍하였다고 한다. 뿐만 아니라 노태우 대통령은 과거 고향에서 국회의원에 출마하려던 계획이 당시 민주정의당 권익현 대표에 의하여 좌절되기도 하였으며, 권정달 국회의원의 지역구 사무실을 찾아갔을 때에는 1시간 이상을 기다려야 하는 수모도 겪었다(강준식 2017, 289). 그래서 대통령에 당선된 이후 이 두 명의 5공화국 실세들을 국회의원선거 공천 대상에서 전격 배제하는 모습을 보이기도 하였다.

5.18 광주민주화운동에 대한 진상 규명 노력과 보상을 추진하였다는 점도 긍정적으로 평가할 수 있는 부분이다(이지호 2017). 노태우 대통령 스스로도 5.18 광주민주화운동의 문제로부터 자유롭지 않은 측면이 있었지만 여소야대 정국에서 이 문제를 외면하기 힘든 측면이 있었다. 노태우 대통령은 당선자 시절인 1988년 1월에 민주화합추진위원회를 설치하여 5.18 광주민주화운동을 재정의하고 반민주 법령의 개정과 폐지의 방침을 마련하였다(윤여준 2011). 또한 노태우 정부하에서 5.18 광주민주화운동과 관련하여 총 17차례의 청문회가 실시되었고, 전두환 전 대통령을 포함하여 당시 관련자 67명이 증인으로 불려나왔다.[10] 뿐만 아니라 3당 합당 이후에는 민주자유당이 제안한 '광주민주화운동 관련자 보상 등에 관한 법률'이 가결되어 명예 회복과 보상이 이루어지기도 하였다.[11]

촌동생(전우환)과 친형(전기환), 그리고 동서(홍순두)를 구속하였다. 당시 전두환 전 대통령은 "5공화국 단절을 주장하는데 5공화국의 최대 수혜자는 노태우 대통령 아닌가? 차라리 나를 재판하라"고 격분하는 모습을 보였다(정윤재 2003, 304).

10. 당시 청문회는 5.18 광주민주화운동뿐만 아니라 일해재단 비리와 언론 통폐합 문제에 대해서도 진행되었다. 특히 이들 청문회의 장면이 텔레비전을 통하여 국민들에게 생중계되면서 차별화된 과거 청산이 이루어지고 있다는 인식을 심어 주게 되었다(이현우 2012, 45).

11. '광주민주화운동 관련자 보상 등에 관한 법률'에 대하여 희생자와 유가족을 돈으로 매수하는 정책이라는

이밖에도 노태우 대통령은 자신의 대통령 선거 과정에서 강조하였던 '보통사람'의 모습을 보이기 위하여 탈권위주의적 노력을 많이 하였다(김충남 1992, 301-304). 예를 들어 노태우 대통령은 취임한 직후 우선적으로 대통령 비서실의 규모와 역할을 축소함으로써 대통령 직책과 관련한 권위주의적인 요소를 제거하였다. 대통령의 취임식도 미국 대통령 취임식과 마찬가지로 국회의 권위를 존중하여 국회의사당 앞에서 거행하였다. 취임 직후 청와대를 개방하고 국무회의 등 주요 회의에 원탁회의 형식을 도입함으로써 권위주의적인 요소를 제거하려고 노력하였다.

노태우 대통령이 이러한 행보를 보일 수 있었던 것은 무엇보다도 민주화 이후 변화된 정치환경 속에서 탈권위주의적 행보를 보여야 한다는 점을 분명하게 인식하고 있었기 때문이다. 노태우 대통령은 회고록에서 "민주화가 대세가 되면서 국민들은 더 이상 권위적인 대통령을 원하지 않았다"고 평가하면서 "보통사람들도 큰소리를 치며 당당하게 꿀릴 것 없이 살아가고 싶어 하는 시대가 된 것"이라는 점을 강조하였다(노태우 2011b, 481). 그리고 이러한 시대적 요구와 국민들의 바람에 부합하는 리더십 스타일을 보였다(강원택 2012b; 김용호 2017, 47).

이처럼 노태우 정부는 과거 청산과 탈권위주의 확립을 위한 다각적인 노력을 전개하였지만 한계점을 보였던 것도 사실이다. 즉 노태우 정부가 취한 과거 청산과 탈권위주의는 이전 전두환 정권과 비교하여 크게 진보한 것은 사실이었지만 당시 시민사회의 요구를 충족시키기에는 부족한 부분이 있었다. 특히 노태우 정부가 전두환 정부로부터 완전하게 자유롭지 못한 부분이 있었다는 점은 과거 청산과 탈권위주의 확립을 근본적으로 추진하지 못하는 장애요인으로 작용하였

비난도 제기되었다. 하지만 여야 정당들은 보상의 적용대상 범위를 확대하는 방향에서 이 법을 수차례 개정한 바 있다. 이를 통하여 5.18 광주민주화운동 보상은 1990년부터 2004년까지 총 5차례에 걸쳐서 집행되었고, 이것은 단일 사안으로 국가폭력 관련 피해자에 대하여 가장 많은 액수가 지급된 것이었다(이지호 2017, 38). 당시 5.18 광주민주화운동을 폭동이 아니라 민주화운동으로 규정하고 피해자에게 위로금이 아닌 보상금을 지급하였다는 점이 큰 의미를 갖는 것이었다.

다(이현우 2012; 임혁백 2000, 261). 예를 들어 5공화국 청산의 경우에도 좀 더 철저하게 진상을 규명하고 처벌을 단행할 수 있었음에도 불구하고 전두환 대통령을 포함한 5공화국 실세들의 저항과 반격을 의식하여 적정 수준에서 타협점을 모색하는 모습을 보였다(강준식 2017, 304). 또한 5.18 광주민주화운동의 경우에도 당시 가해자들이 공공기관의 현직을 유지하고 있었던 상황 속에서 명예 회복과 보상의 차원을 넘어 진상을 제대로 밝히고 사법적 정의를 실현하는 데 한계를 보였다(이지호 2017).

3. 시민사회 활성화

민주주의로의 이행은 필연적으로 이전 권위주의 체제하에서 억눌려 왔던 온갖 사회적 요구들이 봇물처럼 터져 나오는 정치환경을 조성한다(김일영 2010). 이러한 상황 속에서 민주주의 전환기에 이와 같은 시민사회에 대한 대응을 어떻게 하였는가의 문제는 이후 민주주의의 정착과 공고화에 중요한 영향을 미친다. 왜냐하면 민주주의는 기본적으로 다양한 선호와 이해관계가 자유롭게 경쟁하고 조정되는 다원주의적인 환경하에서 원활하게 돌아가는 특징을 보이기 때문이다.[12] 다시 말해 권위주의 체제하에서 통제되고 억압되었던 시민사회가 민주화 이후 급속하게 활성화되는 과정 속에서 이를 어떻게 잘 수용하는 모습을 보여주었는가의 문제는 중요하다.

노태우 정부가 출범한 이후 시민사회가 얼마나 조직화되고 활성화된 모습을 보였는가는 관련 자료들을 통하여 어렵지 않게 파악할 수 있다(이용마 2017, 261;

---

12. 이 문제와 관련하여 민주주의로의 이행 이후 시민사회가 지나치게 활성화되고 조직화될 때 전환기의 정부가 정치적 과부하에 걸려 불안정한 모습을 보일 수 있다는 우려도 존재한다(임혁백 2000, 243; Huntington and Nelson 1976). 하지만 민주화 직후 과거 권위주의 체제하에서 억눌렸던 시민사회의 요구들은 필연적으로 분출될 수밖에 없고, 이를 통제하기도 쉽지 않은 측면이 있다. 이러한 점을 고려할 때 전환기의 정부가 이 문제를 어떻게 민주적인 방식으로 수용하고 처리하였는가의 문제는 중요한 의미를 갖는다.

지병문 외 2014, 292-293). 예를 들어 1986년 말 2,700여 개에 불과하였던 노동조합의 수는 1987년 말 4,086개, 그리고 1988년 말에는 7,861개로 급증하였다. 1990년 1월에는 마침내 전국 770여 개 단위노조 약 20만 명의 노동자들이 참여하는 전국노동조합협의회가 출범하였다. 1989년 3월에는 가톨릭농민회와 기독교농민회가 통합하여 전국농민운동연합을 결성하였고, 5월에는 전국교직원노동조합이, 11월에는 전국빈민연합이 차례로 결성되었다. 이러한 상황에서 1986년 276건에 불과하였던 노사분규는 1987년 노동자 대파업 이후부터 1989년까지 3년 동안 해마다 평균 2,400여 건씩 발생[13]하였다(김일영 2010, 13; 박기덕 1994, 141).

노태우 대통령은 시민사회의 민주화 요구를 수용하여 6.29 선언을 한 상황에서, 그리고 시대적 요구에 부응하여 전두환 정부의 권위주의적 통제와는 다른 국정 운영을 수행해야 하는 상황 속에서 시민사회의 활성화에 크게 역행하지 않는 모습을 보여 주었다. 노태우 대통령은 기본적으로 활성화되어 가는 시민사회에 대한 정부의 통제권을 가급적 자제하는 모습을 보였다.[14] 특히 노태우 정부는 과거 권위주의 체제하에서 활동하였던 관변단체의 탈조합화를 시도[15]함으로

---

13. 노사분규는 1990년에 들어서 322건으로 크게 줄어들게 된다. 당시 폭발적인 노사분규로 인하여 임금이 해마다 16%씩 상승함으로써 기업의 부담으로 작용하였다. 하지만 결과적으로 노태우 정부 시기 노동자의 임금이 거의 두 배 이상 상승하여 중산층이 크게 증가하였다는 점은 민주주의 공고화를 위한 경제적 토대를 구축하는 데 기여한 측면이 있었다(김일영 2010, 13-14).
14. 노태우 대통령은 회고록에서 "6.29 선언의 정신에 따라 시민사회의 자율성이 회복되지 않고서는 성숙한 민주주의의 실현이 불가능하다고 생각하여 사회단체들에 대한 정부의 통제권을 포기하고 자율성을 부여하기로 결심하였다(노태우 2011b, 17)"고 밝혔다. 그리고 민주화로 노사분규가 폭발적으로 발생하는 상황에서도 가급적 공권력을 투입하지 못하게 조치하였다(노태우 2011b, 51)고 진술하였다.
15. 이 문제와 관련하여 노태우 대통령은 회고록에서 다음과 같이 진술하였다(노태우 2011b, 17). "우리나라의 사회단체들은 과거의 권위주의 정권에서 정부의 주도하에 탄생되고 통제되고 성장하였기에 다양한 집단 이익을 정책 결정 과정에 반영시키는 기능을 수행하지 못하고, 정치권력의 의사를 대표하고 지지하는 관제(官製), 어용집단의 역할을 해 온 점이 있었다. 나는 6.29 선언의 정신에 따라 시민사회의 자율성이 회복되지 않고는 성숙한 민주주의의 실현이 불가능하다고 생각하여 사회단체에 대한 정부의 통제권을 포기하고 자율성을 부여하기로 결심하였다."

써 대항적 차원에서 다양한 시민운동들이 전개될 수 있는 환경을 제공하였다(김선혁 2012, 109).

노태우 정부 시기 시민사회 활성화 문제와 관련하여 언론의 자유가 확대되었다는 점도 주목할 필요가 있다. 권력에 대한 비판과 시민사회의 다양한 선호와 이해관계를 제대로 알리기 위한 언론의 자유는 민주주의를 유지하고 발전시키는 데 있어 중요한 역할을 담당한다. 특히 과거 권위주의 체제하에서 한국의 언론은 정부 정책의 선전과 홍보를 담당하는 준국가기관의 역할을 하며 권위주의적 지배의 조력자로서 기능하였다(이용마 2017, 241). 이러한 점을 고려할 때 민주주의 전환기에 노태우 정부가 언론에 대하여 어떠한 태도와 행동을 보였는가의 문제는 시민사회의 활성화 문제와 연관하여 중요한 의미를 갖는다.

전두환 정부는 언론을 손쉽게 통제하기 위한 목적에서 임의적으로 통폐합하여 그 수를 제한하거나 비판적인 성향의 언론인을 해직하는 등의 억압적인 조치들을 취하였다. 이러한 이유로 민주주의로의 이행이 이루어진 이후 언론사들은 노동조합을 설립하여 편집권 독립을 요구하는 등 언론의 민주적 기능을 회복시키고자 하는 노력을 활발하게 전개하였다. 뿐만 아니라 기존의 언론과 차별성을 갖는 해직 언론인들이 발기인이 되고 국민들로부터 50억 원의 기금을 모금한 한겨레신문이 창간되기도 하였다.

이에 노태우 대통령은 6.29 선언 제5항에 '언론 자유의 창달'을 포함시켰을 정도로 "언론은 장악할 수도 없고 장악하려고 시도해서도 안 된다"는 입장을 보였다(노태우 2011b, 14). 그리고 이와 같은 입장에서 전두환 정부 시기 언론을 통제하기 위한 목적으로 제정된 언론기본법과 프레스카드제를 폐지하였고, 정기간행물의 등록도 완전히 개방하였다. 또한 보도지침 완화와 신문지면 및 구독료 자율화를 통한 신문사의 자율성을 신장시키는 조치들도 취하였다(이용마 2017, 271).

하지만 시민사회 활성화 문제와 관련하여 노태우 정부가 한계를 보인 부분도 있었다. 그것은 지방자치의 지연과 축소이다(임혁백 2000, 261). 사실 민주주의로의 이행이 이루어지는 과정에서 민주화 세력은 중앙정치의 영역에서 대통령 직선제를, 그리고 지방정치의 영역에서는 지방자치의 부활을 요구하였다(강신구 2017, 164). 이러한 민주화 세력의 요구를 수용하여 노태우 대통령은 6.29 선언을 할 당시 사회 각 부분의 자치와 자율을 최대한 보장하기 위한 조치 중 하나로 지방의회 구성을 핵심으로 하는 지방자치의 부활과 확대를 묵시적으로 포함시켰다. 하지만 노태우 대통령은 1992년 임기를 1년 남긴 시점에서 행해진 연두기자회견에서 예정대로 1992년에 지방자치단체장선거를 실시하게 되면 한 해 동안 4개의 선거(대통령 선거, 국회의원선거, 광역단체장선거, 기초단체장선거)를 치르게 되어 경제적으로 부담이 되고 사회적으로 안정을 이룰 수 없다는 이유로 지방자치단체장선거의 연기를 일방적으로 발표하였다.

이것은 지방자치를 실시하게 되면 정부와 여당의 갖고 있던 지역적 권력기반을 야당들에게 어떠한 형태로든 빼앗길 수 있고, 그것이 차기 대통령 선거에서 권력을 재창출하는 데 불리하게 작용할 수 있다는 인식이 작용한 것이었다(지병문 외 2014, 299). 이에 야당들의 문제 제기와 비판[16]이 있었지만 결국 차기 김영삼 정부 시기인 1994년 3월 16일 지방자치법 개정이 이루어지고, 1995년 6월 27일에 임기 만료에 의한 지방의회의원선거와 함께 광역자치단체장과 기초자치단체장에 대한 선거를 포함한 전국동시지방선거가 최초로 실시되었다.

4. 군의 통제와 탈정치화

많은 학자들이 지적한 바 있듯이 제3세계의 민주화는 많은 경우 군부 권위주의로부터의 해방을 기본으로 하며, 그 이후 민주주의 전환기에 과거 군이 누려온

---

16. 당시 노태우 정부의 지방자치 연기와 축소 결정에 대하여 야당인 민주당은 제14대 대통령 선거를 임명된 지방자치단체장 체제로 치름으로써 관권선거를 획책하려는 음모라고 비판하였다(강신구 2017, 167).

유보된 영역(*reserved domains*)으로서의 특권을 어떻게 교정하고 탈정치화를 성공적으로 이끄는가 하는 문제가 중요하게 대두된다(Huntington 1991; O'Donnell and Schumitter 1986; Valenzuela 1992). 특히 한국의 경우 민주화 이전 30년 이상의 긴 세월 동안 권위주의 체제하에서 군이 실질적으로 정권을 장악하고 국정을 운영해 온 국가였고, 노태우 대통령 역시 전두환 정부와 긴밀하게 연관된 군 출신이었다.**17** 이러한 점에서 민주주의로의 이행 이후 군을 어떻게 통제하고 탈정치화시킬 것인가의 문제는 중요한 당면과제였다(Croissant 2004; Croissant and Kuehn 2009).

노태우 대통령은 취임 이후 제2창군 선언, 군의 민주화와 정치적 중립, 국방행정의 공개 등을 천명하고 추진함으로써 민군관계의 변화를 도모하였다. 이와 같은 시도는 과거 군부 권위주의 정권하에서 생각하기 힘들고 뚜렷한 차이를 보이는 것이었다. 그리고 이러한 과정을 통하여 한국은 다른 신생 민주국가들과 비교하여 비교적 민주화 초기 단계에서 군의 통제와 탈정치화를 실현하는 성과를 거두었다(강원택 2017, 89).

노태우 대통령은 군의 통제와 탈정치화 문제와 관련하여 '징검다리론'을 강조하였다(노태우 2011a, 379). 노태우 대통령은 민주주의 전환기에 "모든 상황을 일시에 혁명적으로 한꺼번에 바꾸려고 하면 가치관에서부터 사회 전반에 걸쳐 혼란이 일어나고 이로 인한 부작용은 국가발전에 큰 장애가 된다"는 입장을 보였다. 그러면서 안정적인 변화와 발전을 도모하기 위한 징검다리 역할을 할 적격자가 민주주의 전환기에 필요하며, 그 적격자가 자신임을 강조하였다. 그리고 군 문제에 대해서 "군정 종식을 부정하지 않지만 군정을 종식시키기 위해서는

---

17. 실제로 전두환 대통령은 노태우 민주정의당 대표를 자신의 후임자로 선택한 이유로 군 출신이라는 점을 강조하였다. 전두환 대통령은 1987년 6월 2일 민주정의당 주요 당직자와 위원 초정 만찬에서 "여러분이 잘 아는 바와 같이 노태우 대표는 그동안 보안사령관 등 군의 주요 지휘관을 역임하여 누구보다 군을 잘 알고 안보에 대한 식견 또한 탁월합니다"라고 후임자 낙점 이유를 설명하기도 하였다(노태우 2011a, 329).

징검다리 역할을 할 인물이 필요하다"는 주장을 전개하였다(노태우 2011a, 378-379).

　민주주의로의 이행이 이루어진 전환기에 군 출신인 노태우 후보가 대통령으로 당선되었다는 점은 민주화 세력의 요구들이 정치적 결과로 반영되지 못하였다는 것을 의미하였다. 하지만 다른 한편으로 당시 군부의 영향력이 여전히 존재하였던 상황하에서 이전 전두환 정부와 연계성을 갖는 군 출신 인사가 대통령이 되었다는 점은 군의 통제와 탈정치화가 연착륙될 수 있는 기회를 제공하는 역설적인 상황[18]을 만들어 내기도 하였다(강준식 2017, 9-10; 김선혁 2012, 124). 왜냐하면 군 출신인 노태우 후보의 당선은 군부로 하여금 민주화 이후에도 군부의 조직적 이익이 보장될 것이라는 인식을 심어 줌으로써 적극적으로 정치에 개입할 유인을 낮추었기 때문이다(강원택 2017, 86; 박기덕 1994, 145). 실제로 노태우 대통령이 회고록에서도 밝혔듯이 민주화가 진행되던 시기에 "많은 군 장교들이 야당 지도자들에 대하여 좋지 않은 생각을 가지고 있었는데 6공화국이 출범한 이후부터는 야당 지도자를 보는 군의 눈이 달라지기 시작하였고, 군이 정치일선에 나서는 것은 있을 수 없다는 생각이 뿌리를 내리게 되었다"고 자평하였다(노태우 2011b, 454). 뿐만 아니라 노태우 정부가 북방외교를 적극적으로 전개하는 과정에서도 군부가 크게 동요하지 않았던 것, 그리고 김영삼 정부가 들어서는 상황에서도 군부가 큰 거부감을 보이지 않았던 것도 노태우 정부가 군의 통제와 탈정치화 문제와 관련하여 징검다리 역할을 잘 수행한 결과라고도 평가할 수 있다(강준식 2017, 320).

　특히 노태우 대통령은 차기 대통령 후보자를 군 출신이 아닌 민간 출신으로 하겠다는 것을 하나의 중요한 징검다리 역할로 인식하였다(노태우 2011a, 496). 노태우 대통령은 회고록에서 차기 대통령 후보자에 대하여 공개적으로 언급한 적

---

18. 임혁백(2000, 261)은 노태우 후보의 당선은 군부 쿠데타에 의한 신생 민주주의의 급작스러운 사망의 가능성을 배제시켜 주었다는 점에서 한국 민주화에 역설적인 기여를 한 측면이 있었다고 평가하였다.

은 없었지만 자신이 정한 첫 번째 원칙은 "군 출신은 대권 후보가 될 수 없다"는 것이었다[19]고 밝혔다(노태우 2011a, 505). 이에 대하여 이만섭 전 국회의장은 회고록에서 노태우 대통령이 "(군 출신인) 박태준 최고위원은 내가 민정계를 잘 관리하라고 맡긴 사람이지 (대권) 후보로 생각한 일은 없습니다"라고 얘기하였다고 증언한 바가 있다(이만섭 2004, 367).

오도넬과 슈미터(O'Donnell and Schumitter 1986)가 주장한 바 있듯이 군부는 민주화 과정에서 자신의 조직적 이해관계를 심각하게 침해당하게 되는 경우 정치에 개입하여 민주화의 흐름에 역행하는 판을 새롭게 짤 수 있는 존재이다. 그러므로 민주주의 전환기에 군부의 점진적 퇴장을 유도하는 조치는 민주주의 공고화로 나아가기 위한 일종의 고육책이 될 수도 있다(임혁백 2000, 234). 노태우 대통령이 군 출신임에도 불구하고 군정 종식을 위한 다양한 조치들을 추진하여 이후 군부가 정치에 개입하는 일을 방지하는 데 기여하였다는 점은 긍정적인 평가가 가능한 부분이다.

IV. 노태우 정부에 대한 평가

민주주의로의 이행이 이루어진 직후 전환기의 국정을 담당하였던 노태우 정부에 대한 평가는 긍정적인 부분과 부정적인 부분이 동시에 존재한다. 전환기 민주주의를 이끌었던 노태우 정부에 대한 긍정적인 평가는 절차적 민주주의를 구축한 상황에서 이행의 시기에 과도기적인 완충 역할을 잘 수행함으로써 이후 민주주의의 공고화에 기여하였다는 점에 초점이 맞추어져 있다(김선혁 2012; 김

---

19. 노태우 대통령의 차기 대통령 후보 관련 두 번째 원칙은 친인척 중에서 대권 후보가 나올 수 없다는 것이었고, 세 번째 원칙은 여당 후보는 민주적인 절차에 따라 자유로운 경선을 통하여 결정되어야 한다는 것이었다(노태우 2011a, 505).

일영 2010). 예를 들어 안청시(1994)는 노태우 정부가 과도정부의 특징을 보였으며, 결과적으로 안정적 민주주의를 정착시키는 데에는 성공하지 못하였지만 유보적 성공은 이끈 정부라고 평가하였다. 진덕규(1994)는 노태우 정부를 군사적 권위주의 체제로부터 민주주의적 시민사회로 전이하는 과정에서 중간단계적 역할을 수행한 정부로 규정하였다.

반면 노태우 정부에 대한 부정적인 평가는 노태우 대통령이 군 출신으로 이전 전두환 정부를 승계하는 성격을 보인다는 점에서 민주적인 정부로 간주하기 어렵다는 입장을 견지하고 있다. 예를 들어 최장집(1990)은 노태우 정부를 민주적 정권이라고 보기 힘들다는 입장에서 이완된 군부 독재정권이라고 평가하였다. 조희연(1995) 역시 노태우 정부는 기본적으로 문민정부가 아니라는 관점에서 연성군부정권, 부드러운 (군부)독재, 의사(疑似) 군부(독재)정권, 온건한 군부정권으로 규정하였다. 뿐만 아니라 김수진(2017)은 노태우 정부하에서 대의민주주의의 핵심기제가 전반적으로 부실한 결손민주주의 체제가 형성되고 유지되었다는 비판적 입장을 보였다.

앞서 살펴보았듯이 노태우 정부는 대통령 직선제 개헌을 통하여 절차적 정당성을 확보한 상황에서 출범하였다는 점에서 한국의 민주주의 발전사에 중요한 전환점이 되었다는 점을 부인하기는 힘들다. 그리고 노태우 정부가 과도기적 상황에서 민주주의에 대한 시대적 요구에 크게 역행하지 않으면서 민주주의 공고화를 위한 징검다리 역할을 수행하였다는 점도 여러 가지 차원에서 확인이 가능하다. 다만 이러한 상황에서 노태우 정부에 대한 상반된 평가가 존재하는 것 또한 사실이다. 이러한 점을 고려할 때 노태우 정부가 전환기에 한국의 민주주의 공고화 문제와 관련하여 어떠한 기여를 하였는지를 고찰하고 평가하는 작업은 중요한 의미를 갖는다.

일단 노태우 정부 이후 한국의 민주주의 지수가 크게 상승하고 역전되는 모습을 보이지 않았다는 점은 중요하다. 국가별 민주주의의 수준을 평가하는 여러

기관들이 제시한 데이터를 보면 노태우 정부가 출범한 이후 한국의 민주주의 관련 수치가 크게 향상되고 역전되지 않은 모습을 보였다는 점을 어렵지 않게 목격할 수 있다.[20] 또한 민주주의 공고화의 조건으로 헌팅턴(Huntington 1991)은 절차적 민주주의가 구축된 다음 실시된 정초선거 이후 두 번 이상 평화로운 정권 교체를 제시하였고, 메인워링(Mainwaring 1999)은 25년 이상 중단 없이 민주주의의 지속을 제시한 바 있는데 이러한 기준들을 놓고 볼 때 현재 한국 민주주의 공고화의 시발점이 노태우 정부가 된다는 점은 분명한 사실이다.

그렇다면 노태우 대통령에 대한 시민들의 평가는 어떠한 특징을 보일까 하는 의문이 제기된다. 왜냐하면 특정 정부가 민주주의 공고화에 얼마나 기여하였는가를 적실성 있게 평가하기 위해서는 전문가들의 평가만큼 일반시민들의 평가도 중요하기 때문이다(조영호 2013; Canache 2012; Diamond et al. 1995; Shin 2001). 〈그림 2〉는 이러한 점을 고려하여 민주화 이후 대통령들을 대상으로 취임 100일이 된 시점에서 국정 운영에 대한 지지율을 조사한 결과를 제시한 것이다. 본 연구가 역대 대통령에 대한 설문조사 결과들이 다수 존재하지만 이 한국갤럽 설문조사 결과에 주목하는 이유는 공신력을 갖춘 조사기관이 특정 시점에 동일한 질문으로 설문조사를 진행하였다는 점에서 대통령의 국정 운영에 대한 지지를 적실성 있게 비교 분석하는 데 장점을 갖는다는 점을 고려하였기 때문이다. 그리고 대통령 취임 100일은 새롭게 출범한 정부가 밀월기간을 보내면서 핵심적인 정책들을 추진하여 일차적인 평가를 받게 되는 시점이라는 점에서도 중요한 의미를 가질 수 있다고 판단하였다.

취임한 지 100일이 되는 시점에서 역대 대통령의 지지율을 살펴보면 노태우

---

20. 서론에서 제시한 프리덤하우스뿐만 아니라 Polity Ⅳ(www.systemicpeace.org/polityproject.html)에서도 한국의 민주주의 지수는 노태우 정부 출범 이전 −5점에 머물렀다가 1987년 대통령 선거 이후 6점을 기록하였다. 그리고 1998년 이후부터 8점을 기록하였다. Polity Ⅳ 지수의 경우 −10점부터 10점 사이에 분포하는데 일반적으로 6점에서 10점까지를 민주주의 체제로 분류한다.

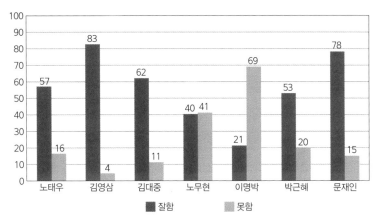

그림 2. 역대 대통령 취임 100일 국정 운영 지지율

출처: 한국갤럽 데일리 오피니언 제272호, 2017년 8월 16~17일.

대통령의 국정 운영을 긍정적으로 평가하는 비율이 응답자의 과반수를 넘긴 57%를 기록하였다는 점, 그리고 이것은 노무현 대통령, 이명박 대통령, 박근혜 대통령보다 상대적으로 높은 수준이라는 점을 파악할 수 있다. 이것은 노태우 정부가 출범한 직후 민주주의 전환기의 국정 운영을 담당하는 과정에서 보여 준 모습과 행보들에 대한 일정 수준의 긍정적인 공감대가 형성되어 있었다는 것을 시사한다. 다시 말해 이것은 앞서 살펴본 것처럼 노태우 정부가 민주주의에 대한 시대적 요구에 역행하지 않으면서 민주적 정치제도 확립, 과거 청산과 탈권위주의, 시민사회 활성화, 군의 통제와 탈정치화를 추진하였던 것에 대한 일정 수준의 긍정적 평가가 존재하였다는 것을 의미한다.

하지만 다른 한편으로 역대 대통령들과 비교하여 노태우 대통령에 대한 시민들의 선호는 매우 낮다는 특징도 보인다. 〈그림 3〉은 6.29 선언 30주년을 맞이하여 한국정당학회가 실시한 설문조사[21]에서 역대 대통령 중 가장 선호하는 대통령은 누구인지를 물어본 결과를 제시한 것이다. 그 결과를 보면 노태우 대통

---

21. 이 설문조사는 2017년 6월 9일부터 13일까지 전국 만 19세 이상 성인 남녀 1,000명을 대상으로 구조화된 설문지를 활용하여 온라인으로 실시되었다. 설문조사의 표본오차는 95% 신뢰 수준에서 ±3.1%p였다.

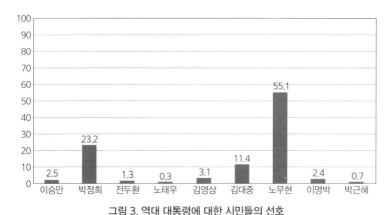

그림 3. 역대 대통령에 대한 시민들의 선호

출처: 엠브레인, 6.29 30주년 여론조사: 2017년 6월 9~13일.

령에 대한 선호가 역대 대통령 중 가장 낮은 특징을 보인다는 점을 목격할 수 있다.[22] 물론 이 설문조사가 역대 대통령 중 가장 좋아하는 대통령 한 명을 선택하라는 방식으로 진행되었다는 점에서 특정 대통령에게 응답이 집중되는 현상이 발생할 수밖에 없었다. 다만 노태우 대통령(정부)이 역대 대통령(정부)과 비교하여 긍정적인 평가를 받지 못하는 것은 다음과 같은 점들이 작용한 결과라고 보여진다.

첫째, 노태우 정부의 태생적 한계와 연관된 부분이다(강원택 2012b). 노태우 정부는 6.29 선언에 따른 대통령 직선제 개헌을 통하여 절차적 민주성을 갖추고 출범하였다. 그리고 앞서 살펴본 바와 같이 이전 전두환 정부와 차별성을 갖기 위한 다양한 노력들을 전개하였다. 하지만 노태우 정부는 이전 전두환 정권과 어떠한 형태로든 밀접하게 연관되어 있다는 시민들의 인식이 높았기 때문에 긍정적인 평가를 받기 어려운 측면이 있었다. 뿐만 아니라 이러한 노태우 정부의 태

---

22. 2011년 6월에 조사된 역대 대통령 호감도의 경우에도 박정희 대통령 34.7%, 노무현 대통령 31.5%, 이명박 대통령(당시 현직) 9.5%, 전두환 대통령 3.1%, 이승만 대통령 1.7%, 김영삼 대통령 1.3%, 노태우 대통령 0.5%를 기록하였다(경향신문 2011.07.02).

생적인 한계는 민주화 직후 고조된 시민들의 변화와 개혁의 요구들을 과감하게 수용하지 못하고 제한적인 범위 내에서 수행하는 모습을 보인 이유로 인식될 수 있었다.

둘째, 민주주의 전환기에 쏟아져 나온 시민사회의 요구와 기대를 충족시키기 어려운 측면이 있었다. 민주주의로의 이행이 이루어진 직후 국정을 담당하는 정부가 폭발적 참여와 고조된 기대감을 단기간에 제대로 충족시키기란 쉽지 않은 것이 사실이다(강원택 2012b, 16; Huntington and Nelson 1976). 특히 민주주의로의 이행 직후 출범한 정부에 대해서는 국정 운영을 수행하면서 불가피하게 빚어질 수밖에 없는 시행착오나 사소한 정책 실패 등도 강한 비판과 항의로 이어질 가능성이 크다(김선혁 2012, 124). 이와 같이 노태우 정부는 민주주의 전환기의 국정을 담당하였다는 특수성으로 인하여 부정적인 평가가 많은 특징을 보였다고 볼 수 있다.

셋째, 노태우 대통령의 리더십 스타일이 확실한 지지자들을 확보하는 데 불리한 측면이 있었다. 노태우 대통령의 리더십 스타일과 관련하여 문제 해결을 기다리는 대통령, 수동적이면서도 성정은 긍정적 온건형, 신중하게 몸을 사리는 지도자, 세련되었으나 우유부단한 대통령, 항상 적절한 시기를 놓치는 상황적응형 대통령 등으로 묘사되어 왔다(정윤재 2003, 362). 이러한 노태우 대통령의 리더십 스타일은 민주주의 전환기에 요구되고 일면 유용한 측면도 있었다. 하지만 확실한 지지층을 확보하기 힘들다는 한계를 가질 수밖에 없었다. 다시 말해 당시 상황에서 전반적으로 미온적인 노태우 대통령의 리더십 스타일은 불가피한 측면이 있었지만 궁극적으로 모든 계층을 만족시키기보다는 오히려 모든 계층의 불만을 초래하는 결과[23]를 이끌었던 것이다(박기덕 1994, 135).

---

23. 당시 노태우 대통령의 리더십 스타일에 대한 지지층의 불만도 상당하였다(강원택 2012b, 16). 특히 기존 권위주의 체제의 기율과 통제에 익숙하였던 인사들은 한국 사회가 급속하게 변화되는 모습에 우려와 불만을 표시하였다. 예를 들어 김용갑 당시 총무처장관은 "노태우 정부 초기 민주화 세력을 가장한 좌경세력이

V. 결론

　민주주의로의 이행이 이루어진 전환기에 국정을 담당하게 되는 정부는 국정을 운영하는 데 있어 많은 어려움에 직면하게 될 수밖에 없다. 왜냐하면 권위주의 체제에서 민주주의 체제로의 전환은 필연적으로 과거 억눌렸던 시민사회의 요구들이 단기간에 쏟아져 나오게 되는 상황 속에서 이를 만족시킬 수 있는 역량과 리더십을 발휘한다는 것이 쉽지 않기 때문이다. 특히 민주주의로의 이행 이후 새롭게 출범한 정부가 민주화 과정에서 시민들의 전폭적인 지지를 받지 못한 경우에는 이러한 민주주의 전환기의 상황을 성공적으로 관리하기 힘든 측면이 존재한다.

　노태우 정부는 대통령 직선제 개헌을 통하여 절차적 정통성을 갖추고 출범하였다. 하지만 이전 전두환 정부와의 긴밀한 관계 내지는 연속선상에서 출범한 정부라는 시민들의 인식이 강하여 태생적인 한계를 갖고 있었다. 더욱이 민주 대 반민주의 균열축이 민주주의로의 이행이 이루어지는 과정에서 흔들리게 되었고, 대통령 선거에서 야권의 분열은 후보자의 고향을 중심으로 하는 지역주의 균열이 생겨났다. 그리고 그 과정에서 36.6%의 상대적으로 낮은 득표율로 당선된 노태우 대통령은 국정 운영을 하는 데 많은 도전과 저항에 직면할 수밖에 없었다.

　민주주의 전환기에 국정을 담당하였던 노태우 정부에 대한 세간의 평가는 부정적이다. 특히 학계의 평가보다도 일반시민들의 평가가 더욱 혹독하게 부정적이다. 노태우 정부는 태생적 한계에도 불구하고 민주주의에 대한 시대적 요구에

우리 사회를 크게 혼란시키고 있었다. 그런데 여소야대 정국에서 정부는 힘을 전혀 쓰지 못하고 있었다. 혼란으로부터 국가와 국민을 보호해야 하는 국무위원으로서 이를 묵인하는 것은 직무유기와 다를 바가 없다고 생각하여 강한 소신 발언을 계속할 수밖에 없었다. 그리하여 소관업무를 벗어나 '이 땅에 우익은 죽었는가?'라고 외치면서 침묵하는 보수를 일깨우고, 대통령에게 국회해산권을 부여해서라도 좌경세력은 척결되어야 한다"고 주장하였다(노재봉 외 2011, 210).

순응하면서 이전 권위주의 정부와의 차별화를 시도하였다. 그리고 그러한 노력은 이후 한국의 민주주의가 역전되거나 퇴행되지 않으면서 공고화될 수 있는 토대를 구축하는 데 일정한 기여를 하였던 것이 사실이다. 하지만 노태우 정부는 그 과정에서 민주화 세력의 급격하고 근본적인 변화에 대한 요구들을 전폭적으로 수용하지 못 하였다는 점에서, 그리고 자신의 지지 기반인 산업화 세력이 급격한 민주화로 인하여 느꼈던 사회적 불안의 문제도 해소시키지 못하였다는 점에서 긍정적인 평가를 받기 힘든 이중고를 겪었다. 또한 김영삼 정부가 출범한 이후에는 노태우 정부 역시 전두환 정부와 함께 청산되어야 할 과거의 유산으로 평가될 수밖에 없는 운명을 맞이하였다.

민주주의 전환기에 국정을 담당한 노태우 정부가 한국의 민주주의 공고화에 어떠한 기여를 하였는가의 문제는 향후에도 지속적인 논쟁거리가 될 것이다. 지금까지 노태우 정부는 전두환 정부와의 관계 속에서 태생적인 한계를 가지고 있어 민주주의로의 이행이 이루어지는 과정에서 불거져 나온 시민사회의 요구들을 전폭적으로 수용하지 못하였다는 평가가 지배적이다. 하지만 역설적으로 노태우 정부는 이와 같은 태생적 한계를 극복하기 위하여 노력할 수밖에 없었다. 그리고 민주화 세력과 산업화 세력의 갈등이 존재하던 상황하에서 수동적인 리더십을 보이면서 전환기를 관리하고 핵심적인 문제들은 차기 정부에게 이양해 주는 역할을 수행할 수밖에 없었다. 이러한 역할과 리더십은 민주주의 전환기의 특성을 고려할 때 과도기적으로 필요한 부분이기도 하였다.

노태우 대통령은 회고록 마지막 부분에 다음과 같은 언급을 하였다(노태우 2011b, 523). "역사란 명(明)과 암(暗)이 있게 마련이다. 역사의 평가는 명과 암을 그대로 비추어야 한다. 그런데 우리는 명은 숨기고 암만을 비춘다." 아마도 노태우 대통령 스스로도 민주주의 전환기에 국정을 담당하면서 자신이 해 놓은 일들에 대한 공과(功過)가 존재한다고 생각하는데 긍정적인 부분은 저평가되고 부정적인 부분만 부각되는 것에 대한 불만을 우회적으로 표현한 것이라고 보여진다.

민주화 30주년에 즈음하여 노태우 정부에 대한 평가가 다양하게 이루어지고 있다. 이러한 과정을 통하여 과거 노태우 정부에 대한 인식과 평가에 어떠한 변화를 이끌어 낼 수 있을 것인가의 문제는 좀 더 지켜볼 필요가 있다. 다만 민주화 이후 민주주의의 발전, 위기, 회복을 경험해 온 현 상황에서 1987년 민주주의로의 이행이 이루어진 이후 한국의 민주주의가 어떠한 궤적을 보였는가를 끊임없이 고찰하는 노력이 요구된다. 이를 통하여 한국의 민주주의에 대한 다양한 공론화가 이루어질 때 민주주의에 대한 무관심으로 인하여 발생할 수 있는 민주주의의 위기를 극복할 수 있을 것이다.

참고문헌

강신구. 2017. "민주화 30년: 지방자치의 성숙과 과제." 강원택 외.『대한민국 민주화: 30년의 평가』서울: 대한민국역사박물관.
강원택. 2017. "군의 탈정치화와 한국의 민주화." 강원택 외.『대한민국 민주화: 30년의 평가』서울: 대한민국역사박물관.
_____. 2012a. "3당 합당과 한국 정당정치."『한국정당학회보』제11권 1호: 171-193.
_____. 2012b. "서언: 노태우 리더십의 재생가." 강원택 편.『노태우 시대의 재인식』서울: 나남.
_____. 2012c.『노태우 시대의 재인식』서울: 나남.
강원택 외. 2017.『대한민국 민주화: 30년의 평가』서울: 대한민국역사박물관.
강준식. 2017.『대한민국의 대통령들』경기 파주: 김영사.
김선혁. 2012. "노태우 시대 한국의 시민사회." 강원택 편.『노태우 시대의 재인식』서울: 나남.
김수진. 2017 "87년체제 역사적 진화과정의 비판적 성찰."『의정연구』제23권 1호: 5-36.
김용호. 2017 "민주화 이후 한국 대통령제의 진화과정 분석."『의정연구』제23권 1호: 37-79.
김일영. 2010. "노태우 정부에서의 정치사회적 갈등 양상과 해결 경험."『분쟁해결연구』

제7권 2호: 5-25.

김충남. 1992. 『성공한 대통령 실패한 대통령』 서울: 전원.

노재봉 외. 2011. 『노태우 대통령을 말한다: 국내외 인사 175인의 기록』 서울: 동화출판사.

노태우. 2011a. 『노태우 회고록(상): 국가, 민주화 나의 운명』 서울: 조선뉴스프레스.

_____. 2011b. 『노태우 회고록(하): 국가, 민주화 나의 운명』 서울: 조선뉴스프레스.

박기덕. 1994. "노태우 정부의 체제 공고화와 개혁주의의 퇴조: 개혁이론의 정립을 위한 시도." 『한국정치학회보』 제28집 1호: 123-161.

서복경. 2017. "민주화 30년의 제도정치." 강원택 외. 『대한민국 민주화: 30년의 평가』 서울: 대한민국역사박물관.

안청시. 1994. "한국정치와 민주주의: 비교정치학적 고찰." 안청시 · 진덕규 편저. 『전환기의 한국 민주주의, 1987~1992』 서울: 법문사.

윤여준. 2011. 『대통령의 자격』 서울: 메디치미디어.

이만섭. 2004. 『나의 정치인생 반세기』 서울: 문학사상사.

이용마. 2017. "민주화 30년: 국가와 시민사회." 강원택 외. 『대한민국 민주화: 30년의 평가』 서울: 대한민국역사박물관.

이지호. 2017. "한국의 민주화와 과거 청산." 강원택 외. 『대한민국 민주화: 30년의 평가』 서울: 대한민국역사박물관.

이현우. 2012. "여소야대 국회에 대한 반응." 강원택 편. 『노태우 시대의 재인식』 서울: 나남.

임혁백. 2000. 『세계화 시대의 민주주의: 현상, 이론, 성찰』 서울: 나남출판.

_____. 1995. 『시장, 국가, 민주주의』 서울: 사회비평사.

정윤재. 2003. "노태우 대통령의 정치리더십: 대세편승형과 민주주의." 『정치리더십과 한국 민주주의』 서울: 나남출판.

조영호. 2013. "한국 시민들의 민주주의 이해: 비교론적 검토와 정치적 함의." 『국가전략』 제19권 3호: 45-74.

조정관. 2004. "대통령제 민주주의의 원형과 변형: '한국형' 대통령제의 특징과 제도 운영의 문제." 진영재 편저. 『한국 권력구조의 이해』 서울: 나남출판.

조희연. 1995. "한국의 민주주의 이행 과정에 관한 연구." 임현진 · 송호근 편. 『전환의 정치, 전환의 한국 사회: 한국의 정치 변동과 민주주의』 서울: 사회비평사.

지병문 외. 2014. 『현대 한국의 정치: 전개과정과 동인』 경기 고양: 피앤씨미디어.

진덕규. 1994. "노태우 정부의 권력구조와 정치체제." 안청시 · 진덕규 편저. 『전환기의 한국 민주주의, 1987~1992』 서울: 법문사.

최장집. 1990. 『한국 현대정치의 구조와 변화』 서울: 까치.

최준영. 2012. "3당 합당: 민주화 이후 한국 정당정치 전개의 분기점." 강원택 편. 『노태우 시대의 재인식』 서울: 나남.

Canache, Damarys. 2012. "Citizens' Conceptualizations of Democracy: Structural Complexity, Substantive Content and Political Significance." *Comparative Political Studies* 45(9): 1132-1158.

Croissant, Aurel. 2004. "Riding the Tiger: Civilian Control and the Military in Democratizing Korea." *Armed Force and Society* 30(3): 357-381.

Croissant, Aurel and David Kuehn. 2009. "Patterns of Civilian Control of the Military in East Asia's New Democracies." *Journal of East Asia Studies* 9(2): 187-217.

Diamond, Larry. 1999. *Developing Democracy: Toward Consolidation.* Baltimore: The Johns Hopkins University Press.

Diamond, Larry, Juan J. Linz, Seymour Martin Lipset. 1995. *Politics in Developing Countries: Comparing Experiences with Democracy.* Boulder: Lynne Rienner Publishers, Inc.

Gunther, Richard, P. Nikiforos Diamandouros, Hans-Jürgen Puhle. 1995. *The Politics of Democratic Consolidation: Southern Europe in Comparative Perspective.* Baltimore: The Johns Hopkins University Press.

Huntington, Samuel P. 1991. *The Third Wave: Democratization in the Late Twentieth Century.* Norman: University of Oklahoma Press.

Huntington, Samuel P. and Joan M. Nelson. 1976. *No Easy Choice: Political Participation in Developing Countries.* Cambridge: Harvard University Press.

Linz, Juan J. 1990. "Transition to Democracy." *Washington Quarterly* 13(3): 143-164.

Linz, Juan J. and Alfred Stepan. 1996a. *Problems of Democratic Transition and Consolidation: Southern Europe, South America, and post-communist Europe.* Baltimore: Johns Hopkins University Press.

Linz, Juan J. and Alfred Stepan. 1996b. "Toward Consolidated Democracies." *Journal of Democracy* 7(2): 14-33.

Mainwaring, Scott. 1999. "Democratic Survivability in Latin America." Howard Handelman and Mark Tessler. eds. *Democracy and Its Limits: Lessons from Asia, Latin America, and Middle East.* Notre Dame: The University of Notre Dame Press.

North, Douglas. 1990. *Institutions, Institutional Change and Economic Performance.* Cambridge: Cambridge University Press.

O'Donnell, Guillermo. 1994. "Delegative Democracy." *Journal of Democracy* 5(1): 55-69.

O'Donnell, Guillermo and Philippe C. Schumitter. 1986. *Transitions from Authoritarian Rule: Tentative Conclusions about Uncertain Democracies.* Baltimore: The Johns Hopkins University Press.

Przeworski, Adam. 1991. *Democracy and Market: Political and Economic Reforms in Eastern Europe and Latin America.* Cambridge: Cambridge University Press.

Shin, Doh Chull. 2001. "Democratic Consolidation in Korea: A Trend Analysis of Public Opinion Surveys, 1997~2001." *Japanese Journal of Political Science* 2(2): 177-209.

Stradiotto, Garry A. and Sujian Guo. 2010. "Transitional Modes of Democratization and Democratic Outcomes." *International Journal of World Peace* 27(4): 5-40.

Valenzuela, J. Samuel. 1992. "Democratic Consolidation in Post-Transitional Settings." Scott Mainwaring, Guillermo O'Donnell, J. Samuel Valenzuela. *Issues in Democratic Consolidation: The New South America Democracies in Comparative Perspective.* Notredame: University of Notre Dame Press.

Ward, Michael D. and Kristian S. Gleditsch. 1988. "Democratizing for Peace." *American Political Science Review* 92(1): 51-61.

제7장

여소야대 정국과 대통령 리더십

윤성이 · 경희대 정치외교학과

I. 서론

　노태우 정부에 대한 학계의 평가는 엇갈리고 있다. 노태우 정부에 대한 긍정적 평가 가운데 가장 주목할 부분은 민주화 전환 이후 권위주의로 역행하지 않고 민주주의 공고화의 경로를 밟았다는 점이다. 물론 절차적 혹은 최소 정의 차원에서의 민주주의 공고화가 진행되었다는 의미이다. 민주주의 공고화를 최소한으로 정의하는 학자들은 자유롭고 공정한 선거가 정기적으로 열리고, 권위주의로 퇴행할 가능성이 거의 없다면 민주주의는 공고화되었다고 본다. 하지만 민주주의 공고화에 대한 "최대주의(maximalist)" 정의에서는 정치적 정통성 확립, 민주적 가치의 확산, 반체제 세력의 부재, 정당의 제도화, 이익집단 활동, 정치의 일상화, 국가 권력의 분산, 직접 민주주의 요소의 도입, 사법 개혁, 빈곤 해소, 경제적 안정 등의 조건이 성숙되었을 때 비로소 민주주의는 공고화되었다고 한다. 최대주의자들은 민주적인 문화, 가치, 규범, 절차 등을 강조한다. 민주주의에 관한 규범, 절차, 기대가 내재화되어 있고 구성원들이 경쟁하고 갈등을 빚을 때도 주어진 규칙을 준수할 때 비로소 민주주의가 공고화되었다는 것이다. 따라서 민주주의가 공고화되기 위해서는 정치, 경제, 사회, 문화 등 모든 영역에서 그리고 정치 엘리트뿐 아니라 일반 대중에 이르기까지 모두가 민주적 절차와 규범을 안정화, 제도화, 일상화, 내면화, 습관화 그리고 정당화하는 수준에 이르러야 한다(윤성이 2015, 45).

　노태우 정부는 1987년 민주화의 산물인 제6공화국 헌법에 명기된 대통령 직선제 도입과 대통령 권한 축소, 언론·집회의 자유 및 노동3권 보장, 국정감사 부활 등 절차적 민주주의를 개선하기 위한 조항들을 잘 유지했고, 경제규제 완화, 토지 공개념 도입, 지방자치제 실시와 같은 내용적 민주주의 발전에 필요한 여러 노력을 기울였다(한국대통령평가위원회·한국대통령학연구소 2002, 119). 염홍철은 노태우 대통령이 비록 정경유착의 관행에서 벗어나지 못해 퇴임 후 구속당했지만 권위주의체제에서 민주주의로 이행하는 전환기사회를 잘 관리해 민주화를 진전시킨 공로는 인정할 필요가 있다고 평가한다(염홍철 2001, 248). 김선혁 또한 노태우 정부에 대해 여러 가지 논란과 비판이 있지만 민주주의로의 이행을 차분하고도 분명하게 이루었다고 평가한다(김선혁 2012, 128). 강원택 역시 "전환기적 상황에서 내부적으로 민주화와 과거청산, 외부적으로 탈냉전 질서에 대응하고자 노력했고, 권위주의 시대의 지배 정치세력이 민주화라는 새로운 질서에 적응할 수 있게 만들었다"고 평가하고 있다(강원택 2012b).

　노태우 정부에 대한 평가는 노태우 대통령 개인의 리더십 특성과 함께 당시의 정치 구조, 역사적 맥락, 시민사회 및 정치문화 특성 등과 같은 다양한 요소들도 함께 고려하면서 이뤄져야 한다. 역사적 맥락 측면에서는 30년 가까운 권위주의 정권의 유산을 물려받았고 제대로 된 민주주의를 사실상 처음으로 실천해보는 상황이었다는 점이 고려될 필요가 있다. 정치적으로는 여소야대의 구조에서 출발했다는 점을 고려해야 한다. 사회적으로는 민주화의 영향으로 국가에 대한 시민사회의 저항과 요구가 강렬하게 표출되던 시기였다는 점을 고려해야 한다. 이와 함께 전반적으로 민주주의에 대한 인식이 낮고 특히 합의의 정치문화가 제대로 정착되지 못한 시기였다는 점을 고려해야 한다. 당시 노태우 정부는 민주화 이후 봇물처럼 터져 나오는 각계각층의 정치적, 경제적 요구에 제대로 대응하지 못하면서 무능력하다는 비판에 시달렸다. 특히 여소야대의 정치구조 하에서 정국을 이끌어 갈 정치력을 발휘하지 못하고 대화와 타협의 정치도 만들어 내지 못해 무능하다는 비판을 받았다. 당시 사회적으로도 노동계의 임금투쟁과 진보세력의 통일운동이 폭발하여 불안한 정국이 지속되었다(강원택 2012a; 진덕규 1994; 최준영 2012, 81). 민주화의 바람을 타고 그간 쌓였던 사회적 요구가 한꺼번에 분출하면서 시위 횟수는 1988년 6,921건에서 1989년에는 19,035건으로 크게 증가하였다(동아일보 1993년 1월 18일자 22면; 전용주 2007, 179). 김선혁은 노태우 정부가 처한 사회적 상황을 민주주의의 외연을 보다 실질적이고 광범위하게 넓히려는 시민사회의 치열한 투쟁과 그것을 '절차적'이고 '법과 질서' 중심으로 좁게 유지하려는 국가의 의도가 부딪치면서 전환기적 갈등을 겪은 것으로 보고 있다(김선혁 2012, 128). 1990년 1월 추진된 3당 합당으로 여당이 국회에서 수적 우위는 점했지만 야당과 대화와 타협보다는 수의 논리로 밀어붙이면서 정치적 갈등은 오히려 더 심해졌고, 5공 청산, 사회경제적 민주화, 산업구조조정 등 많은 중요한 과제들이 노태우 정부에서는 해결되지 못하고 다음 정부로 넘겨지고 말았다.

노태우 정부는 수십 년간 지속된 권위주의 정권의 유산을 청산하는 동시에 새로운 민주주의를 출발시켜야 하는 이중적 과제를 안고 있었다. 전두환 정권의 계승자였던 노태우 대통령의 입장에서 권위주의 정권과의 단절은 쉽지 않은 과제였다. 또한 당시 한국사회가 민주주의를 제대로 경험해 보지 못했을 뿐 아니라, 민주화 운동 기간 내내 권위주의 정권 타도와 직선제 개헌에만 매달렸고 민주화 전환 이후의 정치와 사회, 경제에 대해 제대로 논의하지 못한 상태여서 새로운 민주주의를 출발하는 과제 또한 쉽지 않았다.

본 논문에서는 노태우 대통령의 리더십 유형뿐 아니라 권위주의 정권의 계승자라는 정치적 유산, 국회의 권력구도, 민주화 운동의 관성에 따른 저항적 시민사회 등과 같은 구조적 조건을 종합적으로 고려하면서 노태우 정부를 평가하고자 한다. 2절에서는 노태우 정부의 구조적 한계와 노태우 대통령의 리더십 특성을 살펴볼 것이다. 3절에서는 노태우 정부의 대통령–국회 관계를 초기 여소야대 정국과 3당 합당 후로 구분하여 분석한다. 4절에서는 민주주의 발전과정에서의 노태우 정부의 역사적 의의에 대해 논할 것이다.

II. 노태우 정부의 구조적 한계와 리더십 특성

앞서 언급한 바와 같이 노태우 정부는 권위주의 정권과의 단절과 새로운 민주주의의 출발이라는 이중적 과제를 안고 있었다. 그렇지만 당시 정치사회적 환경을 고려할 때 과거와의 단절과 새로운 출발 모두 쉽지 않은 상황이었다. 김선혁은 당시 노태우 정부가 처한 현실을 "역사의 뒤안길로 사라지는 권위주의와 새로이 도래하는 민주주의의 불안한 동거와 공존, 그것이 노태우 시대가 보여 준 '초현실적인 현실'이었다"고 설명한다(김선혁 2012, 128). 권위주의 정권과의 단절과 새로운 민주주의의 출발이라는 이중적 과제가 노태우 정부가 처한 역사적 혹은 정치발전 측면의 한계였다면, 정치적으로는 소수 정권으로 인한 취약한 정통성과 권위주의 정권의 계승자라는 불리한 조건을 안고 출발했다. 한편 노태우 대통령의 리더십에 대해서는 유약하고 우유부단했다는 부정적 평가가 관용과 인내의 리더십이었다는 긍정적 평가를 앞서고 있다. 노태우 정부와 노대통령의 리더십에 대한 공정한 평가를 위해서는 당시 한국사회가 처한 구조적 한계가 종합적으로 고려될 필요가 있다.

1. 구조적 한계

　민주화 전환 직후 노태우 정부는 대통령 리더십을 행사하기에 역사적이고 구조적인 한계를 지니고 있었다. 무엇보다 정치 영역뿐 아니라 사회, 경제 등 우리 사회 곳곳에서 수십 년간 지속되었던 권위주의 정권의 유산을 극복하기가 쉽지 않았다. 대통령뿐 아니라 정치권과 국민 모두 제대로 된 민주주의를 경험해 보지 못한 상태였다. 민주화 전환과 함께 국가 전반에 걸쳐 새로운 권력관계 그리고 새로운 거버넌스 형태를 구축하고 실천해야 하는 어려운 과제에 직면하였다. 민주화 운동과 이행 기간 동안 정치권과 국민 모두 권위주의 정권 타도와 직선제 개헌에만 몰두하였지 새로운 민주정부를 어떻게 만들지에 대해서는 고민도 준비도 하지 못했다. 새롭게 들어선 민주정부가 통치 전반에 걸쳐 권위주의적 요소를 타파해야 한다는 점은 분명하나 민주적 통치를 위해 어떤 형태의 거버넌스를 구축할 것인가에 대해서는 구체적인 답을 찾기가 쉽지 않았다. 대통령과 국회, 대통령과 여당, 대통령과 야당 그리고 정부와 국민 간에 어떤 권력관계를 만들어갈지 그리고 이를 통해 궁극적으로 어떤 민주주의를 지향할지에 대한 국가적 합의가 없었다. 사실 여기에 대한 답은 현 시점에서도 찾지 못하고 있다. 노태우 정부는 이러한 역사적 한계를 태생적으로 안고 출발했다.

　노태우 정부의 전환기적 특성을 진덕규 교수는 다음과 같이 정리했다. 첫째, 정치 영역에서는 권위주의 정권하에서 억압되었던 노동세력과 민중세력의 정치적 요구를 제도정치 안으로 수용해야 했으나 지배세력과 기득권 집단의 반발로 심각한 내적 갈등을 겪을 수밖에 없었다. 둘째, 경제적으로는 재벌위주의 경제성장과 효율성을 중시하는 경제적 지배세력들과 분배와 복지의 확산을 요구하는 노동자 세력 간의 갈등이 심각했다. 권위주의 정권하에서는 국가가 재벌과 노동 양 집단을 모두 통제하면서 국가 주도적 경제성장 정책을 추진해 나갈 수 있었다. 그렇지만 민주화와 함께 재벌은 시장경제의 확산을 요구하고 노동자 집단은 노동 환경의 개선과 정당한 분배를 내세우며 정부를 압박하게 된다. 셋째, 사회문화적으로도 국가통제에서 벗어나 열린사회를 지향하고자 하는 자유주의 가치와 여전히 닫힌 사회적 의식과 문화양식이 주도하는 현실성 사이에 괴리가 발생할 수밖에 없었다(진덕규 1994, 85–86; 염홍철 2001, 262 재인용).

　소수 정권으로 인한 취약한 정통성 또한 노태우 정부가 처한 구조적 한계였다. 1987년 12월 실시된 제13대 대통령 선거에서 민주정의당 노태우 후보는 36.6%의 득표로 당선되었다. 통일민주당의 김영삼 후보는 28%, 평화민주당의 김대중 후보는 27%, 그리고 신민주공화당의 김종필 후보는 8.1%를 획득했다. 노태우 대통령이 획득한 표는 양적으로도 과반수에 한참 모자랐지만, 내용상으로도 경상도 지역에 편중되는 모습을 보였다. 노태우 대통령은 경상도 지역에서는 유효투표의 57.1%를 차지했지만 호남에서는 10.8%를 얻는 데 그쳤다(김일영 2009, 22). 한편 당시 핵심적 사회균열이었던 민주세력과 반민주세력의 균열구도에서 보더라도 전체 유권자의 55.1%가 민주화 운동을 이끌었던 김영삼과 김대중 후보를 지지해 군부 권위주의정권의 계승자인 노태우 후보에 대한 지지를 압도했다. 1988년 실시된 제13대 총선에서도 집권당인 민주정의당은 지역구 선거에서 제1당에게 적어도 전국구 의석의 50%를 배분하는 전국구 제도의 이점에도 불구하고 과반수 의석을 얻지 못했다. 민정당은 34%의 득표율로 전체 의석 299석 가운데 125석을 얻어 과반에서 한참 부족한 소수 정권에 머물렀다. 반면 김대중이 이끄는 평화민주당은 70석, 김영삼의 통일민주당은 59석, 김종필의 신민주공화당은 35석을 얻었다. 결과적으로 야당은 164석을 얻어 정국의 주도권을 장악하였다.

　노태우 정부의 또 다른 구조적 한계는 권위주의 정권의 계승자였다는 점이다. 노태우 대통령은 6.29 선언을 통해 민주화 이행의 주역이라는 이미지를 만들어 직선제로 치러진 대통령 선거에서 승리할 수 있었으나 기존 전두환 정권의 지지 자원이 동원된 승리였고 엘리트 충원 면에서는 제5공화국의 연장이라는 태생적 한계를 벗어나지 못했다(염홍철 2001, 262). 무엇보다 노태우 대통령 자신이 전두환 정권의 2인자로 성장해 왔다. 노태우는 전두환 정권이 등장하는 기반이 되었던 12.12 군사정변의 핵심 주동세력 가운데 한명이었고, 전두환 정부 아래에서 정무2장관(1981.7~1982.3), 체육부장관(1982.3~1982.4), 내무부장관(1982.4~1983.7), 제12대 국회의원(1985.4~1987.12), 민정당 대표위원(1985.2~1987.8), 민정당 총재(1987.8~1990.5) 등을 거치면서 대통령 후보로 성장해 왔다. 5공화국 군부인사는 노태우 정권에서도 여전히 권력의 핵심 위치에 있었다. 전두환 정권에서 행정부처 장관과 정부 요직의 28.7%를 육군사관학교 출신들이 차지했고, 노태우 정부에서는 16.7%로 다소 줄어들었다(신명순 1993; 전용주 2007, 171). 경상도 중심의 지역편중 인사도 뚜렷이 나타났다. 노태우 정부의 고위직 관료들 중 전라도 출신이 13.4%였던 데 비해 경상도 출신은 40.6%로 세 배 정도 많았고, 당시 경상도 인구비율이 28.9%였던 것을 감안할 때 지나치게 편중된 인사임을 알 수 있다(함성득 2000, 110).

2. 노태우 대통령 리더십 특성

그간 노태우 대통령의 리더십에 대해서는 매우 다양하면서 엇갈리는 평가가 있었다. 노 대통령의 리더십에 대한 부정적 평가로는 소극적이면서, 대세에 편승하여, 몸을 사리는 지도자였다는 점이 많이 지적되었다(김호진 2006; 정윤재 2003; 한승조 1992; 염홍철 2001; 전용주 2007, 166). 한편으로는 '여론수렴을 가장 잘한 대통령(안병만 1992)'이었고, '민원봉사형의 민주적 리더십(이강로 1992)'을 보였다는 긍정적인 평가도 있다(전용주 2007, 166).

리더십의 유형과 관련하여 바버(Barber 1992)는 대통령 개인의 성격(character)을 강조하고 있다. 대통령 개인의 성격에 따라 다른 리더십 행태를 보인다는 것이다. 개인의 성격은 활동성과 직무에 대한 태도를 기준으로 네 가지 유형으로 구분된다. 즉 적극적인 혹은 소극적인 활동성을 보이는가, 그리고 직무에 대해 긍정적 혹은 부정적 태도를 갖는가에 따라 개인의 성격을 유형화하고 있다. 적극인 활동성을 보이면서 직무에 대해 긍정적인 자세로 임하는 성격의 대통령은 자부심이 강하며 자신의 직무를 즐기고 강한 자신감으로 문제해결에 적극적으로 나서게 된다. 적극적 활동성을 갖고 있으나 직무에 대해 부정적인 인식을 갖고 있는 대통령은 자신에게 주어진 문제를 잘 해결해야 한다는 강박증을 갖고 있어 대통령직을 즐기지 못하고 상대에 대해 공격적인 태도를 보이기 쉽다. 한편 자신의 직무에 대해 긍정적인 태도를 보이지만 수동적인 활동성을 갖고 있는 대통령은 주어진 상황에 대해 지나치게 긍정적으로 인식하면서도 스스로에 대한 자부심과 자신감이 낮아 참모들에게 의존하는 소극적인 리더십을 보인다. 수동적 활동성과 부정적 직무 태도를 갖고 있는 대통령은 문제해결에 소극적이면서 주어진 직무를 회피하려는 성향을 보인다(전용주 2007, 161). 이러한 분류체계에 따르면 이승만, 전두환, 김영삼 대통령은 "적극–부정"형, 박정희 대통령은 "적극–긍정"형, 장면 총리는 "소극–긍정"형, 그리고 노태우 대통령은 "소극–부정"형으로 분류될 수 있다(안병만 1998; 전용주 2007, 162). 정정길은 노태우 대통령의 방임적·위임적 통치 스타일로 인해 정치권의 경제정책에 대한 개입이 증가하였고, 아래로의 위임과 분권화가 진행되면서 행정조직이 외부압력에 굴복하는 양상이 자주 발생했다고 지적한다(정정길 1994, 234).

대통령의 리더십 유형을 결정하는 데 있어 지도자 개인의 성격이나 그가 처한 상황이 중요한 요인으로 작용한다(염홍철 2001, 250). 노태우 대통령의 경우 성장기 환경으로 인해 중립적이고 화합적인 성격이 형성되었지만 한편으로는 소극적이고 의존적인 성격도 동시에 내재되었다는 점에서 대통령이 가져야 할 리더십에 긍정적인 영향만을 미친 것은 아니었다(염홍철 2001, 252). 전두환과 노태우의 리더십을 비교한 김호진은 전두환의 리더십을 저돌적이고 공격적인 사자와 유사한 반면 노태우는 방어적이면서 상황에 잘 적응하는 여우에 비유할 수 있다고 했다. 그러면서 노태우 정부가 권위주의 청산, 보통사람, 복지와 분배와 같은 정치적 수사를 적극 활용했다는 점에서 노태우의 리더십 특성을 성원지향형 (follower-oriented)을 가미한 체제유지형으로 규정했다(김호진 1990, 278-280). 이러한 리더십의 특성으로 인해 노태우 정부는 사회적 저항에 대처하는 데 공권력 사용을 자제하면서 반대편을 설득하고 수용하는 민중융합의 전략을 구사했다. 그렇지만 이로 인해 민주화와 함께 폭증한 사회갈등을 제대로 관리하지 못해 국정운영의 효율성이 크게 떨어지는 부정적인 결과가 나타났다(김호진 1990, 282-283). 염홍철(2001) 또한 노태우 대통령이 주변상황에 유연하고 부드럽게 대처했고 참을성 있게 여론에 귀 기울이는 탈권위주의적 리더십을 보였다고 평가하면서, 한편으로는 지나치게 인기에 연연해 내실보다는 명분과 외양을 중시하는 문제가 있었다고 지적한다(염홍철 2001, 268). 김영명 또한 노태우 대통령은 우유부단한 리더십을 보여 과도기의 혼란을 제대로 관리하지 못했다고 비판한다(김영명 2013, 260).

대통령의 리더십이 국정운영에 있어 어떤 결과를 가져오는가는 리더십 스타일뿐 아니라 외부적·상황적 변수에 의해 많은 영향을 받는다(Barber 1992). 이현우는 노태우 대통령의 유약한 리더십을 비판하기보다는 주어진 환경에서 합리적 선택을 고민했던 것으로 평가해야 한다고 주장한다(이현우 2012, 65). 앞서 살펴본 노태우 정부가 처한 권위주의 정권과의 단절과 새로운 민주주의 건설이라는 이중적 과제, 권위주의 정권 계승자와 소수정권으로 인한 취약한 정통성 등과 같은 구조적 한계로 인해 대통령의 리더십이 제대로 발휘되기 힘든 상황이었다는 지적일 것이다. 김영명 역시 노태우 대통령의 유약한 리더십으로 인해 전환기의 사회갈등과 정치적 혼란을 제대로 관리하지 못했다고 비판하면서도 상황적 요소가 갖는 한계도 동시에 지적한다. 노태우 자신이 군부 출신이었고 국가와 집권 세력 안에 권위주의 잔존 세력이 많아 전체적인 정치 사회 노선이 보수적인 성격을 띨 수밖에 없었다는 것이다. 또한 제13대 총선의 결과 지역 붕당

체제가 탄생하면서 여소야대의 정국구도가 형성되어 대통령의 리더십이 발휘되기에 한계가 있었다는 분석이다(김영명 2013, 260).

3. 정당정치와 대통령 리더십

국정운영의 성과를 만들어 내는 데 대통령의 리더십 스타일은 중요하지만 그 자체만 가지고 정치적 결과를 만들어 내기는 어렵다. 특히 대통령 중심제하에서도 대통령과 국회 관계는 국정운영에 지대한 영향을 미친다(조정관 2009, 10). 즉 대통령과 집권당에 대한 국민의 지지, 국회 내 의석분포, 정당 내 권력구조의 특성과 당내 기율의 정도 등에 의해 대통령과 국회의 관계가 결정되고, 이는 대통령의 리더십 발휘에 상당한 영향을 미친다. 노태우 대통령의 유약한 리더십에 대한 비판이 많으나 이는 상당부분 리더십을 제약하는 정치적 환경에서 기인하는 바가 크다. 무엇보다 노태우 대통령은 과반에 한참 못 미치는 36.6%라는 단순 다수표에 의해 당선되어 대통령의 권한행사에 제약이 있을 수밖에 없었다. 또한 노태우 정부 출범 후 2개월 만에 실시된 제13대 국회의원 선거에서 여당인 민주정의당이 다수의석을 차지하는 데 실패하면서 여소야대 정국이 만들어져 대통령과 집권당의 영향력이 약화될 수밖에 없었다(염홍철 2001, 263).

대통령제는 행정부, 입법부, 사법부가 상호 견제하는 3권 분립을 원칙으로 할 뿐 아니라 대통령과 입법부가 각각 국민으로부터 권한을 위임받는 이원적 정통성에 기반하고 있다. 따라서 대통령의 리더십이 원활하게 발휘되기 위해서는 국회와의 관계가 매우 중요하다. 대통령의 국회와 정당에 대한 리더십 스타일은 권위적 지도자형(authoritarian style), 정당 의존형(party-dependent style), 초정파적인 설득자형(persuader style)으로 유형화할 수 있다(조정관 2009, 9-10). 권위적 지도자형의 대통령은 유권자의 위임(mandate)을 내세우며 국회를 무시하고 종속시키려고 한다. 이때 집권당이 원내 다수의석을 차지하게 되면 대통령에 대한 국회의 종속현상은 더욱 심해진다. 그렇지만 여소야대 정국이 만들어지면 대통령과 행정부의 국정운영 효율성은 떨어질 수밖에 없다. 정당 의존형의 경우 대통령은 집권당에 대한 통제를 통해 국회를 장악하고자 한다. 대통령이 국회를 장악하기 위해서는 집권당이 다수 의석을 획득하여야 한다. 만약 선거에서 집권당이 다수 의석 획득에 실패하면 야당의원 빼내오기나 정계개편을 시도하게 된다. 이 경우 대통령과 야당의 갈등은 심각할 수밖에 없으며, 분점정부 상황에서는 대통령의 영향력이 약화되면서 국정운영의 효율성은 급속히 떨어지게 된다. 설득자형 대통령은 여야를 구분하지 않고 개별 의원들과 직접 소통하면서 입법 과반수를 만들고자 한다. 개별 의원들의 자율성이 높은 미국의 경우가 이에 해당한다(조정관 2009, 9-10).

위와 같은 구분에서 보자면 노태우 대통령의 리더십은 정당 의존형에 가깝다. 그렇지만 이는 노대통령의 선택이었다기보다는 당시 국회 권력구조와 정당정치의 특성에 기인한 바가 크다. 제13대 총선 결과 여소야대의 국회가 형성되면서 국회에 대한 대통령의 영향력은 제한될 수밖에 없었다. 한편 노대통령은 여야를 넘나드는 설득형 리더십을 시도하지 않고 3당 합당이라는 정계개편을 통해 집권당을 다수당으로 만들어 국회를 장악하고자 했다. 대통령과 국회의 관계는 상당 부분 정당정치의 특성에 의해 결정된다. 정당정치의 특성은 정당과 정당과의 관계와 정당 내 운영방식에 따라 달라진다. 대통령제는 대통령 선거의 결과에 따라 권력의 향방이 결정되는 제로섬 게임의 특성을 갖고 있다. 권력을 독점하기 위한 여당과 야당 간의 경쟁은 치열할 수밖에 없다. 선거에 패배한 야당은 다음 선거에서 승리하기 위해 여당을 상대로 끊임없는 정쟁을 벌이게 된다. 여당과 야당 간의 합의와 타협의 정치는 구조적으로 쉽지 않다. 특히 민주화 직후 정당정치가 제대로 자리 잡지 못한 상황에서 정당 간의 생산적 경쟁은 기대하기 어렵다. 수십 년간의 권위주의 통치를 겪으면서 여당과 야당은 타협의 대상이 아니라 싸우고 타도해야 할 적대세력으로 존재했다. 권위주의 통치로 인해 정당의 기능도 왜곡되었다. 정당이 사회균열에 근거해 이익을 표출하고 결집하는 대표기능을 하지 못하고 권력을 쟁취하고 권력에 저항하는 권력획득의 수단으로만 기능했다. 자연히 정당의 정체성이 이익대표 측면에서 형성되지 못했고 정당의 지지 동원 역시 정책과 이익대표의 차별성에 따라 이뤄지지 못했다. 결과적으로 정책과 이익대표를 통해 국민들의 지지를 호소하는 것이 아니라 상대 정당을 공격하고 흠집 내면서 반사이익을 이익을 얻는 데 급급하게 된다. 제로섬 게임의 대통령제와 낙후된 정당제도가 결합되면서 국회는 대통령과 야당 그리고 여당과 야당 간의 정쟁의 장이 될 수밖에 없다.

정당 내부 권력구조 또한 대통령과 국회관계에 상당한 영향을 미친다. 정당 내 권력이 소수 지도자에게 집중되어 있고 당내 기율이 강한 경우 정당 간의 경쟁은 치열해질 수밖에 없다. 한국처럼 대통령이 여당을 장악하고 있으면 대통령과 야당 간의 갈등은 더욱 심각하게 된다. 여당은 대통령의 지시에 따라 일사불란하게 움직이고 야당 역시 당내 지도자를 중심으로 단결해 대통령과 맞서 싸우는 양상이 벌어진다. 이러한 상황에서 집권당이 국회 내 다수의석을 차지하는 단점정부가 만들어지면 대통령이 강력한 리더십을 발휘할 수 있으나 야당이 다수의석을 획득해 분점정부가 되는 대통령의 리더십은 제약을 받을 수밖에 없다.

III. 노태우 정부의 대통령-국회 관계

1. 여소야대 정국과 대통령-국회 관계

1987년 민주화 전환의 성과로 얻어낸 9차 개헌에서는 대통령의 권한을 상당 부분 축소하는 대신 국회 권한은 상대적으로 강화하는 조항을 담았다. 무엇보다 대통령 임기를 5년 단임으로 한정했고 대통령의 국회 해산권을 철폐했다. 반면 행정부에 대한 국회의 견제 권한을 강화하기 위해 국정감사권을 부활시켰고, 국무총리 및 국무위원 해임건의, 주요 공무원에 대한 탄핵 소추권, 의원들의 국회 내 발언이나 투표행위에 대한 면책특권 보장 등과 같은 조항을 포함시켰다. 사법권 강화를 위해 헌법재판소를 신설하였고 국회에 헌법재판소 소장의 임명동의권을 부여했다. 대법원장 역시 국회의 임명 동의를 통해 대통령이 임명하도록 했다. 1988년 6월에는 국회의 권한을 강화하는 방향으로 국회법을 개정했다. 국회 임시회 소집요건을 재적의원의 4분의 1로 환원했고, 국회 연간 회기일 수도 종전의 150일을 초과할 수 없다는 규정을 없앴다.

권위주의 정권하에서 국회는 행정부의 시녀, 거수기, 통법부 등으로 불리며 대통령에 종속되는 양상을 보였다. 그렇지만 1988년 4월 26일 치러진 제13대 총선의 결과 여소야대 정국이 형성되면서 국회에 대한 대통령의 영향력은 약화되었다. 제13대 대선에 이어 제13대 총선도 지역주의 구도에 의해 치러졌다. 대구·경북에 기반을 둔 민주정의당이 전체의석 299석 가운데 125석을 얻어 제1당이 되었지만 원내 과반수에는 한참 모자랐다. 호남을 근거로 한 평화민주당이 70석을 얻었고, 부산을 기반으로 한 통일민주당이 59석, 충청의 공화당이 35석을 획득해 야3당이 과반을 넘는 164석을 차지했다. 제헌국회와 2대 국회 이후 처음으로 제13대 국회에서 여소야대 정국이 만들어진 것이다. 과거 권위주의 정권과 달리 대통령과 집권당이 일방적으로 국회를 압박할 수 없었다. 과거 권위주의 정권하에서는 여당에 의한 법안 날치기 통과와 여당의 독단적인 의사일정 결정, 야당 질의의 일방종결, 회의장으로부터의 야당의원 추방 등과 같은 탈법적 행태가 비일비재하였다. 여당의 이러한 행태에 대해 야당은 의장석 점거, 농성 및 단식투쟁, 회의 중 집단퇴장, 회의불참 및 소집불응 등과 같은 방식으로 맞설 수밖에 없었다(박찬욱 1992; 최준영 2012, 73). 권위주의 통치가 종식되고 여소야대 국회가 만들어지면서 원활한 국정운영을 위해서는 반드시 야당의 협력을 구해야 하는 상황이 되었다. 그렇지 않으면 여당의 동의 없이도 야당이 단독으로 법안을 통과시키고 이에 맞서 대통령이 거부권을 행사하면서 국정운영이 마비되는 상황이 벌어진다(이현우 2012, 43-45).

수십 년간의 권위주의 정권을 거치면서 여야 간 대화와 타협의 경험이 없었고 자연히 합의의 정치문화는 형성되지 못했다. 2대 국회 이후 처음으로 맞은 여소야대 정국에서 대통령과 국회 간의 갈등이 심할 수밖에 없었다. 제13대 국회가 개원하면서 야당은 처음부터 대통령을 강하게 압박했다. 대표적인 사례가 제13대 국회 개원 후 두 달도 되지 않은 1988년 7월 2일에 열린 제142회 임시국회에서 헌정사상 최초로 대통령의 대법원장 임명동의안(『대법원장(정기승)임명동의의건』)이 부결된 것이다. 야당의 반대로 인해 대법원장 임명에 실패한 노태우 대통령은 야당이 동의하는 대법원장 후보를 지명할 수밖에 없었다(조정관 2009, 14). 야당이 일방적으로 통과시킨 법안에 대해 대통령이 거부권을 행사하는 양상도 벌어졌다. 1988년 7월 9일 야당이 주도한 『국회에서의증언·감정등에관한법률개정법률안』이 국회에서 통과되었으나 노태우 대통령은 이에 대해 거부권을 행사했다. 결국 야당은 대체입법으로 『국회에서의증언·감정등에관한법률개정법률안(1988. 7. 23)』을 만들어 통과시키게 된다. 1988년 12월 17일에는 국회가 『1980년해직공직자의복직및보상에관한특별조치법안』을 통과시켰지만 대통령의 거부권 행사로 입법화되지 못하고, 법안 명칭과 일부 내용을 수정한 『1980년해직공직자의보상에관한특별조치법안(1989. 3. 9)』이 통과되었다. 야당의 일방적인 법안 통과에 대해 대통령은 거부권 행사로 맞서고, 야당은 이에 대해 대체입법을 만들어 통과시키는 양상이 반복되었다(오승용 2005, 286-288).

대통령과 야당은 전두환 정권의 비리에 대한 조사와 광주민주화운동 진상 규명을 놓고서도 충돌했다. 제13대 국회 개원 직후 '5공비리조사특위'와 '광주사태진상특위'가 구성되었고 사상 처음으로 청문회가 실시되었다. 노태우 정부는 정국의 주도권을 잡기 위해 선제적으로 이른바 '5공 청산'을 주도했다. 이를 위해 전두환 전 대통령의 기자회견을 통한 사과와 백담사행을 유도했고, 6개항의 민주화조치를 발표하고 '5공 비리 특별수사부'를 설치했다. 5공 비리 특별수사부는 두 달에 걸친 조사 끝에 47명을 구속하고 29명을 불구속하는 등 5공 비리 관련자들을 대대적으로 사법 처리했다(윤상철 1997, 258). 노태우 정부의 이러한 노력은 야당의 반대에 부딪혀 지지부진하다가 1989년 2월에 열린 '여·야 영수회담'을 통해 야당의 요구안을 대폭 수용하면서 비로소 5공 청산 문제는 일단락되었다. 당시 여야가 합의한 5공 청산 조치는 다음과 같다. 첫째, 전두환 전 대통령에게는 증언을 권하고 최규하 전 대통령의 국회증언 문제는 여야 중진회담에서 논의한다. 둘째, 정호용 의원과 이희성 씨의 사퇴는 노대통령에게 일임하고 이원조 씨는 고발 처리한다. 셋째, 광주보상법을 조속히 제정한다. 넷째, 5공 특위와 광주특위를 조속한 시일 내에 해체한다(공보처 1992, 105; 전용주 2007, 178 재인용).

제13대 국회 전반기의 여소야대 정국이 항상 갈등과 분열만 만들어 낸 것은 아니었다. 이상적으로 보면 분점정부에서는 서로 다른 정당이 대통령과 국회를 장악하면서 실질적인 권력분산이 이뤄져 행정부와 입법부 간의 견제와 균형을 실천할 수 있게 된다는 장점이 있다. 노태우 정부 초기의 분점정부 상황 역시 대통령에게 집중된 권력을 분산시키는 효과와 함께 국회의 대통령 견제기능을 강화시키는 긍정적인 측면도 있었다(오승용 2005, 276). 제13대 국회 개원식에서 노태우 대통령은 "수적 우위에 의한 집권당의 일방적 독주와 강행이 허용되던 시대도, 소수당의 무조건 반대와 투쟁의 정치가 합리화되던 시대도 지나갔다"고 연설하면서 여야 간 협력의 중요성을 강조했다(공보처, 1992; 최준영 2012, 74). 실제 노태우 대통령은 사안별로 야당과 대화와 협력하면서 법안을 통과시키는 성과를 거뒀다. 노태우 대통령은 민주당과 공화당의 협조를 얻어 평화민주당이 반대한 예산안을 1988년 12월 2일 법정시한에 맞추어서 국회에서 통과시켰다. 다음 대선을 의식하지 않을 수 없는 김대중과 김영삼 양 김씨 또한 정부에 무작정 반대하는 모습만을 보여 줄 수는 없어 국회-대통령 관계가 심각한 파국 양상까지 가지는 않았다(김용호 2000; 조정관 2009, 15).

  야당 또한 과반수 의석을 차지했지만 대통령을 일방적으로 압박할 수는 없었다. 적어도 3당 합당이 이뤄지기 전까지 여야 간에는 대화와 타협의 노력이 꾸준히 있었다. 국회 원 구성 방식 변경을 위한 국회법 개정도 여야 간 협의를 통해 실현되었다. 기존에는 다수당이 국회의장직을 비롯해 모든 상임위원회 위원장직을 독점하였는데 수정된 국회법에서는 각 정당이 의석수에 비례해 상임위원장직을 차지하도록 원 구성 방식을 변경하였다(최준영 2012, 74). 야당이 일방적 법안 통과를 포기하고 여당과의 합의 통해 대체입법안을 만드는 모습도 보였다. 야3당이 집권당인 민정당의 반대를 무시하면서 국정조사 요건을 대폭 완화하고 국회에서의 증언을 거부하는 자를 강제로 구인할 수 있는 법안을 통과시켰지만 대통령의 재의 요구권을 행사하여 관련 법안들은 발효되지 못한 채 폐기되었다. 이에 야당은 국무총리 해임안 제출과 같은 강경 대응을 고려하기도 하였으나 결국은 여야 간 협상을 통하여 수정법안을 마련하였다(조정관 2009, 15). 1988년 6월 13일 통과된 『국회법개정법률안』은 여야 간의 대화와 타협의 정치를 보여 주는 주목할 만한 성과이다. 이때 개정된 국회법은 "청문회제도를 명문화하여 위원회는 그 의결로 중요한 안건의 심사에 필요한 경우 증인, 감정인, 참고인으로부터 증언, 진술의 청취와 증거의 채택을 위하여 청문회를 개회"할 수 있도록 했다(국회법 제61조). 개정된 국회법을 통해 광주특위와 5공 비리특위 그리고 언론통폐합을 다루는 문공위 회의 등이 열릴 수 있었다(오승용 2005, 286).

  노태우 대통령의 발목을 잡았던 '중간평가' 역시 여야 간의 대화와 타협을 통해 해결될 수 있었다. 제13대 대통령 선거를 앞두고 3김과 비교해 정치경력과 지명도가 떨어지고 권위주의 정권의 허물을 안고 있던 노태우 후보는 자신의 참신성과 민주주의에 대한 의지를 부각시키기 위해 '중간평가'라는 강수를 띄우게 된다. 노태우 후보는 대통령 선거 직전인 1987년 12월 12일 선거유세에서 서울올림픽 직후 국민들로부터 재신임 등의 방법으로 중간평가를 받겠다고 밝혔다. 또한 6.29 선언과 각종 공약 및 정책의 약속이 잘못 실천됐다고 국민들이 평가한다면 모든 책임을 지고 사퇴하겠다고 선언했다. 그렇지만 대통령에 당선된 노태우는 1989년 3월 20일에는 중간평가를 연기하겠다고 했고, 6월 8일에는 중간평가를 받지 않겠다고 밝혔다. 당시 김영삼은 중간평가를 반드시 실시해야 한다고 주장했으나 김대중은 중간평가가 헌법에 위배되는 사항이라고 하면서 노태우의 입장을 지지해 주었다.

이처럼 노태우 정부 초기 여소야대 정국에서는 여야 간의 갈등과 충돌이 발생하기도 하였지만 국회의 견제권이 강해지면서 대통령−국회 관계가 상호균형을 이루고 정당 정치가 활성화되는 긍정적인 측면이 많았다. 국회가 대통령 권력을 견제하면서 자연히 정치적 탄압은 줄어들고 이는 시민사회의 성장에도 긍정적인 영향을 주었다. 민주화 전환의 공간 속에서 급속히 성장한 시민사회는 국가의 지배력에 대항하여 한때 대단한 분출을 보여 주었다. 국가권력이 약화되고 시민사회의 영역이 확대되면서 자발적 참여에 기반을 둔 민주 정치가 펼쳐질 가능성이 열렸다(김영명 2013, 260).

2. 3당 합당과 대통령−국회 관계

13대 국회 전반기 여소야대 정국으로 인해 새롭게 시작한 민주주의 정부하에서 대통령−국회 관계를 정상화할 수 있는 환경이 조성되었다. 여소야대 정국으로 대통령의 일방적인 국정운영이 불가능해지고 행정부와 입법부 간의 힘의 균형이 갖춰지면서 대화와 타협의 정치가 자리 잡을 수 있는 기회였던 것이다. 그러나 대화와 타협의 정치를 경험해 보지 못했던 노태우 정부는 야당의 공세를 인내하지 못했다. 대통령이 임명한 정기승 대법원장의 임명동의안이 야당에 의해 부결되었다. 다수의석을 차지한 야당은 집권여당을 반대를 물리치고 국정감사 및 조사에 관한 법률안, 국회에서의 증언·감정 등에 관한 법률 개정을 통과시켰다(강원택 2012, 175). 야당이 주도하는 5공 청산을 위한 청문회와 비리고발이 지속되고 전두환 전 대통령 등 16명에 대한 출국금지 요청안도 통과되었다. 노태우 대통령은 남은 임기 동안 정국을 주도적으로 운영해 나가기 위해서는 평민-민주-공화의 '야당연합'을 깨뜨리고 의회 내에서 안정적 과반수를 확보해야 할 필요성을 절감하고 있었다(오승용 2005, 217-218). 이에 여소야대 정국에서 야당에 끌려가던 노태우 정부는 정치주도권을 잡고자 정계개편을 추진하였다.

정계개편은 각 당의 최고지도자 수준에서 비밀리에 진행되었다. 평화민주당의 김대중이 민정당과의 합당이 민주주의 원칙에 맞지 않는다고 거부하면서 정계개편은 민정당, 통일민주당 그리고 공화당 사이에 이뤄졌다. 민정당은 우선 1990년 1월 20일에는 공화당의 김용환 사무총장과 3당 합당을 위한 각서를 작성했다. 이틀 뒤인 22일에는 노태우 대통령과 김영삼, 김종필 3인이 청와대에서 회동하여 3당을 통합하는 신당을 창당하는 데 합의하고 각 당별로 5명씩 15명으로 창당준비위를 구성하기로 했다(최준영 2012, 84). 1990년 2월 9일 집권 민정당과 김영삼의 통일민주당 그리고 김종필의 공화당이 통합하여 218석의 거대 여당인 민주자유당을 탄생시켰다. 한편 3당 합당으로 인해 고립된 평민당의 김대중은 1991년 9월 10일 3당 통합에 불참한 사람들이 만든 민주당과 재야인사들을 참여시켜 민주당이란 이름의 새로운 야당을 만들었다. 이로써 정국은 민자당 214석, 민주당 78석, 기타 6석으로 이루어진 여대야소 구도로 역전되게 되었다(김일영 2009, 18).

3당이 합당을 선언하면서 발표한 "새로운 역사 창조를 위한 공동선언"을 보면 당시 정치지도자들의 정국에 대한 인식을 알 수 있다(오승용 2005, 216).

"… 지난 2년간 온 국민이 값비싼 대가를 치르면서 얻은 명백한 결론은 현재의 정치구조가 오늘의 국가적 문제를 해결하기에 적합하지 않다는 것입니다. 더욱이 4당으로 갈라진 현재의 구조로는 나라 안팎의 도전을 효율적으로 헤쳐 나라의 밝은 앞날을 개척할 수 없다는 것입니다. 현재의 4당 체제는 지난 총선거의 결과임이 분명합니다. … 4분된 정당체제는 사회·경제적 갈등구조를 개선하고 국민적 여망을 구현하는 데 무력했습니다. 정치적 안정이 이루어지지 않음에 따라 국민의 불안은 가중됐고, 우리 경제도 위기상황으로 치닫게 되었습니다. 4당으로 갈라진 우리 정치권은 격동하는 세계에서 나라의 발전을 선도하지 못하고 불안정과 불확실성으로 국민에게 장래에 대한 희망을 주지 못하고 있습니다. … 이제 우리는 당파적 이해로 분열, 대결하는 정치에 종지부를 찍기로 하였습니다. …" (동아일보 1990년 1월 23일자 4면).

그렇지만 3당 합당은 민주주의와 정치발전을 위한 행동이었다기보다는 정치지도자들의 미래를 위한 계산에서 비롯된 것이었다. 3당 합당을 둘러싼 정치지도자들의 동상이몽은 내각제 개헌을 고리로 봉합될 수 있었다. 우선 노태우 대통령과 민정당은 여소야대로 인한 통치의 어려움을 합당을 통해 해결할 수 있을 것이라 판단했다. 또한 노대통령은 임기 만료 후 자신의 신변보장이 그리고 집권당인 민정당은 차기 대통령 선거에서의 재집권을 위한 방안이 필요했다. 이들은 내각제 개헌을 통해서만 차기 재집권이 가능하다고 판단했고 이를 위해서는 개헌안 통과에 필요한 의석수의 확보가 절대적으로 필요했다. 한편 통일민주당의 김영삼은 차기대권 경쟁에서 제3당의 위치에서 도전해야 하는 불리한 입장이었고, 국회 내 대정부 투쟁에서도 제2당인 평화민주당에게 주도권을 빼앗긴 상태였다. 또한 동해 보궐선거에서 후보자 매수사건과 영등포 보궐선거에서의 패배 등으로 인해 정치적 어려움에 처해 있던 상황이었다. 정치적 전망이 불투명하던 시기였다. 김영삼은 내각제를 선호하는 입장이 아니었으나 김대중과의 경쟁에서 승리하기 위해서는 다른 정치세력과의 연합이 반드시 필요하다고 인식했다. 또한 김영삼은 내각제 합의는 향후 자신의 정치적 역량으로 뒤집을 수 있을 것이라 생각했을 것이고, 무엇보다 민주정의당 안에 자신만큼 전국적 지지도를 갖는 정치인이 없었기에 민주정의당과 합당할 경우 보다 유리한 정치세력을 배경으로 차기 대권에 도전할 수 있다고 판단한 것으로 보인다. 한편 신민주공화당의 김종필은 원내 제4당으로 소수세력 이었을 뿐 아니라 충청지역을 기반으로는 대통령 선거에서 결코 승리할 수 없다는 것을 잘 알고 있었다. 자생적인 집권이 불가능하고 고작해야 원내 제3당 내지는 제4당의 지위로 캐스팅 보트를 갖는 것이 최선인 김종필에게 자신의 지분을 갖고 집권세력이 될 수 있는 내각제 개헌은 매우 매력적인 것이었다(오승용 2005, 217-218; 김일영 2009, 18).

최고 지도자들 간의 비밀협상을 거쳐 성사된 3당 합당으로 집권당인 민자당은 국회 3분의 2 이상의 의석을 차지한 거대 여당이 되었다. 원내 절대다수 의석을 차지한 집권당 민자당은 평민당과의 대화와 타협의 필요성을 느끼지 못했고 일방적이고 독선적으로 국회를 끌어갔다(최준영 2012, 84). 3당 합당 직후인 1990년 5월에는 제13대 국회 후반기 원 구성을 여당이 단독으로 결정하고 야당의 동의 없이 후반기 의장단을 선출하는 일방적 운영을 강행하였다. 6월에 개원된 임시 국회에서는 여러 상임위에서 여야가 충돌하면서 변칙 통과와 폭력사태가 발생하였고 본회의에서는 김재광 부의장이 논란중인 26개 의안을 '통로 변칙사회'로 30초 만에 날치기 통과시키는 사태가 벌어졌다. 이에 반발한 야당의원 전원이 의원직 사퇴서를 제출하고 국회를 거부하였고, 이후 약 70일간 장기적으로 국회가 공전됨으로써 의회정치는 완전히 실종되었다(조정관 2009, 18).

정국이 여소야대에서 여대야소로 바뀌자 정치사회적 갈등해결 방식도 달라지기 시작했다. 노태우 정부가 마지못해 진행하던 각종 민주화 작업이 점차 흐지부지 되거나 미루어지기 시작했다. 3당 합당으로 보수적 지배연합이 재건되자 여소야대하에서 경제민주화를 추진하던 세력은 퇴장하고 각종 경제민주화 관련 조치들은 무기한 연기되거나 유야무야되어 갔다. 1990년 4월 4일 금융실명제는 무기 연기되었으며, 재벌의 비업무용 토지 매각 조치나 업종진문화 정책 등도 갖가지 이유로 점차 흐지부지되고 말았다(김일영 2009, 19-20). 5.18 광주민주화

운동 관련 보상법안, 국군조직법, 방송관계법 개정안 등 여러 쟁점 법안들을 평민당의 강력한 반대에도 불구하고 민자당 단독으로 통과시켰다. 또한 여야 합의로 통과된 지방자치법을 어기면서까지 지방자치제 선거를 연기하고자 하였다(최준영 2012, 84). 3당 합당에 대해 그 당시 집권세력은 "냉전체제의 변화를 비롯한 국내의 정치발전에 적응하려는 구국의 결단으로, 정치안정을 통해 지속적인 경제발전을 도모하려는 보수대연합이다"라고 주장했다(김용호 1990, 50). 그러나 3당 합당 이후 경제민주화와 같은 실질적 민주주의 실현을 위한 참여의 공간은 더욱 좁아지는 대신 지배세력들의 권력은 더욱 결집되는 양상이 나타났다(염홍철 2001, 273-274).

3. 단점정부의 대통령-국회 관계

대통령-국회 관계는 단순히 국회 내 의석분포, 즉 단점정부냐 분점정부냐에 의해 결정되는 것은 아니다. 승자독식의 대통령제와 비민주적인 정당 내 권력구조는 대통령과 야당 간의 갈등을 더 첨예하게 만들고 있다. 3권 분립의 대통령제는 본질적으로 대통령과 국회의 이원적 정통성에 근거하며 이들 간의 견제와 균형이 유지될 때 제대로 작동된다. 그렇지만 한국 정당구조의 특성상 권력이 정당 지도자에게 집중되어 있는 점 그리고 승자독식의 대통령제를 취하고 있는 점이 대통령과 야당 사이의 갈등을 더 첨예하게 만들고 있다. 단순히 국회 의석분포가 아니라 한국정치의 본질적 특성과 한계로 인해 대통령-국회 관계는 대화와 협력이 아니라 갈등과 충돌로 이어질 가능성이 높은 것이다. 대통령-국회 관계가 단점정부 혹은 분점정부에 의해 영향을 받는다면 3당 합당 이전 대통령과 국회의 갈등은 3당 합당 이후에는 사라져야 했을 것이다. 그런데 3당 합당 이후 대통령-극회 관계는 이전보다 나아지기는커녕 더욱 파행으로 접어들었다. 여당은 절대다수의 의석을 믿고 야당을 무시하면서 반칙과 편법을 일삼으면서 일방적으로 국회를 운영했고, 수적 열세에 놓인 야당은 완력과 무력에 의존해 강경 대응하면서 국회 파행은 지속되었다. 제13대 국회에서 발생한 7건의 국회 폭력 충돌이 모두 3당 합당 이후에 발생했다. 이 중 5건의 사례가 민자당이 다수의석을 무기로 독단으로 법률안을 통과시키는 과정에서 발생했다. 한편 대통령 임기 말로 갈수록 레임덕 현상이 나타나면서 권력의 추가 차기 대권주자로 이동하는 양상을 보였다. 자연히 대통령 리더십이 제대로 발휘될 수 있는 상황이 되지 못했다(이현우 2012, 61).

분점정부 상황은 대통령과 야당 어느 쪽도 마음대로 정국을 움직여나가지 못하는 타협이 필요한 정부 형태이다. 노태우 정부 전반의 분점정부 상황은 때때로 정국의 혼란을 불러오기도 했지만, 거꾸로 민주주의 정착에 기여한 측면도 있었다. 무엇보다 야당이 주도하는 국회가 대통령의 권위주의적 전횡을 막을 수 있었다. 분점정부 상황에서 대통령이 국정운영을 하면서 야당 세력에 끌려 다니는 형국을 연출하기도 했다. 이러한 상황은 노태우 대통령 자신의 유약한 리더십으로 인해 더 강하게 나타나기도 했다. 그러나 이로 인해 대화와 타협의 정치가 만들어지고 국회의 입법 활동이 강화되는 장점도 있었다(김영명 2013, 274). 제13대 국회 전반기의 분점정부는 제12대 국회 단점정부와 비교할 때 입법 활동이 더욱 강화되는 모습을 보였다(박찬욱 1992; 신명순 1999). 의원들의 입법 활동을 보면 제13대 국회에서 상정된 법률안 규모가 역대 국회 평균치인 460건의 두 배 이상인 938건이었는데, 상정 법률안의 65%가 분점정부 시기였던 전반기 2년 동안에 만들어졌다(김영명 2013, 274). 법률안 상정뿐 아니라 법률안 가결에 있어서도 분점정부 시기에 더 활발하게 이뤄졌다. 제13대 국회에서 총 938건의 법안이 제출되어 492건이 가결되고, 397건이 폐기, 49건이 철회되었다. 제13대 국회 전체로 보면 상정된 법안의 52.5%가 통과되었다. 이 가운데 의원발의안의 경우 분점정부 시기에 35.8% 그리고 단점정부 시기에 22.6%가 통과되어 분점정부에서 더 높은 가결률을 보였다. 한편 정부가 제출한 법안의 경우 분점정부 시기에 130

건 중 112건이 통과되어 가결률이 86.1%이었고, 단점정부 시기에는 238건 중 209건이 가결되어 87.8%의 가결률을 보였다(오승용 2005, 283). 정부제출 법안의 가결률이 분점정부와 단점정부에서 사실상 차이가 없었다는 것은 정부형태가 정부의 효율성과 대통령-국회관계를 결정하는 핵심변수가 아니라는 것을 보여준다.

이처럼 여소야대의 환경이 대통령-국회 관계를 결정하는 결정적 변수는 아니다. 제13대 국회 전반기 분점정부 시기에 국회의 의정활동이 활발했던 것은 국회 내 의석분포 양상보다는 다른 정치사회적 환경에 기인한 바가 크다. 우선은 1987년 민주화 전환 직후 민주주의에 대한 국민의 열망이 높았기 때문이다. 제13대 총선 결과 지역주의 정당체제가 자리 잡으면서 정당 간의 지역적, 이념적 차이가 분명했지만 민주화 운동 국면에서 분출된 국민들의 민주화 열망으로 인해 야당들이 결집될 수 있었다. 노동운동과 학생운동이 이끄는 시민사회 세력이 노태우 정부의 국정수행에 상당한 영향력을 행사했고, 동시에 야당들에게 있어서는 대통령과 집권당을 압박할 수 있는 힘을 제공해 주었다. 둘째, 노태우 정부는 권위주의 정권의 계승자라는 태생적 한계를 극복하기 위해 야당과 협력하면서 전두환 정권과 단절하는 모습을 보여야 했다. 노태우 정부 초기부터 광주 청문회와 5공 비리 특위, 언론 통폐합 청문회가 실시된 것도 야당이 국회 다수 의석을 차지한 까닭에 있었지만 군사정권과 차별화된 모습을 보이는 것이 안정적 국정운영에 유리할 것이라는 노태우 정부의 판단도 크게 작용했다. 셋째, 노태우 대통령이 후보시절 내세웠던 중간평가 공약 때문에 국회와의 관계를 원만하게 유지하는 것이 필요했다. 중간평가 공약은 노태우 정부 초기 국정운영에 있어 상당한 제약이 되었다. 노태우 대통령은 결과적으로 야당의 협력을 얻어 중간평가 공약을 폐기할 수 있었다. 끝으로 서울올림픽의 성공적인 개최를 위해서 최대한 정국을 안정시킬 필요가 있었다. 예컨대 김용갑 당시 총무처장관이 사회의 좌경화현상을 우려하면서 대통령에게 국회해산권과 같은 필요한 권한을 부여할 필요가 있으며, 이를 중간평가와 연계시킬 수 있다는 발언으로 파문이 일자, 즉시 김용갑을 경질하였다. 국회에 대한 강압적 태도가 야당의 반발을 불러일으켜 올림픽의 성공적 개최에 차질을 빚을 수 있다는 판단 때문이었다(김용호 2001, 484; 오승용 2005, 300).

돌이켜 보면 3당 합당은 애초 명분으로 내세웠던 국정의 안정과 효율성을 높이는 데 아무런 기여를 하지 못했다. 3당 합당 이후 합당 후 정치사회는 급격히 퇴조하였고 수적 우세를 앞세운 집권당의 정국장악 양상은 점차 강화되었다. 국회는 파행에 빠지기 일쑤였다. 여당은 수적 우세를 이용해 날치기로 법안을 통과시켰고, 야당은 완력과 무력을 통해 법안 통과를 저지하고자 했고, 김대중 총재와 소속의원들은 단식 투쟁에 돌입하면서 국회 파행은 극으로 치달았다. 3당 합당 이전과 비교해 국회는 약화되었고 정당들 또한 침체되는 양상을 보였다. 노태우 정부 출범 초기에 추진되던 개혁도 민자당 탄생과 함께 실종되어, 주요 개혁 법안들이 대부분 잠자다가 제13대 국회 임기가 끝나면서 자동 폐기되었다 (김영명 2013, 277).

3당 합당으로 민자당은 국회 내 절대다수 의석을 차지했지만 당내 정치는 결코 안정적으로 진행되지 못했다. 애초에 전혀 뿌리가 다른 세 개 정파가 인위적으로 합당해 만든 민자당이어서 창당 당시부터 끊임없는 내분에 휩싸였다. 3당 합당의 고리가 되었던 내각제 개헌 문제뿐 아니라 지방자치제 도입과 선거구제 변경 등 주요한 현안마다 정파 간의 이해관계가 엇갈리면서 당내 갈등은 매우 심했다. 당내에 다른 의견을 조정할 수 있는 제도적 절차가 합의의 문화가 전혀 마련되지 않은 상태이었기에 당파 간 갈등은 어쩌면 필연적인 것이었다. 특히 김영삼의 차기 대권 도전을 둘러싸고 당내 갈등이 심각하게 전개되었다. 민자당이 김영삼에 의해 장악되는 것을 막기 위해 노태우 대통령의 총애를 받던 박철언 정무장관이 민정계를 대표하여 김영삼을 견제하는 데 앞장섰다. 1990년 10월 박철언 측은 김영삼을 공격하기 위한 방편으로 3당 합당 당시 김영삼이 서명한 내각제 개헌 합의 각서를 언론에 흘렸다. 김영삼은 당무를 거부하면서 크게 반발했고, 결국 박철언 장관이 퇴진하고 박준병 당 사무총장이 각서 유출에 대한 책임을 지고 징계를 받으면서 일단락되었다(김영명 2013, 278-279).

1991년 하반기에는 차기 대통령 후보 선출을 둘러싸고 민자당 내 계파 간 갈등이 본격화되었다. 대통령 후보경선 과정에서 민정계의 이종찬이 경선이 불공정하게 진행되었다고 문제를 제기하면서 탈당하는 사태가 벌어졌다. 노태우 대통령이 외형상 자유 경선을 내세우면서 실제로는 김영삼을 차기 대통령 후보로 지지했다는 것이다. 노대통령의 지지에 힘입어 54명의 소수 파벌인 민주계는 127명의 민정계를 누르고 대통령 후보경선에서 승리할 수 있었다(김영명 2013, 279).

1992년 3월 24일 실시된 제14대 총선에서 거대 집권당이었던 민주자유당이 사실상 패배하면서 여소야대 정국이 다시 만들어졌다. 민자당은 제14대 총선에서 제13대 국회의 216석 보다 57석이나 적은 149석(49.8%)을 얻는 데 그쳤다. 반면 민주당은 97석(32.4%), 통일국민당은 31석(10.4%), 신정당은 1석을 얻었고, 무소속이 21석(7.0%)을 차지했다. 3당 합당 후 노태우 정부의 경제정책 부진과 민자당 내부의 분열로 인해 민자당의 패배는 많은 부분 예견된 결과였다(오승용 2005, 225). 총선 이후 민자당은 분점정부 해소를 위해 무소속 의원 16명을 영입했다. 이를 통해 민자당 의석은 165석(55.2%)으로 증가해 여소야대 상황이 해소되었다(오승용 2005, 225). 단점정부에 대한 과도한 집착으로 민주주의 선거의 원칙을 다시 한 번 훼손한 것이다.

여소야대 정국에서 정당 간 협력 혹은 나아가 정당 간 연합은 불가피한 측면이 있다. 그렇지만 정당 연합으로 선거에서 나타난 유권자의 선택을 왜곡하게 된다면 민주주의 선거의 기본 원칙에 어긋난다. 따라서 정당 연합은 이념과 정책의 공유를 바탕으로 이뤄져야 한다. 그런데 우리 정당들은 이념과 정책보다는 원내 과반수 확보를 목표로 하는 권력유지 연합에 집착한다는 데 문제가 있다(오승용

2005, 202). 특히 선거 후 여당의 야당의원 빼내오기는 이권연합의 노골적인 행태를 보여 주고 있다. 결과적으로 3당 합당은 우리 정치발전에 긍정적인 기여를 하지 못했다. 3당 합당으로 인해 대통령–국회 관계는 더욱 악화되었고, 경제민주화를 비롯한 개혁정책은 전반적으로 퇴보했다. 또한 호남을 고립시킨 3당 합당으로 인해 영호남 갈등이 호남 대 비호남 지역주의로 확대되면서 지역갈등은 더욱 심각해졌다(문용직 1993, 84-87; 염홍철 2001, 275). 사실 제13대 총선의 결과로 만들어진 여소야대 정국은 한국의 정당정치가 새롭게 변모할 수 있는 좋은 기회였다. 야당이 국회 내 다수의석을 차지하면서 대통령과 집권여당의 일방적인 국정운영이 불가능하였다. 야당 역시 대통령의 거부권 행사를 막을 수 있을 만큼 충분한 의석을 차지하지 못한 상황이어서 대통령과 여당에 일정 부분 협력할 수밖에 없었다. 그러나 대화와 타협의 정치가 자리 잡을 기회는 1990년 1월 22일 이뤄진 3당 합당으로 사라지고 만다(최준영 2012, 77).

IV. 결론: 민주주의 발전과정에서 노태우 정부의 역사적 의의

1987년 민주화 이후 우리 민주주의가 지속되고 공고화되는 과정을 밟아 왔다는 사실에 있어 노태우 정부의 역할과 공을 인정하지 않을 수 없다. 잘 알다시피 민주화 이행이 항상 민주주의 공고화로 연결되는 것은 아니다. 남미와 동남아의 많은 국가들이 민주화 이행 후 다시 권위주의 정권으로 퇴행하는 역주행의 과정을 겪었다. 노태우 대통령은 전두환 권위주의 정권 아래서 정치적으로 성장했고 노태우 정부의 뿌리와 지지기반 역시 전두환 정부에서 비롯되었다. 노태우 정부는 대통령 직선제에 의해 들어선 민주화 첫 정부이다. 따라서 민주화 이행경로를 놓고 보면 노태우 정부는 권위주의 정권으로의 퇴행 가능성과 민주주의 공고화 진입이라는 두 가지 경우의 수를 동시에 안고 있었다. 비록 노태우 정부에서 실질적 민주주의 측면에 있어 별다른 진전을 이루지는 못했지만 권위주의로 퇴행하지 않고 최소한의 절차적 민주주의는 유지, 발전시킨 공은 인정해야 한다. 이에 대해 김선혁은 노태우 시대는 잉여적이거나(residual) 건너뛸 수 있는 (skippable), 즉 별로 중요하지 않은 시기가 아니었다고 규정하면서, 후대 '민주' 대통령들이 운명적으로 짊어져야 할 부담을 상당 부분 경감시켜 준 시대였다고 평가한다(김선혁 2012, 127). 나아가 그는 "적어도 노태우 시대는 부단하고 확고하게 민주주의를 지향했던, 그리고 민주주의가 거역할 수 없는 시대정신으로 살아 숨 쉬며 작동했던 그런 시대"로 평하고 있다(김선혁 2012, 129).

노태우 정부에 대한 평가는 민주주의 발전과정의 맥락에서 이뤄지는 것이 타당하다. 즉 노태우 정부는 권위주의 정권의 유산을 청산하는 동시에 새로운 민주주의를 건설해야 하는 이중적 과제를 안고 있었다. 많은 연구들이 노태우 정부를 민주주의 발전에 있어 과도기적 정부로 규정하고는 있는데, "군사적 권위주의 체제로부터 민주주의적 시민사회로 전이하는 중간단계"(진덕규 1994), "군사정권이라고 말하기도 어렵고 완전한 의미에서의 민간정권이라고도 하기 어려운 중간적·과도기적 성격의 정권"(김영명 1999), "과도정부요, 이 기간은 안정된 민주주의를 정착하는 데는 이르지 못한 '유보적 성공(mixed success)'의 기시"(안청시 1994), "자기 완결형의 임무를 갖고 태어났다기보다는 차기 이양형의 임무를 수행하는 데 만족했어야 했다"(임혁백 1994, 361) 등이 그러하다.

이처럼 노태우 정부는 비록 민주적 선거에 의해 등장했지만 정치뿐 아니라 사회 전반에 걸쳐 수십 년간 형성된 권위주의적 행태와 관례 그리고 문화가 자리잡고 있었다. 자연히 권위주의의 잔재를 청산하려는 개혁의 요구와 권위주의 정권하에서 억눌렸던 정치적 권리와 경제적 이익을 되찾고자 하는 욕구가 집단적으로 배출되면서 갈등과 혼란이 확산될 수밖에 없었다. 전환기의 시대에는 구시대에 지배적이었던 권위의 단절과 해체현상이 급격히 발생하면서, 새로운 규범체계와 질서의 원리에 입각해서 사회관계와 정치체계를 다시 수립하려는 운동이 각계각층에서 활발하게 일어난다(염홍철 2001, 265). 민주주의로의 전환기에는 한편으로는 실질적인 개혁을 추진시켜 나가고자 하면서도, 또 한편으로는 안정의 기조를 유지하거나 새롭게 만들어 가야 하는 이중적 과제가 요구된다. 새로이 들어선 민주정부는 권위주의 질서를 개혁하면서도 지속적 발전을 통해 사회적 안정을 유지해야 하는 상충적인 과제를 수행해야 하는 것이다. 개혁과 안정을 동시에 추구하는 과정에서 정치세력과 사회집단의 저항과 갈등은 필연적으로 나타나게 된다.

이처럼 노태우 정부는 시대적 과제와 수행 수단 두 가지 측면에서 본질적인 구조적 한계를 안고 있었다. 시대적 과제에 있어서는 앞서 살펴본 바와 같이 권위주의와의 단절과 민주주의 발전이라는 이중적 시대과제를 지고 있었다. 한편 시대적 과제를 수행하는 수단에 있어서도 뚜렷한 한계가 있었다. 첫째는 태생적으로 익숙한 권위주의적 국정운영에 더 이상 의존할 수 없다는 것이다. 민주화와 함께 정치적 권위에 대한 도전이 확산된 상황이어서 정부의 일방적인 국정운영으로는 원하는 바를 달성하기도 어렵다. 민주정부에 대한 국민들의 요구가 곳곳에서 한꺼번에 분출되는 상황이지만 이를 조정하고 관리할 수 있는 정부의 정치적, 정책적 수단은 매우 제한적이다. 정부의 일방적 결정은 오히려 갈등과 혼란을 부추길 뿐이다. 둘째로, 민주적 방식으로 사회적 합의를 이끌 대화와 타협의 정치는 경험한 바도 없고 이에 필요한 정치문화도 제대로 형성되어 있지 않다. 권위주의적 정치체계는 붕괴되었지만 이를 대체할 민주적 체계와 질서가 자리잡지 못한 상황에서 노태우 정부의 통치 능력은 애초에 부실할 수밖에 없었다.

결국 노태우 정부는 대화와 타협의 정치를 포기하고 수와 힘에 의한 통치에 의존하게 된다. 3당 합당으로 인한 거대 여당의 등장으로 인해 기대했던 안정적 국정운영은 실현되지 못하고 오히려 대통령과 국회 관계는 더욱 악화되었다. 절대다수 의석을 장악하면서 효율적인 통치수단을 확보한 노태우 정부는 개혁과제 추진하기를 포기하고 과거로 회귀하는 모습을 보였다. 부동산 가격 폭등을 핑계로 그간 진행되었던 금융실명제를 무기 연기했다. 재벌의 과잉토지소유를 방지하기 토지공개념 정책 역시 헌법재판소의 위헌판결로 인해 흐지부지되었다. 재벌의 과도한 업종 다양화와 중복투자를 막기 위해 준비한 업종전문화 정책 역시 제대로 추진되지 못했다(김일영 2009, 16).

그렇지만 노태우 정부의 출범으로 정치적 자유화는 어느 정도 달성되었다. 이전에 비해 자의적인 인신 구속과 정치적 억압이 줄어들었고 대표적인 악법들, 즉 언론기본법과 사회안전법이 폐지되고 국가보안법과 집회와 시위에 관한 법률 등이 개정되었다. 또 헌법재판소가 1988년 9월 개원하여 사법부의 위상이 제고되었다(김영명 2013, 270). 또 소위 '5공 청산'이 추진되어 과거 권위주의 세력과의 절연 노력이 어느 정도 성과를 보였다. 새마을운동중앙본부 비리로 전두환의 동생인 전경환이 구속되고 제5공화국 실세들인 이희성, 정호용 등이 공직을 사퇴했다. 5공 청산의 추진에는 여소야대라는 새로운 정국이 큰 영향을 주었다. 5공 청산은 여야 사이의 복잡한 이해관계가 걸리고 소위 제5공화국과 제6공화국 세력들 간의 알력이 개입된 복잡한 양상을 보였다. 국회에 '제5공화국에서의 권력형 비리 조사 특별위원회'(통칭 5공 특위)와 '광주 민주화 운동 진상 조사 특별위원회'가 설치되어 소위 청문회 정국이 1988년 11월부터 시작되었다. 여야협상을 통해 11월 23일 전두환이 대국민 사과 담화문을 발표하여 139억 원의 정치 자금을 국가에 헌납하기로 발표하고, 백담사로 실질적인 귀양을 가게 되었다. 제6공화국의 제5공화국으로부터의 단절 시도는 1989년 12월 31일 전두환의 국회 청문회 증언으로 상징되었다. 이를 계기로 국회의 네 정당들은 5공 청산이 일단 완료되었음에 합의했다(김영명 2013, 270).

노태우 정부는 과거청산이나 경제민주화 문제에 대해서는 소극적인 태도를 보였지만 남북관계 개선에 있어서는 의미 있는 성과를 거뒀다. 노태우 대통령은 취임사에서부터 남북문제 개선에 강한 의지를 보이며 전방위적 외교정책을 추진하겠다고 선언했다. 남북관계에 있어 가시적 성과는 7.7 선언(민족자존과 통일

번영을 위한 특별선언)에서 나타났다. 이 선언에서 노태통령은 남북 간에 소모적 경쟁과 대결을 종식하고 각종 상호교류를 추진하며, 북한이 한국의 우방과 관계를 개선하고 교역하는 것을 반대하지 않고 돕겠다고 선언했다. 남북관계 개선을 위해 공산권 국가들에 대해서도 적극적인 외교공세를 펼쳐 헝가리를 비롯한 여러 동구권 국가들과 차례로 수교했다. 또한 북한의 오랜 우방국인 소련, 중국과도 국교를 정상화하는 성과를 거두었다(김일영 2009, 17).

노태우 정부와 그의 리더십에 대한 평가는 권위주의 정권을 끝내고 민주주의로 이전하는 전환기적 상황이었다는 정치적, 역사적 맥락 속에서 이뤄져야 한다. 노태우 대통령의 리더십에 대해 '무결정의 결정' 혹은 '물태우'라는 비판적 평가가 있다. 그렇지만 권위주의와의 단절과 새로운 민주주의 건설이라는 이중적 시대과제를 안고 있었고, 통치수단에 있어서는 권위적 방식과 민주적 방식 어느 쪽도 제대로 활용할 수 없었던 시대적 상황이었다는 점을 고려해야 한다.

참고문헌

강신구. 2017. "민주화 30년: 지방자치의 성숙과 과제." 『대한민국 민주화: 30년의 평가』. 서울: 대한민국역사박물관.
강원택. 2012a. "3당 합당과 한국 정당 정치." 『한국정당학회보』. 11권 1호.
_____. 2012b. "서언: 노태우 리더십의 재평가." 강원택 편. 『노태우 시대의 재인식: 전환기의 한국사회』. 서울: 나남.
공보처. 1992. 『자료 제6공화국: 노태우 대통령 정부 5년』. 서울: 공보처.
김선혁. 2012. "노태우 시대 한국의 시민사회." 강원택 편. 『노태우 시대의 재인식: 전환기의 한국사회』. 서울: 나남.
김영명. 1999. 『고쳐 쓴 한국 현대정치사』. 서울: 을유문화사.
_____. 2013. 『대한민국 정치사: 민주주의의 도입, 좌절, 부활』. 서울: 일조각.
김일영. 2009. "노태우 정부에서의 정치사회적 갈등양상과 해결경험." 『분쟁해결연구』. 7

권 2호.

김호진. 1990. "노태우·전두환·박정희의 리더십 비교연구."『신동아』. 1월호.

_____. 1990.『한국정치체제론』. 서울: 박영사.

문용직. 1993. "1990년 3당합당의 분석."『한국과 국제정치』. 17호.

박찬욱. 1992. "한국의회 내 정당 간 교착상태." 한배호·박찬욱(공편).『한국의 정치 갈등』. 서울: 법문사.

신명순. 1993.『한국정치론』. 서울: 법문사.

안병만. 1998. "역대 통치자의 리더십 연구."『한국정부론행정학회 춘계학술대회의 자료집』.

안청시. 1994. "한국정치와 민주주의: 비교정치학적 고찰." 안청시 외.『전환기의 한국 민주주의』.

염홍철. 2001. "노태우: 대세순응형 리더십."『남북한의 최고지도자』. 서울: 백산서당.

오승용. 2005.『분점정부와 한국정치: 분점정부란 무엇이고, 어떻게 접근해야 하는가?』. 파주: 한국학술정보.

윤상철. 1997.『1980년대 한국의 민주화 이행과정』. 서울: 서울대 출판사.

이현우. 2012. "여소야대 국회에 대한 반응." 강원택 편.『노태우 시대의 재인식: 전환기의 한국사회』. 서울: 나남.

임혁백. 1994. "전환기의 국가·자본관계의 변화." 안청시 외.『전환기의 한국 민주주의』.

전용주. 2007. "노태우 대통령과 권위주의 붕괴." 한국정치학회·관훈클럽 편.『한국의 대통령 리더십과 국가발전』. 서울: 인간사랑.

정정길. 1994.『대통령의 경제리더십: 박정희·전두환·노태우 정부의 경제정책관리』. 서울: 한국경제신문사.

조정관. 2009. "민주화 이후 국회−대통령−정당의 상생관계?: 역사적 관점에서."『의정연구』. 15권 1호.

진덕규. 1993. "민주적 리더십인가, 방임적 리더십인가."『신동아』. 동아일보사. 2월호.

_____. 1994. "노태우 정부의 권력구조와 정치체제." 안청시 외.『전환기의 한국 민주주의』.

최준영. 2012. "3당합당: 민주화 이후 한국 정당정치 전개의 분기점." 강원택 편.『노태우 시대의 재인식: 전환기의 한국사회』. 서울: 나남.

한국대통령평가위원회·한국대통령학연구소. 2002.『한국의 역대 대통령 평가』. 서울: 조선일보사.

함성득. 2000. "한국 대통령의 업적평가: 취임사에 나타난 정책지표와 그 성취도를 중심으로." 『한국정치학회보』. 34권 4호.

_____. 2007. "대통령 리더십 외국 사례와 바람직한 한국 대통령 리더십 모색: 정치적 다수과 대통령을 찾아서." 한국정치학회·관훈클럽 편. 『한국의 대통령 리더십과 국가발전』. 서울: 인간사랑.

Barber, James D. 1992. *The Presidential Character*. Englewood Cliffs. NJ. Pretince Hall.

제8장

단임 대통령제와 경제정책

이연호 · 연세대 정치외교학과

I. 1987년 민주화와 경제민주주의

우리 대한민국은 경제성장과 민주화를 동시에 그리고 단기간에 달성한 전세계적 성공사례이다. 1945년 일제지배에서 해방된 이후 42년이라는 짧은 시간 내에 민주주의를 달성한 모범적인 국가이다. 우리의 정치제도적 민주주의의 수준은 2015년 현재 전세계 167개국 중 22위에 달했다(The Economist Intelligence Unit 2015). 그러나 이러한 성공에도 불구하고 그 이면에는 불안정성이 잠재해 있다. 정치적 민주주의의 성취와는 달리 경제적 측면에서의 민주주의의 성과는 제한적이다. 최근 우리가 당면하고 있는 문제의 핵심은 경제적 불평등과 불완전한 경제민주주의의 조합에 있다고 해도 과언이 아니다.

짧은 기간에 경이적인 경제성장을 달성한 우리나라는 압축적 경제성장의 유산이 아직도 강해서 분배와 형평보다는 성장이라는 가치가 우선순위를 갖는 경향이 강하다. 발전국가시대의 정권들은 높은 경제성장률을 통해 정권의 정치적 정당성을 확보하려 했다. 일반 시민과 노동자들도 여기에 근본적으로 반대하지 않았다. 농업보다 상대적으로 임금이 높은 도시노동자의 삶을 주저하지 않았다. 국가차원의 경제성장은 개인 소득의 증대에도 긍정적인 영향을 주었으므로 성장우선주의에 대한 시민들의 지지도 높게 유지되었다. 그러나 어느 정도의 경제성장이 달성되자 임금상승은 한계상황에 도달했고 산업 간, 부문 간 격차가 발생하면서 시민들이 경험하는 상대적 박탈감도 심화되었다. 절대적 빈곤보다는 상대적 그리고 심리적 빈곤의 문제가 더 심각하게 도래한 것이다.

노태우 정부는 정치적 그리고 경제적 민주화의 요구가 가장 강하게 분출되는 상황에서 수립되었다. 정치적으로 권위주의적이고 경제적으로 중상주의적인 정책을 추진한 박정희 그리고 전두환 정부 기간 중 누적된 분배와 형평에 대한 욕구가 노동자와 학생은 물론 일반 중산층마저 반정부시위대열에 참여토록 했다. 그리고 이는 6.29 선언 그리고 제6공화국의 탄생으로 이어졌다.

이러한 정치경제적 상황 속에서 노태우 정부는 정치경제적 민주화의 여론을 거스를 수 없었다. 다행히 경제여건이 우리나라에 호의적이어서 노태우 정부가 민주화 프로그램을 시작할 수 있는 여유가 생겼다. 제6공화국 헌법은 여러 면에서 이전의 헌법과 차별화되는데 특히 민주주의적인 요소를 많이 내포했다. 무엇보다도 '경제민주화'를 헌법에 규정함으로써 정치민주화뿐만 아니라 모든 부분에서 포괄적으로 민주화를 달성해야 한다는 규범을 제시했다. 권위주의에서 자유민주주의로의 전환은 체제의 높은 능력을 요구한다. 시민들의 이익추구 현상이 극단적으로 강하게 표출되어 분배에 대한 갈등이 심화되기 때문이다. 제6공화국의 첫 정부였던 노태우 정부는 직전의 전두환 정부하에서 성취된 경제성장과 안정을 바탕으로 분배와 형평을 제고하기 위한 작업에 돌입했다.

그러나 현실적으로 노태우 정부에게는 체제의 능력을 배양할 시간도 자원도 충분하지 않았다. 국회는 여소야대의 상황이었고 시민들은 갑자기 주어진 자유민주주의적 정치제도를 충분히 숙지하지 못했다. 그리고 정치권은 이전의 권위주의정부가 저지른 정치적 오류를 청산하느라 많은 시간을 소비했다. 돌이켜 보면 당시 어떤 정부가 들어섰더라도 이러한 장애로 인해 국가운영에 많은 어려움을 겪었을 가능성이 높다.

아래에서 살펴보겠지만 이상의 한계로 인해 노태우 정부의 민주화 특히 경제민주화 프로그램은 제한된 성과만을 달성한 채 조기에 종결되고 만다(이장규 외 2011). 아니 좀 더 정확하게 이야기한다면 진정한 의미의 경제민주화에 접근하지 못했다. 결국 노태우 정부는 불행하게도 노동으로부터도 그리고 보수정치의 기반이자 지지세력이었던 재벌들로부터도 등돌림을 당한 채 무기력하게 막을 내렸다. 이러한 현상을 어떻게 평가할 수 있을 것인가? 단순히 노태우 대통령의 정치스타일 그리고 우유부단하다고 묘사되는 그의 개인적인 성격 때문이라고 결론 내릴 수 있는 것인가?

물론 그러한 행태적 요소도 중요한 원인이었겠지만 그보다는 제도적이고 구조적인 요인에도 주목할 필요가 있어 보인다. 어느 정권이든 성장 못지않게 분배와 형평은 다루기 어려운 정치프로젝트이다. 본 장에서는 경제민주화의 시각에서 노태우 정부를 바라보고자 한다. 즉 노태우 정부가 경제민주화를 어떻게 추진했는가 보다는 경제민주화라는 흐름에 대해 노태우 정부가 어떻게 대응했는지를 논의하고자 한다. 비록 헌법에 경제민주주의를 규정했지만 이 문제에 심도 있게 접근할 수 없었던 이유를 분석하고자 한다.

II. 경제민주주의란 무엇인가?

경제민주주의라는 단어는 아직 학술적인 정립이 좀 더 필요한 용어이다. 자유민주주의나 사회민주주의 같은 용어처럼 민주주의의 한 형태를 지칭하는 것은 아니다. 그보다는 경제의 운용방식을 민주주의적인 방식으로 해야 한다는 그리고 시장의 작동에 민주주의적인 원리가 도입되어야 한다는 것을 강조하는 용어이다.

경제민주주의에 대해 학술적인 논의를 시도한 대표적인 학자 중의 하나가 로버트 달(Robert Dahl)이다. 정치학자인 달은 자유와 형평 간의 관계가 상호대립적인 것인지 아니면 보완적인 것인지를 논의하면서 경제민주화의 이론적 그리고 정치적 의미를 논의한 바 있다. 민주주의의 주요한 가치인 자유와 형평 간의 관계는 논란이 많은 연구 주제이다. 달이 그의 책에서 토크빌의 견해를 인용해 논의한 바와 같이 형평이라는 가치의 지나친 강조는 자유라는 가치를 제약할 수 있다. 토크빌의 주장은 다음과 같다. 민주주의의 가장 지고한 가치는 자유이며, 동시에 민주주의의 발전과 더불어 형평에 대한 시민들의 지지가 확산되어 왔다. 그런데 역설적인 사실은 자유를 수호하기 위해서는 자유를 억압하는 독재적이고 전제적 힘의 행사가 견제되어야 하지만 이것이 점점 더 어려워진다는 점이다. 왜냐하면 다수의 힘 때문이다. 즉 형평을 원하는 다수의 힘이 강해지면서 이들이 전제적 힘을 행사하여 자유를 억압할 수 있다는 것이다(Dahl 1985, 9).

그렇다면 민주주의에서 형평은 자유라는 가치를 위해 희생되어야 하는 개념인가? 이에 대해 달은 아니라고 주장한다. 사회경제적 불평등으로 인해 정치적 불평등이 초래될 수 있기 때문이다. 따라서 민주적 원리를 정치뿐만 아니라 경제분야에도 확장 적용할 필요가 있다고 제안한다. 자유의 가치를 희생하지 않고도 정치적 그리고 경제적 형평이 제고되는 체제를 건설할 수 있다는 것이다. 이러한 관점에서 경제민주화를 통해 노동자들이 자본주의 운영에 적극 참여할 수 있는 체제를 만드는 것이 중요하다고 주장한다(Dahl 1985).

한편 국가주의적 전통이 강하게 남아 있던 동아시아 지역에서 경제민주화가 가장 먼저 본격적으로 논의되고 실행된 곳은 제2차 세계대전 전후 일본이었다. 미군정당국은 일본의 통제경제적이고 중상주의적인 경제체제를 민주적인 질서에 입각하여 재편성하고자 했다. 경제민주화의 핵심작업으로 재벌해체, 경제력

집중배제, 노동민주화 그리고 농지개혁을 추진했다. 미군정이 이러한 작업을 펼친 이유는 전전에 형성되었던 일본의 중상주의적 독점체제를 해체하기 위해서였다(변형윤 1992, 12-15).

우리나라에서도 경제민주주의가 논의된 것은 중상주의 그리고 국가자본주의의 등장과 밀접한 관련이 있다. 아래에서 논하겠지만 박정희 정부 출범 이래 우리 정부는 산업화 전략으로서 국가자본주의적이고 중상주의적 발전전략을 채택했다. 그 결과 경제성장을 급속하게 압축적으로 달성할 수 있었다. 그 과정에서 우리나라의 경제는 시장의 자율에 의해 운영되기보다는 정부의 통제와 간섭에 의해 지도되었다. 제도적으로는 자유민주주의와 자유시장경제를 표방하였으나 실제로는 정부의 지시에 의해 정치와 경제가 운영되었다. 공기업이 설립되고 은행이 관영화되었으며 심지어 재벌기업의 탄생과 경영에도 정부의 개입이 공공연하게 자행되었다. 재벌은 정부의 간섭을 수용하는 조건으로 제도적 비제도적 지원을 수혜했고 그 결과 시장의 독점을 향유하면서 경제력 집중을 유발했다.

경제민주화는 이러한 문제를 해결하기 위한 수단으로 등장했다. 경제민주화의 구성요소는 다섯 가지 정도이다. (1) 민주적인 노조·농민조직·소비자조직의 결성, (2) 실질적인 기업공개·주식분산, (3) 독과점 및 경제력집중의 규제, (4) 금융자율화, (5) 경제계획의 실질적인 신축화·유연화 등이다(변형윤 1992, 17). 이상의 다섯 가지 하위 항목을 내용적으로 분석해 보면 경제민주화를 구성하는 요소는 참여, 분배 그리고 자율로 정리된다.

사실 경제민주화에서 가장 중요한 요소는 노동의 결사 그리고 정부정책결정과정에 대한 이들의 참여라 할 수 있다. 경제민주화가 가장 잘 이루어져 있다는 중북부유럽의 국가들을 살펴보면 노조조직률이 높고 전국적 규모로 즉 포괄적으로 조직되어 있으며, 이들이 회사의 경영이나 국가의 노동 및 임금정책 결정과정에 제도적으로 참여하는 특성이 발견된다. 이렇게 하는 이유는 노동으로 하여금 자본에 대한 대항력을 갖게 하기 위해서이다. 자본가는 수적으로 열세이지만 생산수단을 보유함으로써 다수의 노동을 통제할 수 있다. 노동은 수적으로 우세이지만 자본에 의해 고용되어야 생계를 마련할 수 있다는 결정적인 약점이 있다. 따라서 노동으로 하여금 조직화 할 수 있는 힘을 제공함으로써 자본의 전횡에 대항할 수 있도록 하는 것이다(Przeworski 1985, 11).

경제민주화는 노동의 목소리를 조직적으로 표출할 수 있게 해 준다. 이러한 노력의 궁극적인 목적은 민주적 참여이다. 노동이 전국적으로 포괄적으로 조직화되어야 사업체별 노조의 대표가 회사의 경영에 제도적으로 참여하는 것은 물론 전국적 노사정 협의에 산별노조가 대표성을 가지고 참여할 수 있다. 이렇게 되어야 비로소 국가가 제공하는 정책의 내용도 노동의 입장에 부합하는 것으로 선택하는 것이 가능해진다. 노동의 조직화와 참여가 보장되지 않으면 정부가 가부장적 입장에서 일방적으로 제공하는 것을 선택의 여지없이 받아들이는 수동적 입장에 처하게 된다.

그다음으로 중요한 것이 분배이다. 즉 분배적 정의의 문제이다. 롤즈의 주장처럼 인간사회에서는 희소한 가치의 분배를 둘러싸고 갈등이 일어나는데 이것이 바로 정의의 문제의 핵심이다(롤즈 2003, 105). 분배에 관한 기존의 주장을 분류해 보면 대체로 공리주의적 입장, 자유지상주의적 입장, 평등주의적 자유주의의 입장, 사회주의적 입장 그리고 공동체주의적 입장으로 나뉘어진다. 우선 행복의 증진을 선으로 보는 공리주의적 입장에서는 행복의 총량이 국가나 사회 전체적으로 증가하는 것에만 관심을 갖는다. 따라서 사회적 효용이 양적으로 극대화될 수만 있다면 구성원들 사이에서 이것이 어떻게 분배되고 있는지에 관해서는 별 관심이 없다. 그보다는 사회적 효용을 극대화하는 제도나 정책에 더 관심을 갖는다(이재율 1992, 26).

자유지상주의 입장은 생산요소의 한계생산물에 따라 소득을 분배하며, 한계생산물은 그 요소의 생산에 대한 기여이므로 그에 따른 분배는 타당하다고 본다(이재율 1992, 31). 즉 자유로운 경쟁이 지배하는 시장원리에 따라 분배되면 그 자체로 정의롭다는 것이다. 여기에서 생산요소의 분배에 관해서는 언급하지 않는다. 설령 시장행위자들 간에 소득이 불균형하게 분배된다 하더라도 자유시장원리에 의한 것이라면 문제가 되지 않는다는 입장이다.

평등주의적 자유주의의 입장은 자유주의와 마찬가지로 위험을 회피하고 이익을 추구하는 인간의 이기적이고 합리적 행동이 용인할 수 있는 불평등의 정도에 관심을 가지고 있다. 롤즈의 경우 사회경제적 불평등은 그 불평등이 모든 사람에게 이익이 되리라는 것이 합당하게 기대되고, 또 그 불평등이 모든 사람에게 지위와 관계없이 결부되어야 한다고 주장한다(롤즈 2003, 105-111). 즉 자유주의와는 달리 기회의 균등까지 고려하고 있는 특징을 보인다. 기본적으로 동등함이 전제되어야 하지만 만일 능력이나 의욕이 다른 이들보다 우수하여 더 큰 성취를 달성할 수 있는 이가 있다면 이들에게는 추가적인 인센티브를 줄 수 있고, 그로 인해 열위에 있는 사람들까지 혜택을 볼 수 있다면 불평등은 인정될 수 있으며 따라서 정의로운 분배가 성립된다는 입장이다.

사회주의적 입장은 기회와 결과에 대해 전적으로 평등한 분배를 제안한다. 이는 인간본성이 매우 선하다는 낙관주의에 기반한 것이다. 즉 평등하게 분배를 하더라도 노동의욕은 저하되지 않으며 노동을 회피하지 않을 것이므로 생산의 감소는 없다는 입장이다(이재율 1992, 39).

끝으로 공화주의적 공동체주의의 입장은 공리주의적 입장이나 평등주의적 자유주의의 입장에 대해 모두 비판적이다. 이들은 공히 인간행위의 가치를 양으로 환산해 획일화시킬 뿐 질적인 차이에는 관심이 없다고 주장한다. 따라서 경제적 결과물의 수량적 분배만 생각할 것이 아니라 시민들이 모두 동의할 수 있는 공동선에 입각하여 사회경제적 불평등이 발생하지 않도록 해야 한다고 강조한다. 시민들이 시민의식을 가지고 희생하며 봉사하는 시민적 미덕을 가지고 사회적 연대를 강화함으로써 물질적 분배만으로는 달성할 수 없는 통합을 이루어야 한다고 주장한다(샌델 2010, 360-371).

이 중에서 경제민주화는 평등주의적 자유주의의 입장과 많은 면에서 동조하고 있다. 무엇보다도 자본주의와 자유민주주의를 근간으로 하고 있다는 점에 동의하며, 이 점에서 급진주의적 사회주의의 입장과 다르다. 즉 효율적인 자본주의 시장체제의 존재를 전제로 하되 정부가 모든 국민들에게 최소의 혜택을 보장하고 경제적 생산물을 고르게 분배하기 위해서 국가가 시장에 개입하는 것을 용인한다. 아울러 특정인에게 인센티브를 제공하여 경제사회적으로 불리한 입장에 있는 사람들의 후생을 개선할 수 있도록 하는 것도 용인한다. 이 점에서 경제민주주의나 평등주의적 자유주의는 유럽을 중심으로 나타나는 보편주의적 복지국가를 주로 상정하고 있다(이재율 1992, 41).

끝으로 경제민주화가 중시하는 요소는 자유와 자율이다. 일견 경제민주화는 분배와 형평을 강조하므로 자유는 배척되어야 하는 가치로 간주하는 오류가 있을 수 있다. 자유는 보통 시장의 경쟁을 통한 효율의 제고를 상정한다. 자율은 국가와 정치로부터 시장의 독립, 즉 국가간섭의 배제를 상정한다. 따라서 자유와 자율이 강조되면 재분배를 위한 국가의 개입은 축소되고 시장의 자유는 확대되는 결과를 낳을 수 있으므로 경제민주화와 상충한다고 잘못 이해할 수 있다. 그러나 자유와 자율은 경제민주화를 위해 반드시 필요한 요소이다. 이를 설명하기 위해서는 평등과 자유의 관계에 대한 이해가 필요하다. 즉 개인과 타자가 완벽하게 자유를 누리기 위해서는 양자 간의 관계가 평등해야 한다. 즉 양자가 평등하면 상호 간에 종속됨이 없어지고 따라서 양자는 자유로울 수 있다(이연호 2011, 27). 다수가 자유를 누리기 위해 민주주의가 필요하다.

이렇게 보았을 때 경제민주화의 가장 중요한 요소 중의 하나가 자유롭고 자율적인 시장이다. 국가가 산업을 중상주의적으로 육성하기 위해 간섭할 경우 자본은 국가의 도움을 받아 시장이 제공한 것 이상의 부를 축적하게 된다. 정부가 제공하는 보호 속에서 시장을 독점하고 나아가 자신들의 손에 국가의 경제력을 집중시키는 부정의한 상황이 발생한다. 따라서 이러한 문제를 해결하는 가장 좋은 방법은 공정한 경쟁이 전개될 수 있는 자유로운 시장을 조성하는 것이다. 물론 독과점을 해소하려는 정부의 역할도 중요하다. 그러나 장기적으로 정부는 건전한 시장환경이 형성될 수 있도록 감독하여 경제력집중을 사전에 예방하는 기능에 역할의 초점을 맞추어야 한다.

경제민주화를 주장하는 많은 학자들이 금융자유화나 금융실명제를 해결과제로 제시한 것도 이러한 맥락에서 이해할 수 있다. 중앙은행과 시중은행의 독립성을 강화시켜 특혜적 성격의 금융이 특정기업에 집중되지 않도록 해야 한다고 주장한다. 또한 금융기관의 경영 독립을 위해 인사권의 독립을 주장하는 것도 국가로부터의 관료적 통제를 예방하기 위한 것이다(강철규 1999, 260-266). 결국 경제자유화는 경제민주화를 위한 중요한 수단인 셈이다. 시장에서 공정하게 경쟁하는 환경이 정착되어 모든 시장행위자가 동일한 출발선에서 게임을 시작할 수 있다면 기회의 균등이라는 점에서 경제자유화는 경제민주화의 가치와 일치하게 된다.

이상에서 보듯이 경제민주화는 경제적 기회와 결과의 형평을 제고하고자 하는 시도이다. 따라서 경제민주화 논의는 사회적, 경제적으로 불평등이 고조되는 시점에 등장한다. 우리나라의 경우 발전국가로 지칭되는 중상주의적 국가자본주의의 후반기 즉 1980년대부터 경제민주화 논의가 본격 등장하기 시작했다. 노태우 정부는 경제민주화의 압력을 정면으로 수용한 정부라는 점에서 중요한 의미를 부여할 수 있다.

III. 노태우 정부 이전의 경제민주주의 논의

한국에서 정치 민주화와 더불어 경제민주화의 필요성이 지속적으로 제기된 것은 지극히 당연한 귀결이다. 해방 이후 미군정과 이승만 정부 초기에 진행된 토지개혁사업이 진행된 것을 제외하고 이승만 정부에서 전두환 정부에 이르는 기간까지 본격적인 경제민주화 프로젝트가 진행된 적이 없다고 해도 과언이 아니다. 여론이 경제민주화를 요구하게 된 가장 직접적인 요인은 박정희 정부 이래 지속적으로 추진된 불균형경제성장 정책일 것이다. 박정희 정부는 정권 초기에는 균형성장정책을 펼쳤다. 즉 산업 전부분에 정부의 재정을 투입함으로써 산업화를 촉진시키는 소위 포괄적 공업화정책이라 불리는 팽창적 재정정책을 도입했다. 그러나 이 정책은 결국 조기에 종료되고 말았다. 가장 중요한 원인은 필요한 재원을 확보하는 데 실패했기 때문이다. 박정희 군사정부는 부정축재자를 처벌하는 등의 방법으로 지하에 숨어 있는 자금을 시장으로 끌어낼 수 있다고 보았다. 그러나 현실적으로 국내에는 충분한 자본이 축적되어 있지 않았다.

정책의 실패와 더불어 군정 말기에 발생한 가뭄과 흉작으로 인플레이션이 발생하자 적극적 재정정책은 더 이상 추진될 수 없었다. 이를 계기로 박정희 정부는 1963년 민정 이양 이후 불균형성장정책으로 전환했다. 이 정책은 자본의 양이 제한적이라는 점을 기정사실로 받아들이고 대신 산업의 전후방 파급효과가 강한 산업 그리고 사회간접자본 분야에 자본투입을 집중하는 것이다. 즉 산업 간 성장 정도에 불균형을 유발함으로써 저발전부문이 발전부문을 따라잡도록 하는 성장전략이었다. 그 결과 정부가 전략적으로 육성하는 산업부문과 그렇지 않은 부문 간, 지역 간 그리고 자본투입이 대규모로 집중된 대기업과 중소기업 간 격차가 매우 크게 발생했다(이연호 2013, 50-71).

이러한 경향은 1973년 중화학공업화 정책이 본격적으로 추진되자 더욱 심화되었다. 박정희 정부는 불균형성장정책과 더불어 수출대체산업화 정책을 채택했지만 전략산업을 육성하기 위해서 수입대체산업화정책을 포기하지 않았다. 박정희 정부 기간 동안 중화학공업부문에 투자된 정부 정책금융의 비중은 70%에 달했다.

박정희 정부하에서 조성된 경제적 불균형 현상은 전두환 정부에 들어서도 근본적으로 교정되지 못했다. 물론 전두환 정부의 경제운영기조는 박정희 정부와 달랐다. 무엇보다도 전두환 정부는 성장중심의 정책을 버리고 경제안정화 정책으로 전환했다. 박정희 정부는 정권 말기인 1979년 4.17 조치를 통해 경제안정화를 일부 도모하긴 했지만 근본적인 전환이 되진 못했다. 이에 비해 전두환 정부는 국내에서 경제전문가들에 의해 지속적으로 제기되었던 경제안정화정책을 전적으로 수용했다.

비정상적인 방법으로 정권을 장악하게 된 전두환 정부는 경제안정화정책이 정치적 안정에 기여할 수 있다는 고려하에 논란에도 불구하고 도입을 결정했다. 경제안정화정책은 경제자유화정책의 성격을 많이 포함하고 있었다. 정부의 중상주의적 시장개입을 상정한 발전국가적 전략과는 달리 경제안정화 정책은 규제완화, 시장자율화 그리고 개방화 등을 하부정책으로 설정했다(이연호 2013, 92-115). 경제안정화는 정부의 재정적 개입 등을 억제함으로써 인플레이션의 발생을 억제하는 것을 목표로 삼았다. 이를 달성하기 위한 세부정책수단으로 우선 규제완화는 산업육성 및 보호를 위한 중상주의적 규제를 제거하고 시장의 공정한 거래를 정착시키기 위한 새로운 규제를 설치하는 것을 목표로 했다. 시장자율화는 정부가 비경제적 방법으로 시장에 간섭하는 것을 막고 시장이 정부의 영향력에서 벗어나 자유롭게 작동하는 것을 상정했다. 마지막으로 개방화는 부분적이나마 무역의 자유화를 지향했다. 완전한 무역자유화를 지향한 것은 아니었고 국내에서 품귀현상이 나타나는 품목을 수입공급함으로써 인플레이션을 억제하는 정책으로 활용되었다.

기본적으로 경제안정화 정책은 시장자유화정책의 요소가 강하지만 경제민주화의 요소도 일부 가지고 있었다. 가장 좋은 예가 사장자율화의 일환으로 도입된 공정거래제도였다. 공정거래제도는 정부의 간섭과 규제로 왜곡된 시장질서를 바로잡자는 의도에서 도입되었다. 그런데 당시 전정부가 도입한 공정거래제도는 경제력집중억제에 관한 조항을 포함함으로써 경제자유화와 더불어 경제민주화적 요소를 내포했다. 불균형성장정책으로 인해 시장의 구조가 재벌 등 독과점적 사업자에게 장악되는 것을 견제하기 위해 경제력집중억제제도가 포함되었던 것이다.

이러한 안정화정책과 더불어 전두환 정부는 분배와 형평을 강조하는 정책을 제시하기도 했다(정정길 1994, 6장) 그럼에도 불구하고 전두환 정부는 시간이 갈수록 경제민주화적 요소를 약화시켰다. 이러한 양상은 특히 전두환 정부가 시장안정화 정책의 일환으로 강력하게 추진했던 산업합리화 정책으로 인해 시간이 갈수록 더욱 분명하게 나타났다.

산업합리화 정책이란 정부가 과도하게 그리고 중복적으로 투자가 이루어진 중화학 산업분야의 투자를 합리화하여 구조조정을 단행하는 것이었다. 그러나 이 정책으로 인해 본래의 의도와는 달리 강하고 큰 회사가 더 강하고 커지는 역설적인 상황이 발생했다. 부실하게 운영된 회사는 자본의 투입을 중단하여 회사를 정리하고 보다 성공적으로 운영되고 있는 경쟁회사에 의해 흡수되도록 유도했다. 이때 정부가 부실기업을 인수하는 회사에 추가적인 자금을 제공함으로써 회사가 규모도 더 커지고 시장의 독점화도 더 심화되는 현상이 나타나게 되었던 것이다. 이로써 기업 간, 산업 간 불균형은 더 악화되었다.

비록 전두환 정부는 경제운용면에서 성공을 거두었지만 결국 경제민주화면에서는 만족할 성과를 내지 못했다. 1987년 정권퇴진 시위가 발생하여 6.29 선언을 통해 민주화가 달성되고 노태우 정부가 들어서게 된 데에는 경제민주화 문제가 한편으로 자리 잡고 있었다. 국민들은 경제성장뿐만 아니라 성장의 결실을 공평하게 분배받고 싶은 욕구를 가지고 있었다. 이것은 한국자본주의에 있어서 매우 심각한 문제가 아닐 수 없었다.

박정희 정부는 효율적인 경제성장을 위해 재벌중심의 성장정책이 필요하다고 국민을 설득했고 어느 정도의 성장이 달성되고 나면 분배와 형평의 문제는 자연스럽게 해결될 것으로 보았다. 그러나 이른바 자본의 낙수효과는 발생하지 않았다. 오히려 재벌을 중심으로 경제력 집중이 심화되고 빈부 간의 격차는 더욱 심화되어 나타났다. 게다가 전두환 정부하에서 인플레이션을 억제하기 위한 정책의 일환으로 노동자에 대한 임금억제 정책이 추진되고 사회인프라 건설사업이 억제되자 노동자와 중산층의 빈곤화가 사회적 문제로 대두되기에 이르렀다.

요컨대 성장중심의 정책을 편 박정희 정부하에서는 국가의 산업육성을 위한 과도한 간섭으로 인해 빈부 간의 격차가 심화되었다면 경제안정화정책을 편 전두환 정부하에서는 구조조정을 위한 국가의 시장간섭과 더불어 시장자율화의 활성화로 인해 같은 현상이 나타났다. 일부 학자들은 한국 및 동아시아의 발전국가들이 성장과 더불어 분배에서도 만족스러운 성과를 냈다고 주장한 바 있다. 그러나 박정희 정부와 전두환 정부하에서 임금소득의 격차는 심화된 것이 사실이었다. 이러한 상황에서 등장한 노태우 정부는 정치적 민주화와 더불어 경제민주화를 정권의 핵심정책으로 삼기에 이르렀던 것이다.

물론 노동자와 중산층을 배려한 정책이 박정희 정부와 전두환 정부 시기에 전혀 도입되지 않은 것은 아니었다. 예컨대 한국에서 복지제도의 기본틀은 1960년대 초 장면 정권과 박정희 군사정권 때 형성되었다. 1961년과 1962년 사이에 생활보호법을 비롯한 각종 사회복지법이 제정되었고 장면 정권하에서는 공무원 연금법이 그리고 군사정권하에서는 군인연금법 등 특수직에 대한 연금제도가 실시되었다. 1963년 군사정권하에서 사회보장제도의 기초적 이념과 틀을 담은 사회보장에 관한 법률과 사회보험제도로서 산재보험법과 의료보험법의 제정이 시도된 바 있다. 이 중 산재보험만 실시되었지만 우리 사회복지제도의 근간이 되었다(남찬섭 2000). 이러한 정책의 수립동기는 서민의 복지제고라는 입장도 없지 않았으나 근본적으로는 비스마르크적 동기가 더 강했다. 즉 공무원과 군인에 대한 연금이 국민연금보다 먼저 도입된 것은 국가수립과정에서 이들로부터 충성심을 획득하기 위해서였다.

제4공화국 즉 유신정부는 중화학 공업화와 더불어 사회복지에 대해 본격적으로 관심을 갖기 시작했다. 1973년에는 국민복지연금법의 제정이 논의되었다. 이는 유신정권의 정당성 확보와 동시에 단기간에 연금기금을 모아서 중화학공업화를 위한 내자동원에 보탬이 되려는 목적을 동시에 내포하고 있었다. 그러나 이 제도는 석유위기에 따른 경제의 불안정 때문에 실시가 연기되었다. 대신 의료보험제도가 도입된 것은 그나마 큰 진전이었다. 산업화과정에서 노동자들의 의료사고가 증가하여 의료보험제도에 대한 관심이 증가했다. 당시 동시에 추진되었던 복지연금제도의 실패를 보완하고자 의료보험제도가 도입된 것이다. 당초 의료보험법은 1963년에 제정되었는데 이것이 1976년에 개정되고 1977년부터 실시되었다. 의료보험제도의 운영방식은 재원은 피고용인과 고용인이 반반 부담하고 국가는 행정비용만을 부담하면서 관리하는 국가부담최소화의 형식을 갖추었다(남찬섭 2000).

전두환 정부는 정권 초기에 복지국가건설이라는 상징적 구호를 내걸었으나 경제안정화정책에 밀려 노인복지법 등 형식적인 복지제도만 만들었고 복지에 대한 대규모 확충은 없었다. 다만 1986년 정치적 위기에 대응하기 위해 소위 '3대복지정책선언'을 발표하고 국민연금제도의 도입, 의료보험의 농어촌지역확대, 최저임금제 실시를 추진했다. 그 결과 노태우 정부 들어 1988년부터 최저임금제도와 국민연금제도가 실시되었고, 의료보험이 농어촌지역으로 확대된 데 이어 1989년부터는 도시자영업자에게까지 확대되었다(남찬섭 2000).

그러나 복지제도의 설치를 경제민주화의 달성으로 볼 수 있는가에 관해서는 논란이 있다. 경제민주화의 근간은 노동과 자본 간의 힘의 균형이 유지되도록 하는 것이다. 따라서 핵심은 노동자의 권한을 강화시킬 수 있는 제도의 확충이라 할 수 있다. 이러한 면에서 전두환 정부 시기까지 진정한 의미의 경제민주화 정책은 추진되지 않았고 이러한 현상은 노태우 정부 들어서도 근본적으로 변했다고 보기는 어렵다.

IV. 노태우 정부의 경제민주주의

제6공화국의 첫 정부인 노태우 정부는 국정의 핵심이념으로 민주화를 내세웠다. 1988년 집권 당시 한국경제는 최고의 호황을 누리고 있었다. 수출이 급격하게 증가하여 1986년부터 시작된 무역수지 흑자가 지속되었고 올림픽이 개최되어 국가의 이미지도 개선되는 효과가 나타났다. 민간에서는 이제 한국경제가 궤도에 올라선 만큼 정부의 시장개입은 최소화되는 것이 바람직하다는 견해가 부상했다. 노태우 대통령 역시 경제에 대한 개인적 관심이 많지는 않았으므로 이러한 견해를 쉽게 받아들였고 그 결과 경제관리에 대해 다소 무관심하다 할 만큼 정부개입을 자제했다. 그리고 정치 분야에서 추진하는 민주화 프로그램을 경제 분야에도 도입했다. 즉 경제에 관한 결정권한을 정부가 최대한 자제하고 이를 하부기관과 민간으로 이전했다(정정길 1994; 이장규 외 2011). 노태우 정부는 과거 박정희 정부와 전두환 정부가 성장에 집착한 나머지 무리하게 불균형성장 정책을 추진했고 그 결과 많은 사회적 갈등을 유발했다는 점에 착안하여 균형적인 발전 그리고 복지의 확충을 통한 보상의 확대를 달성하고자 했다. 경제민주화는 바로 노태우 대통령의 이러한 경제철학을 집약적으로 반영한 것이라 할 수 있다.

노태우 정부가 초기부터 추진한 민주화 정책은 정치적 민주화와 더불어 경제적 민주화를 포함한다. 1987년 6월 항쟁은 노태우 대통령의 6.29 선언을 이끌어 냈고, 이 선언은 대통령 직선제를 근간으로 하는 제6공화국 헌법개정의 지침이 되었다. 1988년 2월 25일에 발효된 제5공화국 헌법은 정치적 민주주의와 더불어 경제적 민주주의를 규정하고 있다는 점에서 이전의 헌법과 중요한 차이를 보였다. 경제 분야를 다루고 있는 헌법 제9장 제119조는 다음과 같이 규정하고 있다.

1. 대한민국의 경제질서는 개인과 기업의 경제상의 자유와 창의를 존중함을 기본으로 한다.
2. 국가는 균형 있는 국민경제의 성장 및 안정과 적정한 소득의 분배를 유지하고, 시장의 지배와 경제력의 남용을 방지하며, 경제주체 간의 조화를 통한 경제의 민주화를 위하여 경제와 관한 규제와 조정을 할 수 있다

이처럼 국가의 시장에 대한 간섭이 정당하다고 명문화한 제6공화국 헌법은 개정과정에서 전국경제인연합회 등 자본가그룹 그리고 당시 여당이었던 민정당의 반대에 직면한 바 있다. 그러나 이 조항을 제안한 김종인 등이 날로 세를 더해 가는 재벌의 정치경제적 힘을 제도적으로 규제하기 위해서는 헌법조항이 필요하다는 주장을 관철함으로써 개정법안에 포함될 수 있었다(김종인 2012, 45).

권위주의시대의 마지막 대통령이었던 전두환도 수용할 수밖에 없었던 아래로부터의 민주화압력은 1987년 당시 이미 거스르기 어려울 정도로 심화된 경제구조적 변화에 기인한 것이었다. 1987년 1월 발생한 서울대 박종철 고문치사사건 그리고 그해 6월 연세대 이한열의 경찰 최루탄 피격사건은 6.29 선언을 가져온 직접적인 도화선이 되었다. 그러나 이러한 불행한 사건들이 권위주의 정권의 퇴진을 몰고 올 만큼 강력한 힘을 발휘할 수 있었던 것은 심화된 사회경제적 불평등이라는 구조적 요인과 깊은 관련이 있다. 1987년 6월 항쟁의 가장 중요한 특징은 화이트칼라 노동자 그리고 중산층이 정부에 대한 정치적 저항에 적극 참여했다는 점이었다.

1980년대 초반까지 권위주의 정부에 대해 정치적 저항을 주도한 세력은 학생운동권, 종교계 그리고 노동자들이었다. 화이트칼라 노동자를 주축으로 한 안정지향적 중산층은 비록 권위주의 정부에 대한 불만이 있더라도 적극적으로 시위에 가담하지는 않았다. 그러나 1987년에는 이와 다른 양상이 나타났다. 그 원인을 이해하기 위해서는 전두환 정부하에서 심화된 사회경제적 불평등의 문제를

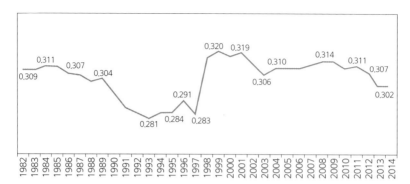

그림 1. 1982-2014년 지니계수

출처: 통계청

살펴보아야 한다.

위에서 지적한 바와 같이 경제안정화를 경제목표로 내세운 전두환 정부는 성장과 분배 간의 균형을 표방했지만 실제로는 분배의 측면에서 괄목할 만한 성과를 보여 주지 못했다. 〈그림 1〉에서 보듯이 전두환 정부기간 동안 소득 지니(Gini)계수는 0.307~0.311의 수준을 보여 주고 있다. 그러나 지니계수의 산출이 정부 차원에서 공식적으로 집계되고 공표되기 시작한 것이 민주화 이후라는 점을 고려한다면 실제로는 더 높은 수준이었을 것으로 추측된다. 이는 전두환 정부가 경제안정화를 빌미로 임금상승 억제정책을 취했고 사회간접자본 건설을 위한 지출도 억제한 것과 깊은 관련이 있어 보인다.

따라서 전두환 정부가 인플레이션의 억제와 높은 경제성장이라는 두 가지의 역설적 목표를 모두 달성했지만 일반 국민들로부터 공감과 지지를 얻지는 못했다. 근본적으로 국민들의 의식구조에 변화가 있었다. 무엇보다도 자유에 대한 갈망이 증폭된 현상을 부인하기 어렵다. 경제성장에 따른 소득수준과 교육수준의 향상 그리고 재산권에 대한 시민적 열망의 증가로 인해 정치적 자유는 물론 경제적 자유를 추구하는 동력이 강해졌다. 세속적이고 물질적인 이익을 추구하는 것이 더 이상 도덕적으로 비난받지 않아도 되는 사회가 도래하면서 일반 국민들 개개인은 더 이상 국가경제발전을 위한 도구가 아니라 그 성과를 향유하는 주체가 되기를 원하는 사회적 분위기가 조성됐다. 경제적 자유와 정치적 민주화는 분리될 수 없었다. 경제적 자유를 향유하는 개인의 권리가 보장되기 위해서는 결국 권력이 분산된 정치적 민주화가 필요했다.

따라서 노태우 정부하에서의 경제민주화현상은 정치경제적 구조의 변화라는 관점에서의 분석이 필요하다. 보수진영의 정치적 동지관계였던 전두환과 노태우는 뒤늦게나마 이 점을 인식했고 결국 6.29 선언을 통해 이러한 국민적 요구를 수용했다. 36.6%라는 높지 않은 득표율에도 불구하고 그나마 노태우가 대통령으로 당선될 수 있었던 것도 보수정권의 이러한 태도변화에 기인한 바가 크다.

실제로 노태우 정부하에서 국민들의 복지가 향상되고 중산층비율이 증가하는 현상이 나타났다. 1990년도에 실시한 여론조사에 의하면 자신이 중산층이라고 생각하는 시민의 비율이 70%를 상회하는 것으로 나타났다(강신욱 2012, 385). 이는 통계적으로도 뒷받침되는 것으로 노태우 정부 기간인 1990년대 초반에 도시 근로자 가구 중 중위소득의 50~150% 소득구간에 속하는 중산층 가구비율은 약 75% 정도였는데 이는 제6공화국의 어느 정부 때보다도 높은 수준이다. 이전의 정부나 이후의 정부에 비해 노태우 정부하에서 성장의 혜택이 경제적 하위계층에게까지 비교적 양호하게 분배되었다고 볼 수 있다. 즉 상위계층보다 하위계층의 소득증대가 빠르게 나타나 계층 간 소득의 격차가 좁혀질 수 있었던 것이다 (강신욱 2012, 392).

노태우 정부의 경제적 민주화는 서민복지의 확충, 사회간접자본의 확충, 거시경제제도의 개선 그리고 재벌규제 강화 등의 정책으로 나타났다. 우선 서민 복지를 확충하기 위한 대표적인 작업으로 노동기본권의 존중, 쌀 수매가 인상, 주택 200만 호 보급 그리고 사회복지제도의 확충을 들 수 있다. 〈그림 1〉에서도 보듯이 노태우 정부 기간에 소득불평등이 많이 개선된 것도 이러한 노력에 기인한 바가 크다고 평가할 수 있다.

권위주의 정부하에서는 노동자와 농민의 희생은 일상화되었다고 해도 과언이 아니었다. 수출경쟁력의 확보를 위해 낮은 임금이 요구되었다. 공장 및 기계 등 고정자본에 대한 투자가 지속적으로 진행되어야 하는 상황에서 국제적 가격 경쟁력을 유지할 수 있는 방법은 낮은 임금을 유지하는 것이었다. 초기 산업화 과정에서 기술혁신을 통한 경쟁력 확보는 상대적으로 어려운 일이었기 때문이다. 농민들 역시 비슷한 상황에 처해 있었다. 도시 근로자들에게 낮은 비용으로 식료품을 제공하기 위해서는 농업의 이익률은 최저수준으로 유지되어야 했다. 경제성장 초기단계에는 직업을 가질 수 있다는 만족감 그리고 초기 실질임금의 상승 그리고 명목임금의 상승 등으로 노동의 조직적 저항으로 발전하지는 않았다. 그러나 전두환 정부하에서 발생한 재벌부문의 괄목할 성장은 노동자는 물론이고 일반 시민들에게까지 상대적 박탈감을 유발하기에 이르렀다.

노태우 정부는 이들의 희생을 보상하고자 했다. 1987년 후반기부터 1989년까지 노사분규가 폭발적으로 증가했다. 학생세력과 재야단체의 개입으로 그 규모도 대규모로 확대되었다. 하지만 노태우 정부는 기업 측의 요청에도 불구하고 이를 수습하기 위한 개입을 하지 않았다. 노동조합수는 1987년 4,102개에서 1992년 7,552로 증가했다. 노사분규의 빈도는 1987년 3,749회로 급증한 데 이어 1988년에도 1,873회 그리고 1989년 1,616회 발생했다(정정길 1994, 309). 노조조직률 역시 증가하여 1987년 13.8%에서 1989년 18.6%로 증가했다(허재준 2012, 350).

농민들 역시 시위대열에 합세했다. 농산물수입에 반대하고 농가부채 탕감을 요구하고 쌀수매가 인상을 요구하는 시위가 전국적으로 확산되었다. 노태우 정부는 경제민주화 차원에서 노동자와 농민의 요구를 수용했고 정부 초기 기간 동안 노동자의 임금은 1988~1992년 기간 중 연평균 18% 정도 상승했다(송치영 2012, 317). 전두환 정부 기간인 1984~1986년 동안 연평균 8~9% 상승한 것에 비하면 매우 큰 폭의 상승이라 할 수 있다(정정길 1994, 312). 또 3당 합당이 단행된 1990년 이후 인상폭이 줄었으나 1987~1989년 기간 중 쌀수매가가 14~16% 정도 인상되었다(정정길 1994, 231). 아울러 노정부 기간 동안 연평균 2,500억 원 정도의 지원금을 제공하여 농가부채문제를 완화시키고자 했다(정정길 1994, 305).

사회복지비용 역시 증가했다. 5공 기간 동안 정부예산에서 보건복지예산이 차지하던 비율이 2.8% GDP 대비 0.4%에 불과했으나 노태우 정부 들어 대폭증가하여 각각 4.3%와 0.6%로 급증했다(강신욱 2012, 395). 1986년에 도입이 결정된 최저임금제가 1988년부터 시행되었고 국민복지연금제도와 의료보험이 전국으로 확대 실시되었다.

주택 200만 호 보급 역시 서민복지 향상을 위한 주요한 사업 중의 하나였다. 1987년까지 우리나라의 주택보급률은 낮은 수준에 머물러 있었다. 노대통령은 서민들에게 양질의 주택을 대량으로 공급함으로써 주거복지를 대폭 향상시키겠다는 의지를 관철했다. 짧은 시간에 대규모로 주택을 공급하는 사업은 건설자재 가격의 폭등, 임금상승 그리고 부동산 가격의 상승이라는 부작용을 유발하여 정부 내에서도 반발이 있었지만 강력히 추진되었다. 일산과 분당 등 신도시가 조성된 것도 이러한 사업의 일환이었다. 이로써 주택보급률은 1987년 69.2%에서 1992년 76%로 상승했다(정정길 1994, 307).

둘째로, 노태우 정부는 경제민주화 사업의 일환으로 사회간접자본 확충을 추진했다. 경제안정화 정책을 고수했던 전두환 정부는 사회간접자본에 대한 투자를 최소한의 수준으로 유지했다. 사회간접자본 투자는 대규모 재정지출을 불가피하게 하고 이는 인플레이션을 유발한다는 입장이었다. 그러나 대규모 건설사업을 수반하는 사회간접자본 확충은 일자리를 창출하는 등 서민경제에 긍정적인 측면도 가지고 있었다. 영종도 국제공항건설 그리고 경부고속전철 건설이 대표적인 사업이라 할 수 있다. 물론 부작용도 없지 않았다. 임금의 상승과 사회간접자본투자 증가의 영향으로 1988~1992년 기간 중 소비자 물가상승률은 연평균 7.4%로 증가하여 이전 정부 기간보다 상당히 높은 수준을 유지했다(송치영 2012, 316).

셋째로, 비록 미완에 그쳤지만 경제민주화에 초석이 되는 거시경제제도를 마련하는 작업도 추진되었다. 그 대표적인 예가 토지공개념제도의 도입 그리고 후임 김영삼 정부에 들어 전격 도입된 금융거래실명제였다. 택지소유상한제, 개발이익환수제 그리고 토지초과이득세 등을 내용으로 하는 토지공개념의 도입으로 부동산가격의 안정화가 도모된 점은 긍정적으로 평가할 만하다. 다만 1990년부터 실물경제의 침체가 본격화됨에 따라 금융실명제의 도입이 좌절된 것은 한계로 지적된다. 아울러 경제자유화 프로그램도 당초 계획했던 것보다 진척을 보이지는 못했다.

끝으로 재벌에 대한 규제정책을 본격화한 것은 노태우 정부 후반기의 경제민주화 정책 중 핵심적인 것으로 간주할 수 있다. 1991년 들어 현대그룹의 정주영 회장을 필두로 재벌의 정부에 대한 비판이 증가하고 정치참여가 가시화되자 노태우 정부는 재벌기업에 대한 규제를 강화하기 시작했다. 방만하게 다각화를 시도하여 사업영역을 확대해 온 재벌기업들을 대상으로 주력업체제도를 시행하여 업종전문화를 강요하는 한편 불필요한 사업을 정리하도록 하는 구조조정정책을 추진했다. 대기업들이 상호지급보증 그리고 상호출자를 통해 다각화를 추진하는 것을 규제하고자 했다. 아울러 출자총액제한제도, 부당내부거래 행위규제, 금융 및 보험회사 의결권 제한, 채무보증제한제도 그리고 여신관리제도를 도입하여 재벌에 의한 경제력집중억제를 규제하고자 했다(조성욱 2012, 332-335). 아울러 재벌기업들이 부동산에 과도하게 투자함으로써 합리적 경영보다는 부동산차익을 통해 부를 축적하는 행위를 규제하고자 했다. 재벌의 정치참여에 대해 노태우 정부가 강력하게 대응한 것은 과도하게 성장한 자본의 힘이 정부의 정치적 역량을 위축시킬 수 있다는 우려에서 비롯된 것이었다. 이는 노동의 조직적 협상능력을 제고하는 한편 자본의 과도한 영향력 발휘는 억제시킴으로써 양자 간의 균형을 유지해야 한다는 경제민주화전략의 한 부분이라고 평가할 수도 있을 것이다.

노태우 정부의 경제민주화정책은 1990년을 기점으로 사실상 종료되었다. 이러한 변화에 결정적인 영향을 준 것은 경제적 위기의 등장이었다. 1986년부터 시작된 경제호황은 1989년 무역수지 흑자가 대폭감소하고 1990년 적자로 돌아서면서 사실상 끝이 났다. 경제민주화정책으로 인한 산업관계의 불안정화, 대통령과 정부의 경제관리에 대한 상대적 무관심 그리고 한국기업들의 수출경쟁력 약화현상이 복합적으로 작용하는 가운데 민간부문 특히 재벌기업들의 정부에 대한 불만과 비판이 증폭되었다. 특히 이들의 비판은 단순한 정책적 비판을 넘어 정권의 무능에 대한 비난으로 확대되었고 결국 정주영 현대그룹 회장을 비롯하여 재벌기업인들의 정치참여현상으로 발전하기에 이르렀다.

경제민주화 정책에도 불구하고 노동세력이 노태우 정부에게 우호적인 입장으로 돌아선 것도 아니었다. 그간 억눌렸던 욕구가 폭발한 노동세력과 농민들은 정부의 상대적으로 호의적인 정책에도 불구하고 비판적인 입장을 버리지 않았다. 결국 노태우 정부는 1990년대 들어 재벌, 노동 그리고 시민 모두로부터 비판의 대상이 되는 고립적 상황에 봉착하게 되었다.

당초 민주화와 북방정책에만 열정을 쏟았던 노태우 대통령 역시 기존의 입장을 고수하기 어려운 상황에 봉착했다. 노대통령은 정치와 경제의 분리정책을 지향했으나 막상 국가의 경제상황이 악화되자 여론은 경제를 방치하는 정부라는 취지의 비난을 쏟아냈다. 게다가 정권의 출범과 더불어 전개된 여소야대의 상황으로 인해 노태우 정부는 5공청산과 같은 국내정치 어젠다에 에너지를 소비한 채 발전적인 전략을 수립하고 추진할 여유를 상실하고 말았다.

결국 노태우 대통령은 정국을 전환시킬 방법을 모색하기에 이르고 이는 보수적 3당 간의 합당을 통한 민주자유당의 창당으로 이어졌다. 1990년 2월 15일 김영삼의 통일민주당 그리고 김종필의 신민주공화당과 합당을 통해 국회 전체 의석의 72.2%(216석)를 차지함으로써 단숨에 여소야대정국을 여대야소의 상황으로 전환시켰다. 이와 더불어 정치경제사회의 분야에서 정부의 정책이 보수적인 방향으로 급선회하기 시작했다.

이러한 변화의 계기를 가장 잘 보여 준 것이 1989년의 현대중공업 사태였다. 100일 이상 지속된 파업과 폭력사태를 지켜보던 노태우 정부는 3월 여론의 압력을 등에 업고 공권력을 발동했다. 사태가 악화되기를 기다리다가 개입의 명문을 얻은 것이었지만 이러한 방식 자체에 대해 국민들이나 재벌의 시선은 곱지 않았다. 무능한 정부에 대한 실망감이 점점 확산되는 경향마저 나타났다.

높은 임금상승률 그리고 원화의 평가절상으로 인해 한국상품의 국제경쟁력이 급속하게 약화되는 상황을 맞이하자 이를 돌파하기 위한 수단으로 보수로의 회귀 그리고 거대야당의 수립이라는 전략을 채택하게 되었던 것이다. 그리하여 노동운동에 대해 강경진압으로 선회한 결과 노사분규가 1989년 1,616회에서 1990년의 322회로 급감했다(정정길 1994, 309). 이승윤 부총리와 김종인 경제수석(1990.3~1991.2) 체제가 구축되면서 경제민주화의 추진은 사실상 종료되고 정부는 재벌들의 요구를 수용하는 입장으로 선회했다.

앞서 언급했듯이 토지공개념을 완화시키고 금융실명제의 실행을 유보했다. 4.4경제활성화종합대책을 발표하여 노동자의 임금상승 억제를 도모하고 금리인하를 통해 투자를 촉진하는 정책을 폈다. 이는 정부의 개입을 통한 일종의 경기부양책이며 아울러 친노동보다는 친자본적 성격을 내포하고 있었다. 비록 정권 말기에 재벌들에 대한 규제책이 강화되기는 했지만 전체적인 정책기조는 더 이상 경제민주주의적이지 않았다. 1991년 취임한 최각규부총리는 국가의 차세대 먹거리를 준비하기 위해 국가가 적극적인 역할을 해야 한다는 입장을 견지했다. 재벌의 사업구조를 조정하여 특정 업종에 집중하도록 하는 신산업정책을 추진하는 등 정부의 역할을 강화하는 방향으로 전환했다.

노태우 정부의 경제민주화정책을 평가함에 있어서 가장 중요한 문제점은 노동세력의 제도화를 관철할 의지를 갖고 있지 못했다는 점이었다(이장규 외 2011). 앞서 로버트 달의 견해를 통해 설명했듯이 경제민주화의 가장 근본적인 문제의 식은 노동과 자본 간의 힘의 균형을 조성하는 것이다. 노동자는 다수이나 자본이 없고 자본가는 소수이나 자본을 장악하고 있다. 민주주의와 자본주의를 보는 두 시각 즉 일인일표(one man one vote)논리와 일전일표(one dollar one vote)의 논리가 조화를 이룰 수 있도록 하는 것이다. 그 방법은 노동으로 하여금 조직화를 통해 다수의 힘을 발휘할 수 있도록 하는 것이고 그리하여 자본의 힘을 견제할 수 있도록 하는 것이다.

그런데 노태우 정부의 접근법은 노동의 조직화, 세력화 그리고 참여화는 결국 배제한 채 정부의 힘을 통해 재벌 즉 자본의 힘을 억제하는 데만 정책의 초점을 맞추었다. 그러다 보니 결국 자본과 노동으로부터 공히 외면을 당하는 결과에 봉착했던 것이다. 이러한 정책적 오류는 노태우 대통령 자신의 오류라기보다는 경제민주화를 재벌규제의 관점에서 소개한 김종인 등 경제자문가그룹의 문제였다고도 볼 수 있을 것이다. 전두환 정부가 입법화한 공정거래제도에서도 보듯이 경제력이 재벌의 손에 집중되는 것을 일반 시민과 노동자의 이익을 위해 규제하기보다는 정권에 도전할 가능성에 대한 우려의 시각에서 접근했다. 제6공화국 헌법의 경제민주화 조항도 재벌이 국가와 사회에 도전할 경우 이를 규제하는 내용이지 진정으로 노동의 힘을 증진시켜 주는 내용이라고 보기 어렵다.

또 하나 지적할 수 있는 것은 노태우 정부가 경제민주화의 일환으로 애착을 가지고 추진하던 사회복지증진정책도 분명한 한계를 가지고 있었다는 점이다. 물론 앞서도 언급했듯이 보건복지예산이 이전 정부에 비해 증가한 양상은 있지만 그렇다고 해서 노태우 정부가 부의 재분배정책을 적극적으로 추진한 것이라고 보기는 어렵다. 노태우 정부의 복지정책은 여전히 보수적이었다. 즉 성장에 기반한 복지정책이었다. 복지의 증진은 성장을 저해하지 않는 범위에서 이루어져야 한다는 경계가 분명했다. 경제성장률을 가급적 높이고 여기서 생기는 재정적 여유를 바탕으로 복지제도를 확충했던 것이다. 이는 1980년대 중후반에 닥쳐 온 3저호황 그리고 노태우 정부의 탄력적인 임금정책 그리고 사회간접자본투자의 확대등에 힘입어 경제성장률이 10% 이상으로 유지되었기에 가능했다. 물론 그 결과 1988년 이후 물가상승률은 5%를 상회했고 주택가격도 25% 이상 상승하는 부작용이 있었다(강신욱 2012, 389). 따라서 보수적 사회복지정책의 지속가능성은 매우 제한적일 수밖에 없다는 한계가 있었다.

사실 경제민주화의 초기 단계에 노동의 힘을 제도화시키는 작업은 현실적으로 쉽지 않다. 과대 성장한 재벌을 규제하는 것이 보다 손쉬운 방법이었을 것이다. 이런 관점에서 본다면 노태우 정부의 경제민주화작업은 국가에 의한 온정주의적 노동복지개선 작업이라고 보는 것이 더 적절하다. 노동복지향상과 재벌규제의 두 조합을 경제민주화로 보고 있지만 노태우 대통령 자신도 그리고 정부 자체도 경제민주화 정책의 본질을 분명하게 인식하고 있었던 같지는 않다. 아마도 노태우 대통령의 회고록(노태우 2011)에서 보듯이 경제정의의 실천이라는 관점에서 경제민주화를 인식했다고 보는 것이 더 적절한 것으로 보인다.

V. 왜 경제민주화였나?

노태우 정부의 경제민주화정책이 성공적으로 마무리되었다고 평가하기엔 무리가 있다. 그러나 어느 정부가 들어섰다고 하더라도 당시 경제민주화정책은 채택되었을 가능성이 높고 노태우 정부와 마찬가지로 시행에 어려움을 겪을 것으로 예상된다. 우리는 발전국가를 통한 국가주도적 자본축적 과정을 거치고 난 후 이 과정에서 발생한 불평등과 분배의 문제를 해결할 수 있는 기간을 경험하지 못했다. 노태우 정부의 경제민주화가 바로 그러한 시도를 한 기간이었는데 국내외의 여건 그리고 정부의 제한된 역량으로 인해 충분하게 해소하지 못했다.

노태우 정부가 경제민주화 정책으로 어려움을 겪는 것을 목격한 김영삼 정부는 신우파적인 패러다임을 도입하고 경제자유화 정책에 박차를 가했다. 게다가 정권 말기에 동아시아 금융위기가 발생하여 한국경제가 IMF체제로 편입되면서 신자유주의적 신우파개혁은 더욱 가속화되었다. 2008년 미국발 금융위기가 발생하자 이명박 정부는 보수적 입장으로 더욱 회귀하였고 친기업적 산업정책을 도입하고 국가가 신산업육성에 다시 적극 개입하는 정책을 추진했다. 박근혜 정부는 이명박 정부하에서 발생한 불평등의 악화와 빈부 간의 격차심화를 해소하겠다며 경제민주화를 선거 공약으로 내세웠다. 그러나 정부수립 1년 만에 이를 사실상 폐기하고 산업정책 성격이 강한 창조경제를 내세우며 이명박 정부와 마찬가지로 보수적 경제운영으로 회귀하고 말았다. 박근혜 정부가 조기에 탄핵으로 종결된 데에는 자신이 공약했던 경제민주화 정책을 끝까지 추진하지 못한 것이 하나의 원인이었던 것으로 보여진다. 이처럼 경제민주화는 추진하기가 어렵지만 자본주의 발전과정에서 한 번은 꼭 거쳐 가야 하는 단계이기도 하다. 슘페터(Schumpeter 1996)가 지적한대로 자본주의는 사회주의적 요소를 흡수할 수밖에 없는데 역설적으로 그 과정을 통해서 더 단단해지고 안정된 체제를 만들게 된다.

우리나라에서 중상주의적 발전국가의 문제가 부각되면서 자본주의모델이 민주주의적 요소를 좀 강하게 내포해야 할 필요성은 꾸준히 제기되었다. 시장에 공정한 경쟁이 살아 있어야 하고 권력 간에는 견제와 균형의 원리가 작동해야 하기 때문이다. 특정 개인 또는 집단이 시장을 독점하거나 권력을 독점하는 것은 권위주의를 유발할 가능성이 높다. 권위주의는 개방적이고 자유로운 경제를 용납하지 않는다. 발전자원을 분배할 수 있는 권력을 독점하기 위해서이다. 우리가 민주주의를 필요로 했던 이유는 참여와 분배와 형평의 가치 때문이었다.

노태우 정부가 비록 경제민주주의에 대한 관심을 갖고는 있었으나 그 필요성을 절감한 것은 아니었던 것으로 보인다. 제6공화국 헌법 개헌 당시 정부와 여권 그리고 재벌 등의 반대가 심했고 그러한 경향은 정부출범 이후에도 사라지지 않았다. 적어도 정치민주화는 공론화되었으나 경제민주화는 경제정의라는 이름으로 포장되었다. 실제로 학계에서도 여전히 경제성장론자와 민주주의자 간의 논쟁은 진행 중이다. 중상주의적 또는 보수적 경제성장론자들은 국가중심주의를 옹호하면서 민주주의가 변화에 대응하는 데 너무 늦고 사회적 질서를 수립하는 데 장애가 된다고 비판한다(이연호 2009, 157-174). 민주주의하에서 정치인들은 자신의 지지자들이 요구하는 단기적 이익을 수용해하 하므로 국가의 미래를 위한 장기적인 정책을 수립할 수 없다고 주장한다. 물론 민주주의가 발전에 항상 기여하지는 않는다. 기존의 통계적 연구에 의하면 정치체제의 종류, 즉 민주주의인가 권위주의인가는 경제성장과의 상관관계를 별반 보여 주지 못한다고 한다. 하지만 경제적으로 선진국인 대부분의 국가들이 민주주의적인 정치체제를 운영하고 있는 것이 현실이다.

경제민주주의는 단기적이고 압축적인 성장보다는 장기적이고 지속적인 발전에 더 잘 기여할 수 있다. 국가의 시장간섭과 같이 직접적이고 드라마틱한 효과는 작을지 몰라도 보다 안정적인 효과를 보장해 준다. 게다가 민주주의적 발전전략은 성장과 더불어 분배와 형평의 문제에 보다 관심을 갖게 해 준다. 국가주도적 발전전략은 경제성장이 이루어지면 민주주의는 결과적으로 달성될 것이고 그 후 분배에 관한 해법이 모색될 것이라고 상정한다. 그러나 분배와 형평의 문제가 해결되지 않고 지연되면 사회경제적 긴장이 고조되고 이는 결국 정치질서의 불안정을 가져와 정치적 비용을 증대시킨다. 경제발전 초기단계에는 사회적 불만을 권위주의적으로 억누를 수 있겠지만 경제발전의 수준이 높아지고 시민사회의 역량이 축적될수록 억압비용은 급격하게 증가한다.

국가가 과도하게 시장과 사회에 간섭하는 발전전략은 민간부문을 통제함으로써 중산층과 시민사회와 노동의 불만을 야기할 가능성이 높다. 경제수준이 높아져 민간부문의 역량이 축적되면 정부의 일방적인 주도는 중산층과 노동의 반발을 야기할 수밖에 없다. 심지어 민간부문의 역량이 정부의 역량을 압도하는 상황에 필연 도달하게 된다. 알량한 정치적 통제기술로 국가가 시장과 사회를 통솔하는 데는 한계가 있을 수밖에 없다. 그래서 발전된 자본주의를 안정화시킬 수 있는 장치로 경제민주주의의 필요성이 제기되는 것이다.

노태우 정부가 특히 노태우 대통령 자신이 얼마나 정확하게 경제민주화의 원리를 이해하고 있었는지에 대해서는 다소 논란의 여지가 있다. 경제민주화는 제6공화국 헌법의 가장 중요한 요소였던 것은 분명하지만 선언적 성격에 머무른 측면도 강하다. 무엇보다도 시민과 노동의 적극적인 참여에 부담을 가지고 있었다. 노태우 대통령(노태우 2011)이나 다른 정부관계자(문희갑 1992)의 회고록에서는 경제정의라는 이름으로, 그리고 여타 정부문건(공보처 1992)에서는 경제자율화라는 이름으로 경제민주주의 정책이 묘사되고 있을 뿐이다. 그러나 큰 맥락에서 보면 경제민주주의의 등장은 구조적으로 불가피한 현상이었다. 이를 정면으로 수용하고 돌파하지 못한 것은 노태우 정부뿐만 아니라 모든 정부의 공통된 문제였다. 심지어 2017년 박근혜 정부가 조기 퇴진한 것도 이러한 맥락에서 이해할 수 있을 것이다.

참고문헌

강신욱. 2012. "노태우 정부 복지정책의 성취와 한계." 강원택 편. 『노태우 시대의 재인식: 전환기의 한국사회』, 379-405. 파주: 나남.

강철규. 1999. 『재벌개혁의 경제학』. 서울: 다산출판사.

김종인. 2012. 『지금 왜 경제민주화인가』. 서울: 동화출판사.

공보처. 1992. 『제6공화국: 노태우 대통령 정부 5년』. 정문사문화.

남찬섭. 2000. "한국 복지제도의 전개 과정과 성격." 한국사회과학연구소 사회복지연구실 편. 『한국 사회복지의 현황과 쟁점』, 17-47. 서울: 인간과복지.

노태우. 2011.『노태우 회고록 하: 전환기의 대전략』. 서울: 조선뉴스프레스.

롤즈, 존 저·황경식 역. 2003.『정의론』. 서울: 이학사.

문희갑. 1992.『경제 개혁이 나라를 살린다』. 서울: 행림출판.

변형윤. 1992. "경제민주화의 의의와 과제." 변형윤 외.『경제민주화의 길』서울: 비봉출판사.

샌델, 마이클 저·이창신 역. 2010.『정의란 무엇인가?』. 서울: 김영사.

송치영. 2012. "노태우 정부의 주요 경제정책 평가: 성장, 금융 자유화 및 개방, 물가안정화 정책을 중심으로." 강원택 편.『노태우 시대의 재인식: 전환기의 한국사회』, 295-324. 파주: 나남.

이연호. 2009a.『발전론』. 서울: 연세대학교 출판부.

_____. 2011. "노르딕 사민주의의 이론적 이해."『통일연구』15집 1호.

_____. 2013.『불평등발전과 민주주의』. 서울: 박영사.

이장규 외. 2011.『경제가 민주화를 만났을 때: 노태우 정부의 재조명』. 서울: 올림.

이재율. 1992. "경제적 정의의 추구." 변형윤 외.『경제민주화의 길』, 서울: 비봉출판사.

정정길. 1994.『대통령의 경제리더십』. 서울: 한국경제신문사.

조성욱. 2012. "기업과 정치권 관계 전환기의 대기업정책." 강원택 편.『노태우 시대의 재인식: 전환기의 한국사회』, 325-341. 파주: 나남.

허재준. 2012. "노태우 정부 노동정책의 의의와 위상." 강원택 편.『노태우 시대의 재인식: 전환기의 한국사회』, 343-378. 파주: 나남.

통계청. 2017. "국가주요지표: 지니계수." http://www.index.go.kr/potal/main/EachDtlPageDetail.do?idx_cd=4012(검색일: 2017.09.14.)

Prezworski, Adam. 1985. Capitalism and Social Democracy. Cambridge: Cambridge University Press.

Schumpeter, Joseph A. 1996. Capitalism, Socialism and Democracy. Routledge.

The Economist Intelligence Unit. 2015. "Democracy Index 2015: Democracy In An Age of Anxiety." https://www.yabiladi.com/img/content/EIU- Democracy-Index-2015.pdf(검색일: 2017.09.14.)

제9장

북방정책, 30년의 평가

박인휘 · 이화여대 국제대학원

I. 서론

한국 현대정부 수립인 1948년 이후 지정학적 특성, 분단 상황, 냉전 구도 등 다양한 요인으로 인해 외교정책 분야에서 우리 정부의 자율성이 반영된 경우는 극히 드물었다. 1988년 2월부터 1993년 2월까지 임기를 수행한 노태우 정부는 매우 예외적으로 한반도 안보환경을 타개하기 위한 능동성과 자율성이 전제가 된 '북방정책'을 추진한 것으로 평가된다. 북방정책이 실은 이미 오래전 박정희 정부 시절의 구상을 이어받은 것이라거나, 국제체제 수준의 세계사적 변화를 한반도적 상황에 맞게 수용한 결과라거나, 혹은 결국 북방정책의 성공적인 수행은 아이러니컬하게도 후일 북한이 핵개발에 매진하게 만들었다거나 등의 소극적 및 부정적인 평가가 존재하는 것도 사실이다(김연철 2011; 박인휘 2013). 그럼에도 불구하고, 세계사적 전환기라는 환경하에서 집권한 노태우 정부가 국내외적 민주화의 열기를 토대로, 나름의 전략적 판단하에 이러한 전환기적 동력을 외교정책 차원에서 적극 반영하기로 한 의도, 과정, 그리고 결과 자체를 부인할 필요는 없을 것으로 판단된다.[1]

노태우 정권이 집권할 당시 한국의 사회 구성적 특성을 규준하는 핵심 축은 두 가지였다. '87년 체제'와 '분단체제'였다고 말할 수 있는데, 흥미롭게도 북방정책은 이 두 축이 맞물린 노력의 결과였다.[2] 왜냐하면 어쨌든 1987년 체제의 결과물로 탄생한 노태우 정권이 당시 한반도를 둘러싼 안보현실의 구조적 모순을 허물기 위한 시도였던 북방정책은 남북한 간 적대적 공생관계로 특징되는 분단체제의 근간을 흔드는 의미 있는 시도였기 때문이다. 북방정책은 이처럼 사회구성적 특성을 반영한 정책적 시도였던 관계로, 7.7 선언, 남북한 UN 동시가입, 헝가리 수교를 통한 북방정책의 첫 결실, 그리고 한소수교 및 한중수교로 이어지기까지, 일련의 프로세스가 진행되면서, 각 단계마다 북방정책을 주도한 동력과 모멘텀은 조금씩 차별적이었다고 볼 수 있다. 어떤 국면에서는 여전히 군사정권의 속성을 완전히 떨쳐버리지 못한 노태우 정부의 외교비밀주의가 핵심 동인이었던 반면, 또 다른 국면에서는 냉전 종식 이후 한반도가 미국의 영향력하에 고스란히 노출되는 결과를 받아들이기 어려운 국제정치적 역학관계가 핵심 동인으로 작용하기도 하였다.

바로 이러한 이유에서 지금까지 북방정책을 분석하고 설명한 많은 연구가 있었음에도 불구하고(하용출 2003; 강원택 2012; 전재성 2012), 노태우 정부 출범 30년이 지난 시점에서 북방정책이 가지는 현대적 의미를 다시 한 번 평가하는 시도는 학문적으로 중요한 노력이라고 생각한다. 냉전 시절 미국 주도의 진영외

---

1. 공식적으로 북방정책은 1983년 6월 당시 이범석 외무장관이 1973년 '6.23 선언' 10주년을 맞이하여 처음 사용한 개념으로 알려져 있고, 그 내용 역시 중국 및 소련과의 관계정상화를 의미하는 것으로 알려져 있다. 하지만 노태우 정부 들어 북방정책이 통일정책과 구체적인 연관성을 가지면서, 한국의 정치경제사회적 반경을 대륙적 차원으로 확장시키자는 '국가대전략'으로 적극 발전된 점은 분명히 인정된다.
2. 87년체제와 분단체제가 사회구성적 차원에서 한국 사회가 경험 및 직면한 주요 현실들을 가장 의미 있게 설명하는 준거틀로 작동한다는 설명은 북방정책 배경을 이해하는 데에 큰 도움이 된다. 관련한 주요 연구는 참고, 김종엽, 「87년체제와 분단체제」(파주: 창비, 2017).

교 틀에서 외교정책의 자율성이 실종되었던 한국 외교가 북방정책을 계기로 외교관계의 외연을 적극 확장시킨 성과가 이후 지금까지 30년의 시간 속에서 어떻게 이어지고 있을까? 북방정책이라는 외교 확장 성과가 가능했던 이유를 다시 한 번 되새겨 지금 상황에 적용해 보고자 한다면 어떤 함의를 도출할 수 있을까? 그리고 북방정책을 가능케 한 외교정책적 자율성 확보 그리고 그 결과로 빚어진 외교다변화에도 불구하고 오늘날 미중패권경쟁 사이에서 한국 외교의 구조적 한계가 더욱 두드러져 보이는 이유는 무엇일까? 본 연구가 해답을 얻고자 시도하는 핵심 질문들이다. 한 마디로 정의하자면, 미중 사이에 끼인 한국 외교의 현 주소가 북방정책 성과의 관점에서 어떻게 설명될 수 있을까에 대해서 답변해 보고자 한다.

북방정책에 대한 기존의 평가가 대체로 긍정적이었던 점은 사실이다. 본 글은 이러한 기존의 평가를 대체로 수용하는 입장이지만, 한편으로 소위 '87년 체제' 30년의 시점에서 현재 우리가 안고 있는 북한 문제와 동북아 안보구조의 딜레마적 상황에 비추어, 북방정책에 대한 새로운 점검이 필요하다는 입장을 밝히고자 한다. 이러한 배경에서 이 글은 먼저 북방정책의 추진을 가능케 했던 핵심 변수들을 점검해 보고, 이어서 북방정책이 몰고 온 한국 외교의 성과 및 구조적 변화가 어떤 의미를 가지는지를 당시의 관점과 현재적 관점을 적극 연결시켜면서 분석해 보겠다. 마지막으로 이 글은 북방정책이 현재 우리나라가 겪고 있는 북핵 문제 및 G2외교 등 외교안보적 어려움과 어떤 맥락에서 맞닿아 있는지를 분석해 봄으로써 87년 체제, 노태우 정부, 그리고 북방정책 30년을 맞이하는 현재적 의미를 새삼 확인해 보고자 한다.

II. 북방정책의 환경과 동인

1. 북방정책의 국내외적 배경

이전의 연구들이 상세하게 밝히고 있듯이 북방정책을 가능케 한 핵심 조건은 세계사적 변화와 국내적 민주화라는 두 변화가 자연스럽게 맞물린 결과였다(전재성 2012, 213-219). 1980년대 중반 이후 글로벌 수준에서 전개되던 탈냉전적 움직임이 소련 및 동구권 사회주의 국가들의 변화와 몰락으로 이어졌고, 국내적으로 당시 민주화 열기의 결과 우리 국민들은 국제무대에서 한국의 위상이 제고되기를 바라면서 이러한 위상제고가 통상관계 확대 등을 통해 경제적 이익을 가져다줌은 물론 궁극적으로 통일을 앞당겨 줄 것이라는 기대감이 작용했던 것이다. 이러한 두 가지 핵심 조건 중에서 어느 변수가 더 지배적인 영향력을 가지고 행사했었는지를 정확하게 판단하기는 어렵다. 다만 돌이켜보면, 상대적인 약소국의 입장에서 북방정책은 소련과 중국으로 대표되는 강대국들을 대상으로 한 외교전략 추진을 전제로 한 것임으로, 아무리 국내적 요구가 거세다고 해도 국제체제적 속성에서 비롯되는 제약적 요소를 거부하기는 어려웠을 것이다(정준오 2015). 따라서 1948년 이후 최초로 한국 정부의 적극적인 의지와 자율성을 바탕으로 한 주도적인 외교전략 추진이었던 측면을 부인하기는 어렵지만, 그럼에도 불구하고 강대국 간 긴장관계의 이완과 1990년을 전후로 미국이 아직 탈냉전기 이후 확실한 세계전략 수립이 채 완성되기 전이었다는 상황적 변수를 부인할 수는 없을 것이다.[3]

아이러니컬하게도 군사정권의 연장선으로 볼 수 있는 노태우 정부가 왜 그 이

---

3. 당시 국제체제의 전환기적 상황을 전재성은 '비패권적 단극체제'로 설명하고 있다. 당시 부시 행정부는 아직 탈냉전기 시대의 구체적인 세계전략을 수립하지 못한 상태였고, 그다음 정부였던 클린턴 행정부에서 '확대와 관여의 전략'이 수립되기 이전인 불완전한 상태였다고 주장한다. 참고, 전재성(2012), p.214.

후 어떤 진보정권보다도 더 적극적인 대공산권 관여정권 및 대북한 포용적 입장을 취했는지 역시 쉽게 설명하기 어려운 문제이다. 현 시점에서 대체로 노태우 대통령과 박철언 특보 그리고 김종휘 외교안보수석을 핵심 구성으로 하는 '엘리트 보수주의'가 탈냉전기 세계사적 변화라는 환경을 만나 '외교 민족주의' 전략을 적극 추진했을 것이라는 설명이 설득력을 얻고 있다(이근 2012, 181-190). 하지만 북방정책 이후 30년간 지금까지 집권한 모든 정부들이 보였던 대북 및 통일정책의 특징을 보면, 기본적으로 한국의 대통령에게 있어서 통일문제는 다른 어떤 정책 영역에도 견줄 수 없을 정도로, 대통령의 리더십과 업적이 고스란히 반영되는 정책영역을 간주하는 경향이 있다. 따라서 엘리트 보수주의라는 이 너서클의 이념적 공동체성의 작용을 부인할 수는 없지만, 이보다는 북한 문제에 대한 무한 책임감을 지니고 있는 한국의 대통령으로서 노태우 정부의 경우 집권 시점에서 인지한 탈냉전적 구조 변화를 한반도 수준에서 적용하고자 한 일종의 불가피한 의도가 깔려 있었다고 봐야 할 것이다.

이러한 문제의식은 노태우 대통령의 취임사 및 7.7 선언에서 구체적으로 발견된다. 노태우 대통령은 취임사에서 "북방에서의 외교적 통로는 통일로 가는 길을 열어 줄 것입니다. 한반도 문제는 기본적으로 남북한 당사자들이 민주적 방식을 통해 평화적으로 풀어나가야 할 것입니다"라고 강조했다(노태우 2010, 417-25). 이러한 강조가 지금까지의 연구에서 설명하듯이, 보수주의 세력의 전략적 유연성을 보여 주는 것인가에 대해서는 재고의 여지가 있어 보인다. 왜냐하면, 당시 많은 국내외 전문가들은 실제로 북한이 얼마 가지 않아서 구사회주의 국가들과 비슷한 길을 걷게 될 것이라는 전망을 하고 있었기 때문에, 북방정책의 기본 스탠스 역시 남북한 간 체제경쟁에서의 완전한 승리와 이와 관련한 외교적 자신감의 표현이었다고 볼 수 있기 때문이다. 따라서 만약 지금과 같이 북한이 핵개발을 포함하여 생존을 위해 여하한 수단과 방법을 가리지 않을 것이라는 판단이 있었다면, 소위 노태우 대통령을 중심으로 한 '엘리트 민족주의'의 생각은 분명 달랐을 것이다.

한편 당시 한국 사회 전반에 걸친 민주화 운동 역시 북방정책을 야기한 중요한 요인으로 평가된다. 기본적으로 1987년 체제를 가능케 한 민주화 운동의 핵심 동인은 소위 '한국형 중산층'으로 알려져 있는데, 밑으로부터의 혁명 혹은 위로부터의 개혁 등이 아닌 다양한 세력들의 협의와 타협으로 이뤄진 한국 민주화 운동의 경우, 그 핵심 세력인 중산층이 경제적 지위, 정치적 참여, 정부정책의 투명성 등에 많은 관심을 보이는 특징을 보였다.[4] 그 결과 한국 중산층의 시민의식과 민주주의 참여의식은 교육, 정보, 언론자유 등에 많은 관심을 보였고, 관련하여 한국을 포함하고 있는 국제사회가 어떤 상황에 직면해 있는지, 한국의 글로벌 위상과 지위가 어떤 수준인지 등에 민감한 반응을 보였던 게 사실이다.

또한 박정희 정권 시절 이래로 지속되어 온 대기업 위주의 경제성장은 수출, 국제금융 활동 등을 통한 해외시장 개척을 필연적으로 요구하고 있었던 바, 북방정책이 지향한 대륙국가들과의 관계개선을 통한 경제성장 비전 역시 매우 중요한 배경 요인으로 평가된다. 북방정책은 일종의 단계적 프로세스의 구성을 보이고 있는데, 우선은 탈냉전적 상황을 맞이하여 한국의 외교관계를 적극 확장시켜 나간다는 구상이고, 다음으로는 그러한 노력을 통해 북한으로 다가가는 통로를 확보함은 물론 나아가 통일을 적극 실천한다는 구상이 이어지고 있다. 마지막으로 대륙국가들로의 진출을 통한 한민족의 생활근거가 과거와는 차원이 다르게 확장되는 단계로 연결되고 있다. 이처럼 북방정책의 추진은 한국의 민주화 과정에서 발견되는 한국형 중산층들의 정치경제적 욕구를 적극 반영한 결과라는 측면이 분명히 있었던 것으로 판단된다.

한편 북방정책은 동북아 질서의 구조적 변화라는 측면에서도 중요한 의미를

---

4. 한국의 민주화 과정이 외국의 기존 사례들과 차별되는 특징에 대해서는 다양한 설명이 있을 수 있으나, 극단적 선택을 하지 않은 다양한 세력들의 영향력이 일정 정도 유지되는 협의적 민주주의 과정의 특징을 보였다고 설명하고 있다. 참고, 임혁백, 「1987년 이후 한국의 민주주의」(서울: 고려대출판부, 2011).

가진다. 사실 냉전 종식 이후 국제정치질서의 변화라는 관점에서 보자면, 아시아의 경험은 유럽에 비할 바가 못 된다. 동구 사회주의의 몰락, 소련의 붕괴, 독일의 통일 등으로 대표되는 유럽의 변화는 그야말로 구조적 및 세계사적 변화를 의미하는 것이었던 반면, 아시아의 경우 천안문 사태 이후 중국의 사회주의는 여전히 견고한 상태였고, 한반도 통일이 당장 일어날 가능성 역시 작았으며, 미국의 대아시아 전략이 완성되기까지는 조금 시간이 걸리기는 했지만, 미국 주도의 동아시아 양자동맹이 해체될 가능성 역시 매우 희박해 보였던 것이 사실이다. 이러한 상황에서 노태우 정부의 북방외교는 탈냉전의 동아시아적 적용을 최적화한 결과였던 것이다.

남북한 통일이라는 동아시아 안보질서가 구조적으로 변화할 수 있는 갑작스런 사건으로 이어지지 않는 상황에서, 북한의 대미 및 대일 외교관계 개선이 동반되지 않는 북방정책은 돌이켜 보면 관련 주요 당사자 국가들이 큰 어려움 없이 수용 가능한 외교질서 변화의 최대치였는지도 모른다. 노태우 정부가 대만과의 수교관계를 포기한 '하나의 중국 정책(One China Policy)' 원칙을 수용하고, 동일한 원칙을(하나의 한국 정책, One Korea Policy) 중국에 관철시키지도 못한 상황에서, 만약 한국의 국제정치적 위상이 강대국에 준하는 처지였다면 오히려 북방정책의 추진이 더 어려웠을 가능성이 크다. 따라서 북방정책은 동아시아 차원의 탈냉전적 안보질서 변화를 현실적으로 가장 적절하게 반영한 결과로 볼 수 있다.[5]

---

5. 북방정책 추진 과정에서 보인 미국의 역할과 입장에 대해서는 다양한 분석과 논란이 존재하는 것이 사실이다. 우리 정부의 독자적인 추진에 상당한 경계심을 품었다는 설명과 함께, 한편으로 미국측과의 협의 없이 독자적으로 준비된 1988년 '7.7 선언'을 미국이 소련과 중국 측에 전달하고 그 내용에 있어서도 높이 평가해 준 점 역시 사실이었다. 참고, 백학순, 「노태우 정부와 김영삼 정부의 대북정책 비교」(성남: 세종연구소, 2012); 박철언, 「바른 역사를 위한 증언 1, 2」(서울: 랜덤하우스중앙, 2005).

2. 노태우의 리더십 및 박철언과 김종휘

북방정책의 성공을 가능케 한 또 하나의 주요 요인으로 노태우 대통령의 리더십과 핵심 참모그룹을 꼽는 경우가 일반적이다. 노태우 정부의 등장과 7.7 선언이 6.29 선언의 정신을 계승하고 있는 점은 사실이지만, 그렇다고 해도 권위주의 정부가 가지는 리더십의 속성은 여전히 강하게 남아 있었다(정준오 2015, 70-75). 박철언 전 장관의 역할로 대표되는 북방정책 추진 과정에서의 '외교비밀주의'는 이러한 권위주의 리더십의 대표적인 특징이라고 하겠다. 물론 노태우 정부는 민주정부 탄생으로의 가교역할을 충실히 수행한 것으로 평가되고, 완전한 민주주의는 아니었지만 민주주의적 시스템의 정착에 많은 노력을 기울인 점은 분명하다.

하지만 외교정책과 대북정책을 주도했던 박철언 당시 청와대 정책보좌관과 김종휘 외교안보수석의 역할은 최고 권력자의 의지를 위임받은 전형적인 폐쇄형 비밀 외교의 추진으로 볼 수 있는데, 사실 이러한 점은 외교정책 분야 연구에서 외교사안의 성격에 따라 '신속주의' '비밀주의' 등의 원칙이 불가피하다는 주장이 있는 바, 북방정책의 경우도 박철언 라인의 존재 자체가 북방정책의 의욕적인 추진과 그 성과를 폄하할 수는 없을 것으로 판단된다.

당시 노태우 대통령은 비밀접촉 비공개특사의 경우 박철언 보좌관을 활용했고, 공개 외교관계에서는 김종휘 수석을 적극 활용한 것으로 알려져 있다. 박철언은 전두환 정부 시절부터 전두환, 노태우 양 대통령의 신임하에 대북 비밀정책을 맡았고, 총 42회의 정상회담 추진 남북비밀회담에서 남측 수석대표를 맡은 바 있다(백학순 2012, 39-40). 노태우 정부 취임과 함께 대북정책 정책의 연속성 차원에서 박철언은 정책보좌관에 임명되었고, 1989년 7월 14일 정무장관에 임명된 이후부터는 북방정책의 모든 공식 업무가 김종휘 외교안보수석의 권한에 놓이게 되지만, 박철언은 북한과의 고위급 접촉 및 소련 중국과의 비밀접촉도 지속적으로 담당했던 것으로 증언한 바 있다(박철언 2005, 422).

앞서 언급한 바와 같이 대북문제와 대소 및 대중외교와 같은 핵심 외교적 이슈는 한국에서 어느 누구도 대신할 수 없는 최고 지도자 고유의 정책영역이다. 이런 관점에서 노태우 대통령이 강조한 '민족자존, 자주능동외교, 당사자원칙'이라는 북방정책의 핵심 기조는 한국 정부에게 최초로 대전략(grand strategy)이라는 지위 부여를 가능케 한 비전의 제시였다. 1987년 6월 항쟁과 6.29 선언을 거치면서 민주화의 열기가 어떤 형태로든 대외관계에 반영되어야 한다는 생각이 자리 잡게 되었는데, 민주화 요소가 외교정책에 투영되는 자연스런 현상이 한반도적 상황에서는 북방정책이라는 방식으로 구현되었다고 볼 수 있다(노태우 2010).

노태우 대통령이 김종인 수석과 박철언 보좌관에게 보인 신임과 이 두 참모 사이의 조화로운 역할분담 역시 북방정책 성공의 주요 요인으로 손꼽힌다. 과거 전두환 정권 때부터 북한 문제에 대한 전문성을 키워 온 박철언은 매우 민족주의적인 성향의 인물로 알려져 있는데, 노태우 대통령과의 인척관계라는 특수한 신분이 아니더라도, 박철언 스스로 엘리트주의, 우파민족주의, 그리고 통일 등에 대한 확실한 신념을 갖췄던 것으로 평가된다(백학순 2012, 21-23, 39-45; 이근 2012, 181-190). 실제로 미국 측의 지속적인 요청에 의해 1989년 4월 미국을 방문한 박철언은 미국 정부와 북방정책을 둘러싼 일종의 조율과정을 경험하게 되었고, 당시 미국은 북방외교가 가지는 우리 정부의 독자적 의지와 비전에 대해서 경계심을 품고 있었던 것은 확실해 보인다. 다만 당시의 국제정치적 상황과 현실 및 한반도문제에서 당사자원칙이 가지는 궁극적인 당위성 등의 요인들이 결합해서 결국 미국 역시 우리의 북방정책 원칙과 7.7 선언을 긍정적으로 평가하고 지원해 주는 입장을 취하게 된 것이다.

김종휘 수석의 역할에 대해서도 다시 한 번 살펴볼 필요가 있는데, 노태우 정부 5년 동안 안보보좌관, 외교안보보좌관, 외교안보수석비서관 등 지속적으로 책임의 범위가 확대되고 지위가 높아지면서, 북방정책 전반에 걸친 추진을 사실상 총괄하는 위치에 있었다. 노태우 정부 임기 5년 전반에 걸친 일관성 있는 북방정책의 추진이라는 관점에서 김종휘 수석의 역할과 지위의 공고한 유지는 의미하는 바가 매우 크다. 1990년 1월 3당 합당 이후 김영삼이 민자당의 대표최고위원에 오르고, 차기 구도를 둘러싸고 박철언과 갈등을 빚게 되자 1990년 4월 13일 박철언은 정무장관 자리에서 물러나게 되는데, 박철언의 경우 국내정치적 정쟁에 쉽게 노출이 되었고, 본인의 스타일 역시 정치적 충돌을 마다하지 않는 성향이었다. 반면 김종휘 수석의 경우 5년 내내 북방정책 추진의 최고 참모로서 박철언과의 갈등을 사전에 스스로 제거하면서, 노태우 대통령을 보좌하는 조화로운 조력자 역할을 성공적으로 수행한 것으로 평가된다. 한 마디로 민주화로 나아가는 단계이지만 외교안보라는 특성상 권위주의 시절의 '외교비밀주의'가 일정 부분 가능했고, 노태우 대통령은 두 핵심 참모와 함께 이를 실천하는 리더십을 보였던 것이다.

III. 북방정책, 동북아질서, 그리고 한국외교

1. 북방정책의 프로세스적 구성과 성과

북방정책이 구체적으로 어떤 성과를 거뒀고, 그러한 성과가 한국외교에 구체적으로 어떤 변화를 가져다주었는지 관련하여 북방정책이 구성하고 있는 단계론적 발전 목표 및 과정에 관심을 가질 필요가 있다. 북방정책은 '환경조성', '남북관계 개선 및 북한 문제', 그리고 '한반도 경제사회문화권의 대륙적 확대', 이렇게 3단계로 구성된다(전재성 2012b, 209). 실현가능성, 북한 문제의 민감성, 한국의 위상 제고 등 여러 가지 요인들을 복합적으로 잘 고려하여 정책이 준비된 것으로 판단된다. 이러한 단계적 구성을 이룬 프로세스적 접근은 실천과정에서도 효과적으로 적용되어, 일찍이 우리가 경험하지 못한 국가대전략으로서의 정책적 완결성을 지녔다고 평가해도 과언은 아닐 것이다.

　이러한 프로세스적 구성과 성과를 좀 더 자세히 살펴보면, 노태우 정부 북방정책의 철학적 바탕이 되었던 가치는 '민족자존', '자주외교', 그리고 '한반도문제의 당사자원칙'으로 압축된다. 정부 출범 직후 제시된 4대 국정지표에서도 '민족자존'이 제일 앞에 강조되고 있으며, 7.7 선언의 공식적인 명칭 역시 '민족자존과 통일번영을 위한 특별선언'이었다. 앞서 언급한 노태우 대통령을 포함한 박철언 김종휘 등으로 대표되는 엘리트민족주의자들의 핵심 가치가 민족자존이었다면, '자주외교'는 그러한 가치를 외교적으로 실천하는 구현방식이었던 셈이다. 냉전기 동안 우리 외교관계를 규준하던 대미 및 대일 의존적인 외교관계에서 벗어나 한국의 국가이익에 기반한 외교전략을 구상해 보자는 의도였다. 사실 약소국적 지위에 있던 많은 국가들은 각자 다양한 기회를 통해서 스스로에게 가해지는 외교관계의 구조적 한계를 벗어나고자 시도하게 되는데, 한국의 경우 이러한 시도가 탈냉전적 국제질서 변화의 시점에서 발생한 것이다.[6]

　여기서 잠시 7.7 선언의 내용을 살펴볼 필요가 있는데, 1988년 발표된 이 선언은 북방정책의 '공식화' 및 '론칭'으로 볼 수 있다. 여기에는 북방정책의 철학, 방향성, 그리고 목표의식을 분명히 담고 있는데, 7.7 선언은 6개항의 구체적인 정책을 제시하고 있다. 남북한 간 인적 상호교류, 이산가족 상호방문, 남북 간 교역을 민족내부 교역으로 간주, 민족경제의 균형적 발전 및 우방국의 대북한 교역 불반대, 남북 간 소모적인 경쟁의 종결, 북한의 관계개선 협조 및 사회주의 국가들과의 관계 개선을 주요 내용으로 포함하고 있다.

　북방정책의 1단계는 구공산권 국가들과의 수교를 통해 한반도 통일을 위한 보

---

6. 국제체제의 상대적인 약소국들이 강대국 의존적 외교관행에서 벗어나고자 하는 시도는 다양한 계기를 통해서 시도되는 것으로 알려져 있는데, 전쟁, 경제성장, 민주화, 리더십 체인지 등 다양한 요인들이 작동하고 있는 것으로 평가된다. 관련한 대표적인 연구로는 참고, Christine Ingbristen, ed. Small States in International Relations (Seattle, WA: University of Washington Press, 2006); Jeanne A. K. Hey, ed. Small States in World Politics (Boulder, CO: Lynne Rienner Publisher, 2003).

다 우호적인 외교안보환경을 조성하고 나아가 통상관계의 확대를 통한 경제적 이익도 확보하겠다는 판단이 작용하였다. 북방정책의 첫 성과는 1989년 2월 1일 체결된 헝가리와의 수교인데, 사회주의권의 해체에 따른 결과 헝가리 경제는 치명적인 상황에 놓여 있었고, 국내정치적으로도 민주화에 대한 요구가 급격하게 높아진 상황이었다. 또한 헝가리는 사회주의 국가들 중에서 상대적으로 소련의 영향력으로부터 벗어나 있는 상태였고, 한국과 헝가리 간 수교는 강대국 간 외교관계의 개선이 아닌 관계로 한국의 입장에서 상대적으로 국제정치적 구조적 제약 없이 신속하게 이뤄 낼 수 있었던 것이다(정준오 2015, 78–81).

소련 및 중국과의 수교를 북방정책의 1단계로 간주하는 이전 연구들이 있으나, 엄밀한 의미에서 사회주의 종주국들인 이 두 나라와의 수교는 북방정책의 궁극적인 목표인 북한 문제 해결을 위한 환경조성이라는 의미가 있지만, 한편으로는 한소수교 및 한중수교 자체가 북방정책의 목표라는 성격을 가지는 것으로 보인다. 왜냐하면 여타의 사회주의권 국가들과의 관계개선과는 달리 소련과 중국은 강대국적 지위가 확고한 국가들로 국제체제의 구조적 질서 변화에 직접적인 영향을 미치는 행위자들이다. 상대적으로 약소국인 한국의 입장에서 이러한 국가들을 상대로 외교관계를 수립한다는 것은 북방정책이 추구하는 궁극적인 지향점과 구체적으로 맞닿아 있다는 해석이 가능한 것이다.

소련 및 중국과의 수교 이전인 1989년 유엔총회에서 최종 결정되었고, 1991년 가을 남북한이 동시에 공식 유엔회원국이 되었다는 사실 역시 북방정책이 경험한 일련의 프로세스상에서 중요한 길목에 위치한 커다란 사건이 아닐 수 없다. 30년이 지난 오늘날의 시점에서 당시의 유엔가입은 매우 논쟁적인 사안인데, 유엔가입은 국제정치적 거대 흐름을 활용하면서 북한에 대한 담대한 포용적 접근에서 이뤄진 결정이었지만, 북한 문제가 전혀 해결 기미를 보이지 않는 현시점에서는 남북한 관계를 별도의 명백한 국가 간 관계(inter-state)로 간주하게 만드는 중요한 기준이 되기 때문이다. 특히 북핵문제를 해결할 수 있는 유력한 대안의 하나로 거론되는 평화체제 관련 논의가 향후 만약 우리 정부의 의도와는 다른 방향으로 흘러가게 되는 경우, 유엔 동시 가입은 북한이 전략적으로 의도하는 영구분단의 빌미를 제공할 개연성이 있다는 점을 집고 넘어갈 필요가 있어 보인다.

북방정책을 추진하기 위한 우리 내부의 대내적 환경조성의 차원에서 1989년 우리 정부는 '한민족통일공동체' 방안을 공식 발표하게 되는데, '자주, 평화, 민주'를 핵심 3대 원칙으로 삼으면서, '남북한 신뢰 구축, 남북관계연합, 단일국가 완성'의 3단계 발전 모델을 제시하고 있다. 주지하는 바, 1989년을 기준으로 30년이 다 되어가지만 1994년 한 차례 미세 개정을 거친 '민족공동체통일방안'은 지금까지도 우리 정부의 유일한 통일로드맵으로서의 지위를 인정받고 있다. 박철언의 증언에 따르면, 그는 한민족공동체 통일방안의 발표 전인 1989년 9월 7일 북측과의 비밀회담에서 북측 대표 한시해에게 이 방안의 공식 발표와 그 내용을 사전에 설명해 주었던 것으로 밝히고 있다(백학순 2012, 62-63에서 재인용).

7.7 선언으로 탄력을 받은 남북관계의 개선 분위기는 이후 수차례에 걸친 실무급 및 고위급 회담을 거쳐 마침내 1991년 12월 서울에서 개최된 제5차 고위급회담에서 '남북기본합의서'가 완전 타결되기에 이른다. 또한 연이어 12월 말 판문점에서 별도 열린 남북고위급회담 대표 접촉에서 '한반도 비핵화에 관한 공동선언'을 채택하게 되었다. 이어서 1992년 2월 평양에서 개최된 제6차 고위급회담에서 남북은 남북기본합의서 및 한반도 비핵화 공동선언 관련한 '남북고위급회담에 따른 분과위원회 구성과 운영에 관한 합의서를 서명 및 발표시키게 된다.[7] 돌이켜 보면, 한국전쟁 이후 지금까지 당시 시기만큼 남북한 대화가 활발하게 진행된 적이 없었고, 피상적인 수준에 그쳤다고 하더라도 남북 사이의 신뢰의 형성이 가능할 것 같은 생각이 들었던 적도 없었다.

---

7. 참고로, 1989년 2월부터 1992년 9월까지 양측의 총리를 수석대표로 총 여덟 차례의 남북고위급회담이 서울과 평양을 오가며 개최되었다.

한편, 소련과의 수교는 1990년 6월 4일 한소 두 정상이 샌프란시스코에서 정상회담을 통해 합의한 내용을 토대로 1990년 9월 30일 뉴욕에서 양국의 외교장관에 의해 최초 서명되었다. 이후 노태우 대통령의 1990년 12월 소련 방문 그리고 1991년 4월 고르바초프 대통령의 한국 방문으로 이어지는 일련의 성과들이 뒤따랐다. 당시 소련의 입장에서 한소수교는 탈냉전기를 맞아 어떤 형태로든 태평양 지역에서 소련의 영향력 강화를 추진하겠다는 전략적 계산이 깔려 있었고, 한편으로는 아직까지 해결되지 않은 대소련 30억 불 차관이 적잖은 역할을 한 것으로 평가된다. 또한 당시 소련은 북한과의 유대 관계도 지속함으로써 남북한 각각에 대하여 정책 지렛대를 가지는 기회를 만들고자 했던 것이다.

중국의 경우 좀 더 복잡한 상호 간 외교적 속셈과 절차 과정을 거치게 되는데, 중국의 입장에서 한국과의 수교를 추진하기 위해서는 두 개의 큰 걸림돌을 넘어서야만 했다. 하나는 한국에 대한 정치적 실체 인정이 전제가 되어야 하는데, 소련과는 달리 한국전쟁 참전국으로서의 특수성도 있고 또한 북한이 오랫동안 주장한 '하나의 조선' 정책을 수용해 온 상황에서 한국의 정치제제 인정은 쉽게 결정할 수 있는 상황이 아니었다. 또한 한중관계를 바라보는 북한의 기본적인 태도 역시 중국을 신중하게 만드는 핵심 요인이었다. 비록 북한이 1980년대 초까지 유지하던 한중관계에 대한 전면적인 부정적 입장에서 1980년대 중반 이후 조심스러운 태도 변화(한중 간 간접 경제교류 및 중국 거주 조선족의 친척 방문 허용 등)가 있기는 했지만, 여전히 북한은 한중관계 개선에 부정적인 입장을 분명히 하고 있었다(이상옥 2002, 3부).

하지만 1991년 9월 남북한 유엔 공동 가입은 중국이 기존의 신중한 접근에서 벗어나, 한중관계 발전의 핵심적인 전제 조건이 해결된 것으로 간주하게 되었는데, 국제법적으로 한국의 정치적 실체를 합법적으로 인정하게 되는 결정적 계기가 되었기 때문이다. 박철언은 당시 덩샤오핑 등 중국 최고지도부 인사들에게 수십 장에 달하는 장문의 비밀서한을 보낸 것으로 알려져 있으며, 결국 1992년

8월 24일 한중 외무장관이 수교공동성명에 서명함으로써 수교가 정식 이뤄지게 되었다(박철언 2005. 185-214).

2. 북방정책과 동북아 안보질서

돌이켜보면 북방정책은 동북아 지역의 안보 현실을 철저하게 인식하였고 이를 반영한 결과였다고 볼 수 있다. 비록 북방정책이 세계사적 수준에서 전개된 국제정치구조의 변화를 적극 수용한 의도는 인정되지만, 핵심적인 의도와 성과는 두 사회주의 강대국이었던 소련 및 중국과의 관계 개선을 통해 이 두 나라를 디딤돌 삼아 북한으로의 접근 및 압박이 더욱 용이할 것으로 봤기 때문이다. 그리고 이 과정에서 남북한이 단일한 정치통일을 이루기 전에 하나의 경제사회공동체로서 새로운 삶의 터전을 확보하는 기회를 제공해 줄 것으로 믿었기 때문이다. 사실 냉전기 동안 동북아는 냉전 구조하의 진영대결을 가장 첨예하게 경험했다고 해도 과언은 아니다. 잘 알려진 바와 같이 서울-워싱턴-도쿄로 이어지는 남방세력과 평양-베이징-모스크바로 이어지는 북방세력은 한국의 정치, 경제, 사회, 문화적 삶을 규정하는 핵심 준거틀이었고, 국가전략적 상상력을 근본적으로 제거하는 우리가 쉽게 넘을 수 없는 국가 운영과 관련한 핵심적인 장치였다. 북방정책은 동북아적 삶의 이러한 부분을 해소시켜 주었다.

하나의 지역안보적 완결성을 가지는 동북아는 북방정책이 추진되던 시기에만 해도 학문적 및 정책적으로 정교한 분석대상은 아니었다. 특정 지역에 속한 정체성을 가진 국가로서 지역안보특성에서 비롯되는 안보위협을 제거하고 관련한 다양한 전략적 고민을 주도하는 경험이 없었기 때문이다. 우리가 어떤 지역에 속한 국가인지, 우리가 속한 지역의 안보가 평화를 확보하기 위해서는 주변국들과 어떤 외교관계를 맺어야 하는지 등을 둘러싼 고민과 노력이 결핍된 채 냉전시기 대부분을 보냈다.

이런 맥락에서 보자면 안보는 특정 지역에서 고유하게 발견되는 '사회적 결사(social association)'에 대한 포괄적인 이해를 필요로 한다. 우리의 문제로 얘기하자면, 한국의 국가이익과 안보적 이해관계, 나아가 평화통일이 우리가 속한 동북아 지역 안에서 어떤 관계적 차원의 의미를 가지는가에 대해서 진지하게 고민해 보지 못했다. 오늘에 이르러 깨달아 보건대, 한국인으로서의 정체성, 한반도, 동북아지역, 그리고 국제사회라는 분절적인 구조를 남북한 통일과 안보 해결이라는 관점에서 적절히 통합시킬 수 있는 노력이 필요하다는 점을 절감하게 된다. 노태우 정부의 북방정책은 이러한 노력이 처음으로 시도되었음을 의미한다. 다시 말해, 세계는 물론 동북아지역에서 우리는 누구인가라는 질문에 대한 대답을 시도한 것이다.

세계 모든 지역은 나름대로 글로벌 차원의 세력관계와 지역 차원의 세력관계 사이에서 일정한 수준의 소통방식을 가지는데, 냉전의 종식은 이러한 소통방식을 근본적으로 변화시켰다. 노태우 정부는 이 전환기의 시점을 활용한 것이다. 유럽을 중심으로 발달한 안보연구가 설명하고 있듯이, '개인-국가-지역'은 글로벌 안보환경 속에서 서로 밀접한 연계성과 정치과정을 거치면서 지역차원의 독자적인 안보 정체성을 확보해 나가게 된다. 예를 들어, 미국과 서유럽 국가 사이에서 발견되는 고유한 지역적 안보정체성, 혹은 중동 지역에서 발견되는 역내 국가들 간 갈등 및 외부 안보환경과 맺는 세력관계 방식이 보여 주는 고유의 안보정체성, 그리고 남미 지역의 경우 유럽과 분리된 미국 영향력하의 글로벌 및 지역적 안보 환경하에서 고유한 지역질서를 만들고자 하는 노력과 그에 대한 반작용이 동시에 전개되었다.

동북아의 경우 서구문명과는 매우 차별적으로 1945년 이후에 이르러서야 이 지역에 보편적인 의미의 주권 개념이 포괄적으로 수용되었다. 주권의 수용과 함께 현대적 의미의 국제관계를 경험하게 되지만 그것은 '냉전'으로 대표되는 매우 구체적이고 강력한 세력관계로의 편입을 의미하였다. 즉, 동북아의 현대 국제관계의 역사는 시작과 함께 미국으로 대표되는 강대국 정치의 역사로 치환되었고, 결과적으로 동북아인들에게는 글로벌 정치와 일정한 '거리'와 '조화'를 이루면서 독자적인 '지역 세력관계'를 구축할 경험이 없었던 것이다.

바로 이러한 맥락에서 북방정책은 한반도 차원에서 작동하는 민주화의 열기와 함께 국내정치적 수준에서 유래하는 안보파괴요인, 즉 북한 문제와 진영외교의 한계를 직시하고자 한 노력이었다. 노태우 정부는 탈냉전적 전환기를 맞이하여 이러한 과정을 제한적이나마 다시 글로벌 수준으로 전환 시키고자 시도하였고, 기존에 작동하고 있던 세력관계와 일정한 매커니즘을 통해 서로 영향을 주고받는 상호작용 속에서 새로운 안보정체성을 추구했다.

IV. 북방정책의 현대적 의미와 시사점

1. 북방정책의 성과와 한계

대표적인 성과 두 가지와 대표적인 문제점 두 가지를 지적해 보고자 한다. 가장 의미 있는 성과는 '4강 외교의 정립'과 앞서 잠깐 언급한 바와 같이 동북아의 기형적인 안보질서를 타개했다는 점이다. 한중수교 이후 한중 간 교역의 발전은 물론 한중일 경제의 상호의존도가 급속하게 증대했을 뿐만 아니라 현재는 한중일 삼국이 전세계 GDP의 25% 이상을 담당하는 세계의 중심으로 성장했다. 북방정책이 이러한 지역성장에 기여한 점은 충분히 인정된다. 또한 외교관계의 비정상성도 해결하여, 비록 북한의 대 서방 국가과의 외교관계가 아직 미완의 문제로 남아 있지만, 동북아 지역의 안정과 평화는 물론 동북아 지역이 글로벌 수준에서 국제안보 전체와 어떤 연계성을 가져야 하는가에 대해서도 적극 고민하고 관련 정책을 제시하는 지역질서의 정상성이 회복된 점 역시 인정된다. 또한 노태우 정부 이후 집권에 성공한 모든 정치집단에게 북방정책은 일종의 '상수'가 되었다. 미중 사이에서 어떤 스탠스를 취해야 하는지, 중국 및 러시아 깊숙이 들어가 유라시아 대륙을 어떻게 활용할 것인지, 북한 문제를 고민하는 보다 큰 그림의 지역적 접근법은 무엇인지, 이런 문제들은 모두 북방정책 이후 우리의 국가전략 안에서 보편적인 문제들로 공고하게 자리 잡게 되었다. 한 마디로 한국 외교의 질적 양적 발전을 견인한 공로는 북방정책에게 있다고 해도 과언은 아닐 것이다.

반면 북방정책의 한계를 중심으로 현대적 의미를 살펴보자면, 무엇보다도 가장 아쉬운 부분은 왜 모든 종속변수를 북한 문제에 국한시켰을까 하는 점이다. 북방정책이 당시 국내적으로 6월 항쟁으로 대표되는 민주화의 정치사회적 열기를 적극 반영하고 있다는 점, 결국 이러한 열기와 관심의 종착은 당시의 관점에서 일종의 통일 지상주의적 관점으로 향할 수 있었다는 점, 여소야대 등 정치적으로 수세의 입장에서 노태우 정부는 결국 대외관계의 성과가 가지는 국내정치적 연결성을 무시할 수 없었을 것이고, 그 결과가 결국 남북관계의 개선에 대한 관심의 집중이라는 점은 충분히 인정된다. 또한 지금의 관점에서 왜 그 당시 북방정책의 모든 귀결이 의도하든 의도하지 않든 북한 문제였냐는 지적은 노태우 정부의 입장에서 다분히 억울한 비판일 수 있다.

그럼에도 불구하고 노태우 정부가 끝나고 바로 뒤이어 북핵문제가 불거지면서 순식간에 한반도 불바다 발언과 북핵위기의 발발은 적어도 당시 상황에서는 북방정책의 성과를 희석시키기에 충분했다. 북방정책으로 긴요하게 닦아놓은 대러시아 및 대중국 외교관계의 성과가 왜 북한의 변화와 비핵화라는 단계로 전환되지 못한 것일까? 결국 북방정책은 한국의 최고지도자라면 누구나 가지는 북한 문제에 대한 무한 책임감으로부터 자유롭지 못하다. 북방정책이 프로세스 차원으로 진행되면서, 단계마다 확보되는 외교 성과들이 각 정책영역의 고유한 메커니즘 속에서 제도적으로 정착되었다면 하는 아쉬움이 남는다. 소련과의 수교는 장기적인 유라시아 활용방안으로 추진되면서 고유한 제도적 장치로 전환되고, 중국과의 수교는 일정부분은 한중관계 속에서 또 나머지 일정 부분은 한미중 관계의 큰 그림 속에서 제도적으로 정착되었으면, 그리고 북한과의 각종 협상과 합의는 남북관계 차원에서 비록 후퇴와 번복은 있었겠지만 있는 그대로 교훈을 축적하면서 남북관계의 제도적 정착으로 구현되었으면 하는 아쉬움과 문제점을 지적해 볼 수 있다.

그리고 지금의 시점에서 돌이켜 보면, 결국 우리는 미중관계의 본질을 꿰뚫어 보지 못했다. 북한 문제는 물론 지금 우리가 처한 최대의 외교현안은 한반도에서 전개되는 미중 간 게임을 우리의 제한적인 역량으로 어떻게 관리하느냐의 문제와 다름 아니다. 지금도 결코 쉽지 않은 문제이지만, 만약 30년 전 북방정책이 최초 시도되던 시점에서 미국과 중국의 글로벌 및 아시아 전략을 조금만 더 자세히 이해하는 혜안을 가졌더라면 하는 안타까움이 앞선다.

특히 이 부분은 북방정책이 전혀 의도한 바는 아니었지만, 결과적으로 북한 문제를 방치한 채 북방정책이 시되된 것이 아닌가 하는 의구심이 들 정도로, 노태우 정부 이후 북한의 생존전략은 극도의 비정상성을 보여 왔다. 소련 및 중국과의 수교 과정에서 북한에 대한 관여의 입장을 조금이라도 더 확실하게 보장받았더라면, 그래서 그 이후 전개된 북한의 일탈행위들이 외교적 차원에서 관리 및 억지되는 환경이 마련되었더라면 하는 문제점을 지적해 보게 된다. 관련하여 북방정책을 추진한 책임자들은 냉전종식이라는 세계사적 변화만큼이나 중국과 북한 사이의 운명공동체적 연대 역시 불가피하게 변하는 부분이 있을 것이라고 생각했을 수 있다. 이러한 판단이 틀린 것은 아니지만, 돌이켜 보건대 북한이 우리보다 한 발 앞서 미국과 중국 사이에 동북아 안보질서를 파괴하지 않는 마지노선에 대한 보이지 않는 합의가 어디였는지를 간파했던 것이 아닌가 하는 자책이 들기도 한다.

북방정책의 성과와 한계를 더욱 비판적으로 바라보는 이들에 의하면 결국 북방정책 역시 대북압박정책의 일환으로 해석될 수 있다(김연철 2011, 81–82). 한편으로는 사회주의권 국가들과의 수교를 통해 북한을 둘러싼 외교환경을 압박하고, 또 다른 한편으로는 우리의 적극적인 대북정책을 통해 북한으로 하여금 변화를 불가피하게 만드는 데 그 궁극적인 취지가 있었다는 설명이다. 압박 이후의 단계에서 북한이 생존에 대한 인식을 어떻게 재규정해 나갈 것인가에 대한 전략적 고민이 부족했다는 비판이 제기될 수 있는 부분이다. 소련 및 중국을 통한 접근 그리고 북한에 대한 적극적인 포용이 북한에게는 더 큰 안보위협으로 받아들여질 수도 있었던 것이다. 한편, 국내정치적 압박 및 예기치 못한 상황 전개로 인해 노태우 정부 말기 시점에서 적극적인 대북정책의 추진이 점차 어려워진 점 역시 북방정책이 절반의 성공에 머물게 만든 요인으로 지목되고 있다.

2. '북방정책 2.0'은 가능한가?

본 글의 근본적인 취지는 북방정책이 가지는 현재적 평가이다. 노태우 정부가 북방정책을 추진할 당시에는 중국의 부상에 따른 미중간 대결의 심화, 핵개발을 통한 북한의 극단적인 생존전략, 결과적으로 한국의 외교적 자율성 상실 등과 같은 상황을 예측하지 못했다. 이러한 미래를 예측하지 못했다는 사실이 북방정책의 공과를 평가하는 데에 얼마나 영향을 미칠 수 있을까? 기본적으로 현재적 상황으로 과거를 이해하고 평가하는 데에는 엄격한 기준이 필요하므로, 노태우 정부가 예상하지 못한 상황의 일정 부분은 이후 세대가 책임질 일이고 또한 일정 부분은 노태우 정부 스스로 책임져야 할 부분이 분명히 있다.

결국 북방정책의 공과와 교훈을 토대로 우리에게 남겨진 근본 문제는 한국의 외교적 자율성을 확보하고 북한과의 화해협력 및 통일을 이룩할 수 있는가에 있다. 냉정하게 얘기해서 현재 미국과 중국 사이에서 동북아 지역만을 놓고 볼 때 한국의 외교적 자율성은 매우 초라한 상황이고, 북한 문제의 주도적인 해결은 6

차에 걸친 북핵 실험으로 인해 더욱 요원해진 상황이다. 모스크바와 베이징을 거쳐서 북방의 대륙을 향해 한국의 국가이익을 진취적으로 성취해 보겠다는 의지는 위태로운 시험대에 올라 있다. 한 마디로 미중 관계의 경쟁적인 측면이 부각되면 될수록, 북한이 야기하는 동북아 위기가 고조되면 될수록 우리 외교의 자율성은 치명적인 수준으로 입지가 좁아질 수밖에 없는 노릇이다.

북방정책 이후 30년 동안의 경험과 반성 그리고 시행착오가 있었으니, 노태우 정부가 제시했던 최초의 문제의식과 정교하게 맞닿을 수 있는 '북방정책 2.0'은 가능할 것인가? 돌이켜 보면, 노태우 정부 이후의 모든 정부는 북방외교를 각자 다양한 목소리로 반복하고 있다고 해도 과언은 아니다. 물론 외교적 목표에 다가가는 접근 방법, 정책옵션의 고려, 기본적인 외교기조의 스탠스 등 다양한 차이점에도 불구하고, 동북아가 처한 외교적 현실을 타개하고 한반도의 안보불안을 근원적으로 해소해야 한다는 문제의식은 노태우 정부 이후 모든 정부가 핵심 외교 어젠다로 삼았다고 해도 과언은 아니다. 구체적으로 노무현 정부의 '동북아 균형자론', 이명박 정부의 '신아시아 외교' 및 '실용외교', 그리고 박근혜 정부의 '유라시아 이니셔티브'에 이르기까지, 그리고 심지어 현 문재인 정부의 '북방경제협력위원회' 추진에서도 노태우 정부의 그림자는 드리워져 있다. 한 마디로 노태우 정부가 제시한 북방정책의 지속적인 추진과 성공을 숙명적인 국가 과제로 받아들이고 있는 것이다.

문제의 핵심은 북방정책 이후 30년 동안 해결되지 않는 동북아의 안보질서의 구조적 개선을 이뤄내고, 이를 통해 북한 문제 해결의 동력을 확보할 수 있을 것인가에 있다. 좀 더 쉽게 질문을 던지자면, 북한 문제를 빌미로 한반도에서 지속적으로 구체화되는 미중 게임을 우리가 극복할 수 있는가의 문제이다. 대체로 다음과 같은 방안을 생각해 볼 수 있다.

첫째, 가장 중요한 점은 북한 문제에 대한 주도권을 어떻게 확보한 것인가이다. 앞서 설명한 바와 같이 북방정책은 프로세스적인 구성을 이루고 있는데, 구

공산권 국가들과의 수교를 통한 환경 조성, 소련 및 중국과의 관계 정상화를 통한 북한을 외교적으로 에워싸는 외교력의 확보, 그리고 7.7 선언 등을 통해서 드러난 대북한 대범한 포용정책이었다. 한국 정부는 북한 문제를 주도적으로 다루지 못하고 있다. 미국과 중국의 한반도 관여를 의도적으로 바라는 북한의 교묘한 생존전략만을 탓하기에는 교훈도 충분히 쌓였고, 남북한 간 관계를 체제경쟁적 관점에서 바라보는 것은 이미 역사 속의 얘기가 되었다.

이럴 때일수록 국제사회에서 통일문제에 대한 한국의 주도권 확보 노력은 계속되어야 한다. 예를 들어, 핵실험과 장거리 미사일 발사 실험은 이슈의 특수성상, 한반도 차원의 수준을 넘어서는 국제안보 현안으로 다뤄지고 있다. 결과적으로 북한 문제 해결을 위한 우리 정부의 주도권 행사가 매우 제한적인 상황이다. 우리의 위기임에도 우리의 역할이 보이지 않는 딜레마적 현실이 지속되고 있다. 따라서 한국이 주도권 내지는 중심적인 역할을 담당할 수 있는 어젠다를 지속적으로 개발하여, 국제사회를 향해 '한반도 문제에 관한 한국의 이니셔티브'를 각인시켜야 할 것이다.

둘째, 특히 미중을 중심으로 한반도 평화와 통일을 위한 국제분업구조가 구축되어야 한다. 북방정책을 추진하던 시점에서 우리는 미국과 중국을 대상으로 한반도 문제의 분업적 역할을 미처 고민하지는 못했다. 한중 수교 이전 중국이 한국전 이후 오랫동안 '하나의 조선 정책'을 유지해 왔던 사실은 알고 있었지만, 북한을 평가하는 전략적 가치가 이렇게까지 집요할지는 예상하지 못했다. 북한 문제 해결 과정에서 미국과 중국이 불필요하게 각자의 국가이익 중심으로 한반도 문제를 인식하는 경향을 최소화해야 한다.

'미중시대'로 대표되는 새로운 강대국 정치(power-politics)의 양상은, 과거 강대국 정치와 달리 협력과 갈등이 공존하는 특징을 보이는데, 한반도 문제의 경우 대표적인 갈등의 사례로 알려져 있다. 이럴 때일수록, 북한 문제 해결 및 통일을 둘러싼 일련의 선택과 과정에서, 한반도 상황에서 제한적인 의미를 가져야 할 사안들이 불필요하게 미중 간 게임 차원으로 확대되지 않도록 관리할 수 있는 외교의 방향성이 필요하다. 특히 최근의 대북 제재국면에서 발견되었듯이, 북한 문제 해결 과정에서 미국과 중국의 역할 그리고 기타 국제사회의 역할에 대해서 우리 스스로 혼란스러운 모습을 보이는 경향이 발견된다.[8] 한미동맹이라는 외교자산이 북한 문제 해결 과정에서 필요에 따라 즉각적으로 투입할 수 있는 자원이라면, 한중관계는 큰 그림에서는 한중 간 정책공조가 이뤄지면서 세부적인 액션에서는 중국의 자율성을 인정해 주는 차원에서 외교적 합의가 이뤄져야 할 것이다.

셋째, 북한의 거부감을 최소화하는 국제 관여자의 발굴이 시급하다. 이는 북방정책의 부분적 실패가 우리에게 던져 주는 중요한 교훈의 하나인데, 북방정책은 물론 우리 정부의 여하한 노력도 결국은 북한에게 있어서 위협으로 인식되는 한, 우리의 정책과 노력은 성과를 거두기가 어렵다. 이러한 관점에서 동북아 및 한반도 문제에 균형감을 가지고 접근할 수 있는 국제 행위자의 발굴이 긴요히 요구된다.

특히 한반도 문제에 직접적인 영향력을 가지는 미국과 중국으로 대표되는 국제 관여자의 경우, 남북관계 및 동북아 지역안보에 미치는 절대적인 영향력으로 인해, 의도와는 달리 북한(혹은 한국)으로부터 정치적 거부감을 주는 경우가 종종 있다. 향후의 '북방정책 2.0'은 여하한 평화공동체 수립 과정에서 다양한 이슈와 차원에서 위기에 봉착할 수 있음을 고려할 때, 정치적 민감성이 떨어지는 행위자를 상대로 한반도 통일의 조력자 역할을 기대하는 노력이 절대적으로 필요할 것이다. EU, 캐나다, ASEAN, 인도, 호주, 남미 등은 좋은 외교 파트너가 될 수 있다.

---

8. 중국의 부상이 심화될수록 동북아 지역의 안정성, 특히 안정적인 미중관계의 정착과 관련한 한국의 대미 및 대중 외교에 대한 많은 고민과 논의가 존재하고 있다. 대표적인 논의는 참고, 김성한, "동북아 세 가지 삼각구도의 역학관계: 한중일, 한미일, 한미중 관계," 국제관계연구, 20권 1호(2015).

마지막으로, 30년 전의 북방정책은 노태우 정부의 임기와 운명을 함께 했지만, 향후 업그레이드된 북방정책은 장기간에 걸쳐 지속적으로 추진되어야 한다. 그러기 위해서는 미중은 물론 국제사회를 향해 오랫동안 투입할 수 있는 다양한 '외교자산'의 확보가 시급하다. 앞서 살펴본 바와 같이, 북방정책을 가능케 했던 대내적인 동력은 몇몇 핵심 참모그룹으로 대표되는 엘리트보수주의 인적 자원이었다. 30년이 흐른 지금 몇 몇 엘리트 관료들에 의지해서 국가전략을 구사하는 것은 불가능한 시대가 되었다.

한반도의 지정학적 특성상, 특히 통일문제의 경우 한국보다 외교자원이 월등히 풍부한 국가들을 상대로 외교를 전개해야 하는 한계에 부딪치게 된다. 따라서 우리만이 특화할 수 있는 외교자원을 개발하여 현재보다 확충된 '외교자산'의 상시적 확보가 절실하다. 대표적으로 인적 자원(외교관 활용 방식), 효율적이고 강력한 국가 리더십, 지식 및 정보 인프라, 전문화되고 역동적인 글로벌 네트워크(NGO 포함), 문화자원(한류), 국가 이미지 관리 등을 적극 동원하여 외교자산을 축적해야만, 장기간에 걸쳐 진행될 수 있는 평화통일 프로세스 과정에서 우리의 중심성과 평화지향성을 끝까지 확보할 수 있을 것이다.[9]

V. 결론

국제정치를 연구하는 많은 연구자들이 공감하듯이 노태우 정부의 북방정책에 대한 학계에서의 평가는 긍정적인 편이었다. 민족자존, 자주외교, 당사자원칙주의를 핵심 근간으로 한 북방정책은 1948년 현대 정부 이후 미국 의존도의 진

---

9. 외교현실과 국가의 역량과 관련한 연구는 참고, R. P. Baston, Modern Diplomacy (Oxford: Routledge, 2013); Patrick Morgan, International Security: Problems and Solutions (New York: CQ Press, 2006).

영외교 틀에 빠져 있던 관행에서 벗어나, 한반도문제를 근원적으로 타개해 보기 위한 구조적 변화를 꾀한 국가대전략이었기 때문이다. 필자 역시 이러한 평가에 대체로 동의한다. 다만 한 가지 의문이 남는다면, 노태우 정부 당시의 불법정치 자금 수수 등 다른 국가 정책 부분에서 나타나는 평가와 북방정책이 서로 연계되어야 하는가의 문제는 쉽게 판단키 어려운 부분이다.

한중수교 이후 지금까지의 양국 간 급속한 경제성장, 유엔이라는 무대에서 한국 정부가 보여 온 국제적 위상 제고, 뿐만 아니라 외교정책 수립 프로세스 자체가 질적으로 향상되었음은 물론 세계 163개국에 상주공관을 두고 있는 양적 성장까지 이뤄냈다. 북방정책의 성과로부터 기인하는 바가 크다(장훈 2012). 하지만 안타깝게도 현재 한국 외교가 직면한 딜레마적 상황을 고려할 때, 북방정책은 당시 탈냉전이라는 세계사적 변화의 공간에서 국제사회가 수용 가능한 범위 내에서만의 전략적 자율성을 추구한 것이 아닌가 하는 생각이 든다. 그렇지 않고서는, 노태우 정부의 마감 이후 거의 동시에 시작된 북한의 핵위협은 갖은 우여곡절을 겪으면서 오늘날까지 계속되고 있는데, 1993년 1차 북핵위기를 기준으로 보자면 지난 25년 동안 북방정책에서 발견되던 자주외교의 정신은 고사하고, 결과적으로 우리 정부는 북핵위협에 고스란히 끌려만 온 결과를 초래하고 말았다. 진보와 보수가 서로 번갈아 집권하면서 모든 대북정책을 시도해 봤지만, 북한을 변화시키는 데에도 또 비핵화를 이뤄내는 데에도 모두 실패했다.

한반도를 둘러싸고 있는 외교적 굴레 역시 마찬가지이다. 노태우 정부 시절 미국의 경계심을 감수하면서까지 소련과 중국에게 성큼 다가간 자주외교와 당사자해결원칙이 왜 이렇게 현재의 미중경쟁구도에서는 외교적으로 치명적인 한계를 드러내고 있는 것일까? 북방정책을 추진할 때 당시에 우리가 지녔던 자주외교의 역량이 노태우 정부의 마감과 함께 일순간에 실종되고, 그 이후에 외교를 담당한 당국자들은 모두 민족자존과 자주성을 포기한 것일까? 필자는 그렇게 생각하지 않는다. 앞서 설명한 바와 같이 노태우 정부의 북방정책은 상대적인 약소국의 입장에서 국제정치적 역학관계의 구조적 변화기를 적극 활용한 면은 높이 평가할 수 있지만, 당시 동북아 구조하에서 실현 가능한 일종의 최적화된 정책모델이었다는 점을 인정할 필요가 없다. 북방정책이 좀 더 의미 있는 국가대전략으로 평가받기 위해서는, 장기적으로 북한 문제의 흐름을 파악하면서 결국 동북아 지역질서에서 안보위협을 느끼는 북한에게 어떤 성격의 지역 멤버십을 부여할 것인가에 대한 고민이 절대적으로 필요했던 것이다. 한국의 적극적인 대공산권 수교는 결국 북한에게 국제사회가 도저히 용납할 수 없는 생존전략을 선택하게 만들었기 때문이다.

북핵위협의 파도가 높고 미중경쟁에서 한국 외교의 자율성이 총체적으로 실종된 현 시점에서 북방정책에 대한 향수가 더욱 높아지는 것은 당연해 보인다. 소위 '북방정책 2.0'의 추진을 진지하게 고려하면 할수록 노태우 시기 대외관계 및 대북정책에 대한 보다 냉정하고 정확한 진단이 요구된다고 본다.

참고문헌

강원택 편. 2012. 『노태우 시대의 재인식: 전환기의 한국사회』. 파주: 나남.

김성한. 2015. "동북아 세 가지 삼각구도의 역학관계: 한중일, 한미일, 한미중 관계." 『국제관계연구』. 20권 1호.

김연철. 2011. "노태우 정부의 북방정책과 남북기본합의서". 『역사비평』. 95호, pp. 80~110. 김종엽. 2017. 『87년체제와 분단체제』. 파주: 창비.

노태우. 2010. 『노태우 회고록 상, 하』. 서울: 조선뉴스프레스.

박승준. 2010. 『격동의 외교 비록: 한국과 중국 100년』. 서울: 기파랑.

박인휘. 2012. "북핵 20년과 한미동맹: '주어진 분단' vs. '선택적 분단'". 『한국정치학회보』. 53권 3호, pp. 181~208.

_____. 2010. "안보와 지역: 안보개념의 정립과 동북아안보공동체의 가능성." 『국가전략』. 16권 4호.

박철언. 2005. 『바른 역사를 위한 증언 1, 2』. 서울: 랜덤하우스중앙.

백학순. 2012. 『노태우 정부와 김영삼 정부의 대북정책 비교』. 성남: 세종연구소.

이근. 2012. "노태우 정부의 북방외교: 엘리트 민족주의에 기반한 대전략". 강원택 편. 『노태우 시대의 재인식: 전환기의 한국사회』. 파주: 나남.

이상옥. 2002. 『전환기의 한국외교: 이상옥 전 외무장관 외교회고록』. 서울: 삶과꿈.

임혁백. 2011. 『1987년 이후의 한국 민주주의』. 서울: 고려대학교출판부.

장훈. 2012. "북방정책과 세계화 정책의 절반의 성공." 박인휘 외. 『탈냉전사의 인식』. 파주: 한길사.

전재성. 2012a. "북방정책과 한국 대외관계의 구조적 변화". 박인휘 외. 『탈냉전사의 인식』. 파주: 한길사.

_____. 2012b. "북방정책의 평가: 한국 외교대전략의 시원." 강원택 편. 『노태우 시대의 재인식: 전환기의 한국사회』. 파주: 나남.

_____. 2011. "동아시아 냉전체제와 한국 민주주의: 6월 항쟁과 북방정책." 정근식 외. 『탈냉전과 한국의 민주주의』. 서울: 선인.

정준오. 2015. "탈냉전기 한국의 외교정책과 민주화 동인: 노태우 정부의 북방정책을 중심으로." 『전략연구』. 통권 66호, pp. 67~102.

하용출 외. 2003. 『북방정책: 기원, 전개, 영향』. 서울: 서울대학교출판부.

Baston, R. P. 2013. *Modern Diplomacy*. Oxford: Routledge.

Ingbristen, Christine. ed. 2006. *Small States in International Relations*. Seattle, WA: University of Washington Press.

Hey, Jeanne A. K. Hey. ed. 2003. *Small States in World Politics. Boulder*, CO: Lynne Rienner Publisher.

Gourevitch, Peter B. 1986. *Politics in Hard Times: Comparative Responses to International Crisis.* Ithaca: Cornell University Press.

Lee, Chae-jin. 2006. *A Troubled Peace: U.S. Policy and the Two Koreas*. Baltimore, MD: Johns Hopkins University Press.

Morgan, Patrick. 2006. *International Security: Problems and Solutions*. New York: CQ Press, 2006).

Oberdorfer, Don. 2013. *The Two Koreas: A Contemporary History*. New York: Basic Books.

제10장

한국과 중국, 수교 과정의 의미[1]

황재호 · 한국외대 국제대학원

I. 들어가며

2017년 8월 24일은 한국과 중국이 외교관계를 수립한 지 25주년이 되는 날이었다. 한중 양국은 중국 베이징에서 호혜평등과 평화공존의 원칙에 입각한 선린 우호관계를 수립하고, '하나의 중국'과 '평화적 남북통일'을 상호 지지하는 수교 공동성명에 서명함으로써 새로운 시대의 막을 열었다. 한중수교는 한중 양국이 적대적 관계를 청산하고 화해하였으며, 이념과 체제의 대결 구도를 넘어 동북아의 탈냉전을 주도하였다는 점에서 그 역사적, 문명적 의미를 찾을 수 있었다.[2] 한중관계의 25년은 세계사에 유례가 없을 정도로 정치, 경제, 사회, 문화, 외교,

---

1. 본문은 Jaeho Hwang and Lyong Choi, "Re-thinking normalisation between the ROK and the PRC in the early 1990s: the South Korean perspective", *Cold War History* Vol. 15, No. 4, November 2015, pp.557–578을 확대, 수정하였음.
2. 당시 수교과정에 깊이 관여하였던 권병현 주중 한국대사는 수교를 동아시아의 회복과 한반도의 회복이라는 문명사적 시각으로 보아야 한다고 주장했다. 관련 인터뷰 내용, 「문화일보」, 2012년 8월 17일을 참조.

안보 등 거의 모든 분야에서 큰 발전을 해 왔다. 특히 2015년 자유무역협정(FTA) 발효와 대통령의 베이징 전승기념일 참석은 양국 관계의 최고 정점이었다.

그러나 지난 박근혜 정부 시절 한중관계는 최고 수준인 내실 있는 전략적 협력 동반자관계로 격상되었음에도 불구하고 동시에 1992년 수교 이후 최악의 시간을 보내야 했다. 박 정부가 북한의 안보위협에 대처하기 위해서 보수적인 정책을 전개할 수밖에 없었다고 한다고 해도, 동맹관계의 강화를 위해 동반자관계를 희생시키는 정책을 취했기 때문이다. 지난 25년 전 역시 보수 정권이었지만, 미국과의 관계를 공고히 하면서도 중국과의 수교를 이끌어 낸 제6공화국의 외교 정책과 대중외교는 이런 점에서 현 한중관계에 주는 교훈과 함의는 매우 크다.

1980년대 후반 당시 노태우 정부는 한국 전쟁 이후 오랜 적대국이었던 중국과 소련 등 공산권에 대한 전향적 외교적 접근법을 선보였고, 이른바 '북방정책'으로 명명된 대외 정책은 중국과의 수교를 최종적으로 이끌어 냈다. 크게 네 가지 측면에서 당시 한중수교를 이룬 노태우 정부의 대중정책과 최근 박근혜 정부의 대중정책을 비교해 볼 수 있을 것이다.

첫째, 노태우 정부의 성공적인 북방정책은 한국이 과거 서방 위주의 '절반' 외교에서 또다른 '절반'을 찾아왔다는 점에서 그 의미가 남다르다. 그러나 지난 2년은 찾아온 그 '절반'을 다시 냉전 수준으로 돌려보내는 상황을 만들었다는 점에서 비판으로부터 자유로울 수가 없다.

둘째, 노태우 정부의 북방정책은 '기존의 남북관계의 (…) 구도를 일거에 변화시키는 야심찬 구상이자 실천'이었다(김종휘 당시 외교안보수석과의 인터뷰, 2011. 11. 19, 이근 2012, 179 재인용). 북방정책은 '북한을 대상으로만 한 외교전략이 아니었으며 향후 동북아에서 통일한반도의 지위와 정책까지 포괄하는 전략'이었다(전재성 2012, 209-210). 그런데 박 정부는 통일에 있어서 가장 관건적 국가인 중국을 한국에 가깝게 하는 대신 반대편에 서게 만들었다.

셋째, 노태우 정부의 외교는 '한국 주도의 선제적 접근과 각 분야가 서로 연계되어 있는 것을 함께 보는 총합적 접근을 원칙'으로 하였다(김종휘 인터뷰, 이근 2012 재인용). 그러나 박 정부의 대중정책은 한중관계의 두 축인 안보와 경제 간 균형을 맞추는 데 실패하였고, 오히려 악화시켰다.

넷째, 당시 정부는 '북방정책을 일시적이거나 즉흥적으로 추진하지 않고 큰 틀을 설정'해 추진했다(전재성 2012, 207-8). 그러나 박 정부의 한중관계는 롤러코스터를 타듯 양국관계를 한 치 앞을 예측하기 어렵게 만들었다. 한중 동반자 관계라는 구호가 무색할 정도로 대중정책의 일관성이 결여되었다.

지난 25년간의 복잡다양한 시간적, 물리적 관계 변화에 대한 연구는 크게 세 가지 유형에서 진행되어 왔다. 첫 번째는 유형은 한중수교 이후 양국관계의 정치, 경제, 사회, 문화 분야 등 각 분야의 인적, 물적 양적 성장을 평가하는 연구였다. 양국 최고 지도자들의 빈번한 상호방문, 교역규모의 40배 이상 성장(1992년 수교 시 62억 불에서 2014년 현재 2500억 불), 1000만에 달하는 연간 민간 왕래, 한류를 포함한 문화교류 등을 소개하였다(박병광 2007; 김태호 2003).

두 번째는 양국관계를 주로 경제적 이익 차원에서 접근하는 연구였다. 수교 이후 양국의 경제통상관계의 교류와 교역구조의 변화 추이를 살펴보고 중국 진출 한국기업의 현황과 사례 및 과정에서 발생하는 통상 분쟁과 FTA 협상의 주요 쟁점을 주로 연구하였다(지만수 2010; 강보경·박갑제 2012; 홍진영·이준엽 2012).

세 번째는 한반도를 둘러싼 주요 강대국인 중국과의 외교안보적 갈등을 분석하는 연구였다. 수교 이후 양국 사이에서 계속 생겨나는 정치외교적 현안들, 즉 탈북자문제, 고대사 왜곡, 영해 관할권 분쟁 등에서부터 북한의 핵무기와 미사일 등 군사적 위협과 도발에 이르기까지 한중관계를 위협하는 도전요인들을 주로 연구하였다(신상진 2013; 한석희 2005; 동북아역사재단 2012).

이러한 연구경향을 다시 살펴본다면 양국관계의 양적 측면과 이와 연관된 부작용을 주로 논하고 있으며, 양국관계의 질적 측면과 관계의 본질과 관련한 연구는 상대적으로 많지 않았다. 수교 이후 한중 양국 관계는 양적 성장을 하면서 그동안 서로 좋은 것만 보았던 허니문 관계였다면 이제는 서로의 단점들이 더 잘 보이고 갈등이 빈발하는 관계로 전환되고 있다. 때문에 양국 관계의 본질을 정확하게 이해해야만 향후 양국관계의 질적 성장에 기여할 수 있을 것이다.

2012년 한중수교 20주년을 전후해 양국의 정치, 안보, 경제, 역사, 사회, 문화 관계를 전반적으로 평가하는 연구 시도가 있었다(이회옥·차재복 2012). 단 한중수교가 현재의 한중관계에 주는 역사적, 전략적 함의에 대한 연구는 많지 않았다(박창희 2012). 수교와 관련해서는 중국이 한국과의 수교를 통해 어떤 전략적 이익을 취할 수 있는지(리우홍 1993), 혹은 중국과의 수교에 있어 당시 한국정부가 중국과의 수교를 전략적으로 추진하였는지(김학준 1994) 소개하는 정도였다.

상기 논문들은 수교 직후 양국의 시각을 소개한 것이며, 25년이 지난 지금 이 시점, 수교 관련 연구 혹은 수교가 현재 한중 양국이 전략적 협력동반자관계에 어떤 함의를 갖는지에 대한 연구는 아직 제한적이다. 따라서 본 논문은 한국이 왜 중국과의 수교를 추진했는지 당시 수교업무와 관련된 회고록을 포함해 다양한 자료들을 사용해 분석해 보고자 한다.

이에 본문은 먼저 노태우 정부의 대중정책을 한중수교가 이루어지기까지 발전과정을 고찰한 후, 한중수교의 전략적 의미를 북방정책과 수교에 미친 여타 요인들을 추가적으로 분석한다. 이어 현 한중관계에 대한 평가와 더불어 양국의 향후 발전방향에 대해 몇 가지 제언하고자 한다.

II. 한중수교의 전개과정

한중수교는 크게 세 시기로 나뉠 수 있다. 한중 양국이 처음 접촉한 1983년 상반기부터 1990년 말 무역대표부를 설치한 시기, 한중 양국 외교부가 직접 수교 논의를 진행한 1991년 초부터 그해 연말까지의 시기, 그리고 청와대가 수교 교섭을 진두지휘한 1992년 초부터 수교를 수립한 같은 해 8월 24일까지의 시기로 나누어진다.

1. 무역대표부 설치의 시기(1983–1990)

1983년 5월 5일 중국 민항기 1대가 공중 납치되어 춘천 공군기지에 착륙하면서 중국 정부대표단이 서울에 직접 건너와 공식 협상을 벌인 것이 양국 간의 첫 접촉이었다. 1985년 3월 22일 한국 영해를 침범한 중국인민해방군 해군 어뢰정 1척이 우리 해군에 나포된 후 주홍콩 한국 총영사관과 중국 신화사 홍콩 지사 간 접촉 창구가 마련되었다.

이어 1986년 9월 서울 아시안게임과 1988년 9월 서울올림픽대회에 중국이 참가한 것을 계기로 양국 간 직접 교류가 활성화되기 시작했다. 1986년 서울아시안게임에 중국선수단이 직항기편으로 서울에 왔고, 1988년 서울올림픽대회 때 대한항공이 중국 영공을 통과하였다. 1988년 10월 한국은 중국관광 금지를 해제하였고, 11월 한중 은행 간 환거래가 허용되었다. 1989년 5월 한국의 재무장관이 베이징에서 열린 ADB 총회 참석에 각료로는 처음 참석하였다. 1989년 1월 중국 국제무역촉진위원회(CCPIT)와 한국무역진흥공사(KOTRA)가 사무소를 상호 개설하였다. 중국은 천안문사태 이후 1990년 9월 베이징 아시안게임을 성공적으로 개최하고자 했고, 한국은 적극 협조하였다.

하지만 이 시기 동안 중국은 정경 분리 원칙을 고수해 한국과는 경제체육 등 비정치적 분야 접촉과 교류만 허용하고 정치접촉은 가능한 최소화하였다. 그러다 1990년 4월 톈지윈(田紀雲) 부총리가 1989년 6월 천안문 이후 중단된 한중 무역대표부 설치 교섭을 재개할 용의가 있다는 메시지를 한국에 전달한 이후,[3] 양국 정부가 공식적으로 접촉하기 시작했다. 그리고 같은 해 11월 24일 주베이징 한국무역대표부가 설치되었다.

2. 한중 외무장관 교섭 시기(1991.10-1992.3)

1991년 9월 17일 제46차 유엔총회에서 남북한의 유엔가입이 이루어졌다. 이후부터 한중 양국은 정부차원 차원에서 수교를 논의하기 시작했다. 1991년 10월 2일 유엔에서 상견례 겸 서로의 수교 관련 기본입장을 확인하는 한중 외무장관 회담이 최초로 열렸다. 이후 2달 만에 1991년 11월 의장국인 한국이 주도한 중국, 대만, 홍콩의 APEC 가입이 실현되자 첸치천(錢其琛) 중국 외교부장이 APEC 제3차 각료회의 참석을 위해 직접 방한하였다. 이때 노태우 대통령은 미국 국무장관, 일본 외상 이외 중국 외교부장을 특별히 면담하였는데, 중국 외교부장이 한국 대통령을 면담한 자체가 상징적이었다. 노대통령은 첸치천 외교부장에게 한국은 독일식 흡수통일을 하지 않을 것이며 한중수교는 남북관계에도 긍정적인 영향을 미칠 것이라고 강조했다.

1992년 1월 20일 이상옥 외무장관은 외교부 주요 외교업무계획에서 북방외교의 마무리를 위해 한중수교를 조기 실현하겠다고 보고하였다. 당시 국내적으로는 중국과의 수교를 서둘러서는 안 된다는 일부 신중론 및 대만과 북한으로부터 예상되는 반발과 방해에 대한 우려가 컸다. 그러나 6공화국의 임기 중 대단원의 막을 내려야 한다는 정부 내 인식이 강했으며, 1992년 대선 등 국내정치 일정을 감안해 가능한 빨리 실현하고자 하였다.

1992년 3월 양국 외교부 고위관리 간 논의가 이뤄졌는데, 중국 외교부의 장팅옌(張庭延) 부국장은 한국 측 민간 대표부의 정부 간 대표부의 승격 제안에 대해 중간 단계를 거치지 않고 때가 되면 수교로 바로 가는 것이 좋다며 오히려 진일

---

3. 텐 부총리는 한중 무역사무소 개설 교섭을 원하는 메시지를 방중한 선경그룹 이순석 사장에게 전달하였다.

보한 입장을 밝혔다. 이어 중국의 한중수교와 관련한 긍정적인 신호가 감지되었다. 제7기 전국인민대표대회 4차 회의에서 포함되었던 '조선의 자주적이며 평화적인 통일을 위한 조선민주주의 인민공화국의 제안을 지지한다'는 구절이 빠졌다. 1992년 1월 하순부터는 중국 외교부가 중국 언론기관이 '남조선' 대신 '한국'으로 표기하는 것을 허용했으며 '대한민국'은 제3국인이 인용할 때 가능하도록 했다.

1992년 3월 23일 외무장관 단독회담에서는 첸치천 외교부장이 수교 교섭을 비밀리에 개시할 것을 한국에 정식으로 제의하였다. 중국은 한국에 '하나의 중국' 원칙을 명시할 것을, 한국은 중국에 대만과의 관계를 존중해 줄 것을 요구하였다. 리펑(李鵬) 총리는 4월 13일 ESCAP 베이징 총회 참석을 위해 중국을 방문한 이상옥 외교부장에 '물이 흐르면 도랑이 생긴다(水到渠成)'고 언급하였으며, 중국 측은 이장관과 장쩌민(江澤民) 총서기와의 만남을 주선하였다.

3. 한중수교 본 회담 시기(1992.4–1992.8)

1992년 4월 노대통령은 대만과 북한의 반대와 반발을 고려해 비밀리에 수교 논의를 진행하기로 하고, 동선이 드러날 수 있는 외교부 대신 청와대가 수교협상을 지휘하도록 하였다. 이에 한국은 김종휘 외교안보수석을 대표로 임명하였으며, 중국은 쉬둔신(徐敦信) 외교부 부부장을 대표로 하였다. 제1차 예비회담은 1992년 5월 14~15일 베이징에서, 제2차 예비회담은 6월 2~3일 역시 베이징에서, 제3차 예비회담은 6월 20~21일 서울에서 개최하였다. 예비회담에서 중요하게 거론된 한국전쟁 참전 문제에 관해서는 양측이 예비회담 기록에만 남기기로 하였다.

마침내 본회담은 베이징에서 8월 23~25일 열렸으며, 한국 외교부장관이 베이징에서 첸치천 외교부장과 공동성명에 서명함으로써 역사적인 수교가 이루어졌다.**4** 한국과 중국의 외교관계 수립에 관한 공동성명은 다음과 같다.

1. 대한민국정부와 중화인민공화국정부는 양국 국민의 이익과 염원에 부응하여 1992년 8월 24일자로 상호승인하고 대사급 외교관계를 수립하기로 결정하였다.

2. 대한민국정부와 중화인민공화국정부는 유엔헌장의 원칙들과 주권 등 영토보전의 상호존중, 상호불가침, 상호내정불간섭, 평등과 호혜, 그리고 평화공존의 원칙에 입각하여 항구적인 선린우호협력관계를 발전시켜 나갈 것에 합의한다.

3. 대한민국정부는 중화인민공화국정부를 중국의 유일 합법정부로 승인하며, 오직 하나의 중국만이 있고 대만은 중국의 일부분이라는 중국의 입장을 존중한다.

4. 대한민국정부와 중화인민공화국정부는 양국 간의 수교가 한반도정세의 완화와 안정, 그리고 아시아의 평화와 안정에 기여할 것으로 확신한다.

5. 중화인민공화국정부는 한반도가 조기에 평화적으로 통일되는 것이 한민족의 염원임을 존중하고, 한반도가 한민족에 의해 평화적으로 통일되는 것을 지지한다.

6. 대한민국정부와 중화인민공화국정부는 1961년의 외교관계에 관한 비엔나협약에 따라 각자의 수도에 상대방의 대사관개설과 공무수행에 필요한 모든 지원을 제공하고 빠른 시일 내에 대사를 상호교환하기로 합의한다.

---

4. 노대통령은 같은 해 9월 27~30일 중국을 국빈 방문하였다.

III. 한중수교의 배경과 의의

북방정책이란 1960년대와 1970년대의 동구권과의 화해를 목표로 추진되었던 서독의 동방정책(Ostpolitik)에서 착안된 용어로서, 1983년 전두환 정권의 외무장관이었던 이범석 외부장관이 국방대학원 강연에서 처음으로 사용하였다.[5] 이근 교수는 북방정책을 광의와 협의의 두 가지 개념을 나누었는데 협의의 개념을 '북한을 제외한 미수교 동유럽공산국가와의 외교관계 수립을 위한 정책', 광의의 개념을 '북한에 대한 과거의 적대와 대결의 정책에서 벗어나 남북화해와 협력과 공존을 통해 평화통일의 길로 나아가자는 대북 포용정책과 새로운 통일정책'으로 정의하였다(이근 2012, 173). 이러한 북방정책은 노태우 정부가 집권한 1988년 이후 소련과 중국을 필두로 40여 개국의 공산국가와 외교 관계를 수립함으로써 결실을 맺었다.

전두환 정권은 1979년 12월 말 국가안보와 반공을 내세우며 쿠데타를 일으켜 권력을 장악하였고, 비슷한 시기에 소련은 아프가니스탄을 침공하여 70년대 들어 소강상태에 접어들었던 냉전에 다시금 불을 붙였다. 1980년에 로널드 레이건이 미국의 새로운 대통령으로 취임하며, 전임자였던 지미 카터와 달리 보수적이고 적대적인 대공산권 정책을 펼치며 전두환 정권의 반공 정책을 지지하였다. 또한 북한은 1981년 멀리 아프리카의 짐바브웨에 군사 고문단을 파견하는 등, 군사적 건재함을 과시하며 한국의 북한과 공산주의에 대한 적대감과 불안감을 증폭시켰다(대한민국 외교사료관 1981, 분류번호 725.1).

이러한 1980년대 초반의 국제 정세로 인해, 전두환 정권의 대공산권 외교는 이전의 박정희 정권과 마찬가지로 강력한 반공으로 흐를 것으로 예상했다(Cha

---

5. 이범석은 국방대학원 연설에서, "80년대 우리외교의 최대목표는 한반도의 전쟁재발을 방지하는 데 있으며 앞으로 우리 외교가 풀어나가야 할 최대과제는 소련 및 중공과의 관계를 정상화하는 북방정책의 실현에 있다"고 말했다. 「동아일보」, 1983년 6월 29일.

1999, 169-170). 하지만, 1970년대부터 이어진 소련의 중동, 중앙아시아, 아프리카에 대한 활발한 개입은 소련의 경제력에 큰 부담이 되었고, 소련은 한국의 1970년대와 1980년대 걸쳐 급격히 발전한 경제력과 협력 여부에 관심을 보이기 시작했다. 전두환 정권은 이미 1981년부터 소련으로부터 관계 개선과 경제 협력에 대한 관심을 간접적인 경로로 전달받고 있었다(대한민국 외교사료관 1981, 분류번호 722. 2; 1981, 분류번호 722.2).**6** 또한 1970년대 후반 이후 시행된 중국의 개혁개방 정책 및 이로 인한 북한과의 갈등은 한국과의 외교 가능성을 열어 두고 있음을 시사하고 있었다. 노태우 대통령이 지적하듯이, 이러한 한국의 공산권과의 외교 가능성은 1981년에 확정된 1988년 서울올림픽 유치를 통해 더욱 힘을 받게 되었다. 한국은 올림픽 유치가 결정된 후부터 서울올림픽을 외교의 장으로서 활용할 계획을 가지고 있었다. 또한 올림픽의 성공적 개최를 위한 북한의 위협을 견제할 필요성도 있었기 때문에 올림픽 개최 이전 중국과 소련과의 관계 개선 역시 매우 중요하였다(노태우 2011, 141).

이러한 이유에서 북한에 가장 큰 영향을 가진 중소 두 강대국과의 외교 수립은 전두환-노태우 정권의 대북, 대공산권 외교를 아우르는 지상과제였다고 할 수 있다. 요컨대 중소를 비롯한 공산권과의 화해를 모색하여, 한반도의 평화를 유지하겠다는 것이다. 이를 뒷받침하듯, 전두환 정권은 의욕적으로 소련과 중국과의 교섭을 모색하는 동시에 적극적으로 북한에 남북 대화를 제의하였다. 다만, 전두환 정권의 다소 급격한 북방정책 추진은 이에 위협을 느낀 북한의 공격적 대응(1983년 10월 9일 아웅산 묘소 테러)과 1984년 5월 김일성의 모스크바 방문 및 이에 따른 북한-소련의 관계 개선으로 역풍을 맞게 되었다(Radchenko 2011,

---

6. 대한민국 외교사료관, "한, 소련 관계개선, 1981", 생산연도 1981년, 분류번호 722. 2; 대한민국 외교사료관, "핀란드를 통한 한,소련 관계개선, 1981", 생산연도 1981년, 분류번호 722.2. 이 시기 소련은 시베리아 개발을 위한 남한과의 협력을 조심스럽게 미국과 핀란드를 통해 타진하려고 하였다.

289-290).**7** 올림픽 조직위원장을 맡은 노태우는 미얀마 양곤에서 터진 아웅산 묘소 테러는 북한이 서울올림픽을 저지하기 위한 소행이라고 주장하였고, 북한 은 이후 국제 사회에서 남북한 동시 개최를 주장하며 소련이 IOC 등 국제 사회 에 영향력을 행사해 주기를 요구했다. 한국의 대공산권 교섭 노력은 계속되었으 나 가장 중요한 올림픽 남한 단독 개최 문제에 있어서 공산권은 1980년 초에는 분명한 대답을 피하고 있었다(노태우 2011, 283-284).

하지만 북방정책은 중국과 소련이 남북한의 '올림픽 전쟁'에 있어서 남한의 손 을 들어주며 다시금 급물살을 타게 되었다. 한국은 올림픽의 평화적 개최를 위 해 북한의 위협을 줄여야 했는데, 이를 위해서는 소련과 중국의 올림픽 참여가 필수적이었다. 1980년 모스크바 올림픽은 소련의 아프가니스탄 침공을 비판하 는 입장에서 미국을 필두로 한 서방 국가들이 보이콧하였고, 1984년 LA올림픽 은 중국 및 몇 개국을 제외한 대부분의 공산권의 불참으로 1988년 서울올림픽 참여 여부는 불투명했다. 하지만 중국은 1984년 7월에 이미 올림픽 참여를 결정 했고, 마지막으로 소련은 북한과의 관계로 결정을 미루다 1988년 1월에 서울 단 독 개최를 수락하여 1981년부터 이어져 온 남북한의 올림픽 논쟁에 종지부를 찍 었다. 노태우 정권은 평양의 전통적인 후원자들인 모스크바와 베이징의 서울올 림픽 단독 개최 수락과 참여에 크게 고무되었고, 서울올림픽의 성공적인 개최를 통해 북방정책의 시기가 무르익었음을 확신하였다.

올림픽 이후, 한국은 조심스럽게 북방정책을 재추진하였다. 단계적으로 노태 우 정부는 제3단계의 추진 전략을 가지고 북방정책을 시행하였다. 제1단계 전략

---

7. 김일성은 1960년대 후반에서 1970년대에 이르기까지 소련보다는 중국에 더 가까웠으나, 중국의 개혁개방 에 대해 반감을 가지고 1980년대 초반 소련과의 관계 개선을 추진하였고, 중국과의 경쟁으로 인해 북한과 의 관계에 관심을 가지고 있던 소련이 군사 및 경제 지원을 약속하며 1984년 5월 김일성의 모스크바 방문 으로 이어졌다. 자세한 내용은, Sergey Radchenko, 제11장, "Inertia and Change: Soviet Policy toward Korea, 1985-1991", Hasegawa Tsuyoshi 편, The Cold War in East Asia, 1945-1991(Washinton D.C.: Woodrow Wilson Center Press, 2011) p.289-290 참조.

은 소련, 중국과 여타 동구권 국가들과의 수교였고, 제2단계는 제1단계의 완성으로 국제적 여건이 완성되는 것을 기반으로 남북한 통일을 추진하는 것이었으며, 제3단계는 최종 목표로서 통일 한국의 생활 문화권을 연변과 연해주 지역까지 확대시키는 것이었다. 이는 중국과 소련(현 러시아)과의 통일 이후 관계까지 고려한 거대한 중장기 계획이었다((노태우 2011, 140-142).

제1단계 목표를 확실히 달성하기 위해 우선 헝가리와의 수교를 추진하였다. 올림픽 이전부터 조심스레 진행되어 오던 헝가리와의 교섭은 1989년 2월 1일에 타결이 되어 수교가 이뤄졌다. 이러한 첫 공산권 교섭의 경험을 가지고 소련과 중국과의 본격적인 교섭에 나서게 되었다. 소련과 북한의 관계라는 장벽에도 불구하고 20억 달러의 차관 지급과 함께 신속하게 진행되었고 1990년 9월 수교 협정에 조인하기에 이르렀다.[8] 노태우 정부는 소련 및 동유럽 국가들과 연이어 수교를 성공시킴으로써 또 다른 북방정책 1단계 목표인 중국과의 관계에도 적극적으로 뛰어들게 된다. 즉, 한중수교는 헝가리, 소련 및 여타 동구권 국가들과의 수교 경험을 바탕으로 축적된 노태우 정부의 외교 노하우와 자신감으로 진행된 북방 정책의 제1단계 최종 목표였다. 이후 한국과 동아시아 국제 관계에 끼친 영향력으로 미뤄 보았을 때는 최고의 성과라고도 할 수 있었다. 북한이 한국의 가장 중요한 지지자인 미국과의 외교 관계에 별 다른 진전을 갖지 못하는 동안 한국은 북한의 오랜 우방국이자 가장 큰 영향력을 가진 중국의 협력을 이끌어 낸 것이다.

이렇게 북방정책이 성공할 수 있었던 것은 노태우 정부가 급변하는 국제흐름에 잘 적응했기 때문이다. 1980년대 중반 이후 고르바초프의 신사고에 바탕을

---

8. 노태우와 박철언 본인의 회고에 따르면 김종휘 외교안보수석은 공식적인 채널로 북방정책을 지휘하였고, 박철언 정무 제 1장관은 막후에서 비공식적인 채널로 북방정책을 지휘하였다고 한다. 공산권과의 교섭은 북한과의 관계 등 안보 문제로 인해 조심스럽고 비밀리에 진행되었다. 박철언은 안전기획부(현 국가정보원)의 정보력을 동원하여 소련의 KGB 등과 접촉하는 방식으로 초기 교섭을 시도하였다.

두고 취해진 소련의 개혁개방정책으로 1989년 12월 미소 정상은 몰타 정상회담에서 냉전종식을 선언하였다. 1989년 5월에 고르바초프의 중국 방문으로 양국의 정상화가 이루어졌다. 1989년 11월 동구권의 민주화로 베를린 장벽이 무너졌고, 1991년 12월에 소련이 해체되었다(이태환 200, 115-116). 중국은 1960년대 이후 오랜 기간 소련과의 관계 악화와 마오쩌둥의 대약진운동 및 문화대혁명 등의 개혁 실패로 새로운 국가 발전의 동력이 필요하였다. 이에 1970년대 후반 들어 급격한 개혁개방과 서방 세계와의 교류를 타진하게 되었고, 노태우 정부는 이러한 공산권의 몰락과 변화 기회를 놓치지 않았다.

한중수교를 통해 한국은 비록 냉전 시기 동안 오랜 우방인 대만과의 단교라는 정치적 비용을 지불하게 되었지만, 한중수교의 경제적, 정치적 파급력은 그러한 비용을 상쇄하고도 남았다. 소련과 중국 등 공산권의 몰락과 개혁개방은 한국의 북방정책과 그 중요한 목표로서 한중관계에 대한 외부적 환경을 조성하였다. 그러나 북방외교가 냉전종식이라는 외부환경 속에서 추진되었지만 이를 추진할 수 있는 내부 환경이 안정되지 못했다면 지속되기 어려웠을 것이다. 노태우 정부는 민주화로 국내정치적 부담을 줄였고, 중국에게 매력적인 경제모델이었으며, 자주적 방위력이 증가했고 한미관계도 안정적이었다(전재성 2012, 215-216).

김종휘 당시 외교안보수석에 의하면, 한중수교는 여러 전략적 성과를 거두었다. 첫째, 외교력 확대로 기존 외교범위를 중소 동구권으로 확대해 40개국과 국교를 정상화하였으며, 중국과의 수교로 북방외교의 제1단계를 피날레로 장식했다.[9] 둘째, 주변 4강에서 마지막으로 남은 중국과의 수교를 달성함으로써 중국의 한반도에서의 무력 가능성을 낮춰 긍정적인 통일 환경을 조성했다(전재성 2012, 215-216). 셋째, 한국외교를 추종외교에서 자주외교로 전환해 미국 의존외

---

9. 노태우 정부는 1989년 2월 헝가리, 이어 같은 해 폴란드, 유고슬라비아와 수교하였다. 1990년 체코·불가리아·몽골·루마니아와 각각 대사급 외교관계를 수립했다. 1990년 소련에 이어 1992년 중국과 정식 외교관계를 수립함으로써 절정에 올랐다.

교에서 일정하게 벗어나게 했다(노태우 2011, 432).넷째, 한중수교는 중국의 대북 무기 수출을 제약함으로써 동북아의 안보환경을 크게 개선해 안보비용을 절감 하였다. 다섯째, 당시 한국은 지속적인 경제성장을 위해 새로운 시장과 값싼 노 동력을 제공할 만한 지역이 필요했는데, 중국은 그 좋은 대안이었다(북방정책). 여섯째, 공산권 몰락 이후 새롭게 재구성된 동아시아 국제질서의 성립에 능동적 인 역할을 하였다.

또한 한국에 있어서 한중수교는 한소수교에 비해 더욱 실용적인 의미를 지닌 다. 한국은 소련과의 수교에 20억 달러라는 거액의 차관을 지급한다고 약속하 고서야 제대로 된 교섭을 시작하고 수교를 할 수 있었는데, 국제적 지위 상 소련 은 한국을 동등한 외교 대상으로 대우하지 않았다고도 해석할 수 있다. 더구나 한소수교 이후 고르바초프는 김일성의 입장을 제대로 고려하지 않는 일방주의 적 태도로 인해 북한과의 관계 유지에 실패했다. 이 때문에 소련을 통한 대북 영 향력 행사는 기대하기 힘들었다(Radchenko 2011, 310). 반면 중국과의 외교는 일 방적인 차관 지급 약속이 아닌 "하나의 중국" 원칙과 "평화적 한반도 통일"원칙 을 상호 지지함으로써 상대적으로 대등한 관계에서 이루어졌다. 또한 중국이 북 한의 동의를 구함으로 해서 북중 간의 외교적 마찰을 최소화하는 가운데 이루어 져 향후 중국의 대북 영향력을 기대할 수 있었다(Oberdorfer 1998, 324-327). 이 는 기본적으로 노태우 정부가 기대했던 북방정책의 북한에 대한 영향력 측면에 서 볼 때 매우 바람직한 결과였다고 할 수 있다.

IV. 한중수교의 주요 요인

한중수교는 전적으로 한중 양국의 국익과 전략차원에서 진행되었다. 또한 수 교 공동성명에서도 포함된 것처럼 '하나의 중국' 지지는 대만을, '한반도의 평화적 통일' 지지는 북한을 의식한 것처럼, 대만과 북한은 한중수교의 직접적인 고려요인이었다. 그리고 한국의 중국과 소련과의 수교처럼, 북한의 미국과 일본과의 수교도 중요한 이슈였는데, 이런 이유에서 미일도 한중수교의 또 다른 주요 고려요인이었다.

1. 중국요인

중국의 입장에서 한중수교는 새로운 국제환경에 적응하기 위한 동북아 전략의 결과였다. 중국은 한국과의 수교에 있어서 몇 가지 전략적 목표가 있었다. 첫째, 덩샤오핑(鄧小平)의 개혁 개방을 가속화하면서 한국을 끌어들여 미일을 견제할 필요가 있었다. 둘째, 한중수교를 통한 두 개의 한국정책으로 한반도에 영향력을 확대할 수 있었다. 셋째, 한국과 대만과의 단교로 중국의 통일정책에 유용하였다. 넷째, 중국은 1992년 한 해에만 15개 국가와 수교를 할 정도로 적극적인 전방위(全方位)외교를 추진하였는데,**10** 이러한 추세에서 한국과의 수교는 자연스러운 수순이었다. 다섯째 경제적으로 한국과 협력함으로써 선진기술 전이와 경제협력을 기대하게 했다.

한편, 대만의 금전(金錢) 외교공세로 소련, 동유럽, 남미 등 국가들 중 수교하는 국가들이 늘어나자 한국과의 수교를 서두르게 하였다. 대만은 1989년 1월 바하마, 7월 그레나다, 10월 라이베리아와 벨리즈, 1990년 4월 레소토, 5월 기니비사우, 11월 니카라과, 1991년 7월 중앙아프리카와 수교하였다. 1992년 2월 라트비아와 영사관계를, 6월 니제르와 수교하였다.

---

10. 1989년 6월 천안문사태 후 서방국가들과의 관계가 악화되어 중국은 아시아 주변국들과 관계를 강화하고자 하였다. 중국은 1990년 7월 사우디아라비아와 수교, 8월 인도네시아와 복교, 7월 싱가포르, 1991년 9월 브루나이, 1992년 1월 이스라엘과 수교하였다.

2. 대만요인

　1971년 10월 유엔 총회에서 중국 대표권 외교전에서 패배한 후 대만의 외교
환경은 크게 악화되었다. 1972년 2월 닉슨 대통령이 중국을 방문하였고 1979년
1월 미국과 중국은 국교를 수립하였다. 중국은 1972년 9월 일본과, 1990년 7월
사우디아라비아와 수교하였다. 이에 대만에게 한국은 남아프리카공화국과 함께
가장 중요한 수교국가로 남은 상태였다.

　1992년 2월 민관식 전 국회의장 대리가 대통령 특사로 타이베이 방문해 리덩
후이 총통을 면담하였다. 대표단은 한국은 수교를 서두르지 않을 것이며 결정시
대만에 통보할 것이라고 설명하였다. 하지만 대만은 한중수교가 불가피해지고
있음을 인지하고 있었는데, 첸푸(錢復) 외교부장이 1991년 12월 30일 연말 기자
회견에서 한중수교가 언제든지 이루어질 수 있으며 실질적으로 처리하되 가능
한 현 상태를 유지하기 위해 최선을 다 할 것이라고 말하였다.

　대만은 한국에 한중수교를 늦추기 위한 다양한 공세를 취했다. 한국이 대만이
단교하게 되면, 중국과 북한도 단교를 해야 한다는 논리를 펼쳤다. 한중수교는
경제적으로 한국에 유리하나 정치적으로 한국에 불리할 것이라고 말했다. 중화
민국은 상해임시정부를 지원하였고 대한민국이 1948년 건국한 이후에도 오랫
동안 반공(反共)정권으로서 서로를 지지해 왔음을 상기시키면서 국가 간 의리에
도 호소하였다. 1991년부터 1997년까지 3000억 달러 규모 국가 건설 계획에 한
국 기업들이 참여할 수 있다며 경제적으로 유인하기도 하였다. 한중수교를 위해
한국이 중국에 20억 달러 상당의 경제협력 대가를 지불한다는 등 소문을 내기도
하였다.

　1992년 3월 말 장옌스(將彦士) 총통비서실장을 특사로 방한하였을 때, 노창희
외무차관은 한국과 대만 간 관계가 변화가 없을 것이라고 생각하지 않는다는 완
곡한 표현으로 한중수교 시 한국과 대만 간 관계의 조정이 불가피함을 암시했

다. 이즈음 한중수교 일자가 8월 24일로 결정됨에 따라 한국은 1992년 8월 18~21일 서울에서 예정되었던 제25차 한국 대만 간 경제각료회담을 연기하였다.

이때 한국은 대만과의 단교방식에 많은 고민을 하고 있었다. 일본의 경우 1972년 9월 중일 수교공동성명의 서명 10일 전 자민당 부총재를 특사로 대만에 보내 수교결정을 통보하였다. 미국의 경우 1978년 12월 15일 수교 당일 몇 시간 전에 전 주대만미국대사가 장징궈 총통을 방문해 미중 외교관계 수립을 통보하였다. 한국은 중국 수교 직전 미일 형식의 특사를 파견하는 방안을 검토했으나 최종적으로는 수교 이후 고위 사절단을 파견하는 것으로 결정하였다. 8월 18일 이상옥 장관이 주한대만대사에게 한중수교에 '실질적 성과(substantial progress)'가 있다고 통보하였다. 이어 1992년 8월 21일 평화적 통일과 한반도 평화와 안정을 위해 중국과의 수교를 더 미룰 수 없음을 대만에 양해를 구하면서 한중수교 및 한 대만단교를 공식 통보하였다.

3. 북한요인

1991년 10월 4일 한중수교 논의 진행을 감지하고 김일성이 급히 중국을 방문하였다. 김일성은 중북 간 형제적 우애를 강조하고 미일이 북한과 미수교 상태임을 고려해 중국이 한국과 공식관계를 수립하지 않기를 요청했다. 이에 중국은 한국과의 수교로 북한과의 관계를 해치지 않을 것이며 한국과의 공식관계 수립은 시기와 방법을 심사숙고해 정할 것이라는 설명하였다. 중국은 주변 국가들과의 관계를 강화해 나갈 것이며, 북한에게도 가능한 많은 국가들과 수교하고 남북대화의 진전을 기대하였다.

1991년 10월 김일성의 방중에 대한 답방으로 1992년 4월 양상쿤(楊尚昆) 국가주석이 방북하였다. 이때 양주석은 한반도 정세완화와 남북관계 개선이 전체 조선 인민의 이익이 되며 아시아와 세계 평화와 안정에 도움이 된다고 발언함으로써 한중수교의 불가피성을 암시하였다. 1992년 7월 말 주북중국대사가 북한 김영남 외교부장에 가까운 시일에 한중수교를 할 것임을 통보하였다. 그리고 중국은 8월 초 첸치천 외교부장을 북한에 보내 국제정세 변화와 한중의 경제관계 증대로 수교를 더 이상 연기하기 어려우며, 수교는 한반도 평화정착으로 북한에도 유리할 뿐만 아니라 절대로 북한을 고립시키지 않을 것이라고 약속하였다.

2년 전 소련 외무장관 세바르드나제가 같은 이유로 북한을 방문했을 때 북한은 강하게 반발했지만, 이번에는 중국에 공개적으로 반발하지는 않았다. 북한의 전략적인 가치는 1991년 소련의 붕괴로 급속도로 하락하고 있었고, 북한의 중국에 대한 의존도가 심화되면서 중국의 설득에 따를 수밖에 없었다. 중국은 북한에게 대만에 대한 국제사회의 인정을 막기 위해 수교의 불가피성을 강조하고 북한의 협조를 구하는 형식으로 북한의 체면을 살렸는데, 북한은 암묵적으로 순응할 수밖에 없었다.

4. 미국요인

미국은 약간의 우려를 가지고 있었지만 한중수교에 크게 반대하지 않았으며, 방관적인 입장을 취했다. 그러나 동시에 추진되고 있었던 북한과의 교차승인에 대해서는 찬성하지 않았다. 1991년 11월 15일 제임스 베이커 미 국무장관이 베이징을 방문했을 때, 첸치천 외교부장과의 회담에서 북한의 핵문제와 한중관계도 논의하였다. 이 회담에서 교차승인도 논의되었는데 중미 양국은 한중수교를 다각적으로 검토하였다는 점에서 특기할 만하였다. 하지만 미중이 남북한을 교차 승인하는 방안에 대해 베이커는 교차승인하려면 북한이 핵개발을 포기하고 IAEA 핵사찰을 전면수용해야 한다고 강조했다. 북한은 핵문제와 IAEA와의 핵안전협정 체결 및 핵사찰 수용문제에 비협조적이어서 미북수교가 현실적으로 어려운 상황이었다.[11] 이에 미국은 교차승인을 할 수 있는 시간이 지났을 뿐만 아니라, 한중수교와 북미, 북일은 연계해서는 안된다는 입장을 견지했다. 1992년 3월 류화추(劉华秋) 외교 부부장의 방미 시 미국은 이를 확실히 하였다. 중국도 미국의 강경한 입장으로 인해 교차승인은 어려울 것으로 판단하고 한중수교를 우선하는 방향으로 나아갔다(이상옥 2002, 130-32).

5. 일본요인

일본은 국내 여론이 전반적으로 중국에 우호적이고 소련에 적대적인 입장을 취하고 있어, 일본은 한중수교에 거부감이 상대적으로 적었다. 한국은 한중수교에 대한 일본의 반대 여부가 아니라 이를 빌미로 북한과 일본이 한국의 동의 없이 수교를 서두를 가능성을 경계하였다. 일본도 이때 북한을 8차례 만나 수교논의를 진행 중이었는데, 한국은 북일수교에 원칙적으로는 찬성하였다. 하지만 한국이 일본 측에 강조한 것은 첫째 일본은 북일수교와 관련해 사전에 한국과 상의해야 하며, 둘째 남북대화와 교류 진전과 북일 수교를 연계해 추진해야 하며, 셋째 수교 이전 일본의 대북 배상이나 경협이 이루어져서는 안되며, 넷째 북한이 개방과 국제사회협력을 하도록 노력해야 한다는 것이었다(전재성 2012, 224). 한국은 한중수교 과정에 있어 일본의 교차승인 속도에 크게 주목하였다.

V. 현 한중관계의 평가와 제언

우리는 위에서 한중수교의 지난한 과정과 결정에 있어 여러 국제정치적 고려 요인들을 살펴보았다. 특히 한반도의 평화적 통일을 위한 중국의 전략적 활용이

---

11. 1988년 이후 1992년까지 북미 양국은 30차례에 걸친 접촉 및 회담을 하였다.

중시된 점을 주목하였다. 그러나 수교 25년이 지난 지금, 당시 수교의 최고 목표였던 한반도 통일을 위해 중국을 전략적으로 활용하고자 했던 중장기적 비전이 제대로 실천되지 못하고 있어 아쉬움이 적지 않다.

1. 현 양국관계의 평가

1992년 8월 한중 양국이 국교를 수립한 이래 25년이 되었다. 중국과 한반도의 수천 년의 역사에 비하면 25년은 매우 짧은 시간이다. 그러나 양국의 교류와 협력은 예상을 초월할 정도로 급속히 성장하였다(박병광 2007; Sukhee Han 2008; 전성흥·이종화 2008). 경제적으로는 1992년 63억 달러에 불과했던 양국 교역액이 2014년 2,354억 달러로 약 37배 증가하였다. 한중 간 교역액은 한국의 대외교역에서 약 21%를 차지하였고, 한미 및 한일 간 교역액을 합한 것보다 큰 수치였다(주한중국대사관). 중국은 한국의 제1위 교역·수출·수입·투자 대상국, 한국은 중국의 제1위 수입국, 제3위 수출국, 제3위 교역상대국(홍콩 제외)으로 부상하였다. 한국의 대중 투자액은 2016년 한해 39.9억 달러를 포함 누계 738.9억 달러를 기록하고 있다.[12] 또 한중 FTA(자유무역협정)는 양국 경제관계의 중추가 되었으며 통화스왑협정도 체결하였다.[13]

사회·문화 분야 교류 역시 크게 성장하고 있다. 2015년 기준, 양국 간 연간 인적교류는 총 1,042.8만 명(방중 444.4만, 방한 598.4만), 2016년 기준, 유학생 수(한국 내 중국유학생 6만, 중국 내 한국 유학생 6만 6천 명)는 양국 내 외국인 유학생 중 가장 큰 비중을 점했다. 항공편수는 여객 주 1,170회 노선(한국 측 74개 주 489회,

---

12. 한국무역협회 통계에 따르면 양국의 교역 규모는 수출 1,244.3억 달러(반도체, 평판디스플레이 및 센서), 수입 869.6억 달러(반도체, 무선통신기기) 등 총 2,113.9억 달러이며 이 중 무역흑자는 374.7억 달러였다. 한국외교부, 중국 기본정보자료 참조.
13. 2015년 2월 25일 한·중 FTA가 가서명되었고, 6월 1일 정식서명이 이루어졌으며, 11월 30일 비준동의안이 국회에서 통과된 후 12월 20일 최종 발효되었다. 산업통상자원부, 한중 FTA 참조.

중국 측 68개 주 611회)에 달한다.**14** 양국에서는 사드 갈등으로 주춤하기는 했지만 각각 한류(韓流)와 한풍(漢風)이 여전히 뜨겁다.

이와 더불어 양국은 비경제분야에서의 협력도 강화하였다. 정치 분야에서는 양국 고위인사 간 교류가 활발하였다.**15** 양국은 고위급 전략대화를 수립, 개최하였다. 다자적으로 한중일 3국, APEC, ASEAN+3, 동아시아정상회의(EAS) 등에서 협력하고 있다. 또 동북아의 가장 큰 안보사안인 북핵문제와 관련해서도 많은 협의를 해 왔다.

이러한 양국 관계는 문화적 친밀성, 지리적 근접성과 경제적 상호의존을 넘어 한반도에서의 이익에서도 상당 부분을 공감함으로써 그 관계의 중요성이 제고되어 왔다. 이에 시간이 지나면서 양국관계는 단계별로 계속 격상되어 왔다. 즉, 1992년에는 우호협력관계(Friendship and Cooperative Relationship)에서 시작해, 1998년에는 21세기를 향한 한중 협력동반자관계(ROK-China Collaborative Partnership for the 21st Century), 2003년에는 전면적 협력동반자관

---

14. 2016년 법무부 기준, 한국체류 중국인 수는 중국동포 63만 포함 약 101.7만 명, 중국체류 한국인은 약 80만 명(북경 재중한국인회)으로 추정된다. 한국외교부, 중국 기본정보.

15. 양국의 고위급 교류는 다음과 같다. 2003. 7월 노무현 대통령 국빈방중, 2003. 9월 오방궈(吳邦國) 상무위원장 방한, 2003. 9월 박관용 국회의장 방중, 2004. 8월 자칭린(賈慶林) 정협 주석 방한, 2005. 6월 이해찬 국무총리 방중, 2005. 11월 후진타오(胡錦濤) 국가주석 방한, 2006. 1월 김원기 국회의장 방중, 2006. 10월 노무현 대통령 실무 방중, 2007. 4월 원자바오(溫家寶) 총리 방한, 2007. 7월 임채정 국회의장 방중, 2007. 12월 한덕수 총리 방중, 2008. 5월 이명박 대통령 국빈방중, 2008. 8월 이명박 대통령 방중(베이징 올림픽 개막식), 2008. 8월 후진타오 국가주석 국빈방한, 2008. 9월 한승수 국무총리 방중(장애인올림픽 개막식), 2008.10월 이명박 대통령 방중(ASEM 정상회의), 2009. 6월 한승수 총리 방중(IIF 참석), 2009.10월 이명박 대통령 방중(한·중·일 정상회의), 2009.11월 김형오 국회의장 방중, 2009.12월 시진핑 국가부주석 방한, 2010. 4월 이명박 대통령 방중(상하이 엑스포 개막식), 2010. 5월 원자바오 총리 방한, 2010.11월 후진타오 국가주석 방한(G20 정상회의), 2011. 4월 김황식 국무총리 방중(보아오포럼), 2011.10월 리커창(李克强) 상무부총리 방한, 2012. 1월 이명박 대통령 국빈방중, 2012. 3월 후진타오 국가주석 방한(핵안보정상회의), 2012. 5월 이명박 대통령 방중(한일중 정상회의), 2013. 6월 박근혜 대통령 국빈방중, 2014. 4월 정홍원 총리 방중(보아오포럼), 2014. 7월 시진핑 국가주석 국빈방한, 2014.11월 박근혜 대통령 방중(APEC 정상회의), 2015. 1월 왕양(汪洋) 부총리 방한, 2015. 6월 장더장(張德江) 상무위원장 방한, 2015. 9월 박근혜 대통령 방중(중국 전승 70주년 기념행사 참석), 2015.10월 리커창 총리 방한, 2016. 6월 황교안 국무총리 방중(하계 다보스포럼), 2016. 9월 박근혜 대통령 방중(G20 정상회의), 한국외교부, 중국 기본정보.

계(Comprehensive Cooperative Partnership), 2008년 5월에는 전략적 협력동반자
관계(Strategic Cooperative Partnership), 그리고 2013년 6월 전략적 협력동반자관
계의 내실화로 격상되었나.[16] 이는 거의 5년에 한 번씩 이루어진 양국관계의 정
립에 있어서 가장 최상위의 단계라고 할 수 있다.

하지만 사드 갈등이 촉발하자마자 양국의 거의 모든 관계가 축소되거나 냉각
되었다. 전략적 협력동반자라는 표현이 무색할 정도로 양국관계는 전략적으로
협력하는 사이가 되지 못했다. 한국은 북한의 위협에도 중국이 한국 지지에 소
극적이라고, 중국은 사드 배치와 관련해 한국이 중국을 배려하지 않는다고 생각
했다. 어쩌면 양국 관계는 경제적 협력동반자였으며, 무늬만 전략적이었고, 실
제적이었다기보다는 수사적이었으며, 그 관계의 기반이 매우 취약했다.

사실 양국이 합의한 전략적 동반자에서 '전략'이란 용어에서부터 서로 이해를
달리하고 있다. 중국은 대개 전략을 중·장기적 협력관계로 이해하지만, 한국은
용어 그대로 군사안보까지 협력하는 전략적 파트너로 인식한다. 단어 하나에도
서로 이해가 다르니 다른 것은 말할 필요도 없다.

2. 전략적 동반자관계를 위한 제언

올해 5월 문재인 정부가 새롭게 출범하면서 대중정책의 연착륙에 대한 기대
가 매우 컸다. 그러나 문재인 정부의 사드(THAAD·고고도미사일방어체계)의 전격
적인 '임시 배치'로 인해 한중관계는 대립적 상황에서 벗어나지 못하다가, 10월
말 한중 외교부 간 합의로 사드 갈등이 봉합되면서 양국 관계의 전기를 마련하
였다. 문재인 정부는 한중관계를 회복하고 중국을 좀 더 거시적 차원에서 전략

---

16. 양국 정상은 '한·중 미래비전 공동성명' 채택을 통해 동반자관계의 내실화를 위해 정치·안보 분야에서 포
   괄적·다층적 전략 소통 체제 구축, 경제협력 기반 제도화 및 협력 범위 확대, 국민 간 다양한 형태의 교류 촉
   진에 합의하였다.

적으로 활용하기 위해 향후 새로운 한중 신창타이(新常態·뉴노멀)시대를 다음과 같이 전개해야 한다.

지금의 한중관계는 그 어떤 때보다 어렵고 힘든 단계(辛常態)이지만, 상호 소통과 대화 및 신뢰회복 단계(信常態)를 통해 서로 기쁘고 안심할 수 있는 단계(欣常態)로 나아가야 한다. 우리는 경제적 상호의존, 인적교류 증가, 한류가 중국인의 마음을 사로잡는다 해도 첨예한 안보사안이 발생하면 한순간에 무너짐을 사드를 통해 분명히 보았다. 쉬운 것부터 하고 어려운 것은 나중으로 미루는 '선이후난(先易後難)'이나 무거운 사안은 피하고 가벼운 성과만 취하는 '피중취경(避重就輕)'으로는 이제 양국의 규모가 커졌고 관계도 복잡해졌다. 문제 해결의 자세는 공통점은 추구하되 차이점은 보류하는 구동존이(求同存異)에서 공통점을 추구하고 차이점도 해결하는 구동화이(求同化異)로 바뀌어야 한다.

무엇보다 한중관계 회복을 위해 중요한 것은 양국 지도자 간의 신뢰 구축이다. 인문학적 소통을 포함, 합리적이고도 진정성 있는 관계를 구축해야 한다. 박근혜 정부 때 한중관계는 이보다 더 좋을 수 없다고 했다. 하지만 결과적으로 양국관계는 '지도자' 간 관계만 좋았던 착시현상으로 그쳤다. 단순히 지도자 관계만 좋은 것이 아닌 국가 간 신뢰 구축으로 이어질 수 있는 노력이 병행되어야 한다.

군사적 신뢰 구축을 위한 소통을 본격적으로 시작해야 한다. 향후 비전통 안보 군사협력과 허용 범위 내 상호 훈련 및 기지 참관을 고려할 수 있다. 동시에 사드가 경제 보복으로 이어지는 상황에서 안보와 경제가 한 몸임을 확인한 이상 한중 전략경제대화로의 제도화가 필요하다. 즉 중국과 전략적 신뢰를 구축하고 소통을 확산해야 한다.

중국에게 북한은 전략적 자산 측면이 있지만 부담 측면이 커지고 있다. 중국이 대북 제재의 큰 틀에서 이탈하고 있지 않음에 주목해야 하며 중국과의 협력과 소통 기회를 계속 만들어 내야 한다. 이를 통해 북한의 핵과 미사일 위협에 대해 중국의 더 건설적인 역할과 양국의 대북 협력이 더 긴밀해질 수 있을 것이다.

저서 『운명』에서 '장강의 뒷 물결이 앞 물결을 밀어낸다(長江後浪推前浪)'는 중국 명언을 인용한 문대통령에게 깊은 인상을 받았다는 시주석과 함께 한중관계의 새로운 도약 '후랑'이 되기 위한 로드맵을 논의해야 한다. 문대통령과 시주석은 건강하고 새로운 도약을 위한 동반자 관계로의 격상을 위해 노력해야 한다. 과도하고 화려하며 외양에 치중한 성과 지향적 관계보다 담백하고 진솔하며 내실과 소통을 지향하는 전략적 협력동반자관계로의 재설정한다면 문재인−시진핑 한중관계는 의미 있는 재출발을 할 수 있을 것이다.

3. 결언

이제 한중 양국은 과거를 돌아보고 현재를 직시하면서 미래를 새롭게 논의해야 할 시점이다. 현재 이룩한 한중관계의 발전은 하루아침에 이뤄진 것이 아니라 수교 당시 많은 어려움을 극복해 이룬 결과였다. 물을 마실 때 근원을 기억하는 음수사원(飮水思源)의 겸허함이 필요하다.

수교는 그냥 이루어진 것이 아니다. 모두 어려움과 아픔을 이겨낸 결과였다. 중국은 북한의 반대를 이겨내야 했고, 한국은 대만과의 관계를 정리해야했다. 이러한 결단을 내려야 했던 양국 지도자의 판단은 옳았다. 이후 25년이라는 짧은 기간에 양국 관계는 각 분야에서 가히 폭발적이라고 할 만큼 발전했다. 한중수교는 새로운 동북아 번영 시기를 재현하는 중요한 전환점이 되었다.

이제 한중 모두는 국제사회의 큰 지도자 국가로 성장하였다. 중국은 미국과 함께 국제사회의 주요 핵심 지도국가로 부상하였다. 한국은 '미들파워(middle power)' 국가로 성장했다. 최근 한중관계에 어려움이 있으나 한국속담에 비온 뒤에 땅이 굳듯, 현재의 어려움을 극복하고 상호 믿음을 회복해 양국의 새로운 25년을 위한 대도약을 위한 관계 발전의 비전을 제시하고 행동으로 실천해야 할 것이다.

참고문헌

강보경·박갑제, "중국 위안화 평가절상이 한국 수출·입에 미치는 영향에 관한 분석", 「산업경제연구」 25(2), 2012.4, 1867-1881.

김도희, 한중 문화교류의 현황과 사회적 영향, 「현대중국연구」, 9집 2호 (2008).

김태호, 한중관계 11년과 미래: 양적 팽창과 잠재적 갈등을 중심으로, 「계간 사상」, 2003 가을호, pp.57-94.

「노태우 회고록 상권 국가 - 민주화 나의 운명」, (서울, 조선뉴스프레스, 2011).

「노태우 회고록, 하권 - 전환기의 대전략」, (서울, 조선뉴스프레스, 2011).

대한민국 외교사료관, "북한의 대짐바브웨 군사고문단 파견, 1981" 생산연도 1981년, 분류 번호 725.1.

대한민국 외교사료관, "한, 소련 관계개선, 1981", 생산연도 1981년, 분류번호 722. 2.

대한민국 외교사료관, "핀란드를 통한 한,소련 관계개선, 1981", 생산연도 1981년, 분류번호 722.2.

동북아역사재단 편, 한중 역사 현안 바로 알기, (서울: 동북아역사재단, 2012).

박병광, 한·중관계 15년의 평가와 과제 -외교,안보적 측면을 중심으로, 「국방정책연구」 77권. 2007, pp.135-158.

박창희, "한중수교 20주년과 한중군사관계 발전: 회고와 전망", 「중소연구」, 36권 1호 (2012).

신상진, "중국의 대북한 위기관리정책: 김일성 사후 대북한 조문외교 분석", 「한국정치외교사논총」 35(1), 2013. 8, pp.71-97.

이근, 제5장, "노태우 정부의 북방외교: 엘리트 민족주의에 기반한 대전략", 강원택 편, 「노태우 시대의 재인식 - 전환기의 한국사회」, (서울: 나남, 2012).

이상옥, 「전환기의 한국외교 - 이상옥 전 외무장관 외교회고록」, (서울, 삶과 꿈, 2002).

이태환, "북방정책과 한중 관계의 변화", 하용출 외, 「북방정책 - 기원, 전개, 영향」, (서울: 서울대학교출판부, 2003).

이회옥·차재복 외, 「1992-2012 한중관계 어디까지 왔나 - 성과와 전망」, (서울: 동북아 역사재단, 2012).

전성흥·이종화 [공]편, 「중국의 부상: 동아시아 및 한중관계에의 함의」, (오름, 2008).

전재성, 제6장. "북방정책의 평가: 한국 외교대전략의 시원", 강원택 편, 「노태우 시대의 재인식 - 전환기의 한국사회」, (서울: 나남, 2012).

지만수, "G20 정상회의에서 나타난 중국의 전략과 경제적 이해관계", 「현대중국연구」, 제 12집, 1호(2010).

헌석희, "6자회담"과 중국의 딜레마, 「국제정치논총」 45(1), 2005.4, 175–200.

홍진영·이준엽, "글로벌 생산네트워크에서의 중국의 위상에 관한 연구: 휴대폰 및 자동차 산업을 중심으로", 「현대중국연구」 14권 1호, 2012 pp.193–230.

「동아일보」, 1983년 6월 29일.

「문화일보」, 2012년 8월 17일.

"북방정책", http://www.uniedu.go.kr

산업통상자원부, 한중 FTA, http://www.fta.go.kr/cn/info/1

주한중국대사관, 한중관계, http://chn.mofa.go.kr/korean/as/chn/policy/relation/index.jsp

한국외교부, 중국 기본정보, http://www.mofa.go.kr/countries/asiapacific/countries/20110804/1_22623.jsp?menu=m_40_10_20#contentAction

Cha, Victor. *Alignment Despite Antagonism: The United States-Korea-Japan Security Triangle,* (Stanford: Stanford University Press, 1999).

Han, Sukhee, "From Engagement to Hedging: South Korea's New China Policy", *Korean Journal of Defense Analysis*, Vol. 20, No. 4, (Winter 2008).

Hong Liu, "The Sino-South Korean Normalization: A Triangular Explanation", *Asian Survey,* Vol. 33, No. 11, Nov., 1993, pp.1083-1094.

Hwang Jaeho and Lyong Choi, "Re-thinking normalisation between the ROK and the PRC in the early 1990s: the South Korean perspective", *Cold War History* Vol. 15, No. 4, November 2015, pp.557-578.

Kim Hakjoon, "The establishment of South Korean-Chinese diplomatic relations: A South Korean Perspective, *Journal of Northeast Asian Studies,* Volume 13, Issue 2, Summer 1994, pp.31-48.

Oberdorfer, Don, *The Two Korea - Contemporary History*, (Seoul: *The JoongAng Ilbo*, 1998).

Pound, Richard, *Five Rings Over Korea* (Boston: Little, Brown, 1994).

Radchenko, Sergey, Chap. 11, "Inertia and Change: Soviet Policy toward Korea, 1985-1991", Hasegawa Tsuyoshi 편, *The Cold War in East Asia, 1945- 1991* (Washinton

D.C.: Woodrow Wilson Center Press, 2011).

제3부

제3의 물결 속의 한국 민주주의

제11장
한국 민주화와 국제정치[1]

기미야 다다시 木宮正史 · 도쿄대 대학원 종합문화연구과

I. 머리말

한국은 일본 식민지로부터 독립한 개발도상국인 동시에 동서 냉전체제의 강력한 제약을 받는 분단국가로 출발할 수밖에 없었다. 한국을 둘러싼 대외적 조건은 이후 역사적 전개를 크게 규정했다. 누가 봐도 경제발전과 민주화라는 거시적 변화를 조기에 순조롭게 달성하기는 어려운 조건이었다. 그러나 1960년대부터 수출지향형 공업화 정책을 선택함에 따라 단기간 안에 고도성장을 달성했고, 동아시아 신흥공업국이라는 지위를 거쳐 지금은 세계 10위권을 다투는 경제 선진국이 되었다. 또한 1980년대 중반 권위주의 체제에 대항했던 민주화 투쟁을 거쳐 정치적 민주화도 함께 이룩했다.

이와 같이 국제적으로 큰 제약을 받아 온 국가가 다른 국가들에 비해 빠른 속

---

1. 이 글은 기미야다다시 "보론1 한국의 민주화와 민주화 운동"(기미야다다시. 2008. 338-377)을 대폭적으로 가필하고 수정한 것이다.

도로 경제발전과 정치적 민주화를 달성했다는 사실은 국제정치경제에 있어서 매우 중요하고 흥미를 끄는 문제를 제기한다. 즉, 대외적 조건이 부여하는 제약과 기회의 구조에 한국 정부 내지 한국 사회가 어떻게 대응했기에 경제발전과 정치적 민주화를 거의 동시에 이룩할 수 있었을까 하는 것이다.

이 질문에 대해 한편으로 한국이 직면한 국제적 조건이 유리하게 작용했다는 점을 강조하는 설명도 있을 수 있다. 즉, 한국의 경제발전이나 정치적 민주화를 한국이 직면한 국제적 조건에 따른 당연한 귀결로 보는 것이다.

그런데 이와 같은 설명에는 매우 심각한 결함이 있다. 즉, 탈식민지 국가이면서 냉전체제의 제약을 받는 분단국가라는 비슷한 국제적 조건에 직면했던 북한의 정치경제의 추이를 설명하기 어렵기 때문이다. 북한은 1960년대까지는 한국보다 경제적으로 앞섰을 뿐 아니라 중국을 비롯한 다른 사회주의 국가들에 비해서도 발전할 수 있었다. 그러나 그 이후 경제적 측면에서 한국에 완전히 역전당했을 뿐만 아니라 정치적으로도 독재 체제가 오히려 강화되는 등 한국과는 극복할 수 없는 격차가 벌어지게 되었다. 따라서 한국의 정치경제 체제의 변동을 국제적 조건에만 의거해 설명하기에는 한계가 있다.[2] 문제의 핵심은 유사한 국제적 조건에 직면하면서도 그 조건에 대한 대응이 매우 대조적이었다는 데 있다. 즉, 북한은 중소대립 와중에서 기본적으로 '등거리외교'를 유지하면서 중소 양국에 대해 대북한 원조 경쟁을 하게 만들고, 나아가 이들로부터 자율성을 극대화하는 데 주력하는 등 국제적 제약으로부터 벗어나려는 정책이나 행동 양식을 선택했다.

한국의 대응은 어떤 것이었는가? 물론 한국도 자율성을 가지려고 했다는 것

---

2. 물론 남북한이 처한 국제적 조건은 질적으로 다르다. 예컨대 미국의 영향은 한국의 경제발전이나 정치적 민주화에 긍정적으로 작용한 데 반해 중국이나 소련의 영향은 부정적으로만 작용했다는 해석도 가능할지 모른다. 결과적으로 그렇게 해석할 수도 있겠지만, 1960년대까지는 경제적으로 북한이 더 우세했다는 것, 또한 1980년대 중반까지 한국 경제가 발전했음에도 불구하고 정치적 민주화가 이루어지지 못했다는 것 등을 고려하면 그런 해석은 매우 비역사적인 해석일 수밖에 없다고 보아야 할 것이다

은 부인할 수 없는 사실이다. 문제는 그 방법에 있어서 대조적이었다는 것이다. 한국은 직접적으로 국제적 제약으로부터 멀어지려고 하기보다는 국제적 제약을 가까이 함으로써 이와 같은 제약을 '기회'로 전환하려는 정책이나 행동 양식을 '선택'했다.

이 글의 기본적 문제의식은 한국은 국제적 제약 조건에 대해 어떤 대응을 '선택'했으며, 정치적 민주화를 어떻게 이룩할 수 있었을까 하는 것이다. 이 글에서는 한국의 대응을 국제적 제약으로부터 '멀어지는' 북한식 대응과는 다르며, 국제적 조건을 그대로 따른 '자동적 귀결'이라고도 보지 않는다. 그보다는 국제적 제약 조건을 한국 정부가 어떻게 인식했으며 또 그런 인식에 따라 어떤 대응을 선택했는가, 그리고 한국 정부의 대응에 대해 국내외 반응은 어떠했는가를 실증적으로 밝혀내는 것이 이 글의 가장 중요한 목적이라 할 수 있다.[3]

II. 한국의 민주화를 둘러싼 이론적 검토

한국을 둘러싼 국제정치경제환경과 한국의 민주화와의 관계에 관한 기존의 해석에 관해 검토하고자 한다. 첫째로, 한국의 민주화는 기본적으로 한국을 둘러싼 국제정치경제 환경과는 깊은 관계없이 일어났다는 해석이다. 이와 같은 연구를 뒷받침하는 것은 민주화 연구를 개척했던 오도넬(Guillermo O'Donnell) 등의 일련의 연구들(O'Donnell 1986)이다. 민주화 연구에 공헌한 오도넬 등의 대표적인 연구는 다음과 같은 두 가지 특징을 보여 주었다. 첫째, 설명하려는 '민주

---

3. 이와 같은 문제의식과 매우 유사하게 브래진스키(Gregg Brazinsky)는 한국의 경제발전과 정치적 민주화가 결과적으로 미국의 영향과 한국의 호응이 만들어 낸 합작품이었다고 주장한다(Brazinsky 2007). 브래진스키의 연구는 1960년대 전성기였던 근대화론이 세련화된 것으로도 볼 수 있는데, 미국의 영향과 한국의 대응의 관계의 순기능적 측면만 강조하고 있다는 문제가 있다. 필자의 해석은 순기능적 측면뿐만 아니라 갈등적 측면까지 포함해서 균형 있게 다루려고 한다는 점에서 브래진스키의 해석과는 다르다.

화'의 내용을 절차적 의미로 한정함으로써 소위 실질적 민주화에 대해서는 별로 언급하지 않았다는 것이다.[4] 둘째, 사회경제 구조, 계급 구조, 국제정치경제 구조와 같은 구조적 요인을 민주화를 가져다주는 원인으로서는 그다지 중요시하지 않았다는 점이다.

이와 같은 이론을 한국의 민주화에 적용한 연구로서는 임혁백의 연구가 대표적이다(임혁백 1990; Im 1989). 임혁백은 민주주의로의 이행 동인을 설명하는 기존 이론은 어느 특정한 사회구조나 지배적 정치문화가 민주주의를 성립시키기 위한 전제 조건을 설정한다는 소위 구조적 결정론에 빠져 있다고 비판함으로써 정치 행위자들의 "전략적 선택"을 중시한다. 구체적으로는 민주주의로의 이행 과정을 권위주의 체제 내부의 강경파·온건파와 반대 운동 세력 내부의 온건파·급진파 등의 4자 간 '정치 역학 게임'으로 분석한다. 첫째, 권위주의 체제 내부에서 온건파와 강경파들 간의 균열이 현재화됨으로써 온건파가 강경파로부터 자율적 정치기반을 가지게 된다는 것, 둘째, 반대 운동 세력 내부에서 온건파가 급진파를 통제함으로써 타협을 향한 일치된 행동을 선택할 수 있게 된다는 것이다. 이런 두 가지 조건이 충족된 결과로서 1987년 6월에 체제 내 온건파와 온건 반대 세력의 주도로 대통령 직선제를 받아들임으로써 민주주의로의 이행이 이루어졌다는 가설을 제시한다.

둘째로, 한국의 민주화는 한국을 둘러싼 국제정치경제 환경의 변화에 따라 비로소 일어났다는 해석이다. 각국마다 민주화 과정은 다르다고 할지라도 "민주화의 제3의 물결(Huntington 1991)"이라고 불리는 바와 같이 비슷한 시기에 민주화가 이루어지고 있다는 점을 생각하면 구조적 요인을 무시한 설명은 설득력이 없

---

4. 절차적 민주주의와 실질적 민주주의의 차이는 다음과 같이 지적할 수 있다. 절차적 민주주의란 "선거와 같은 제도를 통해 합의된 게임 규칙 속에서 공정성을 갖춘 경쟁이 제도화되는 것"을 의미한다. 이에 대해 실질적 민주주의는 "이상의 민주적 원리가 사회적으로 확산되며 사회경제적 평등을 위한 실질적 참여가 보장되는 것"을 의미한다(Przeworski 1995).

으며, 형식적이고 절차적으로 한정된 현실의 민주화 과정을 비판적으로 평가하려는 시각이 결여되어 있다는 것이다. 그래서 민주화를 촉진시킬 국제적 역학에 관해서 화이트헤드(Whitehead 2001)는 통제(control), 전염(contagion), 그리고 합의(consent)라는 세 가지 유형을 지적한다. 통제는 민주화라는 국제적 규범이 특히 선진국들의 압력을 통해 강하게 작용함으로써 당해국가들이 민주화를 받아들일 수밖에 없어졌다는 사례들이다. 전염은 다른 국가들의 민주화 사례들에 힘입어 그러한 민주화 규범이 전염해 가는 바와 같이 민주화가 이루어졌다는 사례들이다. 합의는 민주화에 관한 국제적 압력과 당해국가의 정치경제의 흐름이 맞아떨어진 합작품으로서 민주화가 이루어졌다는 사례들이다. 이와 같은 세 가지 유형의 차이는 있기는 하나 민주화를 이루어내는 국제적 역학을 무시해서는 안 된다는 것이다.

커밍스(Cumings)는 전자의 범주에 속하는 중남미의 민주화 과정에 대한 오도넬 등의 분석들이 민주화 또는 민주주의의 의미를 왜소화시켰다는 이론적 비판을 제기하면서 한국의 민주화를 촉진시킨 구조적 요인으로서 미국 정부의 대한반도 정책 전환을 들고 있다(Cumings 1989). 즉, 미국 정부가 한국 시장에 대해 자유화 또는 개방화 압력을 가하는 경우, 폐쇄적이고 자립적인 권위주의 체제보다는 개방적인 민주주의 체제가 자유화나 개방화가 불러올 비용을 부담하기 쉽다고 판단한 결과 민주화를 지지하게 되었다는 것이다.

그런데 이 글에서는 이 두 가지 대조적 시각과는 다른 제삼의 시각을 제시함으로써 분석하고자 한다. 필자는 어느 특정한 구조적 전제로 현상을 설명하려는 구조주의적 시각도, 구조와 상관없이 개별 이익에 따른 행위자의 결정을 중심으로 현상을 설명하려는 합리적 선택론도 따르지 않는다. 그보다는 구조에 대한 행위자들의 인식과 그로 인해 가능해진 구조에 대한 선택을 중시하는 구성주의(constructivism)적 시각에 입각하고자 한다.[5] 한국을 둘러싼 구조적 조건의 변화, 예컨대 냉전체제 변화나 사회경제 구조, 계급 구조의 변화가 민주주의로의 이행을 위한 직접적 원인을 제공해 주었다고는 보지 않는다. 다만 이와 같은 구조적 조건들과 전혀 관련시키지 않고 민주주의로의 이행 과정을 논한다는 것도 부적절하다고 생각한다.

한편으로는 단기적으로는 1987년 민주화 항쟁으로 인한 한국의 민주주의로의 이행이 절차적인 것에 불과했으며 전두환 정권(5공화국)과 노태우 정권(6공화국) 사이에 사회 전반에 걸친 구조 변동이 일어난 것은 아니었다. 또한 동 시기는 국제 관계에 있어서 탈냉전으로의 이행기에 해당되지만 한국의 민주화는 그보다 앞서 일어났다는 점에서 탈냉전으로 인한 국제 관계의 구조 변동이 한국의 민주화에 직접적인 원인을 제공했다고 보기는 어렵다. 이상의 두 가지 측면을 감안하면 민주주의로의 이행 동인을 구조적 요인에서 찾을 수 없다는 주장은 일견 타당한 것 같이 보인다.

그러나 민주주의로의 이행을 이끈 원동력이었던 1980년대 한국의 민주화 운동은 구조적 요인과 밀접하게 관련되어 있었다. 왜냐하면 민주화 운동은 절차적 민주주의를 획득하는 것만을 목표로 삼은 것은 아니었으며, 나아가 해방 이후 한국을 제약해 온 '구조'적 조건인 냉전체제나 대외 종속 구조를 "다시 봐야 한다"는 민족적 과제를 지니고 있었기 때문이다. 따라서 민주화 운동은 '민주'화 운동이면서도 '민중' 운동(민중의 생존권 확보를 위한 운동)인 동시에 '민족'주의 운동(민족 통일이나 민족 자주화를 위한 운동)이기도 했다. 민주화 운동은 1980년대의 전개 과정에서 한국을 둘러싼 구조적 조건에 대한 인식을 크게 바꾸었다. 더욱

5. 이 외에도 저자에게 자극을 주었던 연구로는 최장집(1993)이 있다. 이것은 그람시의 이론을 바탕으로 한 것으로서 민중 민주주의 입장에 따라 한국의 민주화 과정에 대한 분석을 시도하고 있다. 따라서 이 분석도 구조적 결정이나 행위자들의 전략적 선택이나 하는 양자택일의 문제 설정을 극복하려 한다는 점에서 저자와 문제 관심을 공유하고 있다. 또한 성경륭(1993)의 연구는 한국의 민주화 현실과 맞지 않았다는 이유를 들어 전략적 선택이론에 따른 분석을 비판하면서, 사회운동과 정권의 상호 작용을 중심으로 민주화 과정을 분석한다. 그는 한국의 민주화를 "사회운동이 권위주의 정권에 대해 선택의 여지없이 강요한 민주화"였다고 결론 짓는다. 다만 이 분석은 사회운동 내부 역학에 초점을 맞춘 것으로서 사회운동의 구조 인식에 관해서는 관심을 기울이지 않았다.

이 이런 민주화 운동의 구조 인식 전환이 시민사회 전체의 인식까지 크게 변화시킴으로써 민주화 과정에도 큰 영향을 미쳤다.

따라서 한국의 민주화 과정은 커밍스가 지적한 바와 같이 미국 정부의 대한반도 정책 전환이라는 구조적 요인으로 인해 결정되었던 것은 아니며, 또한 임혁백이 지적한 것처럼 일정한 구조 안에서의 권력을 둘러싼 투쟁으로서만 전개되었던 것도 아니었다. 체제 내부에서 또는 운동 내부에서, 그리고 특히 체제와 운동 사이에서 한국이 처한 구조에 대한 인식을 둘러싼 투쟁으로서 전개되었다. 다시 말하면 민주화 내지 민주주의의 실질적 내용을 둘러싼 투쟁이었던 것이다.[6] 따라서 민주화 운동의 구조 인식 변화가 민주화 과정의 쟁점, 나아가 민주화 과정의 게임 법칙 그 자체를 변화시킴으로써 민주화에 대한 구조적 제약도 점차 변화시킨 것이라고 볼 수 있지 않을까? 이와 같은 관점에서 민주화 과정을 재검토함으로써 '민주주의'로의 이행이 왜 이루어졌는지 그리고 '민주화'로 인해 무엇이 달라졌고 달라지지 않았는지를 검증할 수 있을 것이라고 생각한다.[7]

그렇다면 구체적으로 어떤 구조 인식의 전환이 일어났는가? 특히 한미 관계나 한일 관계를 포함한 넓은 의미의 냉전체제와 정치체제와의 관계, 경제구조와 정치체제와의 관계라는 두 가지 측면에 초점을 맞추어 살펴보기로 한다. 전자는 주로 한국을 둘러싼 냉전체제로 인한 남북 분단 체제, 후자는 대외 종속 구조라는 '구조' 인식과 관련된 문제이기도 하다. 한국의 역대 정치 지도자들은 첫째, 남북 대치 상황이라는 준전시체제제하에서 반공 체제를 유지하면서 정치적 안정을 확보하기 위해서는 민주주의나 인권을 어느 정도 희생할 수 있다는 논리에

---

6. 민주화 과정을 복수 주체들에 의한 서로 다른 내용을 내포하는 민주주의들의 경합 과정으로 분석한 연구로 최장집(1993), 藤原(1988)을 참조.

7. 마침 필자는 1985~1989년까지 한국에서 학생으로서 공부하면서 간접적이나마 민주주의로의 이행 과정을 경험할 수 있었다. 그때 한국의 정치체제가 하루하루 가시적으로 바뀌어 가고 있다고 실감했으며 그와 같은 정치 변동을 이루어 냈던 민중의 정치적 에너지에 놀라지 않을 수 없었다. 이와 같은 경험에 비추어 볼 때, 민주주의 이행 과정에 관한 기존의 분석들은 민주주의로의 이행을 이루어 내는 민중들의 정치적 에너지가 가지는 역사적 의미를 제대로 담아내지 못했다고 생각한다.

따라 권위주의 체제를 정당화시켜 왔다. 나아가 반공 체제를 강화시키기 위해서는 무엇보다도 미·일 양국과의 정치·군사·경제적 유대 강화가 최우선되어야 한다고 생각했다. 둘째, 한국과 같은 후발 산업국가가 경제를 발전시키기 위해서는 일정한 단계까지는 분배 요구나 자유 요구를 억제해 국가가 위로부터 강력하게 경제를 발전시켜야 한다는 '선先성장 후後분배', 다시 말해 '개발독재' 논리에 따라 권위주의 체제를 정당화시키려고 했다. 한국을 둘러싼 냉전체제나 후발 산업국가라는 초기 조건을 여건으로 삼는 한 민주주의에 대한 일정 정도의 희생은 피할 수 없다고 생각한 것이다. 물론 이와 같은 사고에 반대하는 민주화 운동이 전개되었던 것도 사실이나 이와 같은 논리는 국민 다수에 의해 받아들여졌다고 보아도 무방하다.

그런데 1980년대 민주화 운동은 바로 권위주의 체제를 정당화시키려는 이와 같은 두 가지 논리에 대한 '탈정당화'를 지향한 것이었으며 이것을 이루는 데 앞의 두 가지 '구조'에 대한 인식의 전환이 크게 작용했다고 볼 수 있다. 비록 냉전체제로 인한 제약을 받았다고 해도 이것이 자동적으로 권위주의 체제를 귀결시키는 것은 아니며, 원래 민주화를 제약해 온 냉전체제를 여건이 아닌 극복 대상으로 인식하면서 자주적 민족 통일을 이룩하려는 운동이 고양되었다. 이와 같이 냉전체제를 상대화하려는 시각은 구조적 여건으로서의 냉전체제가 한국 민주주의를 제약하는 것을 더 이상 허용하지 않게 되었다. 더욱이 역대 권위주의 체제와 미국 정부의 관계를 역사적으로 다시 보게 되면서 미국 정부가 한국의 민주화에 대해 억압자로서의 역할을 담당해 온 것이 아닌가 하는 의문이 제기되었다. 또한 개발독재 논리와 관련해서도 경제발전은 이루어졌으나 경제발전에 따른 과실이 평등하게 분배되지 않았고 오히려 사회경제적 불평등이 더욱 악화되어 민중의 생존권이 위협받게 되었다는 인식이 나타나게 되었다. 이런 인식의 전환을 통해 개발독재 논리는 권위주의 체제를 정당화시킬 수 없다는 비판의 목소리가 점차 커지게 된 것이다.

III. 민주화 운동의 전개 과정

구체적으로 1980년대 한국의 민주화 운동 전개 과정에서 민주화 운동을 비롯한 정치 행위자들의 구조에 대한 인식이 어떻게 변화되었는가에 관해서, 특히 1970년대 유신체제에 대한 반체제 민주화 운동[8]과의 비교를 염두에 두면서 민주주의로의 이행 과정과의 관계를 고려함으로써 살펴보기로 한다.[9]

1. 민주화의 좌절과 권위주의 체제로의 복귀(1979~1980)

부마민주항쟁과 뒤이은 10.26 사태에 의한 박정희 대통령 사망을 계기로 유신체제가 붕괴되었을 때 민주주의로의 이행은 순조롭게 진행될 것처럼 보였다.[10] 여야는 평화적 정권 교체를 하루빨리 실현시키기 위해 국회 내에 여야 동수로 구성되는 헌법관계심의특별위원회를 설치해 국회 주도로 새 헌법을 제정하는 데 합의를 보았다. 또한 여야는 권력 구조와 관련해 대통령 직선제를 주장했기 때문에 타협이 가능한 것처럼 보였다.

그러나 이런 낙관론은 이후 발생한 중대한 사건에 의해 역류를 겪어야 했다. 정승화 육군참모총장 겸 계엄사령관 등이 박정희 대통령 살해 사건의 관련혐의로 총격전 끝에 체포·연행된 것이다.[11] 이 12.12 사태는 전두환 국군보안사령관을 비롯한 '신군부' 세력이 주도한 일종의 군내 쿠데타였다. 그 후 신군부 세력은 배후에서 최규하 대통령을 조종함으로써 민주화를 막으려는 일련의 정책을 전

---

8. 1970년대의 반체제 민주화 운동에 관해서는 Sohn(1989), 한국기독교교회협의회 인권위원회(1987a)를 참조.

9. 이후 민주주의로의 이행 과정의 시기 구분에 관해서는 임혁백(1990)을 참고했다.

10. 이 일련의 사건들에 관한 자세한 다큐멘터리로서 조갑제(1987)를 참조.

11. 12.12 사태에 관해서는 피해 당사자인 정승화, 장태완 등의 회고록이 사건을 생생하게 기록하고 있다(정승화 1987; 장태완 1993). 또한 사태를 주도했던 당사자로서 전두환과 노태우도 회고록을 쓰고 있다(전두환 2017a, 2017b; 노태우 2011a, 2011b).

개해 나갔다. 정부는 국회 주도의 개헌 작업을 비난하며 독자적 개헌 작업에 착수했으나 그들이 의도했던 권력 구조는 이원집정부제라는 형태로서 종전의 권위주의 체제의 유산을 이어받으려는 것이었다.

1980년에 들어서 표면적으로는 개헌 작업을 둘러싼 정부와 정당 간의 대립, 여당 내부의 분열, 야당 내부 또는 재야 운동 일부를 포함한 차기 대통령 후보를 염두에 둔 김영삼 지지 세력과 김대중 지지 세력 간의 각축, 나아가 학생운동을 중심으로 한 좀 더 철저한 민주화의 요구 등이 얽혀 나타나기 시작했다. 이것이 소위 '서울의 봄'이라는 상황이었다. 그러나 그 이면에서는 신군부 세력이 군 내부는 물론 정부권력을 장악해 나가고 있었으며 4월 14일에 전두환이 중앙정보부 부장서리에 취임함으로써 신군부 세력의 실세가 정치의 정면에 나서게 되었다. 그 후 민주화를 막으려는 정부 및 배후의 신군부 세력에 대항해 야당, 재야 세력, 학생운동 측이 계엄령 즉각 해제와 민주적 헌법 제정을 요구하며 들고 일어서는 사태가 벌어지기 시작했다. 이와 같은 대치 상황이 이어지는 가운데 학생 시위는 5월 15일에 절정에 이르렀으나 이튿날부터 일단 진정되는 방향으로 나아갔다. 그러나 정부는 18일 0시를 기해 비상계엄령을 전국으로 확대했으며 18일에는 사회 혼란 조성 및 학생·노조 소요 관련 배후 조종 혐의라는 명목으로 김대중을 포함한 26명을 체포·연행했다. 이와 같은 일련의 사태에 반발해 광주시 일대에서는 학생들을 중심으로 일반 시민들도 가세한 가운데 대규모 시위가 벌어졌다. 시위를 진압하기 위해 출동한 경찰의 무기를 탈취해 일종의 해방구를 형성하는 상황이 나타나기도 했다. 그러나 이런 사태도 21일에는 점차 수습될 기미가 보였으며 시민 대표들이 무기를 회수함으로써 정부와의 협상을 모색하게 되었다. 그럼에도 불구하고 27일이 되어 정부는 공수부대를 중심으로 한 계엄군 병력을 광주에 투입해 군사적으로 제압했다. 이것이 광주 '사건'(그후 '광주 민주화운동'으로 재규정되었다)이었다. 이 사태를 계기로 전두환을 중심으로 한 신군부 세력은 국가보위 비상대책위원회를 설치해 구정치인들의 정치 활동을 금지하는 등 일련의 '개혁' 조치를 단행했다. 그후 전두환을 대통령으로 선출함으로써 제5공화국을 출범시켰으며 결국 민주화는 좌절되고 말았다.[12]

그렇다면 1980년의 민주주의로의 이행이 좌절된 이유는 무엇인가? 당시는 군부가 가진 물리적 강제력이 민주화 세력의 힘을 압도했으며 그 점은 광주민주화운동에 대한 군부의 탄압에서도 현저하게 나타났다. 대다수의 국민들은 그 공포 앞에 멈춘 것일 뿐이라고 해도 과언은 아니다. 따라서 반대 세력이나 체제 내 온건파에게 있어서 민주주의로의 이행을 성공시킬 수 있는 실질적 기회는 결과적으로 12.12 사태 이전의 시기밖에 없었던 셈이다. 어찌 보면 신군부에 의한 군내 쿠데타를 미리 저지하고 군사력의 공연한 행사를 억제할 수 있었던 유일한 존재는 미국뿐이었을 것이다. 그렇다면 미국 정부는 왜 신군부의 행동을 방치했는가? 이것은 1987년 6월과 비교해 가면서 검토해야 되는 문제다. 미국 정부는 신군부 세력에 의한 정권 장악이나 군사력 투입을 사전에 억제할 수 있었음에도 불구하고 하지 않았다. 왜 하지 않았는가에 관해서는 추측에 의존할 수밖에 없으나, 한국의 안보 확보라는 미국 정부의 대한반도 정책의 목적에 비추어 볼 때 민주주의로의 이행과 권위주의 체제로의 복귀라는 선택지가 그다지 중요하다고 생각되지 않았기 때문이 아닌가 싶다.[13]

---

12. 이 시기의 일련의 정세 전개에 관해서는 사계절편집부(1984)를 참조했다. 또한 광주민주화운동의 전개 과정에 관해서는 한국기독교교회협의회 인권위원회(1987b)가 자세하게 소개하고 있다.

13. 12.12 사태부터 광주사태를 전후한 시기에 미국 정부의 대한 정책에 관해서 당시 주한미국대사관 차석무관이었던 제임스 영(James V. Young)은 당시의 사정을 다음과 같이 당사자의 입장에서 냉철하게 분석하고 있다. 그에 따르면, 워싱턴과 서울, 대사관과 주한미군 사이의 관료정치 내의 대립 관계, 대한 정책에서의 안보 우선 자세, 북한의 군사적 위협에 대한 과민한 대응, 미국 정부의 정책 타이밍 실수 등의 제 요인이 복합적으로 작용함으로써 미국 정부 또는 주한미국대사관은 전두환을 중심으로 한 신군부 세력에 의한 권력 장악 가능성을 어느 정도 예지했고 그것을 막으려는 의도가 있었음에도 불구하고 결국 기회를 놓치고 말았다. 따라서 신군부 세력의 권력 장악을 기정사실로서 인정할 수밖에 없게 되었다는 것이다(영 1994, Young 2003을 참조할 것). 또한 이 시기의 미국의 대응에 관해서는 당시 주한미국대사였던 글라이스틴(William H. Gleysteen Jr.)과 한미연합사령관이었던 위컴(John Adams Wickham Jr.)의 회고록 글라이스틴(2000), 위컴(1999)을 참조. 이에 대해 한국인의 입장에서 광주사태에 대한 미국의 대응을 비판적으로 분석한 연구로는 이삼성(1993)이 있다.

또한 국민들이 신군부 세력을 적극적으로 지지하지는 않았지만, 결과적으로 군부의 압도적인 물리력 앞에 굴복할 수밖에 없었다는 사실에서 당시의 경제 악화, 구체적으로는 마이너스 성장 상황에서 자본가 및 중산층이 경제성장을 위해서는 '정치적 안정'이 필요하다는 신군부의 주장에 대해 소극적으로나마 동의함으로써 침묵을 지켰다는 것도 하나의 원인이라고 평가할 수 있다.

이와 같이 1980년의 민주화의 좌절에 관해서는 냉전체제로 인한 제약과 개발독재 논리에 의한 제약이 여전히 크게 작용했다고 말할 수 있다. 바꾸어 말하면 1970년대의 야당이나 재야 세력에 의한 민주화 운동은 냉전체제로 인한 제약과 개발독재 논리를 전제로 하는 한 미국 정부에 대한 정책의 전환을 유도하거나 국민 대중 사이에서 권위주의 체제에 반대하는 광범위한 합의를 이끌어 낼 수 없었다고 보아야 할 것이다.

2. 권위주의 체제의 '공고화'기(1981~1983)

제5공화국 성립 이후 정치 활동이 극도로 제한되는 가운데 신군부 세력은 권위주의 체제로의 복원 작업을 진행시켰다. 신군부 세력은 권위주의 체제에 도전할 수 있는 세력의 형성을 미리 저지하려는 제도적 안전장치(예컨대 노동법, 언론기본법, 집단시위규제법, 정치풍토쇄신을 위한 특별조치법 등)의 정비에 착수했으며 점차 권위주의 체제의 테두리 안에서 제한적이나마 자유화 조치를 단행했다. 이것은 권위주의 체제에 대한 지지 기반을 확대해 나가려는 시도이기도 했다(임혁백 1990, 447). 특히 경제 상황이 호전되면서 정권에 대한 중산층의 지지를 기대했기 때문이다.[14]

---

14. 1980년에는 5.2% 마이너스 성장을 기록했으나 1981년에는 6.6%, 1982년 5.4%, 1983년 11.9%로 경제성장률은 순조롭게 회복되었다. 또한 실업률도 1980년에 5.2%에 이르렀으나 1983년에는 4.1%까지 줄어들었다. 인플레율도 1980년의 28.7%에서 1983년에는 3.4%로 줄어들었다(Im 1989, 207).

그렇다면 동 시기 민주화 운동은 어떤 양상을 보이기 시작했는가? 이 시기는 민주화 운동의 입장에서는 암흑기와 다름이 없었다. 1970년대 민주화 운동을 주도했던 야당 정치인들이나 재야 지식인들, 학생들은 투옥되었거나 자택 연금 등 사실상 정치 활동이 봉쇄되었다. 그러나 이와 같은 상황에서도 산발적이나마 학생시위는 계속되었다. 이 시기 학생운동 측의 주장에는 이미 전두환 정권에 대한 '구조'적 비판이 담겨 있었다. 외자에 의존하는 수출주도형 경제정책을 지속시켜 이런 경제체제에 기생하는 일부 특권층을 보호하기 위해 농민과 노동자들을 저곡가와 저임금 정책으로 희생시킴으로써 민중들의 생활고를 가속화시키고 있다고 전두환 정권을 비판했다(강신철 1988, 23). 이와 같이 정치체제와 그것을 뒷받침하는 경제구조의 관계에 관심을 기울임에 따라 전두환 정권이 가지는 계급적 성격을 적출하려고 했다.

민주화 운동은 더 나아가서 미국을 직접적으로 겨냥하기도 했다. 1980년 12월의 광주미문화원방화사건, 1982년 3월의 부산미문화원방화사건 등이 그 대표적인 예다. 이런 사건들의 당사자인 학생들은 다음과 같이 미국을 비판했다.

미국은 자유민주주의의 우방으로서 대한민국의 발전을 위해 공헌해 왔다고 생각했다. 그러나 미국은 유신 이래 반공을 표방하기만 하면 무조건 지지하게 되었다. 미국은 12.12 사태와 광주사태를 미리 방지 또는 저지했어야 했다. 방화는 광주사태의 책임을 추구하고 민주주의를 열망하는 여론을 보여 주려는 자각으로부터 나온 것이다(김진웅 1992, 95).

이와 같이 광주민주화운동에 대한 미국의 자세에 대한 의구심이 민주화 운동 세력 내부의 반미 감정을 고양시켰다고 볼 수 있다. 그런데 이 시점에서는 자유민주주의 국가인 미국은 원래 한국의 민주화를 도와야 한다면서 미국에 대한 기대감을 포기하지 않았다. 이것은 이후의 시기에 나타나게 될 제국주의 국가인 미국상과는 대조적인 것이었다.

한편, 1983년 9월, 학생운동의 부활에 자극을 받아 1970년대에 학생운동을 경험했던 자들을 주축으로 민주화운동청년연합(약칭 민청련)이 결성되었다. 이 조직도 1970년대에 비해 한국을 둘러싼 구조에 대한 인식에 있어서 큰 변화를 보여 주었다. 특히 주목할 만한 것은 냉전체제에 대한 인식에서다. "국제 평화와 민족 생존을 위해 냉전체제 해소와 핵전쟁 방지가 이루어져야 한다"는 창립선언문의 한 구절에 나타난 바와 같이 냉전체제를 극복하려는 명확한 의지를 엿볼 수 있다. 냉전체제 자체가 민족의 자주성과 대립된다고 인식했기 때문이다. 그래서 민족의 자주성을 확보하기 위해 경제적 자립과 동시에 민중을 주체로 하는 민주화가 필요하다고 주장했다.[15]

야당 정치인들도 주로 해외 언론에 호소하는 형태로 권위주의 체제에 도전하기 시작했다. 1983년 5월, 김영삼은 민주화 조치를 요구하기 위한 단식투쟁에 들어갔는데, 이것이 외신을 통해 보도됨으로써 한국의 인권 상황을 해외에 널리 알리는 결과를 가져왔다. 또한 8월 13일에 김영삼과 김대중은 민주화 연대 투쟁을 전개해 나갈 것을 선언하는 공동성명을 한미 양국에서 발표했다. 여기에서 특히 주목해야 할 점은 권위주의 체제에 대한 미국 정부의 지지가 미국의 정치이념인 자유민주주의에 위배된다고 지적하면서 권위주의 체제에 대한 더 이상의 지원을 중지할 것을 요구했다는 것이다(민주화추진협의회 1988, 67–81).

3. 유화 국면(1984)

약 3년간의 억압 기간이 지나자 권위주의 정권은 사회에 대한 통제를 점차 완화시키기 시작했다. 이른바 권위주의 체제하에서의 '유화 국면'이 시작된 것이다. 1983년 말의 학원 자율화 조치나 1984년 초 정치인들에 대해 해금 조치를 취한 것 등이 대표적인 예라고 할 수 있다.

---

15. 민주화운동청년연합, 「민주화의 길」(1984년 3월, 6–9).

이 유화정책은 체제 측의 예상을 크게 넘어서 '시민사회의 부활'을 귀결시켰다(임혁백 1990, 448). 이 시기에 그 후 거대 야당의 모체가 될 재야 민주화 운동 진영의 몇몇 중요한 조직이 나오게 되었다. 하나는 1984년 5월에 김영삼을 중심으로 한 구야당 정치인들이 결성한 민주화추진협의회(약칭 민추협)였다.[16] 이 조직은 1985년 2.12 선거에서 신민당을 창립하기 전까지 야당과 재야 민주화 운동을 매개하는 역할을 담당했다. 다른 하나는 자율적인 사회운동 조직들의 느슨한 연합체로서 1985년 3월에 결성된 민주통일민중운동연합(약칭 민통련)이다.[17] 이 조직은 재야 민주화 운동의 중심적 존재로서 야당과 학생·노동 운동을 매개함으로써 민주화 운동을 전개해 나갔다.

그렇다면 이 시기에 한국을 둘러싼 구조에 대한 민주화 운동의 인식은 어떻게 바뀌어 갔는가? 먼저 학생운동은 민주화 운동의 민족주의적 측면과 민중주의적 측면을 강조해 그 투쟁 방법도 한층 더 급진적 양상을 띠기 시작했다. 사상적으로는 한국 사회변혁 운동의 성격에 대해 '민족민주혁명'을 제시하게 되었다. 이것은 노동자를 주도 세력으로 삼고 학생들을 선도 세력으로, 농민과 도시빈민 등을 보조 세력으로 하는 민중 연대에 의한 반파쇼 투쟁을 반제국주의 투쟁과 동시에 전개해 나가려는 것이었다. 이와 같이 학생운동의 전위 조직들은 마르크스주의적 사회 인식의 영향을 받아 민주화 운동의 목적을 파쇼 정권, 제국주의 세력에 대한 투쟁으로 설정하게 되었다(강신철 1988, 51-76).

재야 민주화 운동도 급진적인 학생운동의 영향을 받았다. 구체적으로는 반미 또는 반일로 상징되는 민족 자주화 주장이 외채 문제나 무역 불균형 문제에서 나타난 바와 같은 대외 종속적 경제구조를 다시 보려는 움직임으로 전개되었다(『민주화의 길』 1984년 3월, 7). 또한 1984년 전두환 대통령의 방일 시, 일본 군국주

---

16. 민주화추진협의회의 활동에 관해서는 민주화추진협의회(1988)를 참조.
17. 민주통일민중운동연합은 민주통일국민회의(약칭 국민회의)와 민중민주운동협의회(약칭 민민협)가 통합되어 발족되었다. 이 조직의 활동에 관해서는 기관지 『민주통일』을 참조.

의의 재침략을 저지하기 위한 반독재 민주투쟁의 일환으로서 방일 저지 투쟁을 전개하기도 했다(『민주화의 길』 1984년 10월, 124-125). 이런 가운데 민주화 운동과 민족 통일 운동을 연계시키려는 구조 인식의 변화가 구체적으로 나타나기 시작했다. 종전 정부가 독점하다시피 했던 통일 논의를 민주화시켜야 한다고 주장하며 특히 남북불가침조약·군축론·비핵지대론과 같은 남북한 간의 긴장 완화를 지향하려는 정책들이 제안되었다(『민주화의 길』 1984년 6월, 8-9).

4. 선거 국면(1985~1986. 4.)

그런 가운데 1985년 2월 12일에 국회의원 선거가 실시되었다. 선거에서 전두환 정권은 구야당 정치인들의 정치 활동 금지를 선별적으로 해제함으로써 패권적 지배 정당(민주정의당)과 다수의 '중성' 야당으로 구성되는 다당제 구조를 구축하려고 시도했다. 나아가 민주화 운동의 다양화를 이용해 선거라는 절차적 민주주의의 세례를 받음으로써 야당 세력의 분열, 그리고 야당과 재야 민주화 운동이나 학생운동 사이의 분열을 꾀하고자 했다(임혁백 1990, 448).

선거제도는 지역구의 경우, 1선거구 2정원의 중선거구제이며 전국구에 관해서는 제1당에 전체의 3분의 2를 무조건 배분하고 나머지 3분의 1에 관해서는 각 정당의 의석수에 비례해 배분하게 된다.

그러나 선거 결과는 누구도 예상하지 못한 귀결로 이어졌다.

첫째, 기존 야당인 민주한국당(약칭 민한당)과 국민당의 몰락이다. 여당 민정당은 1981년 선거 결과와 비슷한 현상 유지를 할 수 있었으나 야당인 민한당과 국민당은 득표율이나 의석 모두 대폭 줄어들었다. 체제에 '충성'한 야당은 국민들의 지지를 받지 못한다는 것을 증명해 보인 셈이다.

둘째, 새 야당인 신민당의 비약적 대두다. 신민당은 선거일로부터 약 3주 전에 민추협이 주도해 창립한 정당이었으며 기존 야당과는 달리 반권위주의 체제

표 1. 1981년 3월 25일의 선거 결과

정당	득표율(%)	의석수			의석 점유율(%)	
		지역구	전국구	합계	지역구	합계
민정당	35.6	90	61	151	48.9	54.7
민한당	21.6	57	24	81	31.0	29.3
국민당	13.3	18	7	25	9.8	9.1
기타	18.8	8	0	8	4.3	2.9
무소속	10.7	11	0	11	6.0	4.0
합계	100.0	184	92	276	100.0	100.0

표 2. 제12대 국회의원 선거 결과(1985년 2월 12일)

정당	득표율(%)	의석수			의석 점유율(%)	
		지역구	전국구	합계	지역구	합계
민정당	35.3	87	61	148	47.3	53.6
신민당	29.2	50	17	67	27.2	24.3
민한당	19.7	26	9	35	14.1	12.7
국민당	9.2	15	5	20	8.2	7.2
기타	3.4	2	0	2	1.0	0.7
무소속	3.2	4	0	4	2.2	1.5
합계	100.0	184	92	276	100.0	100.0

표 3. 제12대 국회의원 선거 5대 도시의 선거 결과

도시	득표율(%)			의석수(괄호 안은 수위 당선)		
	민정당	신민당	기타	민정당	신민당	기타
서울	27.3	43.3	29.4	13(2)	14(12)	1(0)
부산	28.0	37.0	35.0	3(1)	6(2)	3(3)
대구	28.3	29.8	41.9	2(2)	2(1)	2(0)
인천	37.1	37.4	25.5	2(1)	2(1)	0(0)
광주	29.1	45.7	25.2	2(0)	2(2)	0(0)
5대 도시	28.4	40.2	31.4	22(6)	26(18)	6(3)
전국	35.3	29.2	35.5	87(63)	50(24)	47(5)

의 입장을 전면에 내세웠다. 처음에는 민추협 내부에서도 선거 참여를 둘러싸고 찬반 양쪽의 의견이 있었다. 반대론은 "제5공화국이 정당성을 갖추기 위한 형식적 행위에 불과한 선거에 참여하는 것 자체가 체제를 인정하는 것을 의미하게 될 것이며 현행 선거제도하에서 근본적이고 교묘한 부정선거로 인해 참패할 경우 민주 세력이 취약하다고 잘못 받아들일 위험성이 있다"고 우려를 나타냈다. 이에 대해 찬성론은 "비록 참여를 거부하는 경우도 지금과 같은 언론 상황에서는 효과적인 거부 운동을 전개하는 것이 불가능하며 선언적 의미일 수밖에 없다. 오히려 선거에 참여해 선거운동을 이용함으로써 국민들 사이에 민주의식을 각성시켜야 한다"고 주장했다. 민추협은 내부 격론 끝에 1984년 12월 11일, 총선에 참여하기로 결정했다(민주화추진협의회 1988, 154). 이 결정에 따라 신민당이 창립되었는데, 먼저 10여 명의 의원들이 기존 야당을 탈당해 신민당에 입당했으며 총선 후 기존 야당 당선자들이 대거 신민당에 입당함으로써 국회 개원 시에는 103명으로 늘어나 일약 강력한 야당으로서 등장하게 되었다(『동아일보』 1985.05.13). 이로써 체제 측 예상과는 달리 여당 민정당 대 야당 신민당이라는 2대 정당제 구도가 만들어졌다.

한편 재야 민주화 운동 세력은 새 야당이 결성되기 전에는 선거의 의미에 대해 매우 회의적이었으며 선거 보이콧까지 생각하고 있었다. 선거를 치른다 해도 부정선거로 인해 여당 승리가 확실하며 결과적으로 권위주의 체제의 정당화를 보장해 줄 뿐이라고 선거 결과를 비관적으로 보았기 때문이다. 또한 재야 민주화 운동 세력과 기존 야당 사이에 불신감이 존재했으며 신뢰할 수 있는 야당이 존재하지 않았다는 것도 한 원인이었다. 그러나 신민당이 창당된 후 재야 민주화 운동 세력은 선거에 대한 전략을 바꾸어 신민당 후보에 득표를 몰아주는 데 힘을 쏟게 되었다.[18] 이런 노력은 신민당이 주요 도시지역을 석권해 제1야당으로

---

18. 선거에 대한 학생운동의 자세에 관해서는 강신철(1988, 77–81)을 참조할 것. 재야 민주화 운동 세력의 자세에 관해서는 『민주통일』(1985년 1월, 46–55), 『민주화의 길』(1985년 1월, 7–15)을 참조할 것.

부상하게 되는 놀라운 결과를 가져오는 데 일조했다(임혁백 1990, 449).

　이상 선거 국면이 가져다준 상황 변화를 각 주체별로 간략히 살펴보면 다음과 같다.

　첫째, 선거 결과에 대해 놀란 여당 민정당은 태세 재정비에 착수하게 되었다. 이 과정에서 점차 체제 내부의 강경파와 온건파 사이의 균열이 보이기 시작했다. 한편 노태우가 당대표 최고위원으로 취임함으로써 일약 유력한 차기 대통령 후보로서 부상하게 되었다. 여당 내의 지위를 굳히려는 노태우는 여당 내 문민 정치인들과의 연대를 꾀했는데, 문민정치인들은 총선 결과 국민들의 민주화 요구를 어느 정도 받아들이고 야당과의 타협을 모색할 필요가 있다고 판단하게 되었다. 이에 노태우는 문민정치인들의 견해를 어느 정도 받아들일 자세를 보였다. 이와 같이 여당에서는 총선 후 체제 내 온건파가 대두될 것처럼 보였다. 그러나 다른 한편으로 전두환은 체제 내 온건파와의 균형을 유지하기 위해서 심복 장세동 대통령 경호실장을 국가안전기획부 부장에 임명하는 등 강경파를 정부 요직에 포진시켰다. 강경파와 온건파의 균형은 평화적 정권 교체에 관한 절차와 민주화 조치를 둘러싼 여야 간 협상의 정체와 민주화 운동의 급진화라는 상황에서 경경파가 다시 앞서 나가는 결과를 가져왔다(Im 1989, 242).

　둘째, 반권위주의 체제의 입장을 천명한 야당이 국회 내에서 여당과 거의 대등한 지위를 차지함으로써 양자 간의 협상이 가능하게 된 상황이 나타났다. 더구나 선거를 통해 서로의 이념상의 차이를 넘어 민주화 운동 발전을 위해 학생운동 측부터 야당까지 협력할 수 있게 되었다. 신민당은 선거 결과에 나타난 국민들의 민주화 열망과 민주화 운동 진영에 대한 지지를 배경으로 정치범 석방 및 사면 복권, 광주사태의 진상 규명 등 일련의 민주화 조치를 여당에 요구해 나갔다. 또한 당내 정비에 있어서도 김대중의 귀국과 민추협 공동의장 취임, 김영삼의 신민당 입당(상임고문)으로 김영삼과 김대중의 공동보조 태세가 확립되었다. 이와 같이 진영을 정비한 신민당은 국회에서 개헌특별위원회를 설치하고 평화적 정권 교체 절차를 확실하게 만들 것을 요구하며 여당과의 안이한 타협을 거절했다.

셋째, 민주화 운동 세력은 한편으로 민주화 조치를 요구하는 신민당에 지지를 보내면서도 다른 한편으로는 야당과 차별화되는 재야 운동권으로서의 독자성을 유지하는 데 힘을 썼다. 여기에서 특징적인 것은 노동운동과 학생운동, 기타 재야 민주화 운동과의 사이에 광범위한 연대가 모색되었다는 것이다. 청계피복노동조합 합법성 쟁취 투쟁, 대우자동차 공장 파업, 나아가 구로 노동운동 동맹파업 등이 서로 연계하면서 속발되었다. 또한 해고 노동자나 급진적 노동운동 활동가들을 중심으로 서울지역노동운동연맹, 인천지역노동운동연맹 등의 지역단위 노동조합이 결성되었다(Im 1989, 247-248). 이 조직들은 종전의 직장 내 노동운동을 지양해 노동운동을 정치투쟁으로 연계시킬 길을 모색하기 시작했다. 이와 같이 민주화 운동이 노동운동과의 연계를 모색하려고 했던 것은 권위주의 체제하의 경제정책의 문제점을 지적함으로써 개발독재 논리에 도전하려 했다는 것을 의미한다. 권위주의 체제는 물가 안정을 중요한 실적으로 꼽고 있었다. 그러나 노동운동의 고양은 이와 같은 경제 안정 정책이 실제로는 노동자들의 임금 억제라는 희생 위에 이루어졌다는 사실을 들어 권위주의 체제의 계급적 성격을 폭로하려는 것과 관련되었다.

학생운동은 전국 조직인 '전국학생총연맹'(약칭 전학련)과 그 하부 조직인 '민중민주화와민족자주통일을위한투쟁위원회'(약칭 삼민투)로 구성되었다. 그리고 그 일부는 1985년 5월에 서울미문화원접거농성사건을 일으킴으로써 광주사건에 대한 미국의 책임을 추궁했다. 이 사건은 야당까지도 포함해 광주민주화운동에 대한 미국의 책임을 본격적으로 제기했다는 의미에서 획기적인 사건이었다. 다만 그들의 주장은 미국이 권위주의 체제에 대한 지지를 철회할 것을 요구하는 정도에 머물러 있었다. 농성 학생들은 자기들의 주장이 반미가 아니라는 것을 천명했다(강신철 1988, 99-101, 364-366). 그러나 이와 같은 대미 인식은 당시 학생운동 안에서는 오히려 온건한 것이었다. 왜냐하면 이미 훨씬 더 급진적인 반미 주장이 나타났기 때문이다. 즉, 미국은 한국 현대사에서 자국의 군사적 또는 경제적 이익을 관철시키기 위해 민중의 억압자이면서 민주주의와 정반대에 서 있는 군사독재 정권을 대리인으로서 지지해 왔다고 신랄하게 비판하기도 했다(『민주화의 길』 1985년 8월, 40). 이와 같은 비판을 가속화시킨 것은 미국 정부의 농축산물 수입자유화 압력에 대한 농민들의 반대 저지 운동이었다(『민주화의 길』 1986년 1월, 22). 이것은 상대적으로 추상적 반미 구호에 그치고 있었던 학생운동에 구체적인 사례를 제공하게 된 셈이었다.

이상과 같은 각 정치 행위자들의 구조 인식의 심화는 민주화 과정의 쟁점을 권위주의 체제하에서 자유화를 얼마나 진행시킬 것인가라는 문제로부터 평화적 정권 교체에 관한 절차를 둘러싼 헌법개정 문제로 전환시켰다. 개헌을 위한 여야 협상의 개시가 민주화 운동의 최소한의 요구가 되었다. 종전에 권위주의 체제와 민주화 운동 사이에는 정치적 자원에 있어서 커다란 격차가 있었다. 그러나 2.12 선거에 의해 권위주의 체제에 대한 비판이 예상외로 강하다는 사실이 알려졌으며 야당과 민주화 운동 세력 사이에 일정한 협력 관계가 형성됨으로써 양자 간의 자원 격차는 크게 줄어들었다. 이런 변화 속에서 여당이 개헌 협상에 응하도록 하기 위해 야당은 다시 민중들의 힘을 동원해 권위주의 체제에 압력을 가하기 시작했다. 총선 1주년인 1986년 2월 12일, 대통령 직선제로 헌법 개정을 요구하는 1,000만 명 서명운동을 전격적으로 개시했으며 가두 행진을 계획했다. 이 운동에는 사회운동 세력들도 가세하게 되었고 양자는 '민주화를 위한국민연락기구'(약칭 민국련)를 결성하기로 했다. 이 운동은 많은 국민들의 지지를 결집시켜 대규모의 동원력을 과시했다(Im 1989, 252).

이에 대해 체제 측은 당초 경찰력을 동원함으로써 운동을 탄압하려고 했으나 점차 폭력적 탄압을 회피해 방관하게 되었다. 이런 자세 변화의 배경에는 필리핀 마르코스(Marcos) 정권의 붕괴와 이것에 따른 미국 정부의 대한 정책 전환이 있었다고 지적할 수 있다. 즉, 미국 정부는 민주화 운동에 대한 폭력적 억압은 정치적 불안정을 초래함으로써 미국의 국익을 해칠 수 있다고 인식하게 된 것이다. 따라서 미국 정부는 전두환 정권에 대해 야당과의 협상에 응해야 한다고 설득에 나섰다. 전두환 정권도 한편으로 미국에 대해 한국은 필리핀과는 다르다는 것을 강조함으로써 미국의 우려를 불식시키려고 했으나 한국정부 자신도 필리핀에서 전개되었던 정치변동에 관심을 기울이면서 그러한 급격한 정치변동을 막기 위한 대응책을 모색하게 되었다. 그 결과 1986년 4월 30일, 전두환 대통령은 이민우 신민당 총재와의 회담에서 서명운동을 중지해 줄 것을 요구하는 대신 국회 내에서 개헌을 위한 협상을 시작하겠다고 제안하게 되었다(Im 1989, 255-256; 민주언론운동협의회, 『말』 1986년 7월, 4-7).**19** 이와 같이 이 단계에 이르러서 비로소 미국 정부가 한국의 민주화 과정에서 실질적 행위자로서 등장하게 되었다. 미국의 대한 정책은 한국 내의 정치 상황과 관계없이 결정되는 것이 아니라 한국의 국내 상황, 특히 민주화 운동의 진전과 그들의 주장에 영향을 받음으로써 부분적으로나마 수정을 해야 했다. 미국 정부는 이전처럼 권위주의 정부를 무조건적으로 지지할 경우 민주화 운동 세력이 반독재 투쟁을 반제반미 투쟁으로 확장시켜 나갈지도 모른다고 인식함에 따라 권위주의 체제와 보수적 야당과의 연합을 모색함으로써 급진 세력들을 고립시키려고 할 것이라고 민주화 운동 세력 측은 보고 있었다(『민주화의 길』 1985년 11월, 22-30).

---

19. 민주언론운동협의회는 권위주의 체제에 의한 언론 통제의 결과로 해고당한 언론인들을 중심으로 1984년 12월에 결성된 조직이었으며 권위주의 체제의 비호와 통제를 받는 소위 '제도 언론'과는 달리 언론의 자유를 지킨다는 입장에서 반체제적 자세를 선명했다. 따라서 『말』지는 체제에 의한 언론 통제의 증거인 '보도지침'을 폭로하는 등 언론의 입장에서 민주화 운동에 적극적으로 기여했다고 평가된다. 당시 이 잡지는 비정기 간행물이었다.

5. 민주주의로의 이행을 둘러싼 교착상태(1986. 5.～1987. 6.)

여당은 야당의 상외투쟁을 중지시켜 개헌 협상을 국회 내로 끌어들여 봉쇄하려고 했다. 그러나 야당은 야당대로 각지에서 '개헌추진본부 지구 결성 대회'를 열어 나가면서 여당에 대한 압력을 멈추지 않았다. 여당과 안이하게 타협하는 것은 미국 주도의 '보수 대연합'에 협조하는 것이 된다는 민주화 운동의 비판을 배려해야 했기 때문이다. 그런데 민주화 운동 내부에서도 야당과 재야 운동, 학생운동 사이에 점차 균열이 보이기 시작했다. 이런 균열은 1986년 5월 3일, '개헌추진본부 인천지구 결성 대회' 개최 때 여실히 드러났다. 구체적으로는 운동의 구호 내용과 수단의 급진화라는 현상으로 나타났다. 이 인천 대회가 경찰의 탄압으로 봉쇄되자 군중들은 종전보다 훨씬 더 급진적인 구호를 외치고 또한 폭력적 방법까지 동원하기 시작했다. 거기에서 주장된 구호는 "미국의 음모에 따른 개헌 모략을 폭로한다!", "민중들의 고통을 해결하지 못하는 개헌 모략에 속지 말자!", "신민당을 믿지 말아야 한다, 양키 고 홈!", "이원집정제를 강요하는 미국은 나가라!", "민중들의 생존을 압살하는 미국·일본의 외세는 나가라!", "예속 경제를 강요하는 제국주의를 타도하자!" 등 급진적인 반미 의식과 야당에 대한 불신을 표명한 것이 많았다(『말』 1986년 5월, 4). 이 사태를 두고 여당은 재야 민주화 운동을 좌경 용공 세력으로 규정해 야당에 대해 이런 세력과의 협력 관계를 끊고 여당과의 개헌 협상에 임하도록 공세에 나섰다. 야당은 "민족 자주와 자존은 당이 양보할 수 없는 기본 원칙이나 자주와 자존은 선린과 우호를 통해 꽃피는 것이며 대외 종속과 굴종에 반대하는 바와 마찬가지로 배외로 인한 국제사회로부터의 고립에 대해서도 반대한다"(『말』 1986년 5월, 6)고 주장했다. 이와 같이 야당은 미국이나 여당으로부터 타협해야 한다는 압력과 동시에 민주화 운동 세력으로부터 안이한 타협을 거부해야 한다는 압력을 받는 등 어려운 처지에 놓이게 되었다.

이와 같은 상황 속에서 여야는 1986년 6월에 헌법개정특별위원회를 국회 내에 설치하기로 합의했다. 그러나 여야 간 개헌 협상이 시작되자 협상은 금방 교착상태에 빠지고 말았다. 대통령 직선제를 관철시키려는 야당에 대해 여당은 일단 개헌 협상을 하는 데까지는 합의를 했으나 의원내각제를 대안으로 제시했기 때문이다.[20] 여당은 의원내각제에 따르면 비록 1985년 2.12 선거에서 35% 정도의 득표율에 그쳤지만 선거제도가 가진 프리미엄 효과로 인해 과반수 의석을 차지함으로써 여당의 지위를 유지할 수 있다고 보았기 때문이다. 반면 야당은 현행 선거제도를 여건으로 한 의원내각제는 여당이 정권을 연장시키기 위한 수단에 불과하다며 강한 불신감을 내보였으며 대통령 직선제는 민주주의로 나아가기 위해서 절대로 양보할 수 없는 제도라고 인식했다.[21] 결국 국회의 개헌 특위는 한 번도 열리지 않았으며 야당은 1986년 11월부터 다시 국회 밖으로 나가 직선제 추진 대회를 개최함으로써 민중 동원을 시도했다. 그러나 대회는 정부에 의한 대규모 경찰력 동원으로 인해 대부분 봉쇄되었다. 그 결과 야당은 민주화운동 세력과의 연대 강화를 모색하게 되었다.

여당도 이와 같은 상황을 방관만 했던 것은 아니다. 1986년 10월에는 체제와 관계없이 통일이야말로 국시(國是)라고 했던 야당 의원의 발언을 문제 삼아 야당에 대해 이념적 공세에 나섰다. 또한 11월에는 건국대 사태를 이유로 비상조치와 계엄령 선포의 가능성까지 시사했다(김성익 1992, 260). 이와 같은 강경 조치는 일단 체제 내 온건파의 반대에 부딪쳐서 좌절되었지만 그 후 야당의 장외투쟁에 대해서는 원천 봉쇄라는 엄중한 자세로 임했다. 나아가 의원내각제에 대해

---

20. 전두환 대통령은 직전의 유럽 방문에서 정치 세력과 불순용공세력을 분리시켜 민주주의를 정착시키기 위해서는 대통령 직선제보다 의원내각제가 더 바람직하다고 판단했기 때문이라고 주장했다(김성익 1992, 60).

21. 1985년 9월의 여론조사에 따르면, 63.0%가 대통령 직선제를 지지한 데 비해 의원내각제 개헌에 대해서는 불과 6.1%만 지지했을 뿐 현행 헌법에 따른 대통령 간선제에 대한지지(13.8%)보다 낮았다(「말」, 1986년 12월, 10). 다만 1987년 5월의 조사에 따르면 대통령 직선제(42.1%), 의원내각제(25.6%), 혼합형태(16.1%) 순이었다(서울대 사회과학연구소 1987, 66).

호의적인 일부 야당 의원을 겨냥해 야당 단결을 깨뜨리려고 시도했다. 이것이 소위 '이민우 구상'이다. 신민당 총재 이민우는 언론 자유, 정부 중립, 지방자치 실시, 공정 선거 보장 등 7개 항복의 사유화 조치를 선행조건으로 의원내각제로의 개헌 협상에 긍정적 자세로 임하겠다는 타협 구상을 제시했다. '이민우 구상'에 대해 여당은 즉각 환영의 자세를 보였으며 미국 정부도 교착상태에 빠진 개헌 협상을 재개시켜, 여야 간의 타협을 이끌어 내기 위해 이 구상을 적극 지지하게 되었다(한국기독교사회문제연구원 1987a, 28).[22]

그러나 야당의 실질적 지도자인 김영삼과 김대중은 이 타협안을 거부했다. 민주화 운동 세력의 압력이 강하게 작용했기 때문이다(한국기독교사회문제연구원 1988, 9–21). 김영삼과 김대중은 '이민우 구상'으로 인한 당내 갈등을 수습해 민주화 운동 세력에게 야당의 확고한 대정부 비타협적 자세를 보여 주기 위해 자파 계열의 국회의원들을 데리고 신민당을 탈당했고, 결국 1987년 4월 13일에 통일민주당 창당 발기인 대회를 열었고 5월 1일에는 정식으로 창당하게 되었다. 이와 같이 야당이 비타협적 자세를 굳혀 나가자 전두환 대통령은 4월 13일에 일방적으로 소위 '4.13 호헌조치'를 발표함으로써 차기 대통령은 현행 헌법의 절차에 따라 간접선거로 뽑게 될 것이라고 선언했다.

이 시기의 개헌 협상을 다음과 같은 두 가지 다른 각도에서 살펴보고자 한다. 먼저 전두환 정권이나 미국 정부의 의도에 관한 것이다. 이들은 여당이 호헌으로부터 의원내각제 수용과 야당이 대통령 직선제로부터 의원내각제 수용으로 전환하는 것을 전제로 타협을 시도함으로써 평화적 정권 교체를 실현시켜 여야당의 '보수 대연합'을 이루어 나가려고 했다(김성익 1992, 149). 이와 같이 의원내각제에 관한 타협을 쟁점으로 해서 종전의 '민주 대 독재'라는 도식을 '보수 대 혁신'이라는 대립 축으로 전환시켜 국민들 사이에 존재하는 반공주의나 안정 지향

---

22. 이민우 구상은 미국 측이 발신원이라는 해석도 유력했다(『말』 1987년 10월, 6).

적 의식에 호소하려고 했다.

둘째, 야당이나 민주화 운동이 정부의 타협안을 거부했던 이유에 관한 설명이다. 민주화 운동은 의원내각제라는 타협을 거부했다(『민주화의 길』1986년 1월, 22). 그 배경에는 민주화 운동 측이 가진 다음과 같은 구조 인식의 변화가 있었다. 학생운동은 전체적으로 더 한층 급진적인 양상을 띠었는데 점차 다음의 두 가지 방향으로 갈라지기 시작했다. 소위 '반미자주화반파쇼민주화투쟁위원회'(약칭 자민투)와 '반미반파쇼민족민주투쟁위원회'(약칭 민민투)라는 두 개의 노선이 그것이다. 전자가 민주화 운동의 방향으로서 상대적으로 민족주의적 측면을 중시해 직접적인 반미반제 투쟁으로 기울었음에 반해, 후자는 상대적으로 민중주의적 측면에 기울어져 있었으며 무엇보다 국내의 군사독재 정권 내지 이것과 결탁한 독점자본을 타도하는 것이 가장 중요하다고 강조했다. 개헌 투쟁을 둘러싸고는 전자가 야당과 협력해 직선제 개헌을 주장하는 데 대해 후자는 헌법 제정 민중의회 소집을 주장해 직선제로 왜소화되지 않는 개헌의 필요성을 강조했다(강신철 1988, 143-152). 학생운동의 주류는 주로 '자민투'가 담당하게 되었는데, 어쨌든 이와 같은 학생운동의 구조 인식에 따르면 민주화 운동의 목적은 절차적 민주주의를 확립할 뿐만 아니라 경제적 자립을 이룩하고 민중이 주체가 될 수 있는, 다시 말하면 '민중 민주주의'를 구축해야 한다는 급진적 내용을 포함하고 있었다. 이와 같은 급진적 사상이 학생운동 내부로, 나아가 노동운동이나 재야 민주화 운동 내부로 확산·침투된다는 것은 미국 정부나 전두환 정권에게는 큰 위협이었다. 그들은 그런 조류를 고립시켜 봉쇄하기 위해서 여야 간 타협에 의한 '보수 대연합'이라는 처방책을 제시했는데 이것은 민주화 운동의 구조 인식에 따르면 종전의 '신식민지 지배 체제'의 재편을 기도한 것으로 간주되었다(『민주화의 길』1987년 5월, 15). 야당도 지지 기반을 민주화 운동 세력에 의존했기 때문에 이런 비판을 감수하면서까지 의원내각제라는 타협을 선택할 수는 없었다.[23]

6. 민주주의로의 이행 개시(1987. 6.)

4.13 호헌조치 이후 야당이나 민주화 운동 세력과 체제와의 대치 상태가 계속되었는데, 체제 측은 어디까지나 물리적 탄압에 의해 민주화 운동을 원천 봉쇄하려고 했다. 그러나 '박종철 고문치사사건', 즉 고문으로 인한 대학생 사망 사건과 이것을 은폐하려 했던 공작 폭로가 전체 정치 구도를 바꾸어 버렸다. 서울대생 박종철 군은 1987년 1월 14일 경찰 조사를 받던 중 고문으로 인해 사망했는데 이 사건은 체제 측의 도덕성에 큰 타격을 입혔다. 나아가 5월 18일 천주교정의구현전국사제단이, 사건 진상이 조작되었다는 것을 폭로함으로써 민주화 운동에 새로운 기폭제를 제공하게 되었다. 체제 측은 5월 26일에 개각을 단행해 노신영 국무총리, 장세동 국가안전기획부 부장을 경질시켰다.[24] 그리고 6월 10일 민정당 정당대회에서 노태우를 차기 대통령 후보로 정식으로 지명하게 되었다.

반대 운동 측은 체제 측의 도덕성 실추에 힘입어 5월 27일에 통일민주당과 재야 민주화 운동 세력이 단결해 '민주헌법쟁취국민운동본부(약칭 국본)'를 결성했고, 6월 10일에는 '고문살인은폐 규탄, 호헌 철폐 국민대회' 개최를 계획했다. 체제 측은 경찰력을 총동원함으로써 대회를 원천 봉쇄하려고 했으나 전국 각지에서 약 24만 명의 시민들이 참가하게 되었다. 또한 연세대생 이한열 군이 최루탄에 맞아 사망하는 등 체제 측의 폭력적 탄압에 대한 국민들의 분노가 정점에 이르렀다. 이와 같은 사태에 직면해 노태우는 야당과의 협상을 모색하게 되었다. 그러나 김영삼은 노태우의 제안을 거절했고 대신 전두환 대통령과의 직접 대화

---

23. '보수 대연합' 구상에 대한 야당의 자세는 민주화 운동 세력에서 보면 애매했던 것 같다. 특히 야당의 대미 인식은 재야 민주화 운동 세력이나 학생운동의 대미 인식과는 거리가 있었다. 야당의 실질적 지도자인 '양 김씨'는 내각제 개헌에는 반대했으나 향후의 투쟁 방침에 관한 원칙으로서 "비폭력·비용공·비반미"를 주장했다(『말』 1987년 3월. 7).

24. 노태우가 전두환과 육사 동기이며 동료 관계였던 데 비해 장세동은 전두환의 후배이며 전두환에 대해 남다른 충성심을 보여 주었다. 따라서 장세동은 항상 노태우와 경쟁 관계에 있었으며 전두환이 장세동을 후계자로 지명하지 않겠는가 하는 관측이 시중에서 돌고 있었다.

를 요구했다. 또한 국본은 6월 18일, '최루탄 추방 대회'를 개최했는데 일반 시민들의 가세로 시위가 광역화·대규모화되어 경찰력만으로는 더 이상 대처하기가 어려운 상황에 빠지고 말았다. 체제 측에 남은 선택지는 계엄령을 선포함으로써 군대를 동원해 시위를 진압할 것인지, 또는 개헌 문제에 관해 야당에 양보해 타협을 모색할 것인지 등 두 가지로 압축되었다. 체제 측은 군부 개입을 시사함으로써 운동의 자제를 유도하려고 하면서도 여당 내부에서는 타협의 필요성도 논의되었다. 국본은 6월 20일에 성명을 발표해 4.13 호헌조치 철폐를 끝까지 요구함으로써 체제 측의 계엄령 선포라는 위협에는 굴복하지 않을 것임을 천명했다.[25]

이와 같이 계엄령 선포의 위험성이 높아지는 가운데 이것에 제동을 걸려 했던 것은 미국 정부였다. 대통령 특사로 개스턴 시거(Gaston J. Sigur) 국무부 동아시아태평양 담당 차관보를 급파하면서 군부 개입에 반대한다는 확고한 입장을 한국 정부에게 전달하는 한편, 주한미군 관계자들도 한국군 장교들과 접촉해 설득 공작에 나섰다. 따라서 군부의 정치 개입에 의한 결착이라는 선택지가 사실상 불가능해진 체제 측은 6월 24일의 전두환−김영삼 단독 회담에서 개헌 논의 재개를 약속하겠다는 양보안을 제시함으로써 타협을 시도했다. 그러나 김영삼은 이 타협안을 거절했다. 야당과 국본은 체제 측에 대한 공세를 더 한층 강화시킴으로써 6월 26일에 '평화대행진'을 전개했다. 이 행진의 동원 규모는 6월 10일 집회의 네 배에 달했다(한국기독교사회문제연구원 1987b, 72). 이런 상황에 직면해 노태우는 이른바 '6.29 선언'을 발표하기에 이르렀다. 이 선언의 내용은 대통령 직선제로의 개헌을 받아들일 뿐만 아니라 김대중을 사면 복권시키는 내용 등을 골자로 하는 시국수습대책 8항목을 전두환 대통령에게 건의한다는 것이었다. 전두환 대통령도 7월 1일에 건의 내용을 받아들이겠다고 발표했다.[26] 야당도 이

<hr />

25. 이상의 경과에 대해서는 한국기독교사회문제연구원(1988, 25−193)을 참조.
26. 전두환 대통령 공보비서관이었던 김성익은 6.29 선언에 관해서 노태우가 아니라 전두환이 주도한 것이라

발표를 환영해 이후 여야 간 실질적 개헌 협상이 시작되었다.[27]

　이상의 일련의 상황, 즉 권위주의 체제와 민주화 운동의 대치로부터 민주주의로의 이행 개시가 어떻게 기능해졌는가? 이 물음에 대해 전략적 선택이론은 체제 내 강경파와 온건파, 그리고 온건 반대 세력, 급진 반대 세력의 4자 간의 전략적 상황 변화에 주목한다. 그러나 이런 설명에 따르면, 당시 중요한 역할을 담당했던 두 주체, 즉 6월의 민주화 투쟁에 주체적으로 참여했던 일반 시민들, 그리고 1980년과는 달리 계엄령 선포를 억제한 미국 정부가 왜 그와 같은 행동을 선택하게 되었는가에 대해서는 거의 답을 주지 못한다. 이 물음에 대답하지 않는 한 한국에서 왜 1987년 6월이라는 시점에서 민주주의로의 이행이 이루어졌는지를 설명할 수가 없다.

IV. 시민사회의 구조 인식 변화

　먼저 시위에 참가하게 된 일반 시민들의 행동에 관해 고찰해 보자. 먼저 동 시기 민주화 운동의 전개 과정을 분석할 필요가 있다. 학생운동은 1987년에 들어

고 주장했다. 이 주장의 근거는 적어도 전두환의 발언 내용만으로는 명확하지 않지만, 만일 이 주장이 사실이라면 민주주의로의 이행에 관한 종전의 해석, 특히 권위주의 체제 내부의 온건파와 강경파라는 구분은 재검토되어야 할지도 모른다. 김성익의 주장 내용에 관해서는 김성익(1992, 423-455)을 참조. 또한 전두환 자신의 회고록에서도 전두환은 6.29 선언은 자신의 결단에 따른 것이었으며 이것에 대해 노태우는 처음에는 반대했으나 전두환의 설득에 따라 받아들이게 되었다고 주장한다(전두환 2017b, 624-657). 다만 노태우는 미리 대통령 직선제 수용과 김대중의 사면 복권이라는 지침을 자기가 결단했는데 마침내 전두환 대통령도 똑같은 견해를 노태우에게 피력했을 뿐이라고 주장한다(노태우 2011a, 336-354). 그런데 노태우도 전두환이 노태우에게 직선제 개헌을 수용하도록 설득했다는 것을 인정하고 있다. 다만 노태우는 전두환이 주장한 바와 같이 이것에 반대했다는 것은 아니라 그러한 구상을 미리 가지고 있었으며 전두환도 그것을 동의했기 때문에 6.29 선언으로서 발표하게 되었다고 주장한다. 성경륭(1993)은 김성익의 이와 같은 주장을 근거로 해서 적어도 1987년 6월 29일까지는 권위주의 체제 내부에서 강경파와 온건파의 명확한 구별이 존재하지 않았으며 권위주의 체제는 균열이 없었다고 주장함으로써 임혁백의 전략적 선택이론에 따른 분석을 비판했다.

27. 6월 민주화 항쟁의 일련의 과정에 관해서는 한국기독교사회문제연구원(1987b)을 참조했다.

서 종전과는 다른 양상을 띠게 되었다. 종전의 운동이 지나치게 추상적인 이념 논쟁에 매달린 나머지 대중으로부터 유리되고 말았다는 반성이 나왔으며 운동의 대중성을 다시 확보하기 위해서 학내 문제에 관심을 기울이게 되었으며 또한 야당과의 협력 관계를 재구축함으로써 "대통령 직선제를 포함한 민주제 개헌 투쟁" 노선을 천명하게 되었다(한국기독교사회문제연구원 1987a, 58-68). 그 결과 거의 모든 민주화 운동 세력을 규합할 수 있는 조직으로서 국본이 발족하게 되었다. 이것을 가능하게 만들었던 것은 "민주헌법을 쟁취해 민주정부를 수립하자!", "더 이상 속지 말아야 한다. 거짓말 정권은 물러나라!", "동장으로부터 대통령까지 우리 손으로!"와 같은 구호에서 나타난 바와 같이 운동 목표를 대통령 직선제 하나에 집중시켰기 때문이다. 그래서 일반 시민들을 민주화 운동에 광범위하게 동원시킬 수 있게 되었다(한국기독교사회문제연구원 1987b, 78). 또 나아가 고문치사와 그 은폐 공작, 그리고 최루탄으로 인한 치사와 같이 권위주의 체제의 도덕성을 실추시킨 사건이 계속해서 발생되었다는 것도 일반 시민들의 소박한 도덕적 분노를 폭발시킴으로써 행동으로 이끌게 했던 것이다.[28]

여기에서 민주화 운동의 제 요구가 온건화되었기 때문에 일반 시민들을 동원할 수 있게 되었다고 한다면, 처음부터 온건한 민주화 운동을 전개했더라면 민주주의로의 이행이 좀 더 원활하게 이루어지지 않았을까 하는 의문이 제기되기 쉽다. 다시 말해 학생운동을 중심으로 한 민주화 운동의 민족주의 심화, 민중주의 심화와 같은 것들은 대통령 직선제라는 절차적 민주주의로 나아가는 데 오히려 부정적으로 작용했는가?[29] 필자는 민주화 운동이 온건화됨에 따라 야당을 비롯한 온건 반대 세력이 운동을 통제할 수 있게 되었기 때문에 민주주의로의

28. 6월 민주화 항쟁의 주체에 관해서 부상자, 연행자, 구속자 들을 분석함으로써 사무직 노동자, 중소 상인, 노동자 들의 적극적인 참여가 있었다는 것을 지적한다(한국기독교사회문제연구원 1987b, 88-91).
29. 학생운동을 중심으로 한 급진적 운동이 한국의 민주화 과정에 대해 저해 요인으로서 작용했다는 주장에 관해서는 Han(1989, 301)을 참조.

이행이 가능해졌다고 해석하는 데에는 문제가 있다고 본다. 민주화 운동이 냉전 체제와 정치체제의 관계 인식, 그리고 경제구조와 정치체제의 관계 인식을 전환 시킴으로써 비로소 종전의 권위주의 체제가 자신을 정당화하기 위한 근거로 삼 았던 냉전 논리와 개발독재 논리를 '탈정당화'시킬 수 있게 되었다고 본다. 그리 고 이것이 민주화 운동의 주체와 내용의 다양화를 가져왔기 때문에 민주화 운동 의 정치적 공간을 비약적으로 넓힐 수 있었다는 데에서 그 의미를 찾아야 한다 고 강조하고자 한다.

이것을 증명하기 위해 한국 국민들의 정치의식이 1979년과 1987년 사이에 어 떤 의미에서 그리고 얼마나 변화되었는가를 살펴보기로 한다.[30] 1979년의 경우, 국민들 사이에는 민주화에 대한 강한 열망이 존재했었다. "경제성장을 다소 늦 추어 생활수준 향상을 늦추더라도 국민의 정치 참여(자유선거)와 인권을 신장시 키는 것이 바람직하다"는 견해가 72.7%를 차지해 "비록 국민의 정치 참여와 기 본권이 제한된다고 하더라도 경제성장과 소득 증대를 늦춰서는 안 된다"는 견해 를 압도적으로 상회했다. 그러나 "금후 정치발전을 생각할 때 가장 중요한 것은 무엇인가"라는 질문에 대해서는 1979년과 1987년을 비교해 보면 다음과 같은 중요한 차이를 찾아볼 수 있다.

정치발전을 위해 필요한 것으로서 "인권과 자유"라고 대답한 응답자들이 1987년에는 1979년에 비해 두 배 가까이 늘어났음에 반해 "국가 안보"라고 대 답한 응답자들은 절반으로 떨어졌다. 이것은 국가 안보라는 명목 아래 민주화 가 억제당해 왔다는 평가가 응답에 잘 나타난 것이라고 추측할 수 있다. 그리고 1987년 조사에 따르면 "우리나라의 정치발전을 저해해 왔던 가장 중요한 이유

---

30. 서울대 사회과학연구소가 실시한 세 가지 국민의식 조사를 참고했다. 1979년의 국민의식 조사에 관해서 는 1979년 11월에 실시되었던 "80년대를 전망하는 한국인의 의식구조 조사연구"의 결과를 정리해 소개한 다음의 문헌을 참조. 최명(1989, 191–234); 『동아일보』(1980.01.01; 04; 05; 07). 다음의 1987년 전후의 국민의식 조사에 관해서는 1986년 12월과 1987년 5월에 실시된 두 차례의 국민의식 조사 "전환기의 한국 사회: 국민의식 조사"의 결과가 소개된 다음의 문헌을 참조. 서울대 사회과학연구소(1987a; 1987b).

표 4. "금후 우리나라 정치발전을 위해 필요한 것은 무엇인가?"라는 질문에 대한 응답
(두 항목 선택): 1979년과 1987년의 비교

(단위: %)

연도	1979	1987
인권 보장	23.27	15.6
언론 자유	(인권보장에 포함됨)	25.4
국가 안보 강화	20.86	9.6
공정한 분배	15.44	5.5
사회정의 실현	(공정한 분배에 포함됨)	11.9
삼권분립	12.78	7.9
강력한 지도자 출현	9.59	(선택 항목 없음)
정당 사회단체의 발전	6.31	(정당정치 실현) 7.2
민족정신 문화의 창달	4.62	(선택 항목 없음)
행정 능력 극대화	4.11	(선택 항목 없음)
통일	(선택 항목 없음)	8.8
정치의식의 함양	(선택 항목 없음)	7.8
기타	0.82	0.3
무응답	2.20	(선택 항목 없음)
합계	100.00	100.0

는 무엇입니까?"라는 질문에 대해 "경제성장을 위해서는 강력한 지도력이 필요했기 때문임"(4.4%), "북한의 위협"(11.2%), "국제적 정치 상황"(5.2%)이라는 응답보다는 "정치가들의 자질 부족"(31.5%), "군부에 의한 정치 개입"(24.7%)이라는 응답이 훨씬 많았다. 또한 "분단 현실 속에서 인권이 어느 정도 침해당하는 것은 불가피하다"라는 견해에 대해 동의한 응답자들(42.7%)보다는 동의하지 않은 응답자들(55.6%)이 더 많았으며, 특히 중산층만의 조사에 따르면 이 비율은 각각 36.1%, 62.7%로 나타나기도 했다. 더구나 1989년의 다른 조사에 따르면 "국가의 안전을 지키기 위해서는 인권침해는 이해할 수 있다"라는 견해에 대해 찬성하는 응답자의 비율은 19%에 불과했으며 "남북 분단이라는 상황 속에서 경우에 따라서는 군부에 의한 정치 개입은 있을 수밖에 없는 일이다"라는 견해에 찬성하는 응답자의 비율도 16%에 지나지 않았다(이호재 1989, 53). 이와 같이 남북 분

단이라는 상황 속에서도 인권과 민주주의는 존중되어야 한다고 생각하는 사람들이 늘어났던 것이다.

또한 "성장 속도를 늦추어도 경제와 사회의 안정을 추구해야 한다"는 견해에 동의한 응답자는 두 시점 모두 80%를 넘었지만 이 비율은 1987년에는 90% 가까이까지 늘어났다. "정부 주도의 경제"에 대한 평가에 관해서도 1979년에는 긍정적 평가와 부정적 평가가 거의 비슷한 비율을 보였던 데 비해 1987년에는 부정적인 평가가 긍정적인 평가의 세 배를 차지하게 되었다. 이 질문에 관해서도 중산층은 전체의 평균치보다도 부정적인 평가가 훨씬 많았다. 마지막으로 "경제성장을 다소 늦추더라도 국민들의 인권을 신장시키는 것이 바람직하다"는 견해에 대해 1987년 조사에 따르면 전체의 77.2%, 중산층의 85.7%가 동의했으며, "국민의 인권을 다소 제한하더라도 경제성장을 늦추어서는 절대로 안 된다"는 견해에 동의하는 응답자보다도 전체에서는 세 배, 중산층에 한해서는 여섯 배를 차지했다. 이상의 조사 결과는 1980년대의 민주화 과정에서 민주주의가 냉전체제나 경제개발의 장애가 되고 있다는 논리가 이미 설득력을 잃어버리고 말았다는 것을 시사해 준다.

나아가 이와 같은 변화는 인식의 차원에 한정된 것은 아니었다. 1979년과 1987년 사이에는 정치 참여에 대한 자세가 크게 달라졌다. 1979년에는 정당에 가입함으로써 적극적으로 활동하려는 응답자의 비율은 전체의 7%뿐이었으며, 선거에 투표하거나 이에 미치지 않는 참여 의사밖에 보여 주지 않은 응답자들이 전체의 58%를 차지했었다. 그런데 1987년에는 어떤 형식으로든지 정당 활동에 참여, 기여하려는 의사를 가진 응답자의 비율은 27%에 이르렀으며 정치 집회에 참여하려는 의사를 가진 응답자를 포함하면 전체의 60% 가까이 된다. 이에 반해 참여 의사가 없는 응답자들은 41%로 떨어졌다. 이와 같이 민주화와 냉전체제나 경제개발의 관계 인식이 변화를 보였을 뿐만 아니라 현실 정치에 참여해 이와 같은 인식 변화를 정치에 반영시킴으로써 민주화를 실현시키려는 사람들의 비율이 격증되었다는 것도 중요하다.

V. 미국 정부의 역할

미국의 역할에 관해서도 1980년과 1987년 사이에는 현저한 차이를 보였다. 미국 정부는 1980년에는 적극적으로 관여하지 않았으나 신군부 세력에 의한 군 내 쿠데타나 정치 개입을 방관했으며 사후적으로 추인했음에(『동아일보』 1980. 06.02; 03; 『조선일보』 1980.06.04) 반해 1987년에는 '정치의 문민화'를 내걸고 반 대 세력에 대한 군사력 사용을 공공연히 반대했다. 그뿐만 아니라 특사 파견이 나 여러 차원의 접촉을 통해 설득 작업을 계속했다. 그런 과정을 통해 전두환 정 권에 대해 야당과의 개헌 협상을 재개하도록 압력을 가했다.[31] 이와 같은 정책 은 직접적으로 체제 내 강경파가 가진 최대 자원인 군사력의 위협이 작용하기 어렵게 만들었을 뿐만 아니라 간접적으로 반대 세력에 있어서 물리적 힘에 대한 공포의 감소를 가져왔으며 민중들의 광범위한 참여를 가능하게 만들었다.

그렇다면 미국 정부의 대한 정책은 1980년과 1987년 사이에 왜 달라졌는가? 1980년대에 들어 현재화되기 시작했던 한국 사회의 대미 의식의 변화, 특히 민 주화 운동 내부에서 전개되었던 반미 민족주의의 출현이 미국 정부의 정책 전환 에 영향을 미쳤다는 것이 필자의 가설이다.[32]

이 가설을 전제로 미국 정부가 이와 같은 일련의 상황에 대해 어떤 대응을 보 였는가를 좀 더 자세히 살펴보고자 한다. 먼저 1987년 2월 6일 한미협회에서 시

---

31. "내정간섭과 우정이 담긴 충고의 경계선: 6월 정국에 있어서의 미국의 역할." 한국기독교사회문제연구원 (1987b, 29-57).

32. 이 시기의 미국의 대한 정책에 관해서는 당시 주한미국대사였던 워커(Richard Walker) 대사와 릴리 (James Lilley) 대사의 회고록 워커(1998), Lilley(2004)를 참조.

거 차관보의 연설에 관해 검토하고자 한다.[33] 시거는 미국의 대한 정책의 최우선 목표로서 한국의 안보, 그다음으로 한미 경제 관계를 설정해 놓고 정치적 민주화는 이 두 가지의 우선목표와 관련해 추진되어야 한다고 주장했다. 다시 말하면 민주주의로의 이행을 중시하나 그것은 어디까지나 안정을 해치지 않는 범위 안에서 추진할 필요가 있다는 입장이었다. 시거가 한국에 전한 메시지는 다음과 같이 정리해 볼 수 있다. 첫째, 전두환 대통령에 의한 평화적 정권 교체 공약을 높이 평가함으로써 전두환 정권이 공약을 반드시 지킬 수 있도록 압력을 가했다. 둘째, 한국군의 본래의 임무를 재확인시킴으로써 한국군의 정치 개입을 견제했으며 나아가 38도선을 주한미군이 방위하고 있다는 것을 강조함으로써 북한의 위협을 국내 정치에 이용하지 말도록 충고하는 등 정권지지 세력에 의한 쿠데타의 가능성을 봉쇄하려고 했다. 이상은 전두환 정권에 대한 압력이었다.

한편 야당이나 재야 세력에 대해서도 "화해, 타협, 그리고 국민적 합의"에 따라 모종의 "창의적 제안"을 해 주길 바란다고 하면서 실질적으로는 여당에 의한 의원내각제로의 개헌안을 수용하도록 촉구했다. 이것은 야당이, 실현 가능성이 희박한 대통령 직선제에 집착하기보다 의원내각제로 타협하는 것이 더욱 현실적이고 현명한 선택이라고 하는 함의를 지니고 있었다. 따라서 전두환 대통령이 4.13 호헌조치를 발표해 버림으로써 개헌 논의 자체를 봉쇄하려고 했을 때 미국 정부는 불만을 표시하면서도 적극적인 비난을 하지 않았으며 기정사실로서 받아들이려는 자세를 보였다.

물론 미국의회 안에서는 4.13 호헌조치에 대한 비판론도 만만치 않았다. 특히 그 대표 격인 솔라즈(Steven Solaz) 하원의원의 발언에는 주목할 만한 부분이 있다.

---

33. 시거 차관보의 연설 내용에 관해서는 "시거 차관보 '과도기의 한국정치' 연설 전문," 『주간조선』(1987년 2월. 18-22); 한국기독교사회문제연구원(1987a, 20-32). 이 연설의 의도에 관해서는 Lilley(2004, 270)을 참조.

지난 몇 년 동안 한국에서 발생한 가장 우려할 만한 사태 발전은 때때로 악의에 가득 찬 반미감정의 등장이다. 많은 한국인들은 1980년에 일어난 사태를 두고 미국을 비난하고 있다. 만약 한국인들이 최근 전 대통령의 개헌논의 중단결정에 대해 미국이 묵인했다고 결론을 내릴 경우, 그들은 그들이 처한 현재의 정치적 곤경에 대해 또다시 책임을 물을지도 모른다. 따라서 이제는 조용한 설득보다는 공개적인 외교로 나올 때가 되었다. ⋯ 미국이 한국의 민주화와 인권을 지지한다는 입장을 명확히 천명하는 것이 매우 유익한 도움이 될 것이다(한국기독교사회문제연구원(1987a, 30).

그 이후 미국 정부는 한국 국내의 정치 상황을 방관했으나 6월 10일 이후 반정부 시위의 격화라는 사태에 직면하면서 종전의 방관적인 태도에서 점차 변화를 보이기 시작했다. 17일, 슐츠(George Pratt Shultz) 국무장관은 여야당에 대해 대화를 재개하도록 하는 동시에 시위를 중단하도록 촉구했다. 그리고 체제 측이 시위를 진압하기 위해 군 병력의 투입을 생각하거나 계엄령이나 위수령과 같은 비상조치를 발동하려는 움직임을 보이지**34** 이에 반대했으며 4.13 호헌조치를 철회함으로써 개헌 논의를 재개하도록 계속해서 압력을 가했다. 주한미국 대사관도 22, 23 양일에 걸쳐 김대중 및 김영삼과 접촉했다.**35** 23일에는 대한 정책에 관한 실질적인 책임자인 시거 차관보를 레이건(Ronald Wilson Reagan) 대통령 특

---

34. 전두환 대통령은, 학생운동이 현 정부를 타도한 후 야당 정부도 타도하려는 공산주의 전략이며 북한의 지시에 따라 올림픽 개최를 방해하려는 것이라고 보고 있었다. 그래서 6월 14일에는 경찰력으로 시위를 진압하지 못하면 군 투입이라는 강경한 초헌법 조치까지 불사하겠다고 판단하게 되었다. 그리고 19일, 군 출동을 실제로 준비하려고 했다(김성익 1992, 391, 394~399, 418~421)고 한다. 노태우도 자신의 회고록에서 이것을 뒷받침하는 주장을 펴고 있다(노태우 2011a, 341-2). 그런데 전두환의 회고록에서는 이것이 전혀 언급되지 않았다.

35. 릴리 대사는 6월 19일, 한국에 대한 미국의 확실한 안보 관여를 보장한다면서 전두환 대통령의 평화적 정권 교체라는 공약을 높이 평가하는 동시에 좀 더 진전된 민주화 조치를 촉구한다는 내용을 담은 레이건 대통령의 편지를 직접 전두환 대통령에게 전달했다. 이 자리에서 구두로 계엄령 선포에 따른 군사력 동원에 대해 미국 정부는 반대한다는 입장을 전달했다고 한다(Lilley 2004, 277-278).

사로서 파견했으며, 시거는 대통령을 비롯한 정부 요인들뿐만 아니라 '양 김씨'와도 의견을 나누었다. 그리고 공개적으로 군의 개입에 대해 반대한다는 의사를 밝혔다. 이와 같은 일련의 과정에서 주목할 만한 것은 미국 정부가 북한의 도발 가능성에 대해 아무런 언급도 하지 않았다는 점이다.[36] 이런 사태에 대해 남북 관계가 군부 개입을 허용하는 명분을 주지 않게 하기 위한 것이었다고 추측할 수 있다. 그 결과 미국 정부는 물론 의회와 언론들도 노태우의 6.29 선언을 환영했다.[37]

이와 같은 미국 정부의 정책 전환과 구체적인 대응을 어떻게 평가할 수 있을 것인가? 필자는 다음과 같은 주장에 동의하고자 한다.

미국은 철저한 변화를 추구하는 '운동권'과 통일민주당을 분리시키지 않을 경우, 동요하는 중간층을 일정하게 포섭해 내지 못한다면 반군부독재 전선이 반미 전선으로 발전되리라는 판단을 내렸던 것이다. 미국은 상황의 근본적 변화를 요구하는 흐름이 더욱 거세지기 전에, 그래서 한국군에 대한 작전 지휘권을 비롯한 모든 것을 휩쓸어 버리기 전에 물길을 터 주어야 한다고 생각했던 것이다. 결국 민중의 힘이 미국을 움직인 것이다(한국기독교사회문제연구원 1987b, 56).

1987년 6월이라는 구체적인 국면에서 체제 측이 계엄령 선포, 군의 개입이라는 선택지를 취하는 것을 미국 정부가 모든 수단을 동원해서라도 막아 내려고 했다는 것은 기본적으로는 민주화 운동이 그동안 축적해 왔던 성과에 따른 것이었다.[38] 이런 의미에서 미국 정부의 대한 정책의 전환은 민주화 운동의 구조 인

---

36. 1980년 광주민주화운동에서 미국 정부와 한국 군부 모두가 북한의 남침 가능성에 대해서 언급했던 것과는 대조적이다(이삼성 1993, 41).
37. "내정간섭과 우정이 담긴 충고의 경계선: 6월 정국에 있어서의 미국의 역할," 한국기독교사회문제연구원 (1987b, 29-57).
38. 더구나 이와 같은 대미 인식은 좁은 의미에서의 소위 '운동권'에 한정된 것은 아니었다. 1987년의 국민 의

식의 심화에 따른 대미 인식의 변화와의 상호 작용에서 비롯된 것이었다고 말할 수 있다.

이상과 같이 한국의 민주화 과정의 동인에 대한 필자의 해석은 다음과 같다. 필자는 구조적 요인이 민주화 과정을 규정했다는 견해에 대해서는 찬성하지 않는다. 그러나 구조적 요인과 아무런 관계없이 민주화가 이루어졌다고도 보지 않는다. 구조에 대한 행위자의 인식 전환이 구조적인 힘이 가져다주는 제약을 종전과 다른 형태로 바꾸었다는 측면을 강조해 두고자 한다. 이런 측면에서 한국의 민주화 과정을 미국의 대한 정책이 관철된 결과로서 보는 커밍스의 해석과는 다르다. 필자는 미국의 대한 정책이 한국의 민주화에 유리하게 작용했다는 점에 대해서는 커밍스의 견해에 동의하지만, 미국의 대한 정책의 전환을 이끈 것은 한국의 민주화 운동의 전개, 특히 그들의 구조 인식의 전환이었다고 본다는 의미에서 다르다.

VI. 결론

1980년대의 민주화 운동은 1970년대의 민주화 운동과는 달리 단순한 여건으로만 생각했던 냉전체제와 사회경제 구조에 대한 인식을 변화시킴으로써 권위주의 체제를 탈정당화시켜 나갔다. 또한 시민사회의 부활과 함께 시민사회 안에서 권위주의 체제에 대한 탈정당화에 관한 광범위한 합의를 이끌어 냄으로써 적어도 절차적 민주주의로의 이행을 이끌어 낼 수 있는 원동력을 제공했다. 나아

식 조사에 따르면 "한국은 경제면에서 대외적으로 종속한다"는 견해에 동의하는 사람들이 전체의 75%를 차지했으며 중산층의 경우 그 비율은 80%까지 오른다. 또한 "한국은 정치면에서 타국의 영향을 크게 받는다"는 물음에 대해서도 전체의 87%가 동의했으며 중산층은 94%가 동의했다. 나아가 "미국은 한국의 정치발전보다 자국의 국익에 더 많은 관심을 가지고 있는가"라는 질문에 대해서도 90%가 동의했으며 66%는 "한국의 민주화에 대해 미국이 논평하는 것은 바람직하지 않다"고까지 응답했다.

가 기존의 미국의 대한 정책을 비판함으로써 민주주의로의 이행은 비교적 원활하게 이루어질 수 있었다.

이 글은 구조적 결정이냐 행위자의 전략적 선택이냐 하는 기존 연구의 양자택일식 문제 설정을 비판하면서 행위자의 구조 인식이라는 분석 수준을 새로 설정함으로써 민주주의로의 이행 동인과 이행 과정에서 분출된 민중들의 정치적 에너지의 의미를 설득력 있게 밝혀냈다. 또한 민주화 운동이 냉전체제나 대외 종속 구조를 재인식했다는 데 주목하면서, 이것은 한국의 민주화 운동이 일국 단위로 정치사회적 권력을 지향한 운동이 아니었으며 이런 구조적 제약하에 있던 사람들이 구조 인식을 전환시킴으로써 그런 제약을 극복하기 위해 분투한 운동이었다는 점을 적출했다.

한국의 민주화를 제약해 온 냉전 논리와 개발독재 논리를 뒷받침했던 구조 인식은 다음과 같다. 첫째, 한국을 둘러싼 냉전체제나 국제분업 체제를 여건으로 삼아 이용하려고 하지만 그 자체를 변혁하려고 하지는 않았다. 둘째, 경제개발이나 반공 체제 유지에 필요한 자원을 동원하기 위해서 체제에 대한 반대를 일체 인정하지 않았다. 따라서 경제적 격차의 시정이나 인권, 민주주의의 존중은 뒤로 미루었다. 이와 같이 국제분업 체제 내에서 한국의 지위를 상승시키려는 민족주의를 바탕으로 하는 평등화 지향은 찾아볼 수 있지만 그것은 어디까지나 한국 일국의 상승을 도모하려는 것이었으며 국내의 경제적 격차는 당분간 온존된다고 해도 할 수 없다고 생각했었다.

이에 대해 1980년대 민주화 운동이 제기했던 구조 인식의 전환은 첫째, 종전에는 단순한 여건으로만 여겨졌던 냉전체제나 국제분업 체제를 극복과 변혁의 대상으로 삼아 좀 더 평등하고 공정한 국제질서를 구축하려는 '민족주의'적 지향이었다. 이것을 뒷받침한 것은 냉전체제나 국제분업 체제는 원래 불평등한 격차를 내포하는 것이며 이것을 여건으로 삼는 한 남북 분단 체제가 지속될 뿐만 아니라 대외 종속 구조도 온존되어 자주적 민족 통일이라는 민족적 이익은 실현될 수 없다는 인식이다. 둘째, 종전의 개발독재 체제가 내포하는 반민중적인 계급적 성격을 폭로한다는 '민중주의'적 지향이다. 이것은 경제성장이 결국은 민중의 희생 위에 이루어진 것이며 그 과실이 평등하게 분배되는 새로운 경제개발 전략을 지향해야 한다는 인식에 의해 뒷받침되었다. 민주화 운동은 이념적 다양성을 내포하고 있었기 때문에 역점의 차이는 있었으나 이런 두 가지 지향은 공유하고 있었다.

이상과 같이 1980년대의 민주화 운동은 국내에서 소외되었던 민중들의 정치경제적 이익을 실현시키기 위해서는 민중을 주체로 하는 민주화가 필요하다고 보았으며, 대외적으로는 민족의 자립과 함께 제3세계 민중들과의 연대를 모색함으로써 불평등한 국제 관계를 시정하려고 했다는 의미에서 그 수단에 관해 얼마나 현실적 인식을 가지고 있었는가를 떠나 '지구적 규모의 민주화'(坂本·大串 1991)를 지향하려고 한 것이었다. 이것은 동 시기 필리핀의 민주화 운동에 대한 관심에서도 잘 나타났다. 필리핀에서의 민주화 성공 경험은 같은 민주화의 과제를 안고 있었던 한국에게도 파급될 것이라는 희망을 줌으로써 민주화 운동을 크게 자극했다.[39] 또한 미국 정부의 대한 정책이나 전두환 정권의 대응에도 적지 않은 영향을 미침으로써 한국의 민주화를 성공적으로 이끌어 내는 데 나름의 역할을 담당했다고 볼 수 있다.

한편으로는 전두환 정권이 가했던 제약 때문에 한국의 민주화 운동과 필리핀을 비롯한 제3세계 국가의 민주화 운동 사이에 가시적인 연대의 움직임은 그다지 보이지 않았다. 그러나 전두환 정권으로서는 필리핀의 민주화 사례, 특히 기존의 권력이 민중들의 힘으로 인해 퇴장되게 만들었던 필리핀의 사례를 관찰하면서 그것이 한국에서 일어나는 것을 막기 위해 어떻게 대응하느냐 라고 하는 통렬한 문제의식을 가지고 있었으며 실제로 이것이 타협을 통한 민주화라는 한

---

39. 한국기독교 사회문제연구원은 일찍이 필리핀의 민주화에 관한 분석을 연구 리포트로 제시했다(한국기독교 사회문제연구원 1987c).

국의 선택을 가져다주는 데 나름의 역할을 담당했다. 다른 한편으로는 개발독재 체제를 뒷받침해 온 미국과의 관계를 비판적으로 다시 봄으로써 미국과 좀 더 대등한 관계를 구축하는 데 있어서 한국의 민주화 운동과 기타 제3세계의 민주화 운동 사이에서 공통점을 찾아볼 수 있다.[40] 미국 정부는 필리핀의 사례를 보면서 걱정하는 미국 의회의 목소리를 들으면서 한편으로는 한국의 상황은 필리핀의 상황과는 대단히 차이가 있다는 것을 보여 줌으로써 설득에 나섰으나 실제로는 한국이 필리핀과 같은 급격한 정치변동이 생기지 않도록 전두환 정권에게 타협을 통한 민주화라는 성과를 진지하게 받아들이도록 압력에 가까운 설득공작을 전개했다고 볼 수 있을 것이다.

따라서 민주화에 대한 국제정치 역학으로서 통제, 전염, 합의라는 세 가지를 들었으나 한국의 민주화에 관해서는 표면적으로 일국 내에서 일어났기 때문에 그다지 국제적 역학이 작용하지 않았을 것이라고 보여 주지만 실제로는 그때까지만 해도 한국의 민주화를 크게 제약했던 냉전체제나 국제분업체제를 여건으로서 삼지 않았으며 따라서 그대로 방치하지 않았으며 결국 완수하지는 못했으나 적어도 변혁대상으로서 다시 봄으로써 그러한 국제정치 역학의 작동방식을 바꿈에 따라 한국의 민주화를 위해 유리하게 작용하게 만들었다.

한국의 민주화를 둘러싼 미국의 이해가 스스로 바꿈으로써 미국의 대한정책이 바뀌었기 때문에 한국의 민주화가 이루어졌다고 단순하게 보기는 어렵다. 이와 같은 미국의 변화에는 한국의 민주화 운동이 이루어 냈던 몫이 대단히 크다고 봐야 할 것이다. 따라서 미국이 자국의 국익을 관철시켰다는 의미에서 '통제'라는 역학이 작용함으로써 한국의 민주화가 성사되었다고 볼 수 없다. 또한 필리핀을 비롯한 주변국들의 변화가 한국의 민주화에 대해 담당했던 역할도 한국의 민주화 운동에 용기를 주었다는 의미에서 더 나아가서 그것이 가져다주는 영

---

40. 예컨대 「말」지는 1986년 3월호와 5월호에서 각각 "제3세계의 민중운동과 미국", "미중과 미국"이라는 특집 기사를 실어 미국의 대3세계 외교를 비판적으로 분석했다.

향을 고려할 수밖에 없었던 미국정부나 의회, 그리고 한국정부의 선택을 한국의 민주화에 유리하게 제약했다는 의미에서 중요했다. 따라서 그냥 필리핀의 경험이 한국에 대해서도 민주화를 위해 긍정적 영향을 주었다는 '전염'이라는 단순한 의미를 넘어 그 역사적 경험이 가져온 영향을 고려해야 할 것이다. 마지막으로 그러한 복합적 역학이 총합적으로 작용한 결과 한국의 민주화가 성사되었다는 의미에서 '합의'라는 함의는 실패를 거듭했던 한국의 민주화가 왜 이 시기에 이루어졌는지를 잘 설명해 줄 수 있을지 모른다. 다만 이와 같은 '합의'는 손쉽게 이루어질 수 있는 것은 아니었다. 한국의 민주화 운동이 미국의 역할에 대해 제기했던 신랄한 비판과 이것에 대해 한국에서 가지고 있는 미국의 이해를 어떻게 하면 가장 효과적으로 지킬 수 있는가를 고민했던 미국의 대응, 이와 같은 갈등적 관계를 경험하면서 그것을 극복하려고 했던 행위자들의 영위가 있어서 비로소 민주화가 이루어질 수 있었다. 그것은 '합의'라는 한 마디로서는 잘 설명되기 어려운 함의를 지니고 있다는 것은 기억에 새길 필요가 있다.

참고문헌

강신철. 1988. 『80년대 학생운동사: 사상이론과 조직노선을 중심으로』. 형성사.
글라이스틴, 윌리엄. 2000. 황정일 옮김. 『전 주한미국대사 글라이스틴 회고록: 알려지지 않은 역사』. 중앙 M&B.
기미야다다시. 2008. 『박정희 정부의 선택: 1960년대 수출지향형 공업화와 냉전체제』. 후마니타스.
김대중. 2010. 『김대중 자서전 1』. 삼인.
김성익. 1992. 『전두환 육성증언』. 조선일보사.
김영삼. 2000. 『김영삼 회고록 민주주의를 위한 나의 투쟁 2』. 백산서당.
김영삼. 2000. 『김영삼 회고록 민주주의를 위한 나의 투쟁 3』. 백산서당.
김종필 지음. 중앙일보 김종필 증언록 팀 엮음. 2016. 『김종필 증언록 2』. 와이즈베리.

김진웅. 1992. 『한국인의 반미감정』. 일조각.

노태우. 2011 『노태우 회고록 상권 국가, 민주화 나의 운명』. 조선뉴스프레스.

노태우. 2011 『노태우 회고록 하권 전환기의 대전략』. 조선뉴스프레스.

대한민국 외교부. 1984-5. "한·미국 인사간 년담록, 1984-85" 등록번호 23124, 외교사료관.

대한민국 외교부. 1986. "Shultz, George 미국 국무장관 방한, 1986.5.7-8. 전4권, V.1 사전준비" 등록번호 23430, 외교사료관.

대한민국 외교부. 1986. "Shultz, George 미국 국무장관 방한, 1986.5.7-8. 전4권, V.2 기본문서" 등록번호 23431, 외교사료관.

대한민국 외교부. 1986. "Shultz, George 미국 국무장관 방한, 1986.5.7-8. 전4권, V.3 외무장관 회담자료" 등록번호 23432, 외교사료관.

대한민국 외교부. 1986. "Shultz, George 미국 국무장관 방한, 1986.5.7-8. 전4권, V.4 자료 및 언론보도" 등록번호 23433, 외교사료관.

대한민국 외교부. 1986. "미국 국무부 동아시아·태평양담당 부차관보 방한, 1985-86" 등록번호 23510, 외교사료관.

대한민국 외교부. 1986. "미국 국방성 주요인사 방한, 1985-86" 등록번호 23660, 외교사료관.

대한민국 외교부. 1986. "미국 의회 한국관계 청문회, 1986" 등록번호 23125, 외교사료관.

대한민국 외교부. 1986. "이민우 신민당 총재 미국 방문, 1986.5.13-16" 등록번호 23451, 외교사료관.

대한민국 외교부. 1986. "이원경 외무장관 필리핀 방문, 1986.5.19-21. 전2권, V.1 기본문서" 등록번호 23378, 외교사료관.

대한민국 외교부. 1986. "이원경 외무장관 필리핀 방문, 1986.5.19-21. 전2권, V.2 자료" 등록번호 23379, 외교사료관.

민주화추진협의회. 1988. 『민추사』.

박현채·조희연 공편. 1989a. 『한국사회구성체논쟁(1): 80년대 한국사회운동과 사회구성체 논쟁의 전개』. 죽산.

_____. 1989b. 『한국사회구성체논쟁(2): 현 단계 사회구성체 논쟁의 쟁점』. 죽산.

사계절편집부. 1984. 『(80년 전후) 격동의 한국사회 1~2』. 사계절.

사카모토 요시카즈. 1998. 양기웅 옮김. 『상대화의 시대: 지구시민의 국제정치』. 소화.

서울대 사회과학연구소. 1987a. 『전환기의 한국사회: 국민의식조사 자료집』. 한국일보사.

_____. 1987b.『한국일보 창간33주년 특별기획: 한국의 중산층 전환기 한국사회조사 자료집』. 한국일보사.

성경륭. 1993. "한국 정치민주화의 사회적 기원: 사회운동론적 접근." 경남대학교 극동문제 연구소 편.『한국 정치사회의 새 흐름』나남.

영, 제임스 V. 1994. "미국 측으로부터 최초 공개하는 격동기 한미막료비사: 주한미국대사관 전 무관 제임스 영의 체험적 현장 비록 1, 2."『월간조선』1~2월호.

워커, 리처드. 1998. 이종수·황유석 옮김.『워커 전 주한미국대사 회고록: 한국의 추억』. 한국문원.

위컴, 존. 1999. 김영희 감수.『전 한미연합사령관 위컴 회고록: 12.12와 미국의 딜레마』. 중앙M&B.

이삼성. 1993.『미국의 대한 정책과 한국 민족주의』. 한길사.

임혁백. 1990. "한국의 민주화 과정 분석: 전략적 선택이론을 중심으로." 안청시 편.『한국 정치경제론: 정치과정과 산업화 전략』. 법문사.

장태완. 1993.『12.12 쿠데타와 나』. 명성출판사.

전두환. 2017.『전두환 회고록 1 혼돈의 시대 1979–1980』.자작나무숲.

전두환. 2017.『전두환 회고록 2 청와대 시절 1980–1988』.자작나무숲.

정승화. 1987.『12.12 사건: 정승화는 말한다』. 까치.

조갑제. 1987.『有故! 부마사태부터 10.26정변까지, 1~2』. 한길사.

중앙선거관리위원회. 1985.『제12대 국회의원선거 총람』.

최명. 1989.『사회조사 10년: 1979~1988』. 서울대학교출판부.

최장집. 1993.『한국민주주의의 이론』. 한길사.

한국기독교교회협의회 인권위원회. 1987a.『1970년대 민주화 운동: 기독교 인권운동을 중심으로 1~3』.

_____. 1987b.『1980년대 민주화 운동: 광주 민중항쟁 자료집 및 상반기 일지 Ⅰ~Ⅱ』. 한국기독교교회협의회 인권위원회. 한국기독교 사회문제연구원. 1987a.『기사연 리포트 1』. 민중사.

_____. 1987b.『기사연 리포트 2: 6월 민주화 대투쟁』. 민중사.

_____. 1987c.『필리핀 2월 혁명: 마르코스 독재정권의 붕괴와 민족민주운동』. 민중사.

_____. 1988.『한국정치사정, 1987, 별책: 성명서모음』. 민중사.

『말』. 민주언론운동협의회.

『민주통일』. 민주통일민중운동연합.
『민주화의 길』. 민주화 운동청년연합.

Brazinsky, Gregg. 2007. *Nation Building in South Korea: Koreans, Americans, and the Making of a Democracy*. Chapel Hill: The University of North Carolina Press.

Cumings, Bruce. 1989. "The Abortive Abertura: South Korea in the Light of Latin American Experience." *New Left Review* No. 173.

Diamond, Larry, Juan J. Linz and Seymour Martin Lipset(eds). 1989. *Democracy in Developing Countries, vol. 2 Africa, vol. 3 Asia, vol. 4 Latin America*. Boulder: Lynne Rienner Publishers.

Friedman, Edward(ed). 1994. *The Politics of Democratization: Generalizing East Asian Experiences*. Boulder: Westview.

Green, M. Daniel(ed). 2002. *Constructivism and Comparative Politics*. New York: M.E. Sharpe Inc.

Guzzini, Stefano and Anna Leander(eds). 2006. *Constructivism and International Relations: Alexander Wendt and His Critics*. London: Routledge.

Han, Sung-Joo. 1989. "South Korea: Politics in Transition." Larry Diamond, Juan J. Linz and Seymour Martin Lipset(eds). 1989. *Democracy in Developing Countries, vol. 3 Asia*, Boulder: Lynne Rienner Publishers.

Huntington, Samuel P. 1991. *The Third Wave: Demoratization in the Late Twentieth Century*. Norma: University of Oklahoma Press.

Im, Hyung-Baeg. 1989. "The Politics of Transition: Democratic Transition from Authoritarian Rule in South Korea." Ph. D. Dissertation: The University of Chicago.

Lilley, James with Jefferey Lilley. 2004. *China Hands: Nine Decades of Adventure, Espionage, and Diplomacy in Asia*, New York, Public Affairs.

O'Donnell, Guillermo A., Philippe C. Schmitter, Laurence Whitehead(eds). 1986. *Transition from Authoritarian Rule: Prospects for Democracy, Transition from Authoritarian Rule: Southern Europe, Transition from Authoritarian Rule: Latin America, Transition from Authoritarian Rule: Comparative Perspectives, Transition from Authoritarian Rule: Tentative Conclusions about Uncertain Democracies*. Baltimore: The Johns Hopkins University Press.

Przeworski, Adam. 1991. *Democracy and the Market: Political and Economic Reforms in Eastern Europe and Latin America.* Cambridge: Cambridge University Press.

_____. 1995. *Sustainable Democracy.* Cambridge: Cambridge University Press.

Sohn, Hak-Kyu. 1989. *Authoritarianism and Oppression in South Korea.* London: Rout-ledge.

Wendt, Alexander E. 1987. "The agent-structure problem in International Relations Theory." *International Organization* 41-3.

_____. 1992. "Anarchy is what sates make of it: social construction of power politics." *International Organization* 46-2.

Wendt, Alexander. 1999. *Social Theory of International Relations.* Cambridge: Cam-bridge University Press.

Whitehead, Lawrence, 2001, "Three International Dimensions of Democratizaition" in Lawrence Whitehead, ed. *The International Dimensions of Democratization: Europe and the Americas, Expanded Edition*, Oxford, Oxford University Press, 2001, pp.5-22.

Young, James V. 2003. *Eye on Korea: An Insider Account of Korean-American Relations*, College Station, Texas A&M University Press.

藤原歸一. 1988. 「フィリピンにおける「民主主義」の制度と運動」. 『社會科學研究』 第40卷1號. 東京大學社會科學研究所.

_____. 1992. 「「民主化」の政治經濟學: 東アジアにおける體制變動」. 東京大學社會科學研究所編. 『現代日本社會3: 國際比較(2)』. 東京大學出版會.

民族統一新聞社編. 1980. 『死をかけた韓國學生の青春』. エール出版.

全國學生總連合會編. 1986. 『光州80年5月 血の教訓: ふきあれる韓國反米鬪爭の源流』. 東京: 蓆植書房.

全南社會運動協議會編. 1985. 『全記錄: 光州蜂起 80年5月 虐殺と民衆抗爭の十日間』. 東京: 拓植書房.

坂本義和·大串和雄編. 1991. 『地球民主主義の條件: 下からの民主化をめざして』. 東京: 同文館.

제12장
Korea's democratic Transition, the tides of World History, and US Foreign Policy

그렉 브래진스키 Gregg Brazinsky·조지워싱턴대 역사학과

I. Introduction

The June 29 Declaration unquestionably marked a critical turning point in South Korea's transition from nearly four decades of autocratic rule toward democracy. This essay seeks to understand how the declaration and, more broadly, South Korea's democratic transition came about and the role played by the United States in the process. There can be no doubt that it was first and foremost the South Korean people, who took the greatest risks to protest and fight for democracy throughout the 1970s and 1980s, that deserve the most credit for this transition. This essay is by no means a triumphalist attempt to credit the United States or American policymakers—both of which had long supported military rule in South Korea—for Korea's democratization. At the same time, June 29 and the events leading up to them did not occur in a vacuum. They cannot be understood without looking at the changing international context of the 1980s and the evolution of the Reagan administration's foreign policy toward democratic reforms. In particular, this paper explores how South Korea's democratic transition fit within a more global wave of democratization that occurred during the 1970s and 1980s and the role played by shifting American diplomacy in precipitating the events of June 29.

When Roh Tae Woo announced his plan for democratic reform South Korea was caught up in a massive wave of democratic protests that shook the country to its political foundations. At the same time, South Koreans were far from the only ones demanding liberalizing reform during the 1980s and Korea was not the only place where such changes were underway. As the highly regarded political scientist Samuel P. Huntington noted in his book The Third Wave, democratic governments replaced authoritarian ones in thirty countries in Asia, Europe, and Latin America during the years between 1974 and 1989.[1] Democratic transitions happened in these countries for a wide variety of reasons but there were also several broader tendencies in the international system that propelled the changes. Although South Korea's democratic transition had many distinctive characteristics that were rooted in the country's own unique history, it was also driven some of the same factors that made democratization happen elsewhere in the world during the 1970s and 1980s.

The United States was not the most important driving force behind the wave of democratization that occurred during the 1970s and 1980s but it was not a passive bystander either. Of course, Washington itself was to blame in many ways for the emergence and consolidation of numerous military dictatorships in the first place. During the 1950s and 1960s, it had backed military rule not

---

1. Samuel P. Huntington, *The Third Wave: Democratization in the Late Twentieth Century* (Norman: University of Oklahoma Press, 1991), 21.

only in South Korea but also in numerous other Afro-Asian and Latin American countries because it saw conservative autocracies as the only alternative to leftist revolution and communist rule.**2** During the Carter administration (1977-1980), U.S. policy toward its autocratic allies evolved partially due to growing popular and congressional demands that American diplomacy show a greater regard for human rights. While the Reagan administration (1981-1988) initially seemed eager to reestablish good relations with some of the conservative autocrats that its predecessor has shunned, it gradually shifted its approach and became determined to take advantage of opportunities to encourage liberal reform and a more democratic international order.**3** Washington's evolving approach to the rising tide of anti-government protests in South Korea during the late 1980s cannot be understood without reference to these broader changes in the Reagan administration's thinking about democratic reform. Over the course of the 1980s, the administration slowly distanced itself from Chun Doo Hwan—much as it did from numerous other right-wing American allies—before lending support to South Korea's democratic forces at a critical moment and playing a facilitating role in the democratic transition.

---

2. I have written about U.S. support for military rule in South Korea in my work *Nation Building in South Korea: Koreans, Americans, and the Making of a Democracy* (Chapel Hill: UNC Press, 2007). On U.S. support for military dictatorships more broadly see David F. Schmitz, *Thank God They're on Our Side: The United States and Right Wing Dictatorships, 1921-1965* (Chapel Hill: UNC Press, 1999).

3. On both Carter and Reagan see Hal Brands, *Making the Unipolar Moment: U.S. Foreign Policy and the Rise of the Post-Cold War Order* (Ithaca: Cornell University Press, 2016), 39-52, 121-130.

II. South Korea and the Rise of Global Democratic Forces during the 1970s and 1980s

Why were the 1970s and 1980s such a propitious time for democratic transitions at the global level? Political scientists and historians have pointed to a number of factors. In some regions, rapid economic development gave rise to new urban middle classes eager to gain political influence. At the same time, the expansion of educational opportunities that occurred on both sides of the iron curtain during the first two decades of the Cold War produced more informed citizenries that were less willing to accept the authority of the state. By the late 1960s, universities had already become hotbeds of protest in many industrialized and developing countries. And finally, new more progressive theologies emphasizing the liberation of the oppressed gained currency in many parts of the developing world during this era.[4] Anti-authoritarian protests in South Korea were, in many ways, shaped by these same forces.

The military dictatorships that governed South Korea during the 1970s and 1980s were victims of the same central irony that afflicted other "developmental autocracies" or "liberalizing autocracies" of the era.[5] These governments often relied on rapid economic development to obtain popular legitimacy after gaining power but, at the same time, their very success often undermined the structural basis of their power. Economic growth required a more skilled work force and greater educational opportunity. It also forced the state to nurture businesses conglomerates and acquiesce in the emergence of an urban middle

---

4. Brands, *Making the Unipolar Moment*, 43-44; Huntington, *The Third Wave*, 59-85.
5. Fareed Zakaria describes the phenomenon of liberalizing autocracies in *The Future of Freedom: Illiberal Democracy at Home and Abroad* (New York: Norton, 2007).

class. The government could—and in the South Korean case certainly did—try to coopt business leaders and the new middle class through promising greater prosperity and opportunity in exchange for their loyalties. At the same time, the fact remained that the growing strength of the private sector also created important new stakeholders who had the potential to challenge the authority of the state even if they did not do so immediately.

During the 1960s the Park Chung Hee government implemented a model of economic development that tied South Korea's business conglomerates or chaebŏl closely to the state. The government owned and controlled most of the banks, which in turn made loans at preferential interest rates to businesses that the regime favored. With the aid of a devoted and competent civilian bureaucracy, the Park government pressured companies benefitting from its largesse to go into specific industries that could strengthen national security and fit with its own vision of development. The chaebol also became closely tied to the state through providing kickbacks for Park's political party and even through marriages between the children of business executives and high-ranking government officials.[6] During the 1960s, the Park government was able to legitimate itself through rapid economic developments while facing few serious challenges to its rule. The United States even helped the regime to coopt potentially dissident intellectuals and students by encouraging them to embrace a sense of progressive nationalism.[7]

Over time, however, resistance to autocratic rule in South Korea began to

---

6. The workings of this system are most clearly delineated in Jung-En Woo, *Race to the Swift: State and Finance in Korean Industrialization* (New York: Columbia University Press, 1991), especially 118-175. Bruce Cumings, *Korea's Place in the Sun: A Modern History* (New York: Norton, 1997) bases its analysis largely on Woo.

7. Brazinsky, *Nation Building in South Korea*, 163-222.

grow. Protests against the government were led largely by student and labor during the 1970s but during the 1980s they started to expand and incorporate new groups—especially business leaders and the middle class. As these new groups joined in anti-government demonstrations and calls for an end to military rule, the overall balance of political power in South Korea shifted. More than anything else, it was changes that occurred in South Korea's economy during the 1970s and 1980s that enabled this shift, allowing businesses to become more independent from the state and more capable of resisting. Two changes in particular deserve attention: the growing power of the chaebŏl and economic liberalization.

The chaebŏl's growing strength was, of course, partly due to the fact that the state had nurtured them and encouraged them to grow big. By the 1980s they had grown "too big to fail," however, and this had complex implications for South Korean democracy. On the one hand, the state could no longer threaten to punish the conglomerates without the risk of weakening economic growth and thus its own legitimacy. On the other hand, however, the chaebŏl's dominant position in the economy also became an obstacle toward other types of democratic reform. Some forms of collusion between businesses and the government persisted and the structure of the conglomerates has kept economic power concentrated in the hands of a few wealthy families.[8] Thus while the chaebŏl unquestionably have impeded South Korea's democratic development in some ways, during the 1980s they also became an important alternative locus of political power to the state.

---

8. Ingyu Oh and Hannah Jun, "Economic Reconstruction: From Postwar Economic Miracle to Post-Crisis Affluence," in Michael J. Seth ed., *Routledge Handbook of Modern Korean History* (New York: Routledge, 2016) make some similar points.

Financial liberalization was another significant factor in enabling businesses to become more independent from the state by the late 1980s. Chun Doo Hwan differed from his predecessors in that he did not have a very distinctive vision for the country's economic development. Whereas Syngman Rhee had focused on import substitution and Park Chung Hee on export promotion, Chun had a far more tenuous grasp on the specifics of political economy. Many of his leading advisors had been trained in the United States and were highly receptive to Washington's influence and ideas. This left Chun's government far more open to American guidance on the subject that its predecessors had been.[9]

Enter the Reagan administration in 1981. From its earliest days, the new administration was determined to encourage the advance of free markets in ways that accelerated world economic growth and promoted America's interests. In its dealings with other countries, the Reagan administration constantly called for open capital markets, private enterprise, and a smaller overall role for the state in the economy.[10] In South Korea, which had embraced free trade but not open capital markets, there was obviously much room for progress on this agenda. During Chun's visit to the United States in 1981 and Reagan's visit to Seoul in 1983, the U.S. president and other key American officials subtly but persistently stressed the need for liberalizing reform in South Korea. Partially in response to these pressures, the South Korean government did change its approach to some degree. The government reduced its role in investment decisions and denationalized the banks.[11] The latter was particularly significant

9. Brazinsky, *Nation Building in South Korea*, 245-246.
10. Brands, *Making the Unipolar Moment*, 179.
11. Brazinsky, *Nation Building in South Korea*, 245-246.

because it severed one of the regime's key sources of leverage over the chaebŏl. As Korean conglomerates became more independent from the state they also became more supportive of democracy even if they did not completely embrace it. As Jung-En Woo has noted, the chaebŏl's leadership above all "came to desire stability and the rule of law even if that meant liberal democracy."[12]

Ultimately, by the late 1980s, the chaebŏl and the urban middle class that they helped to spawn were increasingly casting their lot with democracy activists rather than the state in the battle for political power in South Korea. The changing attitude of business and the middle class toward military rule proved critical in the massive demonstrations that swept over South Korea in the spring of 1987 and ultimately forced President Chun to surrender power. Their participation in anti-government demonstrations made it impossible for Chun to quell anti-government protests without provoking an all-out civil war that would have had grave economic ramifications. It was only after it became clear to Chun that his government no longer had the support of any key sector of South Korean society that his party made significant concessions and agreed to allow political reform.[13]

Another dimension in which South Korea's democratic movement embodied broader global trends was in its religious underpinnings. Huntington pointed to changes in the Catholic church as one of the most significant factors behind the global wave of democratization that swept the world during the 1970s and 1980s. He argued more specifically that in Latin America, national Catholic churches transformed themselves from "defenders of the status quo to op-

12. Woo, *Race to the Swift*, 201.
13. Brazinsky, *Nation Building in South Korea*, 247-248.

ponents of authoritarianism."[14] Of course, the religious landscape in South Korea was somewhat more complicated. The number of Christians in South Korea had grown dramatically in the twenty years before the June 29 Proclamation and constituted roughly a quarter of the population by the mid 1980s. Catholicism was important but not nearly as dominant as it was in Latin America. Nonetheless, it is impossible to talk about South Korea's democratization during the 1980s without mention of the role played by its theologians, including prominent Catholic leaders.

Cardinal Stephen Kim was a particularly influential voice in South Korea's democratization movement. Kim used his pulpit in Myondong Cathedral to fiercely criticize the Yushin system during the 1970s and the Chun Doo Hwan government during the 1980s. As a result, the cathedral become an important focal point of anti-authoritarian protests throughout the final decade of military rule. During the months before the June 29 Proclamation, Cardinal Kim delivered numerous messages denouncing the Chun government and demanding that democratic elections be held.[15] Several important Protestant leaders such as the Presbyterian Minister Moon Ik Hwan fought alongside Cardinal Kim. In 1986, the National Council of Churches issued a "State of the Nation Declaration," which criticized the idea that democracy needed to be delayed for economic growth—a common justification for military rule given by the Chun regime—and demanded democratic reform.[16] Given the strong opposi-

---

14. Samuel P. Huntington, "Democracy's Third Wave," *Journal of Democracy* (Spring, 1991), 13.
15. Donald N. Clark, "Growth and Limitations of Minjung Christianity in Korea," in Kenneth Wells ed., *South Korea's Minjung Movement: The Culture and Politics of Dissidence* (Honolulu: University of Hawaii Press, 1989), 99.
16. Gi-Wook Shin, *Ethnic Nationalism in Korea: Genealogy, Politics, and Legacy* (Palo Alto: Stanford University Press, 2006), 172.

tion to continued authoritarian rule in South Korea emanating from Catholic and Presbyterian churches in Korea, it is not surprising that the two most prominent political opponents of the Chun regime, Kim Dae Jung and Kim Young Sam, were a Catholic and a Presbyterian respectively.

Much of the Christian dissent in South Korea coalesced around what came to be known as "Minjung Theology." The leading figures in the development of this theology such as Suh Nam Dong and Ahn Byeong Mu argued that Jesus identified with the poor, the sick, and the oppressed. The South Korean minjung (which literally meant masses) suffered from the oppression of authoritarian rule, national division, and Great Power interference in Korean affairs. The indigenous Korean concept of "han" which translates roughly into "long-held grief and pain" was central to minjung theology. This powerful new variant of Christian faith had enormous appeal in South Korea because it indigenized liberation theology and other ecumenical trends in ways that were immediately relevant to the challenges confronted by South Koreans seeking democracy.[17] By the 1980s, it had become a powerful force driving greater protest against military rule.

While "Minjung Theology" was one of the most distinctive elements of South Korea's democratization movement because it incorporated some indigenous concepts, it also echoed the contentions and assumptions of other protest theologies that became more influential during the 1970s and 1980s. It was in this sense, characteristic of the broader democratic protest movement in South Korea. This movement both reflected and influenced broader global

---

17. Much of this summary is derived from Sebastian C.H. Kim, "The Word and the Spirit: overcoming power, injustice, and division in Korea," in Sebastian C.H. Kim ed., *Christian Theology in Asia* (Cambridge: Cambridge University Press, 2008), 139-141.

trends that shaped a wave of democratic reforms during the late 1970s and 1980s. With the June 29 Proclamation, the country took a definitive step toward democracy; but it was not the only country taking such steps at the time.

III. South Korea's Democratization and Changes in American Foreign Policy

While changes in the international environment contributed significantly to the strength of South Korea's democratization movement and made possible the June 29 Proclamation, the impact of the United States also needs to be considered. Throughout the Cold War, South Korea's most important relationship was its alliance with the United States. Although by the 1980s, Seoul was far less dependent on Washington than it had been during the 1950s and 1960s, America's overall influence in South Korea remained formidable. Thousands of U.S. forces were still stationed in the country. American economic aid to South Korea stopped during the 1970s but trade between the two countries had continued to grow and was critical to the ROK's export driven economy. Even if the United States no longer completely controlled the destiny of South Korea by the 1980s, changes in American foreign policy almost always carried important repercussions for Seoul. The Reagan administration adjusted its policy toward anti-communist dictatorships at almost the precise moment that conflict between state and society in South Korea were reaching a crisis point.

The relationship between U.S. foreign policy and South Korea's democratic evolution had, of course, been a long and complicated one. During the 1950s and 1960s, the United States had supported the autocratic governments of both Syngman Rhee and Park Chung Hee because American officials generally placed a higher priority on security and economic development than they did democracy in Asia. But while the United States supported autocracy and military rule from the top down, some of its other policies encouraged the expansion of democratic sentiment from the bottom up. It engaged with students, intellectuals, bureaucrats, and other groups of South Korean elites whom it believed could help the ROK transition to democracy at an unspecified point in the future. During the 1950s, Kim Young Sam and Kim Dae Jung both participated in the United States Information Agency's "Leader Program," which brought promising young bureaucrats to the United States.[18] Over time, America's policy of simultaneously supporting autocratic governments and nurturing democracy in South Korea contributed to the growing tensions between state and civil society. As these tensions started to boil over during the 1970s and 1980s, Washington struggled to adjust its policy toward its longstanding ally.

At first, the Reagan administration's policies seemed more likely to hinder than to help democratic forces in South Korea. Reagan's initial policy toward the Chun Doo Hwan regime was part of a broader effort by the new administration to restore good relations with America's most staunchly anticommunist allies. Many of Reagan's advisors argued that the failures of his predecessor, Jimmy Carter, in the realm of foreign policy had been caused by an excessive and unrealistic emphasis on human rights and democratic reform which had undermined national security. They blamed the triumph of the Sandinistas in Nicaragua and the Ayatollah Khomeini in Iran on Carter's fail-

18. Brazinsky, *Nation Building in South Korea*, 59.

ure to offer strong enough support for conservative dictatorships that were not ideal but nonetheless did not threaten regional stability.[19]

Jeanne Kirkpatrick, a former Georgetown University professor whom Reagan appointed as U.N. Ambassador helped to lay some of the philosophical groundwork for the administration's early approach to this issue. In 1979, Kirkpatrick had published an article in Commentary magazine entitled "Dictatorships and Double Standards" that excoriated Carter's foreign policy in Asia, Latin America, and the Middle East. According to Kirkpatrick, Washington's criticism of its conservative autocratic allies for their human rights policies had endangered regimes friendly to the United States and, in some instances, brought to power governments that were far worse than the ones the Carter administration had criticized. The Shah in Iran and the Somoza dictatorship in Nicaragua had not been perfect, she argued, but by undermining them Washington had empowered leaders who were hostile to its interests. Whenever the United States had tried to "impose liberalization and democratization" on a conservative government "confronted with internal violent opposition" it had "not only failed but actually assisted the coming to power of new regimes in which ordinary people enjoy fewer freedoms and less personal security than under their previous autocracy."[20]

The influence of Kirkpatrick on Reagan's initial policy toward South Korea was fairly clear cut. In 1981, Chun Doo Hwan was the first foreign head of state to visit the Reagan White House. Secretary of State Alexander Haig, whose conservative positions were often similar to Kirkpatrick's, steered Rea-

---

19. Brands, *The Unipolar Moment*, 121-122.
20. Jeanne J. Kirkpatrick, "Dictatorships and Double Standards," *Commentary*, 1 November 1979, https://www.commentarymagazine.com/articles/dictatorships-double-standards

gan away from pressuring the South Korean president on the issue of political liberalization. Haig wrote that while Chun faced the "challenge" of "moderating his strong-man style of government," this was "basically an internal issue." Rather than pressuring Chun on human rights issues and risking instability on the Korean peninsula, the president should try "to restore normalcy to our relations with a valued ally" and demonstrate America's "commitment to stability and peace in Asia."[21] For human rights activists and those seeking to promote democracy in South Korea, it seemed clear that the Reagan administration viewed support for anti-government protest as too risky and would rather see Chun remain in power—at least for the immediate future. Reagan's pursuit of better relations with the South Korean regime mirrored his efforts to restore normal relations with other conservative dictatorships in the Philippines, Chile, and Argentina. Even worse, a surge of repression occurred in conservative dictatorships throughout the globe in 1981-1982, thanks in part to the more permissive international environment created by the Reagan presidency.[22]

Chun left Washington overjoyed with the boost that his government had received through his meeting with Reagan. He wrote in his memoir that after his visit, relations between the United States and South Korea were "more stable than they had been at any time in the past." The transition from Carter to Reagan made it seem that "the ground had become more solid after a heavy rain." Talk of withdrawing American forces from the Korean peninsula— something Carter had at times advocated—was now cast almost completely aside and new steps were taken to strengthen the U.S.-ROK military alliance.

---

21. Cited in Brazinsky, *Nation Building in South Korea*, 241.
22. Brands, *Making the Unipolar Moment*, 121-122.

Chun believed that Reagan's warm embrace of his government had even had an influence on the Western media. Whereas newspapers in the United States and the West had been very stingy in their praise for South Korea and critical of its record on human rights during the Carter administration, they now "evaluated our diplomatic skills much more positively."[23] Chun's meeting with Reagan gave his government a new imprimatur of legitimacy that it had previously lacked because it had seized power through force and suppression rather than through democratic processes. Such improved media coverage of South Korea doubtless created a more favorable environment for Seoul's bid to host the 1988 Summer Olympics, which the International Olympic Committee voted to support seven months later.

It was not long, however, before Reagan's policies encountered growing criticism from Congress and other influential voices in the foreign policy establishment. Although the Reagan administration initially wanted to make human rights a less prominent part of American diplomacy, numerous high profile members of Congress from both parties were unwilling to relent on the issue. Congress did use some of the means at its disposal to undermine the administration's policies. For instance, it made economic assistance to El Salvador and other staunchly anti-communist U.S. allies contingent on progress on human rights issues. The Senate Foreign Relations Committee also refused to back Reagan's appointment of the political theorist Ernest W. Lefever as Assistant Secretary of State for Human Rights and Humanitarian Affairs because he had been too supportive of right-wing dictatorships. These embarrassing setbacks made the Reagan administration realize that it could not simply ignore

---

23. Chun Doo Hwan, *Chŏn Tuhwan hoegorok, Vol. 2, chŏngwadae sijŏl* [The Memoirs of Chun Doo Hwan, Vol. 2, The Blue House Years], (Seoul: Chajak Namu Sup, 2017), 311-316.

human rights and democracy promotion.[24] Doing so would invite Congressional obstructionism and become politically costly.

It is therefore not surprising that the new administration soon adjusted its approach. Embarrassed by his initial setbacks, Reagan tapped Elliott Abrams for the post he had planned to give to Lefever. Like Reagan, Abrams was a devout Cold Warrior who favored greater confrontation with the Soviet Union. But unlike Kirkpatrick, Abrams did not see support for human rights and strong resistance to communism as mutually exclusive. He combined his antipathy toward the Soviets with a strong belief that human rights were at "the core of American foreign policy."[25] An equally important driver of change in Reagan's foreign policy was the resignation of Alexander Haig in 1982. Haig was replaced by George P. Schultz, who was far more of a visionary when it came to democracy promotion. Since the 1970s, Schultz had understood that authoritarian governments on both sides of the iron curtain were coming under increasing pressure from their citizens to respect individual liberty. He believed that a new democratic age was on the horizon and that the United States needed to get ahead of the curve and facilitate its emergence.[26]

Determined not to be on the wrong side of history, the Reagan administration came to cautiously embrace human rights and democracy promotion. Although it still tended to avoid the kinds of noisy confrontations with conservative allies that had been common under President Carter, from late 1982 onward American officials increasingly used subtle pressure and quiet diplomacy to encourage allies to embrace change. American ambassadors also tried to im-

---

24. Brands, *Making the Unipolar Moment*, 122-124.
25. Cited in Brands, *Making the Unipolar Moment*, 124.
26. Brands, *Making the Unipolar Moment*, 124.

prove their contacts with democratic activists in countries like the Philippines and South Korea. The goal was generally to encourage gradual reform and liberalization in ways that were conducive to American interests and allowed the United States to pose as a champion rather than an adversary of democracy.

At the same time, the Reagan administration was also careful not to embarrass Chun's government on the issue. While privately, administration officials may have demanded progress on human rights, they tended to cast things in a more positive light in public. When Secretary of State Schultz briefly stopped in Seoul on the way home from Beijing in February 1983 he held a press conference in which he praised Chun's government for its "moves in the direction of liberalization."[27] On the one hand, this kind of praise made it clear that Washington was interested in South Korea's progress on human rights questions while on the other hand it avoided doing anything that could weaken Chun's legitimacy.

These changes in American policy were somewhat more readily apparent when Reagan visited South Korea in November, 1983. When Chun had visited the White House two years earlier, Reagan had been reluctant to pressure him on democratic reform but he now made it clear that Washington would no longer blindly support efforts to stifle the opposition. When the two leaders met, Chun cast the blame for his regime's often brutal attacks on students and other dissidents on Communist insurgencies. Reagan did not buy this justification. "The soul of democracy is freedom under the law," he told Chun. "If dissidents can't win elections by persuading the people, that's fine, but he [sic] can still have his say."[28] In an address that he gave to the South Korean National

---

27. *The New York Times*, 7 February 1983.
28. Meeting Between Reagan and Chun, 13 November, 1983, Oberdorfer Files, The National Secu-

Assembly, Reagan also tried to nudge the country toward political liberalization even while assuring Chun's government that it would have Washington's ongoing support. "The United States realizes how difficult political development is when, even as we speak, a shell from the North could destroy this Assembly," Reagan said. At the same time, the president tried to persuade Chun that liberalization and not greater suppression would, in the long term, be the best guarantor of South Korea's security: "The development of democratic political institutions is the surest means to build the national consensus that is the true foundation of security."[29]

Secretary of State Schultz made similar comments in a press conference that he held on 13 November. He said that he was happy with the "clear progress" that South Korea had made on human rights questions and that he was anticipating further progress in the future. Moreover, the secretary made it clear that he recognized that these reforms would be difficult in South Korea because the country was under constant threat. He noted as well that Seoul had made far greater progress than its rival in Pyongyang on the issue.[30] In Schultz's thinking, greater political liberty in Seoul was unquestionably desirable and a cause that Washington should help to advance. But the secretary also seemed to buy some of the regime's arguments that the security threat Seoul confronted was unique and that it could not be expected to make progress at the same pace as other countries that did not face unceasing existential threats to their security.

rity Archive.

29. *The New York Times*, 12 November 1983.

30. "Syulch'ŭ kungmu changgwan kija hoegyŏn (11.13) si juyo ŏn'gup naeyong [The Main Contents of Secretary of State Schultz's Meeting with Reporters," 724.12 US Ronald Reagan Miguk taet'ongnyŏng bangHan 1983.11, 1982-1983, 2013-0028, file #5, Diplomatic Archives, Seoul South Korea.

In short, the Reagan administration's approach during the president's 1983 visit was to combine gentle persuasion and quiet diplomacy with reassurances to the Chun government that the United States would not abandon it. It made it clear that it wanted to see the government make progress on the question of political reform but it also made it clear that it would refrain from the more confrontational approach that Carter had taken with Park Chung Hee. Much to the delight, of Chun's government, Reagan administration officials pledged ongoing cooperation with Seoul on both security and economic issues. This included efforts to further modernize the ROK military and a promise to help ensure South Korea's energy security.[31] Ultimately, the Reagan administration's approach fused the desire to be seen as a global champion of democracy with geostrategic concerns about the threat of communism and recognition that South Korea was a country that was still very much on the global front lines in the struggle.

Although the Chun government could discern that U.S. policy was beginning to shift on human rights questions, it was initially greatly relieved by the tone that Reagan had taken during the visit. Even if the U.S. president had pressured Chun on human rights issues, he had also reaffirmed Washington's security commitment to South Korea and discussed ways to further economic cooperation. This made the Chun government feel confident in Washington' support and disinclined to undertake drastic political reforms. One report on Reagan's visit by the ROK foreign ministry explained that Reagan had "shown interest" in the issue of democratization, especially during his speech to the

---

31. "PangHan songgwa kaeyo [A Summary of the Results of the Visit to Korea], 724.12 US Ronald Reagan Miguk taet'ongnyŏng bangHan 1983.11, 1982-1983, 2013-0028, file #5, Diplomatic Archives, Seoul South Korea.

National Assembly. At the same time, the report noted, the president had "expressed a good understanding of the special circumstances that Korea faced when it came to security" and "expressed support for the plan and efforts to achieve democracy that were explained by our government." Overall, Reagan's visit had "concluded successfully" and it had been "very meaningful that President Reagan had seen directly the Korean people's restless security situation and friendship for America."[32]

With the Reagan administration seeming to only nudge the Chun regime toward political reforms, South Korean dissidents became increasingly critical of the United States. Kim Dae Jung, Kim Young Sam and other leaders in the democratic movement were not impressed with what they considered the overly cautious approach taken by American officials. South Korea, they believed, was ripe for democratic change and Washington was only holding it back. Even as a political exile living in the United States, Kim Dae Jung criticized Washington's "quiet diplomacy" and called instead for "open diplomacy." Increasingly radicalized student protestors were, by the mid-1980s, even more fiercely critical of the United States than the future South Korean president. Demonstrations in which anti-Americanism was a prominent theme sporadically flared in nearly every major South Korean city during the 1980s. The Chun government's regular use of tear gas canisters to suppress these demonstrations only tied the United States more deeply to military rule in the eyes of the protesters.[33]

American diplomats stationed in South Korea, adopted a cautious and judi-

32. "Naegŏn taet'ongnyŏng bangHan kyŏlgwa pogo [A Report on the Results of President Reagan's Visit]," 18 November 1983, 724.12 US Ronald Reagan Miguk taet'ongnyŏng bangHan 1983.11, 1982-1983, 2013-0028, file #5, Diplomatic Archives, Seoul South Korea.
33. Brazinsky, *Nation Building in South Korea*, 243-244.

cious approach to dealing with anti-American protests. Even while Washington wanted to see the ROK remain stable, it also wanted to earn the friendship or at least the goodwill of the opposition. One example of this policy came in 1985 when a group of student dissidents took over the library of the United States Information Service's building in Seoul. American diplomats handled the situation carefully, trying to encourage moderation among the students but at the same time make it clear that the United States understood and sympathized with their concerns. When the students first took over the building in May, South Korean police initially asked for permission to enter the building and forcibly eject the students. Some American diplomats stationed in Seoul—especially the security officers—also favored forcibly ejecting the students. Ambassador Richard L. "Dixie" Walker, however, sided with the political officers and others favoring a more measured response. These officials realized that although the media was not permitted to report on the event, the students had found other effective means of getting their message across—most notably by writing political messages and posting them on the windows. They realized that the event was being watched carefully throughout Seoul as an indicator of how deeply the United States respected the democratic aspirations of South Korean dissidents.[34]

The embassy sent Harry Dunlop, the political counselor, to engage the students in a dialogue. Without using force, the counselor engaged in a long back and forth with the students in which he listened to and tried to address their concerns. Some of the demands made by the students were, from Dunlop's perspective, impossible to do anything about. For instance, they demanded the

34. Paul M. Cleveland, Oral History Interview, Foreign Affairs Oral History Collection, Library of Congress.

reunification of the Korean peninsula and the withdrawal of American troops from South Korea. Dunlop spent the greater part of three days discussing the American role in the Kwangju massacre with the students. He recalled, "We made our case as quietly, calmly, and logically as we possibly could." After listening to and debating Dunlop and another civilian officer, the students finally decided to leave the embassy of their own volition.[35] American diplomats regarded the fact that they were able to avoid using violence as a triumph that could have important lessons for South Korean democratic activists. As Cleveland saw it, the incident had been "an opportunity to show the Koreans how democracy really worked." They had demonstrated that democracy "required dialogue and patience and certainly abhors the use of force such as the police would have undoubtedly used."[36] Of course, there was some element of paternalism in Cleveland's assumption that it was up to the United States to teach South Koreans about democracy. Even as he showed sympathy for the student protesters, Cleveland also reinforced the unequal power relations that existed between the United States and its Cold War client state. At the same time, however, it is also clear that Washington was placing a growing emphasis on engaging and cultivating South Korean dissidents rather than assisting the government's efforts to suppress them.

American diplomats such as Cleveland and Dunlop also tried to demonstrate Washington's growing sympathy for democracy by keeping contact with South Korea's opposition leaders. To be sure, part of the purpose of these contacts was so that the United States could keep tabs on what these opposi-

---

35. Thomas P.H. Dunlop, Oral History Interview, Foreign Affairs Oral History Collection, Library of Congress.
36. Paul M. Cleveland, Oral History Interview, Foreign Affairs Oral History Collection, Library of Congress.

tion leaders were doing. At the same time, American diplomats believed that these meetings also afforded dissidents some measure of protection from the state by showing that the United States was interested in their wellbeing. For instance, Paul M. Cleveland recalls occasionally visiting kisaeng houses with future South Korean president Kim Young Sam to talk politics. At the time, the Chun regime considered Kim Dae Jung a far greater threat than the other Kim so contacts needed to be maintained more cautiously. But both future leaders regularly attended embassy functions and talked to U.S. officials.[37] The South Korean government was not completely comfortable with these contacts between American diplomats and opposition leaders. Harry Dunlop recalls that the Chun regime sometimes even sought to control American access to Kim Young Sam and Kim Dae Jung but it never worked.[38] Still dependent on the United States for its security, the Chun regime was put in a delicate situation by American diplomats' meetings with the opposition. On the one hand, if it tried to prevent these meetings from occurring, it risked weakening its relationship with the United States and losing what was perhaps one of the most important sources of its legitimacy. On the other hand, if it allowed these meetings to occur, dissidents gained both prestige and access to the United States. For the most part, the regime kept a worried eye on these meetings without intervening overtly.

As anti-authoritarian sentiment continued to grow stronger in Asia, American policy evolved further in the direction of support for democratic reform—even if it was at the risk of alienating longstanding allies. This first became

---

37. Paul M. Cleveland, Oral History Interview, Foreign Affairs Oral History Collection, Library of Congress.
38. Thomas P.H. Dunlop, Oral History Interview, Foreign Affairs Oral History Collection, Library of Congress.

apparent in the Philippines over the course of 1986. Here too, Reagan was initially reluctant to reduce American support from Ferdinand Marcos, a close U.S. ally and staunch anti-communist. Although Washington certainly did not use every means at its disposal to promote democratic reform in the Philippines, it did make a few key decisions that greatly facilitated the country's transition to democratic rule. American pressure forced Marcos to hold open elections in 1986 and assured that the elections would be fair and well supervised. Although Reagan had hoped that Marcos would somehow gain an electoral victory, once it became clear that he had been defeated, the United States made sure that the election results were not overturned.[39]

The demise of the Marcos government in the Philippines was doubtless a source of concern for Chun's government. Chun might have also noticed that in nearby Taiwan a new opposition party, the Democratic Progressive Party, had won the right to field candidates in the 1986 legislative elections. With the 1988 Olympics approaching, the South Korean president was increasingly self-conscious about how the international community perceived the question of democratic reform in Korea. Chun worried not only about pressure from Washington but also from some of America's other democratic allies in Western Europe. In April 1986, Chun embarked on a tour of four European countries in order to persuade them that South Korea was serious about democratization. As Chun represented it in his autobiography, the purpose was to "explore directions for the advance of our country's political system" through conversations with leaders whose countries had longstanding democratic transitions.[40] By discussing openly discussing the issue and asking the European countries

39. Brands, *Making the Unipolar Moment*, 154-156.
40. Chun, *Chŏn Tuhwan hoegorok, Vol. 2, chŏngwadae sijŏl*, 590-591.

for advice, Chun presented himself as a determined and enlightened reformer rather than a stubborn autocrat. The extent to which the Europeans found Chun to be credible on these issues is difficult to discern but, at least based on Chun's own account, Margaret Thatcher and other key European leaders did express sympathy with his efforts during their meetings.[41]

Yet Chun's diplomacy in Europe was not nearly enough to stem the tides of domestic protest. These protests reached their climax during the spring of 1987 after Chun first annulled a pledge that he had previously made to hold free and open elections and then attempted to enable Roh Tae Woo to stand for indirect election. Antigovernment protests spread throughout South Korea like wildfire in the wake of this announcement. These protests soon encompassed twenty-seven cities and were joined not only by students—long the most persistent and active critics of the government—but also by members of the middle class and business communities. Initially, the Chun regime seemed prepared to use force and it readied several military united to enter Seoul. The country seemed on the brink of a major political meltdown that would shake its institutional foundations.[42] At this juncture the United States played a significant but not determinative role in assuring that the situation was resolved peacefully.

The Reagan administration had initially greeted the surge of anti-authoritarian protest that spread through South Korea in 1987 with hesitant encouragement. After Chun's decision to annul his prior pledge to allow free elections, American diplomats called on both the government and the opposition to show restraint. At the same time, however, Washington certainly

---

41. Ibid., 592-596.
42. I summarize this in Brazinsky, *Nation Building in South Korea*, 246-247.

recognized that its failure to take a stronger stance in support of demonstrators in Kwangju seven years earlier had fanned the flames of anti-Americanism among South Korea's democratic activists. The Reagan administration did not want to make a similar mistake again in 1987. Gaston Sigur, the assistant secretary of state for East Asian affairs, now took on a critical role. Sigur had already made known his belief that South Korea's military dictatorship needed to transition to civilian rule in order to ensure long-term stability in the country. In June, while travelling through Asia with Secretary of State Schultz, Sigur was instructed to travel to Seoul as the special emissary of the president. After arriving in Seoul on June 23, Sigur met with Chun as well as opposition leaders including Kim Young Sam, Cardinal Kim, and Kim Dae Jung. The assistant secretary let it be known in no uncertain terms that the United States would not support or condone the use of military force to suppress the student uprisings.[43] Faced with pressure from Washington to reach a compromise, the Chun regime had little choice but to offer major concessions to the protestors. Roughly one week after Sigur's visit, Roh Tae Woo finally issued the June 29 Declaration.

Roh's declaration finally paved the way for the end of military rule and fair elections. Of course, the declaration did not perfect democracy in South Korea overnight. Much important work remained to be done in increasing local autonomy, reducing collusion between businesses and the government, improving transparency, and other areas. But the declaration was an important achievement that permanently changed the political landscape in South Korea and finally made the country's rulers far more accountable to the people than

---

43. Gaston Sigur, Oral History Interview, Foreign Affairs Oral History Collection, Library of Congress.

they had been at almost any other point in Korea's long history.

IV. Conclusion

When free and fair elections were finally held in South Korea in 1987, democratic activists deserved a good deal of the credit for it. They had waged a long, courageous struggle against military rule and authoritarianism and been willing to sacrifice their own fates and fortunes to make their vision a reality. At the same time, they were also buoyed up in their struggle by important global developments. The first of these was a broader democratic revolution that swept Asia and Latin America during the 1970s and 1980s and was driven by a combination of economic development, transnational human rights campaigns, and the rise of progressive new theologies. The second was changing U.S. policy. Washington had initially approached the wave of democratic protest that erupted in South Korea with some measure of ambivalence. But over time, Washington subtly shifted its outlook toward both the Chun regime and its opponents, edging slowly but surely in the direction of greater support for democracy. Gaston Sigur's June visit to South Korea was far from the key driving force behind South Korea's democratization but it did help to tip the scales in its favor at a critical moment. The June 29 Declaration can therefore be said to have emerged first and foremost from Koreans' own dedication to democracy but with an assist from fortuitous international circumstances.

제13장

South Korea and Taiwan at the Jucture of Demorcratic Opening: A Retrospective Assessment 30 Years Later[1]

추윤한 朱雲漢[2] · 국립대만대 정치학과

I. Introduction

On October 7, 1986, in an hour-long interview with Mrs. Katharine Graham, the publisher of The Washington Post, Chiang Ching-kuo, President of the Republic of China and the eldest son of the late president Chiang Kai-shek, made a startling announcement that his government will soon propose lifting emergency decrees, commonly referred to as martial law, imposed by his ruling Nationalist Party on this island nearly four decades ago. This path-

---

1. Paper for delivery at an international academic conference on 'The June 29 Declaration and Korean Democracy', co-organized by The Korean Association of Party Studies and the National Museum of Korean Contemporary History to commemorate the 30th anniversary of the June 29 Declaration of Democratic Reform, Seoul, June 28, 2017.
2. Yun-han Chu is a Distinguished Research Fellow of the Institute of Political Science at Academia Sinica and a Professor of Political Science at National Taiwan University. He is the founder and the director of Asian Barometer Survey (ABS). The ABS covers 19 Asian countries and more than 50% of the world population and is the first and foremost large-scale comparative survey on political values, citizen politics, regime legitimacy and quality of governance across Asia.

breaking announcement came roughly a week after the leaders of Tangwai - or "outside-the-KMT" - movement formally declared the founding of the Democratic Progressive Party (DPP) in open defiance of the official ban on forming new parties on September 28, 1986. Chiang Ching-Kuo's decision to tolerate the forming of the DPP and the subsequent announcement of the plan to lift the martial law and many long-time political bans essentially pushed the process of authoritarian breakdown over the point of no return and at the same time set the stage for an incumbent-initiated democratic opening.

Less than ten months later, under the mounting pressure of June Democratic Uprising, Roh Tae-woo, the hand-picked successor of Chun Doo-hwan and the presidential candidate of the ruling Democratic Justice Party of South Korea, issued the June 29 Declaration (officially titled "the Special Declaration for Grand National Harmony and Progress Towards a Great Nation"), which represented a historical concession to the demand of the nation-wide democratic movement that had sparked large-scale mass demonstration from June 10 to June 29. The June 29 Declaration obliged the incumbent military government to restore open and direct popular election for the next president and institute other democratic reforms which led to the establishment of the Sixth Republic, the present-day system of government of South Korea.

Regardless the lingering dispute over the motivation and strategic calculation behind these two virtually synchronized historical decisions by Taiwan and South Korea's respective authoritarian elite to open up the political system for democratic contestation (albeit proceeding to that eventuality at more measured pace in the case of Taiwan), the October 7 announcement and June 29 Declaration constituted the defining moment of Third Wave democratization in East Asia and have since then overtaken the historical significance of the People Power Revolution of February 1986 that toppled Ferdinand Marcos' dictatorship and restored the democracy in the Philippines. The two announcements also carry enormous significance as they have brought about multi-faceted intended as well as unintended consequences for decades to come.

Thirty years later, Korea and Taiwan have become widely recognized as the two most successful third-wave democracies in Asia.[3] For more than two decades, these two new democracies have regularly held free and competitive elections at all levels of their respective government system. Citizens choose the heads of the executive branches and the members of the legislatures thorough regularly scheduled electoral contests. Unlike many their peers in the region, moreover, the two countries have in the recent decade peacefully undergone two power rotations, between Grand National Party and its opposition parties in the case of Korea and between the Kuomintang (KMT) and the Democratic Progressive Party in Taiwan, passing Huntington's "the two-turnover test" for democratic consolidation by 2008.[4]

There is little doubt that the political regimes in both Korea and Taiwan

---

3. For assessment of the democratic development in the two countries, see Chu, Yun-han, Larry Diamond and Doh Chull Shin, "Halting Progress in Korea and Taiwan." *Journal of Democracy*, 12, 1 (2001): 122-136.; Chu, Yun-han, Larry Diamond, Andrew J. Nathan and Doh Chull Shin. *How East Asians View Democracy*. (New York: Columbia University Press, 2008); Chu, Yun-han and Doh Chull Shin, "The Quality of Democracy in South Korea and Taiwan: Subjective Assessments from the Perspectives of Ordinary Citizens," in Larry Diamond and Leonardo Morlino eds., *Assessing Quality of Democracy* (Johns Hopkins University Press, 2005), and Yun-han Chu and Hyug Baeg Im, 2013. "The Two Turnovers in South Korea and Taiwan," in Larry Diamond, Marc Plattner and Yun-han Chu, eds. *Democracy in East Asia: The New Century*. (Johns Hopkins University Press, 2013): Pp. 105-129.

4. According to Huntington, a nascent democracy is considered consolidated only after it has experienced two peaceful electoral alternations after the founding election, see Samuel Huntington, *The Third Wave: Democratization in the Late Twentieth Century* (Norman: University of Oklahoma Press, 1991): 266.

have progressed beyond electoral democracy. The Polity IV Project reports polity scores by subtracting scores of the autocracy indicator from those of the democracy indicator. The scores of each indicator range from 0 to 10 and the polity scores range from -10 to +10. In each of sixteen years from 1998 to 2013, South Korea received a Polity score of +8, with 8 on the democracy indicator and 0 on the autocracy indicator. Since 2005, Taiwan's Polity score has been raised to +10 with 10 on the democracy indicator and 0 on the autocracy indicator. Other reputable international assessments of democracy, such as Freedom House and Worldwide Governance Indicators issued by The World Bank, also confirm the two Asian tigers' steady institutional progress toward liberal democracy.[5]

There are some important similarities as well as dissimilarities in the trajectory of their regime evolution. First, unlike most third-wave democracies of Latin America and Eastern Europe, in both cases political opening was neither triggered by any major socioeconomic crisis or external market shocks, nor accompanied by popular demands for major socioeconomic reforms. Support for the old regime's development program in the two East Asian NICs was much more broadly based than in many Latin American countries with comparable levels of industrialization. Indeed, the very effectiveness of the development program during the authoritarian era has meant that ties to the old regime were not entirely a liability for the incumbent elite. Nor was the political coalition behind this development program one whose cohesion could be easily disrupted. As a consequence, in both cases the incumbent elite enjoyed

5. Chong-min Park and Yun-han Chu, "Trends in Attitudes Toward Democracy in Korea and Taiwan," In Larry Diamond and Gi-Wook Shin eds. *New Challenges for Maturing Democracies in Korea and Taiwan*, Stanford University Press, 2013.

substantial political leverage, especially in the case of Taiwan, over steering the process of democratic transition and crafting new constitutional and electoral arrangements.

Coincidentally, both countries settled on a constitutional design that features semi-presidentialism, first-past-the-post rule for electing the president, and insufficient (if not flawed) mechanisms for breaking executive-legislative gridlock under divided government. In both cases, the ruling party (or the political force tied to the incumbent elite in the case of South Korea) managed to survive the founding election and refurbish its governing position with democratic legitimacy.

Both young democracies inherited a wrenching security environment as each is part of a divided nation and faces an enormous military threat from the other side (North Korea and the PRC, respectively). Both were burdened a widely-shared nostalgia for the seeming efficacy and efficiency of the authoritarian era. On the other hand, as compared to a great majority of third-wave democracies, democratic consolidation in both Taiwan and South Korea has been facilitated by many favorable socio-economic conditions including a relative well-educated citizenry, a sizable middle class, a dynamic market economy and a vibrant civil society. The prevailing assumption both inside and outside Korea and Taiwan is that these two democracies are here to stay. Democracy has never collapsed in a country with the level of per-capita income that Korea and Taiwan now enjoy.

Despite all the shared characteristics, there are at least two significant differences between the two cases of democratization. First, South Korea's democratic transition was from a military regime while Taiwan's transition from the rule of a hegemonic party. The South Korean military regime had never institutionalized its rule and been politically fragile, ideologically hollow and organizationally shallow since its inception. In contrast, Taiwan's one-party authoritarian regime had institutionalized its hegemonic presence in society well before the island became industrialized and equipped with an established pattern of elite recruitment and an elaborate party apparatus with organizational links to the key social constituencies and local factions.

Therefore, one might argue that the first power transfer from the military elite to the opposition could have occurred in as early as 1987 had not Kim Young-sam and Kim Dae-jung run against each other, splitting the opposition vote and enabling ex-general Roh Tae-woo to win the founding election. One might also argued that the KMT could have extended its lease to political life for much longer had not James Soong and Lien Chan run against each other, splitting the KMT camp and enabling Chen Shui-bian, the DPP candidate, to win in the 2000 presidential election with 39.7% of the popular vote. So South Korea's real first power turnover with Kim Dae-jung's electoral victory in 1997 was in a sense long overdue while the DPP came to power for the first time in 2000 probably before its time.[6]

Second, the transition in Taiwan called into question not only the legitimacy of the regime but the legitimacy of the state itself -- its claims to sovereign status, its territorial boundaries, and the compass of its citizenship. The polarized conflict over national identity in Taiwan is emotionally much tenser, politically more divisive and structurally more intractable than the regionalism engulfing the South Korean society. By the same token, the clash between the so-called

---

6. Most scholars thought the election of Kim Young-sam in 1992 was not a real power rotation because in 1990 he had merged his Peaceful Democracy Party with Roh's ruling D.J.P. The "real" power rotation came only in 1997 when a whole slate of governing elite was replaced by people from the Progressive camp.

"pan-Blue" camp and the so-called "pan-Green" camp over the cross-Strait relation has also been more acute and explosive than the schism over Inter-Korea relations between the Conservative bloc and the Progressive bloc. As a result, politics of polarization has been a much more serious hindrance to the consolidation of democracy in Taiwan than that of South Korea.

II. Revisiting the Historical Juncture of Democratic Opening

Over the last three decades, students of democratization have been debating both the prevailing circumstances under which Chiang Ching-kuo and Roh Tae-woo made their historical decision respectively at the critical juncture of regime transition and the long-term consequences of their political choice.

If we apply Donald Share's four-fold typology of transitions from authoritarianism to democracy -- namely incremental democratization, transition through rupture, transition through protracted revolutionary struggle, and transition through transaction -- to the three Third Wave East Asian democracies that we just mentioned, the South Korean case obviously fit the typology of "transition through transaction" better than that of Taiwan while the case of the Philippines fits the category of transition through rupture.[7]

The 1988 Constitution of the Sixth Republic is the institutional embodiment of the implicit pact-making between the incumbent elite and the oppositions. While the passage of the 1988 Constitution was still under the supervision of

---

7. Donald Share, "Transitions to Democracy and Transition through Transaction", *Comparative Political Studies*, Vol 19, No. 4 (January, 1987): 525-548.

Chun Doo-hwan, but the constitutional bill passed by the National Assembly on October 12, 1987 by and large met the demands of the followers of the June Democratic Movement. The oppositions did not boycott its ratification and the constitutional bill was approved by 93 percent in a national referendum on October 28. The two leading opposition figures, Kim Young-sam and Kim Dae-jung, entered the subsequent presidential race, in which Roh Tae-woo won by a narrow margin. Both of them also conceded to the outcomes of this inaugural presidential election under the auspices of the 1998 Constitution.

In retrospect, the incumbent elite was seemingly ready to meet the challenge of electoral uncertainty intrinsic in an open democratic contest. There is no question the first-past-the-post rule for the presidential election was crafted to serve the political interest of Roh Tae-woo and his allies, and this tactical decision turned out to be a cunning move to split the opposition camp and saved the conservative bloc from an immediate electoral debacle (and the consequential political purge). However, there was no guarantee that this strategy would have worked the way it had been intended. By plunging themselves into this inaugural election, Roh and his allies have made an irreversible choice because it was almost impossible for the military elite to stage another military coup to nullify the election had the outcome gone in other (and disappointing) direction. It was choice under a compelling circumstance as the cost of suppression was deemed increasingly unbearable while the prospect of winning the founding election by a narrow margin in a three-way race was projected to be probable.

In a typical case of "transition through transaction", by accepting the newly installed parameters democratic contestation, the oppositions have transformed themselves from a source of system delegitimation to an instrument of system legitimation despite of the fact that the emerging institutional arrangements still carried some elements of incumbent imposition and were not exactly the product their own choice.

Since then all major political contenders in South Korea have been bound by the parameters prescribed in the 1988 Constitution and all the later attempts to make substantial amendments to its basic institutional design, such as replacing the presidential system with parliamentary system, allowing the term of five-year presidency renewable once, or supplementing the first-pass-the-post rule with the requirement of minimum electoral threshold and the mechanism of round-off election if necessary, have failed to materialize.

In South Korea, many worried that the outcome of founding election that elected former army general Roh Tae Woo would be an omen for "silent regression from democracy to semi-democratic rule."[8] Many worried that during Roh's tenure space for civilian power would remain narrow and new democracy would slowly die because many former and incumbent military officers were taking key strategic posts in government, national security area in particular, and wide area of "reserved domain" remained intact for the military and "national security apparatus."

However, those worries of slow death or democratic erosion did not occur because the ruling party for the first time in history failed to get the majority of National Assembly and three opposition parties combined got a solid majority in the National Assembly. The policy coalition of three parties possessed sufficient countervailing power to prevent authoritarian forces from attempt-

---

8. Andreas Schedler, "What is Democratic Consolidation?" *Journal of Democracy* 9.2 (1998) 91-107.

ing of erosion of democracy. Congressional opposition majority persuaded, pressed, and compromised with president Roh for more democratic reforms, establishing "transitional justice" for past wrongdoings, crimes, and violation of human rights, and expanding democracy in socio-economic arena.

President Roh Tae Woo tried to break out of the impasse between president and National Assembly by establishing a hegemonic party through merging three parties, ruling Democratic Justice Party, Kim Young Sam's Reunification Democratic Party and Kim Jong Pil's Liberal Democratic Coalition. The new party, Democratic Liberal Party, had more 3/4 of National Assembly seats. As a result, the process of pursuing transitional justice slowed down, violent attacks on radical labor and civil activists resurfaced, electoral competition was suffocated in most regions except Kim Dae Jung's Cholla region.

The rise of Democratic Liberal Party might have made new democracy regress gradually into a hybrid, semi-democracy. The experiment of hegemonic party in post-transition Korea, however, was short-lived due to family feud among three party factions in DLP. In 1993 Kim Young Sam was elected to president with slim margin over archrival Kim Dae Jung. After inauguration, Kim Young Sam launched democratic reforms targeted mainly on old establishment forces of the military and chaebuls. He pused for demilitarization of politics, civilian supremacy over the military, and brought transitional justice to former two presidents of ex-general. He introduced "real-name financial account" to remove the possibility of black money dealing between chaebuls and corrupted politicians.

Following the typology developed by Donald Share, Taiwan's mode of transition is more of a hybrid because it carried both the element of incremental democratization and the element of transition through transaction. The demise of the one-Party authoritarian system in Taiwan was an incremental one and the process was stretched over more than a decade.

The KMT regime entered the 1970s with a proven formula for maintaining the political dominance of the mainlander elite at the national level and for controlling a limited popular electoral process implemented at local level. The native Taiwanese were allowed to elect their representatives up to the provincial level and executive heads up to the county/city level since 1950. For almost three decades of its rule, the KMT faced a very unorganized and weak political opposition consisting primarily of defiant local factions which had no national political aims and posed little threat to KMT's dominant position. Thus for an extended period of time, the ruling elite saw no pressing need for even a limited electoral opening at the national level.

In the beginning of 1970s, the loss of the seat in the United Nations and an avalanche of diplomatic de-recognition dealt a severe blow to KMT regime's claim as being the sole legitimate government representing the whole China and compelled the ruling KMT to respond to the rising popular demand for political opening. Limited electoral opening of national representative bodies was first instituted in 1972, expanded in 1980 and again in 1989. Each time a greater percentage of the seats in Legislative Yuan as well as National Assembly was subject to popular re-election, known as Supplementary Election. The gradual opening of the electoral avenue at national level gave rise to a loose anti-KMT coalition of independent candidates with national political aims, known as Tangwai (literally outside-the-party). Tangwai candidates used the electoral process as an effective mechanism of re-socialization for fostering the growth of popular aspiration for democratic reform and a separate identity for Taiwan. Emboldened by their electoral success, Tangwai candidates have steadily moved closer to forming a quasi-party since the beginning of 1980s. On the eve of the December 1986 supplemental election for Legislative Yuan, Tangwai leaders formally declared the founding of the Democratic Progressive Party (DPP) in open defiance of the official ban on forming new parties.

When Chiang Ching-kuo made his historical decision to lift the emergence decrees, he was probably was motivated more by a forward-looking vision to prevent a deeper political crisis after him (given his fragile health) than a political concession to placate the opposition movement. He did not expose the KMT regime to any imminent possibility of losing its firm grip on power in an open democratic contest. On the contrary, the incumbent elite was confident enough to retain its electoral dominance once it has to face up the challenge of the DPP in any electoral contest at national level as it had developed an elaborate party apparatus consisted of cross-cutting functional units organized along both geographical and corporatist (sectorial) lines as well as a very sophisticated electoral machine at grassroots level over the last three decades.[9]

In a nut-shell, the incumbent-initiated political liberalization marked by Chiang Ching-Kuo's October 7, 1986 announcement was intended to be a directed political change to begin with. To ensure the predictability of transition outcome, the KMT leadership favored a formula of "democratization by installment". Through a multi-stage constitutional reform, the KMT managed to ensure an orderly sequencing of democratic opening and elongate the time span of the transition to democracy to almost a decade. The KMT-controlled National Assembly replaced the Temporary Articles with new constitutional amendments in 1991, which installed the first re-election of the National As-

---

9. Yun-han Chu, *Crafting Democracy in Taiwan* (Taipei: Institute for National Policy Research, 1992): Chapter 2.

sembly in December 1991, the first re-election of the Legislative Yuan (LY) in December 1992, and the first popular election for the executive head of the Taiwan Province and the two municipalities in 1994. Thus the decisiveness normally associated with the "founding election" was diluted and the risk dispersed among a series of national election.

KMT's landslide victory in the December 1991 National Assembly election virtually gave the incumbent elite a blank check to write in constitutional revision for the next four years. However, the natural tendency of the entrenched ruling party to limit the scope of democratic reform was partially checked by a succession crisis following the death of CCK in January 1988. Lee Teng-hui, a native Taiwanese who succeeded CCK by constitutional fiat, initially enjoyed a very limited power base within the party-state apparatus. Lee and his allies, dubbed "the mainstream faction"(MF) by local media, on his way to power consolidation has clashed with entrenched old-timers, the so-called "non-mainstream faction"(NMF), over the redistribution of power, the scope of democratic reform, and, more fundamentally, national identity. In the end, the two blocs strive to gain control of the party-state apparatus and use its power to impose its own vision of nation-building in the direction of either Taiwanization or sinicization. The MF persistently pushed for the removal of all legal restrictions on the advocacy of independence, the adoption of popular election for president, and a redefinition of the ROC's sovereign status. The NMF objected any ideological compromise over national identity and rejected direct election, which was viewed as a pretext for further expansion of presidential power and potentially a vehicle for self determination.

During the regime transition, the bargain over new institutional design essentially took place at two levels: between the competing factions within the hegemonic party and between the hegemonic party and the opposition. In the case of Taiwan, a very intriguing aspect of this two-level game was how the reformist element of the hegemonic party has been able to kill three birds with one stone: It has been able to, through the forming an implicit cross-level coalition over constitutional reform, marginalize the rival faction within the KMT, harness the anti-system propensity of the opposition, and reconsolidate the party's governing position under a competitive regime.

The intra-party power struggle provided a strategic opening for the DPP. The logic of strategic alliance compelled the DPP to side with Lee at all crucial junctures of power struggle between the MF and NMF. This tacit grand coalition between the DPP and the MF culminated in their joint effort to oust Premier Hau Pei-tsun, the leader of the NMF. The marginalization of the NFM from the power center after the 1992 Legislative Yuan election cleared a major obstacle for the MF to negotiate in a pact-making spirit with the DPP over further constitutional change.

Throughout the 1990s, however, the DPP only played a second fiddle in the game of institutional change. Although the KMT has yielded some concessions to the DPP, the dynamics of constitutional change has been largely driven by KMT's internal politics. Before the NMF was pushed out of the ring, the overriding concern of the MF was to consolidate the power of Lee by transforming the system from parliamentarism to semi-presidentialism. After the adoption of popular election for the president (scheduled for March 1996) in 1994, the concern was shifted to how to re-strengthen the party's directive authority over the legislature as the grip of party leadership on executive power was threatened by a shrinking majority and a more assertive KMT parliamentary caucus. Toward the end of 1996, the party leadership was also alarmed by the political ambition of James Soong, the first popularly elected Governor of Taiwan Province, whose meteoric surge in popularity began to threaten the presidential prospect of Lee's heir apparent, vice president Lien Chan. Thus, during the fourth round of constitutional change in 1997, Lee and his inner circle resolved to remove the requirement of parliamentary confirmation so that the president can enjoy a free hand in appointing the premier without parliamentary intervention and to scale down the provincial government and suspend elections at provincial level.

With the control of a quarter of the National Assembly after the March 1996 election, the DPP has enjoyed a veto power over KMT's constitutional initiatives. However, in order to redeem its newly acquired leverage, the DPP had to subordinate itself to the legitimacy of the R.O.C. Constitution and to give up its own vision of constitution-making. In the end, the DPP hastened to close a deal with KMT as it also worried the rising popularity of James Soong. The emerging constitutional order resembles the semi-presidentialism of the French Fifth Republic except for following three provisions: the president is elected by a plurality (without a majority threshold), the president can dissolve the parliament only when the legislature passes a vote of no-confidence against a sitting cabinet, and the parliament cannot initiate another vote-of-no-confidence against the same premier within one year of its last failed attempt.

Essentially, the KMT MF was the major beneficiary of the four-staged constitutional revision. It has accomplished at least four political objectives: to marginalize rival factions within the KMT, to buttress the executive elite's authority over the legislature, to reconsolidate the party's governing position under a competitive regime, and to harness the anti-system propensity of the opposition.

III. Power Rotations and Democratic Consolidation

Kim Dae-jung's victory in 1997 and Chen Shui-bian's victory in 2000 were both landmark events by any measure. In both cases, the first real power rotation established a series of new precedents and reinforced the popular belief in the legitimacy of the new democratic institutions. Kim's victory was historic because for the first time Korean conservative establishment who ruled the country more than half century tolerated the transfer of power to the leader who led minority opposition. The DPP's victory in 2000 put an end to KMT's fifty-five years of continuous rule over the island. It opened up a historical opportunity to deal with the holdovers from the authoritarian past and tackle the island's young democracy's lingering deficiencies and weaknesses.

In both cases, the first power rotation was preceded with reform-minded presidents who were tied to the old governing party but at the same time independent enough to push for further democratization, making progress in some sensitive areas such as asserting civilian control over the military and setting up special commissions to deal with the issues of "transitional justice". In the case of Taiwan, Lee Teng-hui went much further. He engineered a revamp of the constitutional design, marginalized the KMT's old-timers, and reoriented the KMT's core commitment from upholding Chinese nationalism to constructing a separate Taiwanese identity. Both Kim Young-sam and Lee Teng-hui should be given credit for laying the groundwork for each country's first peaceful power turnover. In both cases, the new governing elite was oftentimes bogged down by political paralysis and failed to live up to the popular expectation for extensive political reform. In both cases, the new era under the novice governing elite did not last long and was brought to an abrupt end by a humiliating electoral defeat.

The power rotation in 1997 was the watershed in the journey toward completing democracy in Korea. Kim's victory was historic because it broke a long stigma of East Asian democracies ruled by "a dominant, corporatist party that tolerated a limited opposition but never ceded power."[10] The 1997 election demonstrated Korean people's determination to live under democracy regardless of external fluctuations such as economic hardship and national security crisis. It also shows that the mechanism of democratic accountability was working because the people held the ruling party accountable for the economic crisis by defeating the candidate of the ruling party.

After the first peaceful power rotation, the 1988 Constitution became more institutionalized and most Koreans increasingly internalized the norms and values of constitutionalism, power mongers efforts to politicize and manipulate constitution in their favor have obstructed the deepening of constitutionalism in Korea. Until now Incumbent presidents and his parties' candidate have tried to revise constitution but failed without exception because of opposition from intra-party contenders and opposition parties.

Kim Young Sam joined to merge of three parties in 1991 accepting constitutional revision from presidential system to parliamentary system, but after being nominated to the presidential candidate of the ruling DLP, he broke his promise to revise constitution and instead maintained the current system of 5 year single term presidential system. Kim Dae Jung was elected to the president by making coalition with Kim Jong Pil (one of Three Kims) and his Liberal Democratic Coalition Party with concession to Kim to revise constitution

---

10. Thomas Carothers, "Democracy," *Foreign Policy*, No. 107 (1997), p.16.

to a parliamentary system. Kim Dae Jung, however, did not keep his promise after election and Kim Jong Pil and his party split with Kim Dae Jung's party and made Kim Dae Jung's ruling Millenium Democratic Party a minority in the National Assembly. Incumbent president Roh Moo Hyun was no exception. He proposed one-point constitutional revision from 5 year single term presidency to 4 year double terms presidency in January 2007 less than an year before presidential election which was scheduled to be held on December 18th 2007. Major political forces, including the ruling Woori Party did not pay attention to Roh's proposal for constitutional revision seriously and doubted the sincerity of his proposal. President Roh had to withdraw his proposal in May 2007 and the presidential election was held as scheduled according to the rules of 1987 Constitution.

In the case of Taiwan, the historical power rotation in 2000 opened up the opportunity of doing away with shady authoritarian practices that had been preserved under a continuous KMT rule despite the transition to democracy. These practices constituted a sort of "institutional fraud" that had always loaded the political dice in favor of the incumbent and deprived the opposition of a true level playing field. The holdover of these unsavory practices also had made the creation of unconstrained sphere for public discourse, an autonomous civil society and mass media, and politically neutral civil service, military and security apparatus, and independent law-enforcement agencies and the judiciary a daunting task. None of these lingering deficiencies were deemed tractable had the KMT remained in power.

However, consolidating constitutionalism in Taiwan was a much more daunting challenge since the beginning of democratic transition. Before the first power rotation, the R.O.C. Constitution had been undergone six phases of substantial revision. The basic design of the constitution system shifted from parliamentarianism to semi-presidentialism. Over the course of democratic transition, the process of constitution-making had been complicated by a polarized conflict over national identity. For people who strongly believe in Taiwan independence, all the revisions undertaken within the framework of the R.O.C. Constitution were meant to be transitory. To them, the only acceptable final destination is the creation of a new constitution that signifies the island's independent sovereign status. For people who avow to preserve and defend the existing state structure, the R.O.C. Constitution and all political symbols it carries constitute the cornerstone their political identity. To them all the amendments adopted at each round of constitutional revision were meant to be binding and lasting. They oppose any attempt to abolish the existing constitution through extra-constitutional means, such as plebiscite, which happens to be the favorite of Taiwanese nationalists. This means the emerging constitutional order was built on the fault line of two colliding nationalistic claims and did not enjoy the kind of broadly based legitimacy that one expect to find in a consolidated democracy.

The legitimacy of emerging constitutional structure had been further undermined by the strategic choices of some key players involved in the pact-making process, which had been littered with their unsavory hidden-agenda, short-term political calculation and improvised compromises.[11] There was no strong and widespread consensus among the contending political elites about the nature and logic of the government structure defined by the current constitution. When the representatives of the two major political parties, the KMT and the

---

11. Jih-wen Lin, "Transition through Transactions: Taiwan's Constitutional Reforms in the Lee Teng-Hui Era, American Asian Review, Vol. XX, No. 2, (2002) pp. 123-155.

DPP, coalesced to craft the current government structure during the fourth round of revision around late 1996 and early 1997, the newly amended system was sold to the public as an improved version of semi-presidential system modeled after the French 5th Republic. But this bipartisan understanding of the moment has no biding power and is not shared by other political figures (including Chen Shui-bian) who were not directly involved in the constitutional crafting process.

After the first power rotation, these two inherited weaknesses became sources of endless legal disputes and political stalemates between a combatant minority president and a feisty parliament. A more serious conflict involved the very existence of the R.O.C. Constitution itself. Chen Shui bian made the adoption of a new constitution the top priority of his second term and openly pledged to have the new constitution ready by the end of his term in his second inaugural speech. He probably would have pushed for this agenda to its realistic limit had not been for the strong objection from Washington and the outbreak of a major political scandal dealing fatal blow to his credibility and effectiveness. Nevertheless, as a sidekick to his ambitious agenda of constitutional overhaul, Chen Shui-bian managed to broker a deal with KMT and paddled through the 7th amendment. It reduced the size of the Legislative Yuan and changed the electoral arrangements for electing the parliamentarians. At the same time the procedure for amending the constitution was made even more difficult as it requires not just the support of a three-quarter majority in the Legislative Yuan but also more than 50% of all eligible voters casting yes vote in a referendum.

After the second power handover, all major political actors on the island have finally come to a point where possibility for further change to the constitution had been virtually exhausted. They have little choice but learn to live with this imperfect constitution. Making the existing constitution a living, active and authoritative legal document seems to be the only feasible recipe for strengthening Taiwan's constitutional democracy.

IV. The Future of Democracy in East Asia: Challenges Ahead

In East Asia, young democracies are facing the headwind of global democratic recession. First, in the global ideological arena, Western liberal democracy is in retreat.[12] On the New Year eve, Francis Fukuyama wrote in his commentary for Strait Times: "As 2016 begins, an historic contest is underway, largely hidden from public view, over competing Chinese and Western strategies to promote economic growth. The outcome of this struggle will determine the fate of much of Eurasia in the decades to come."[13] Indeed, no one is more qualified than Frank to proclaim that we are witnessing the end of "the-end-of-history" triumphalism just as the global economy is still struggling with the downward pressure and the contagion of deflation spreading from Japan and EU to the rest of the world eight years after Asian countries were hit by the worst economic crisis since the Great Depression. For decades, liberal democracy has been extolled as the best system of governance to have emerged out of the long experience of history. Today, such a confident assertion is far from self-evident. Democracy, in crisis across the West, must redeem itself.

The momentum of the Third-Wave democratization had lost its steam well

---

12. Edward Luce, *The Retreat of Western Liberalism* (Atlantic Monthly Press, 2017).
13. Francis Fukuyama, "Exporting the Chinese model," *Strait Times*, December 30, 2015.

before the 2008-2009 global financial crisis. As Larry Diamond astutely observed, the world has slipped into a democratic recession at the turn the century.[14] In the first decade and a half of this new century, the rate of democratic breakdown has been substantially higher than the pace of the preceding fifteen-year period. A majority of young democracies that emerged during the third wave remain unstable and illiberal, if they remain democratic at all.[15] East Asia was not immune from the trend of democratic backsliding. They sometimes took the form of blatant military coups, as in the case of Thailand in 2006 and 2015. In other instances, they have gone through subtle and incremental degradations of democratic rights and procedures as in the cases of Cambodia under Hun Sen and the Philippines under Macapagal Arroyo and more recently Rody Duterte, who vows to be a "dictator" against "evil".

In both South Korea and Taiwan, the democratic system has been inflicted by recurring corruption scandals at the highest echelon and these unfortunate incidences sometimes not only undermined the legitimacy of the democratic system but also led to disastrous consequences. Taiwan's democracy was paralyzed by the political turmoil sparked by the corruption scandals surrounding the Chen Shui-bian family during his second-term. The functioning of South Korea's democracy was also severely disrupted by the eruption of crippling mass demonstrations that eventually led to the impeachment of Park Geun-hye.

Over the last decade, the allure of the Western-style liberal democracy has significantly declined in the eyes of the Asian elite and citizens alike. The real-

---

14. Larry Diamond, " The Democratic Rollback," *Foreign Affairs*, March-April, 2008.
15. Larry Diamond, "Facing up to the Democratic Recession," *Journal of Democracy*, Vol. 26 No. 1 (January 2015): 141-154.

ity of contemporary democracies looks less and less appealing than the end-of-history story might suggest. The incapacity of Western governments to come to necessary decisions and take actions in a timely manner poses significant questions for their effectiveness vis-a-vis Asian countries. Scholars have picked up many worrisome signs of democratic deconsolidation. Across the Western societies, citizens place less and less trust in key democratic institutions; more and more willing to jettison institutions and norms that have traditionally been regarded as central components of democracy; and even increasingly attracted to alternative regime forms.[16]

In many established democracies of the West, the return to the staggering scale of economic inequality which was last seen during the Gilded Age is produced by the vast amount of political power the wealthy hold to control legislative and regulatory activity. In turn, the concentration of resources at the top of the distribution leads to an even more disproportionate influence of wealthy elites over public life, fueling further discontent at the gap between public policies and public preferences. Elected representatives are increasingly unable to represent the views of the people, and politics has become a game for the rich and powerful.[17] The Western liberal democracies are facing the gathering storm of populism and nationalism, of which Donald Trump and his European counterparts are not the cause, but a symptom. The Western societies look ideologically exhausted without a viable prescription to deal with the daunting challenges of worsening political polarization, social inequality, intergenerational conflict, and economic stagnation.

---

16. Roberto Stefan Foa and Yascha Mounk, "The Democratic Disconnect," *Journal of Democracy*, Vol. 27, No. 3 (July 2016): 5-17.

17. Jacob S. Hacker and Paul Pierson, *Winner-Take-All Politics: How Washington Made the Rich Richer--and Turned Its Back on the Middle Class*, (Simon & Schuster, 2011).

At the same time, East Asian authoritarian and semi-democratic regimes remain fierce competitors to democracies, notably Singapore being the most economically developed authoritarian state ever. China is also poised to join the list of developed countries with large middle classes and authoritarian regimes. The resiliency of the Chinese communist regime and the economic ascendance of China has made the region's overall environment much more hospitable for non-democratic regimes.

With the shift of economic gravity away from the United States and Japan to China, East Asia has become one of the few regions in the world where the characteristics of political systems pose no barrier to trade and investment, and is becoming perhaps the only region in the world where newly democratized countries are economically integrated with and dependent on non-democratic systems. China has rapidly emerged not only as the region's locomotive of economic growth but also the principal architect of regional integration and new rules of economic engagement, most notably with the launch of "One Belt, One Road" grand strategy and the establishment of Asia Infrastructure Investment Bank. In a nutshell, the history no longer loads the dice in favor of Western-style liberal democracies.

Even at the height of the third-wave democratization, East Asia defied the global trend. Between 1986 and 2015, among the eighteen sovereign states and autonomous territories in the region only five countries, namely the Philippines, South Korea, Taiwan, Mongolia and Indonesia, have made successful transition to democracy. Meanwhile, most of the region's authoritarian regimes have survived the tidal wave of global movement toward democracy and much of East Asia today is still governed by non- and semi-democratic regimes which have displayed great resilience and are seemingly capable of coping with the multiple challenges brought about by complex economies, diverse interests, Internet revolution and globalization. In the ideological arena, the sustained interest in the "Asian values" as well as "Beijing Consensus" debate among elites suggests that liberal democracy has not yet established itself as "the only game in town."

While most of the region's democracies do not face any imminent existential crisis, they suffer from a fragile foundation of legitimacy. According to Asian Barometer Survey, level of diffuse regime support in Japan, South Korea, Taiwan, Mongolia, and the Philippines have consistently lower than that of the hybrid and authoritarian regimes. Distrust of democratic institutions was widespread. In all East Asian democracies except Indonesia, most citizens dismissed the trustworthiness of what are arguably the two key institutions of representative democracy, political parties and parliament. Compared with democracies in the region, non-democratic countries are also found to be enjoying higher level of popular rating of government's responsiveness.[18]

Democracies have failed to win over the heart of many Asian citizens because oftentimes political polarization, elite infighting, partisan gridlock and corruption scandals debilitated governments. Many citizens withdrew their support for the democratic form of government because it fails to deliver an acceptable level of good governance in terms of rule of law, controlling corruption, impartiality and fair treatment, provision of social safety net, and being responsive to citizens' needs. Many non-democracies in East Asia enjoy a higher level of popular support also due to the fact that they become a vibrant force in driving regional development while democracies show signs of lan-

---

18. Yun-han Chu, Hsin-Hsin Pan and Wen-Chin Wu. "Regime Legitimacy in East Asia: Why Non-Democratic States Fare Better than Democracies," *Global Asia*, 10(3) (Nov 2015): 98-105.

guish. For three consecutive decades, Japan, the only established democracy in the region, has been trapped in the loss of vision and adaptability in an age of digital revolution and globalization. Taiwan has been struggling with a crisis over national identity, an aging population, wage stagnation, dwindling fiscal resources and an escalation of political tension in the Taiwan Strait, and it still lacks a clear strategy to consolidate its niche in the global economy. South Korea's economy has been hijacked by the oligopolistic dominance of Chaebols and its international competitiveness in some key export-oriented sectors, such as chip-making, automobile, ship-building and video games, has been steadily undercut by the Chinese competitors.

One of the most corrosive forces that undermine the legitimacy of Asian democracies is the widening gap between the rich and the poor. While glaring income inequality is a source of popular discontent everywhere, this explosive issue has reached the boiling point primarily in Asian democracies. As Figure 1 shows, the proportion of respondents in Asian Barometer Wave IV survey believing that the country's income distribution is unfair has reached an astonishing level. Taiwan and Korea both registered the highest level of popular resentment toward income equality. In Taiwan, 79% of the respondents believed that the country's income distribution is unfair while in South Korea the comparable number is also astonishing high (at 71%). Other emerging democracies also fare poorly on this measure. They are almost 80% in Mongolia, above 70% in Myanmar, and close to two thirds in the Philippines and Japan. The comparable numbers in Thailand, Vietnam and Singapore, in contrast, are below 40% with the remaining countries straddled somewhere in between. In addition, there is a clear inverse linear relationship between the level of regime support and the perceived unfairness in income distribution. As Figure 2

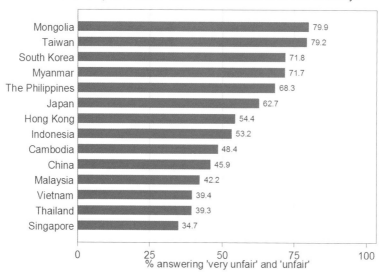

Figure 1. Perception of Income Distribution

Source: Asian Barometer Suvey Wave IV

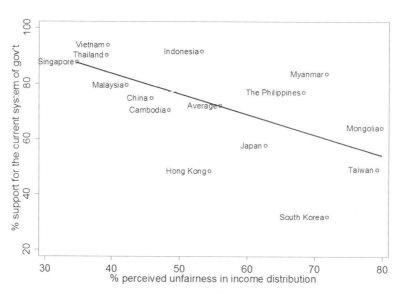

Figure 2. Regime Support and Perception of Unfairness in Income Distribution

Source: Asian Barometer Suvey Wave IV

shows the higher the perception of unfairness the lower the regime support.

Many forces operating at the regional and global level have not been conducive to democratic consolidation and expansion in East Asia. First, the neoliberal economic reform that came with democratization and the permeation of its overarching guiding ideology have deprived the state bureaucracy in Asia's young democracies of the necessary policy instruments and/or the steering capability in facilitating industrial upgrading and arresting the trend of growing income inequality. At the same time, in virtually all Asian societies globalization and economic integration have strengthened the position of the translational economic elite and shifted the power balance in society at the expense of labor, farmers, the middle class, and local communities.

Much like their counterparts in other regions, Asian democracies also suffered from a hollowing out of democratic sovereignty as the power of making the most important decisions and rules is either transferred to supra-national organizations and multilateral arrangements or subordinated to the interest of transnational corporate elite and the super rich. In this sense, the Trans-Pacific Partnership (TPP) which has been vigorously promoted by Obama Administration will certainly aggravate this predicament because the agreements under the TPP go well beyond trade. They require a mandatory overhaul of a myriad of regulations and rules over investment and finance, intellectual property, labor practice, food safety, Internet regulation, public health, and environment. They will impose fundamental changes to countries' legal, judicial, and regulatory frameworks, without input or accountability through democratic institutions.

To foster a more conducive environment to democratic development, it is imperative to harness the power of transnational corporate elite and their allies through enacting regional as well as global conventions on foreign invest-ment, capital movement, financial arbitrage, corporate income tax, capital gain tax and inheritance tax, and new international rules on labor, migration, environment, food safety, cyber security, equal access to digital resources, etc. Obviously, none of the above is achievable through actions undertaken by any individual country. It can be accomplished only through concerted multilat-eral actions propelled by visionary leaders, vibrant regional and global social movements, and a strong global civil society pushing for democratic global governance.

Another potent transformative force to be reckoned with is the explosion of Internet communication and social media. The breakthrough in the digital technology is a double-edged sword when it comes to coping with the wrench-ing challenges that Asia' representative democracies are facing today. The Inter-net revolution has the potential to empower resource-poor citizens to break up the political oligopoly of the entrenched elite as it facilitates information-shar-ing, promotes transparency and substantially reduces the cost of coordinating collective actions. It also might help the development of democratic citizenship through the enhancement of a sense of political empowerment and the expan-sion of online social networking and political engagement.

On the other hand, it might overburden representative democracies with its many unintended consequences: frequent and sudden outbursts of online activism, destroying social capital and burning down the bridges between con-tending groups with the rise of cyber tribalism, and drastically compressing the time span for democratic institutions to respond to the pressing demands or problems of the day. It also tends to amplify the corrosive effect of the hollow-ing out of democratic sovereignty and the political polarization over economic distribution on the legitimacy of democratic regimes, especially in the eyes of the citizens who lack the patience to wait until the next parliamentary session, much less the next election, for the slow and cumbersome democratic process to come up with a policy response.

In the final analysis, the Asia's millennials will hold the key to the region's democratic future. While the baby boomer generation still possesses the economic and political clout in East Asia today, their children are a powerful transformative group that is destined to shape the region's political future tomorrow. In some East Asian countries, the young voters under the age of 30 have already become the critical force that shaped the outcome of recent elections.

East Asia's current youth cohort, who were born between early 1980s and 2000s, is the generation of millennials. This generation knew very little about the 1986 People Power uprising, June Democratic Uprising of 1987, the Tiananmen Square protest of 1989, or the fall of Berlin Wall. Even their memory of the 1997 Asian Financial Crisis is very thin. Their referent points are shaped by trends and events of the last fifteen years - a rising China and declining United States, mass commercialization of Asian pop culture and broadly the experience of rapid social change and vibrant economic growth.

The Asian Barometer Survey has showed that the Asian millennials are open to liberal democracy, but not committed to it. They value the outcomes of political systems more than their underlying normative principles. They are more inclined to conceive democracy in terms of good governance and social equity than either the norms and procedures about electoral accountability and political competition or freedom and liberty. It is not enough for the region's young democracies to provide its citizens with freedom, open political contestation, and free and fair elections; they have to deliver tangible outcomes in terms of social equity and good governance to win over the heart of their younger-generation citizens.[19] In particular, all Asian political systems have to address the salient issue of inter-generational distributive justice in terms of upward social mobility and level playing field.

Our empirical data also indicate that the normal channel of vertical accountability evolving around electoral cycles is no longer suffice in addressing the millennials' sentiment, expectation and demands. The traditional pattern of political mobilization often through local political machines, patron-client networks or trade unions is of diminishing utility in capturing Asia's millennials who are physically mobile, hooked up to new medium of information flows and embedded in social networks among peers. The prevalence of internet has transformed East Asia's millennials' pattern of political engagement and fostered activism in areas such as blogging and virtual social networks. It will become imperative for South Korea's and Taiwan's political systems to address the growing popular demand on operating real-time interactive e-government at all levels of government and the provision of on-line deliberative and consultative mechanisms in all areas of public policy and public governance. Without these necessary institutional innovation and adaptation, both the effectiveness of governance and regime legitimacy will suffer.

---

19. Yun-han Chu and Bridget Welsh, "Millennials and East Asia's Democratic Future," *Journal of Democracy*, Vol. 26, No. 2 (April 2015): 151-164.